하루 한 구절, 지식과 지혜를 함께 쌓는
150일 한문 공부 2

허권수許捲洙

1952년 경상남도 함안 출생. 저명 한문학자, 문학박사.
한문학의 태두 연민(淵民) 이가원(李家源) 선생을 사사하여 정통 한문학의 학통(學統)을 계승했다. 경상국립대학교 중어중문학과와 한문학과 교수, 경남문화연구원 원장, 남명학연구소 소장을 역임했다. 우리한문학회 회장, 연민학회(淵民學會) 회장, 중국역사문헌학회(中國歷史文獻學會) 외국회원 대표, 북경대학·북경사범대학·남개대학(南開大學)·화중사범대학(華中師範大學) 연구교수 등을 지냈다. 현재 동방한학연구원(東方漢學研究院) 원장을 맡아 학술 활동과 한문 강의를 계속하고 있다. 『조선후기 문묘종사와 예송』, 『퇴계전서』 등 120여 권에 이르는 저·역서와 130편이 넘는 논문을 발표했다. 한국한문학사, 한국인물사, 한중문학교류사, 한문교육, 경남지역의 한문학 등을 집중 연구하면서, 전통 학문과 현대 학계의 연결, 한국과 중국의 학술교류, 유림과 학계의 연계, 한자 한문의 교육과 보급 등에 심혈을 기울이고 있다. 7만여 권의 장서를 고향 함안에 건립된 허권수한자문화관에 기증하여 모든 사람이 열람하고 연구할 수 있게 하였다.

하루 한 구절, 지식과 지혜를 함께 쌓는
150일 한문 공부 2

초판 1쇄 발행 2025년 7월 21일

지은이 | 허권수

펴낸곳 | (주)태학사
등록 | 제406-2020-000008호
주소 | 경기도 파주시 광인사길 217
전화 | 031-955-7580
전송 | 031-955-0910
전자우편 | thspub@daum.net
홈페이지 | www.thaehaksa.com

편집 | 조윤형 여미숙 김태훈
마케팅 | 김민선
경영지원 | 김영지
인쇄·제책 | 영신사

ⓒ 허권수, 2025. Printed in Korea.

값 30,000원
ISBN 979-11-6810-354-2 (03700)

책임편집 | 김성천
디자인 | 임경선

하루 한 구절, 지식과 지혜를 함께 쌓는

150일 한문 공부 2

반포지효(反哺之孝) ~ 오도일관(吾道一貫)

허권수 지음

태학사

서문

 필자는 어릴 때부터 아주 강렬한 습관으로 한문 고전 읽기를 좋아하였다. 그러면서 혼자 '이렇게 좋고 유익하고 재미있는 내용을 왜 사람들이 배워 알려고 하지 않을까?'라고 의아해하였다.
 자라서 한문 실력이 향상되어 번역을 할 수 있을 수준에 이르렀을 때는 '우리나라 중국의 고전에 실려 있는 좋은 내용을 얼른 번역해서 널리 배포해 우리나라의 역사와 전통이 후세에 전하도록 해야지.'라고 굳게 다짐하였다.
 우리나라의 역사와 전통을 알기 위해서는 우리나라 사람으로서 한자 한문을 몰라서는 절대 안 된다. 오늘날은 비록 한글전용을 한다고 해도, 정상적인 언어생활을 하려면 한자 한문을 반드시 알아야 한다. 일상생활에서의 간단한 의사표시가 언어생활의 전부는 아니다.
 그러나 1948년 대한민국 정부 수립 이후, 국가적으로 문맹자 퇴치에 급급한 나머지 한자 한문 교육을 도외시하였다. 그 영향으로 우리나라의 어문교육은 매우 비정상적인 길로 가고 말았다. 대부분의 우리나라 지도층 인

사는 외국의 것은 상당히 잘 아는 반면, 자기 조상이 남긴 글의 내용은 전혀 모르면서도 부끄러워할 줄 모른다. 한자 한문을 모르고서는 우리의 역사와 전통문화에 제대로 접근할 수가 없다. 그래서 외형적인 문화는 유지되는 것 같아 보이지만, 우리나라의 정신적 문화는 날로 쇠퇴하면서 빈약해져 가고 있다. 그러나 이런 점을 깨닫고 바로잡으려는 사람이 아무도 없으니, 실로 개탄스러운 노릇이다. 상당수 지식인들이 난독증(難讀症) 환자로, 책을 읽어도 내용을 정확하게 파악하지 못한다. 그러니 좀 수준이 있는 책들은 아예 읽지를 못한다.

필자가 다행히 한문학을 연구하고 교육하는 교수의 자리에 있게 되어, 나름대로 최선을 다해서 연구하고 교육하며 35년을 지내다 정년퇴직하였다. 그러나 좋은 한문 고전의 내용을 널리 알리고자 노력했음에도 그 효과는 기대했던 것에 비해서 너무나 미미하였다. 연구하여 내놓은 논문이나 저서를 그 분야의 전공자 아닌 사람이 읽는 경우가 거의 없고, 또 강의도 전공학과의 학생들만 듣기 때문에, 그 효과는 극히 한정적이었다.

적지 않은 연구논문과 저서를 남겼지만, 젊을 때 품었던 '한문 고전에 담긴 학문이나 사상을 세상에 전파한다.'는 희망에는 전혀 미치지 못했다. 나이가 들어 어떤 영향력을 발휘할 수 있는 기회는 점점 줄어들어 혼자 안타까워해 왔을 따름이다.

그러나 희망의 실현은 뜻하지 않은 곳에서 일어났다. 2003년 4월부터 『경남신문(慶南新聞)』에 연재한 「허권수(許捲洙)의 한자·한문 이야기」가 의외로 대단한 반향(反響)을 불러일으켰다. 이 글은 단순히 어느 날 하루 신문 지면에만 한 번 실리고 마는 것이 아니었다. 마침 현대사회에 널리 보급된 인터넷, 스마트폰, 카톡 덕분에 사방팔방으로 퍼져 나가 읽히고, 또 영구히 저장되어 전해지게 되었다. 최근에는 심지어 AI에서 검색되기까지 한다. 전문 연구자는 물론이고, 학생, 공무원, 회사원, 기업가, 소상인, 정치가, 군인

등 읽어 보고 반응을 보이는 사람이 기하급수적으로 늘어났다.

2003년 연재를 시작할 때 칼럼 제목은 「허권수의 한자·한문 이야기」였는데, 신문사의 권유로 2006년 7월 '153회 시위소찬(尸位素餐)'부터 「허권수의 한자로 보는 세상」으로 제목이 바뀌어 오늘에 이르고 있다.

이 칼럼의 독자들 가운데 칭찬하는 사람이 많지만, 반대의견을 개진하는 사람도 없지 않다. 자기 의견과 맞지 않는다고 매도하는 사람, 심지어 지엽적인 문제로 소송 운운하는 사람까지 있었다. 그런 가운데 「허권수의 한자로 보는 세상」이, 사람들이 모인 곳에 가면 자주 화제가 되었다. 매일 아침 성경처럼 한 항목 한 항목 반복해서 읽는 독자도 있고, 1천 회가 넘도록 한 번도 빠뜨리지 않고 스크랩한 분도 있고, 매일 손으로 몇 부를 베껴서 어린 손자들에게 나누어 주는 연로하신 독자도 있고, 읽고 감동받았다며 자주 전화하는 구순을 넘긴 수필가도 있고, 심지어 외국에 나가 있으면서도 읽어 본다며 전화를 해 온 분도 있다.

그러자 책으로 내기를 권유하는 분들이 점점 늘어 갔다. 마침 2023년에 연재를 시작한 지 20주년을 맞은 데다가 1천 회를 돌파했기에, 기념으로 그해 10월에 제1권을 보고사에서 내었다. 지금까지 쓴 글이 원고지 1만 매를 넘었으니, 책으로 묶으면 10권 가까이 될 것이다. 1인 필자가 쓰는 칼럼으로서 연재를 거르는 일 없이 1천 회를 지속한 경우도 거의 유례가 없는 모양이다.

이 연재물은 단순히 한자 한문 이야기에 그치는 것이 아니고, 필자는 이 글을 통해서 한국한문학, 중국문학, 전통문화, 우리나라 역사와 지리, 중국의 역사와 지리 등을 널리 알리면서, 민족정기 고취, 처세의 지혜 배양, 예절 교육, 사회 정화, 서예 예술 교육 등 다양한 효과를 얻고 있다.

그럴수록 한 편의 글을 쓰면서, 최선을 다해 폭넓게 자료를 수집하여 이해하기 쉬운 글을 완성하려고 노력하고 있다. 많은 독자들이 깊은 관심을 가지고 읽고 활용하니까, 그들을 오도(誤導)하는 것은 큰 죄를 짓는 일이기 때문에 매회 외경감(畏敬感)을 가지고 붓을 잡는다.

이제 새로이 태학사(太學社) 지현구(池賢求) 회장의 권유로 태학사에서 책을 출판한다. 이번에 출판하는 제1권, 제2권을 필두로 하여 차례로 10권 이상 세상에 내놓을 계획이다. 매주 원고를 계속 쓰고 있으니, 최종적으로 몇 권에 이를지 지금으로서는 모른다.

이 책이 널리 보급되어, 우리나라의 언어생활이 정상화되고, 우리의 우수한 역사와 전통문화가 올바르게 이해되어 계승 발전되고, 인성이 회복되고, 사회질서가 바로 서고, 독자 모두의 생활이 즐겁고 보람 있게 느껴진다면, 저자로서 더없이 다행이겠다. 독자 여러분들의 많은 의견 제시와 지적을 바라는 마음 간절하다.

특히 어린 학생들이 이 책을 통해서 한자 한문에 대한 지식을 늘려 나간다면 참으로 기쁘겠다. 한자 한문 교육은 학생들에게 학습 부담을 주는 것이 절대 아니라, 모든 학과목을 탁월하게 공부하는 지름길이 될 것임을 확신한다.

깔끔하고 멋스러운 책으로 출판해 준 지현구 회장님, 편집과 교정에 노고가 많았던 김성천 부장 및 태학사 관계자 모두에게 깊은 감사를 드린다.

2025년 청명절(淸明節)에,
허권수(許捲洙) 경서(敬序).

차례

	서문	4
151	반포지효反哺之孝 — 되갚아 먹이는 효성	17
152	예상왕래禮尙往來 — 예의는 오고 가는 것을 숭상한다	20
153	시위소찬尸位素餐 — 아무 하는 일 없이 자리만 차지하고 공연히 녹만 먹는다	23
154	발본색원拔本塞源 — 뿌리를 뽑고 근원을 막는다	26
155	문도어맹問道於盲 — 장님에게 길을 묻는다	29
156	사속삭즉악인창赦贖數則惡人昌 — 사면이나 속죄를 자주 하면 나쁜 사람이 번창한다	32
157	위불기교, 녹불기치位不期驕, 祿不期侈 — 벼슬자리를 얻으면 교만해서는 안 되고, 녹을 받으면 사치해서는 안 된다	35
158	역지사지易地思之 — 처지를 바꾸어서 생각한다	38
159	용두사미龍頭蛇尾 — 용의 머리에 뱀 꼬리. 시작은 거창하나 결과는 없는 것	42
160	인시제의因時制宜 — 때에 인하여 알맞음을 만든다. 시대에 따라 적절한 대책을 세운다	46
161	재경덕박材輕德薄 — 자질은 가볍고 덕은 얇다	50

162	거위존진 去僞存眞 — 허위는 버리고 참된 것을 간직하자	53
163	몽중설몽 夢中說夢 — 꿈속에서 꿈 이야기 한다	56
164	연작처옥 燕雀處屋 — 제비와 참새가 집에 깃들어 산다. 위기가 닥치는 줄도 모른다	59
165	어불성설 語不成說 — 말이 이야기를 이루지 못한다. 되지도 않는 이야기를 한다	63
166	관리도치 冠履倒置 — 갓과 신이 거꾸로 놓이다	67
167	불경지설 不經之說 — 이치에 맞지 않는 말	71
168	각답실지 脚踏實地 — 발로 실제 땅을 밟고 산다	74
169	소인무붕 小人無朋 — 소인들은 당(黨)이 없다	77
170	인고내로 忍苦耐勞 — 괴로움을 참고 수고로움을 견디다	81
171	한우충동 汗牛充棟 — 책이 많아 옮기려면 소가 땀을 흘리고, 집에 재어 두면 집이 가득 찬다	84
172	빙탄불상용 氷炭不相容 — 얼음과 숯불은 서로 용납하지 않는다	88
173	자식기언 自食其言 — 스스로 그 말을 먹어 버린다. 약속한 것을 스스로 어긴다	91
174	민유방본 民惟邦本 — 백성이 오직 나라의 근본이다	94
175	화종구출 禍從口出 — 재앙은 입에서부터 나온다	98
176	복복수수 福復壽酬 — 복이란 자기 한 일을 돌려받는 것이고, 오래 사는 것은 자기 한 짓에 대한 응보다	101
177	감탄고토 甘吞苦吐 — 달면 삼키고 쓰면 토해 낸다	104
178	진충보국 盡忠報國 — 충성을 다하여 나라에 보답한다	107
179	문약서생 文弱書生 — 글만 하면서 나약한 선비	110
180	완물상지 玩物喪志 — 사물을 즐기다가 자신의 뜻을 잃고 만다	114

181	사본구말捨本求末 — 근본은 버려두고 말단적인 것만 구한다	117
182	진가난변眞假難辨 — 진짜와 가짜를 구별하기 어렵다	120
183	간명범의干名犯義 — 이름을 구하려고 의리를 범하다	123
184	창해유주滄海遺珠 — 너른 바다에 구슬을 버려두다	126
185	명실상부名實相符 — 이름과 실제가 서로 들어맞다	130
186	심원의마心猿意馬 — 마음은 원숭이처럼 날뛰고, 뜻은 말처럼 달린다	133
187	부엄모자父嚴母慈 — 아버지는 엄하고 어머니는 자애롭다	137
188	사엄생경師嚴生敬 — 스승은 엄격하고 학생은 공경하여야 한다	141
189	관자, 예의지시冠者, 禮義之始 — 관례는 예의의 시작이다	144
190	지록위마指鹿爲馬 — 사슴을 가리켜서 말이라 한다	147
191	불중불위不重不威 — 무게 있게 처신하지 않으면 위엄이 없다	150
192	복수난수覆水難收 — 엎지른 물은 다시 담기 어렵다	153
193	관인대도寬仁大度 — 너그럽고 어질어 도량이 크다	156
194	배중사영杯中蛇影 — 잔 속의 뱀 그림자	159
195	칠전팔기七顚八起 — 일곱 번 엎어져도 여덟 번 일어난다	163
196	이가난진以假亂眞 — 가짜로써 진짜를 어지럽힌다	166
197	진석성명珍惜性命 — 생명을 진귀하게 여기고 아낀다	169
198	양호상투, 필유일상兩虎相鬪, 必有一傷 — 두 마리의 호랑이가 싸우면 반드시 한 마리는 부상을 당한다	172
199	이덕보덕以德報德 — 은덕으로써 은덕을 갚는다	175
200	봉공여법奉公如法 — 공적인 일을 법대로 받들어 행한다	179
201	고인심현扣人心弦 — 사람의 마음의 거문고 줄을 두드린다. 사람을 감동시킨다	182
202	가호장위假虎張威 — 거짓 호랑이가 위세를 펼친다. 가짜가 판을 친다	185

203	읍참마속泣斬馬謖 — 울면서 마속의 목을 베다	189
204	일확천금一攫千金 — 한꺼번에 천금을 움켜쥐다	192
205	멸사봉공滅私奉公 — 사적인 것을 없애고 공적인 것을 받들어 행한다	195
206	금석지감今昔之感 — 지금과 옛날은 다르다는 느낌	198
207	여정도치勵精圖治 — 정신을 분발하여 다스리기를 도모한다	201
208	이언사군以言事君 — 말로써 임금을 섬긴다	204
209	아행아소我行我素 — 나는 나의 본래대로 행한다	207
210	단장취의斷章取義 — 문장을 잘라서 자기가 필요한 뜻만 취하다	211
211	정자정야政者正也 — 정치란 바르게 하는 것이다	214
212	소향무전所向無前 — 향하는 곳에 앞을 막는 것이 없다	217
213	지성감신至誠感神 — 지극한 정성은 귀신도 감동시킨다	220
214	점입가경漸入佳境 — 점점 아름다운 지경으로 들이간다. 길수록 점점 재미있어진다	223
215	개근식실漑根食實 — 뿌리에 물을 대 주어야 열매를 맺는다	226
216	심기일전心機一轉 — 마음의 틀을 한 번 바꾸다	229
217	겸용병포兼容幷包 — 아울러 포용한다	232
218	화충상제和衷相濟 — 속마음을 합하여 서로 일을 이루어 나간다	236
219	거인자희拒人自喜 — 다른 사람의 말을 거절하며 스스로 기뻐한다	239
220	과포상인過飽傷人 — 지나치게 배불리 먹는 것은 사람을 상한다	242
221	향우비읍向隅悲泣 — 모퉁이를 향해서 슬피 운다	245
222	천인합일天人合一 — 하늘과 사람은 하나로 합쳐져 있다	248
223	견풍전타見風轉舵 — 바람을 보고 배의 키를 돌려야 한다	252
224	점철성금點鐵成金 — 쇠를 만져 금으로 만들다	256
225	물극필반物極必返 — 사물이 극도에 이르면 반드시 돌아온다	259

226	천명미상 天命靡常 — 천명은 일정하지 않다	263
227	부저추신 釜底抽薪 — 가마 밑에서 땔나무를 빼어내라	266
228	경공형평 鏡空衡平 — 거울처럼 투명하게, 저울대처럼 공평하게	269
229	언득기의 言得其宜 — 말은 그 알맞음을 얻어야 한다	272
230	처사횡의 處士橫議 — 벼슬 없는 선비들이 멋대로 논의한다	275
231	노안비슬 奴顔婢膝 — 노비 같은 얼굴과 걸음걸이	278
232	장세기인 仗勢欺人 — 권세에 기대어 사람을 속인다	280
233	귀득기리 貴得其理 — 그 이치를 얻는 것을 귀하게 여긴다	283
234	시비전도 是非顚倒 — 옳은 것과 잘못된 것이 거꾸로 된다	286
235	심입천출 深入淺出 — 깊게 들어가 이해하여 쉬운 말로 표현한다	289
236	중지성성 衆志成城 — 여러 사람의 뜻은 성처럼 무엇이든지 막아 낼 수 있다	292
237	절기망상 切忌妄想 — 망령된 생각을 절실하게 꺼린다	295
238	고위금용 古爲今用 — 옛날 것을 지금 사용한다	298
239	가화만사성 家和萬事成 — 집안이 화목하면 모든 일이 이루어진다	301
240	실사구시 實事求是 — 실제적인 일에서 옳음을 구한다	304
241	식전방장 食前方丈 — 음식이 사방 한 길 되는 상에 차려져 있다	307
242	면배수적 面背受敵 — 얼굴이나 등에서 모두 적의 공격을 받는다	310
243	맹구치부목 盲龜值浮木 — 눈먼 거북이가 물에 떠 있는 나무를 만나다	314
244	음식유절, 기거유상 飮食有節, 起居有常 — 음식은 절제가 있고, 거처는 일정함이 있게 한다	317
245	면광어랄 面狂語辣 — 얼굴은 미친 듯하고, 말은 고약하다	320
246	화충공제 和衷共濟 — 속마음을 화합하여 함께 일을 해결해 나간다	323
247	자무기탄 恣無忌憚 — 멋대로 하여 거리끼는 바가 없다	326

248	인정승천 人定勝天 — 사람이 마음을 확정하면 하늘을 이긴다. 사람의 의지가 자연적인 난관을 극복한다	329
249	사본취말 捨本取末 — 근본적인 것은 버리고 말단적인 것을 취한다	333
250	이대도강 李代桃僵 — 오얏나무가 복숭아나무를 대신해서 쓰러지다. 작은 목적은 큰 목적을 위해서라면 희생할 수도 있다	337
251	존조경종 尊祖敬宗 — 조상을 높이고 공경한다	341
252	중추가절 中秋佳節 — 가을 중간의 아름다운 명절, 추석	345
253	문방사보 文房四寶 — 글하는 사람의 방에 있는 네 가지 보배. 붓, 먹, 종이, 벼루	349
254	경소식중 耕少食衆 — 밭 가는 사람은 적고 먹는 사람은 많다	352
255	이욕훈심 利慾熏心 — 이익을 바라는 욕심이 마음을 흐리게 한다	355
256	지이인명 地以人名 — 땅은 사람으로 인해서 이름이 난다	358
257	유소대방 遺笑大方 — 대단한 전문가에게 웃음을 남긴다	361
258	경자유전 耕者有田 — 밭 가는 사람이 전답을 가져야 한다	363
259	처번이유 處煩而裕 — 번거로운 일에 대처하여 느긋하게 처신한다	366
260	적비성시 積非成是 — 잘못을 계속하면 옳은 것처럼 생각하게 된다	369
261	문신불애전 文臣不愛錢 — 문신은 돈을 좋아하지 않아야 한다	372
262	표동벌이 標同伐異 — 같은 것은 드러내 주고 다른 것은 쳐서 없앤다	375
263	천운순환 天運循環 — 하늘의 운수는 돌고 돈다	379
264	여우구생 與憂俱生 — 사람은 근심과 더불어 살아간다	382
265	전철가감 前轍可鑑 — 앞 수레의 바큇자국을 거울로 삼을 만하다	385
266	경재희시 輕財喜施 — 재물을 가벼이 여겨 베풀기를 좋아한다	389
267	세불아연 歲不我延 — 해는 나를 위해서 늦추어 주지 않는다	392

268	호외불외기자 虎畏不畏己者 — 호랑이도 자기를 두려워하지 않는 것을 두려워한다	395
269	란이무서 亂而無緒 — 어지러워 두서가 없다	398
270	호승지벽 好勝之癖 — 이기기를 좋아하는 병적인 버릇	402
271	욕존선겸 欲尊先謙 — 존경을 받으려면 먼저 겸손하라	405
272	형제투금 兄弟投金 — 형님과 아우가 금을 던져 버리다	408
273	무왕불복 無往不復 — 가서 돌아오지 않는 것은 없다	412
274	동고동락 同苦同樂 — 다른 사람과 같이 괴로워하고 같이 즐거워한다	416
275	퇴경정용 槌輕釘聳 — 망치가 가벼우면 못이 솟는다	419
276	손상익하 損上益下 — 위를 덜어서 아래에 더해 준다	422
277	각주구검 刻舟求劍 — 뱃전에다 금을 새겨 칼을 찾다	425
278	각종기지 各從其志 — 각자 그의 뜻대로 한다	429
279	견인불발 堅忍不拔 — 굳게 참아 내 뽑히지 않는다	432
280	사본축말 捨本逐末 — 근본적인 것을 버리고 말단적인 것을 쫓는다	435
281	표리부동 表裏不同 — 겉과 안이 같지 않다. 겉 다르고 속 다르다	439
282	무동불춘 無冬不春 — 겨울이 없으면 봄이 오지 않는다	442
283	석고대죄 席藁待罪 — 짚 거적을 깔고 자기 죄에 대한 처벌을 기다린다	445
284	절군발류 絶群拔類 — 무리에서 뛰어나다	448
285	온고지신 溫故知新 — 옛것을 익히면서 새것을 알아 나간다	451
286	우후죽순 雨後竹筍 — 비 온 뒤에 돋아난 죽순. 빽빽이 많다	454
287	건곤일척 乾坤一擲 — 천지를 걸고 한번 던지다. 운명을 걸고 마지막 승패를 걸다	457
288	한마지공 汗馬之功 — 말을 땀 흘리게 달려 이룬 공	460
289	지공무사 至公無私 — 지극히 공정하여 사사로움이 없다	464

290	민기불휼民飢不恤 — 백성들이 굶어도 불쌍히 여기지 않는다	467
291	초군절륜超群絶倫 — 보통 사람보다 뛰어나다	471
292	상전벽해桑田碧海 — 뽕나무밭이 푸른 바다가 된다	474
293	환부역조換父易祖 — 아버지를 바꾸고 할아버지를 바꾼다. 조상을 허위로 날조한다	477
294	언전어도言顚語倒 — 말이 순서가 뒤바뀌어 엉망이 된다	481
295	불변충간不辨忠奸 — 충신과 간신을 분별하지 못한다	484
296	포생중질飽生衆疾 — 배부름은 여러 가지 병을 낳는다	488
297	과유불급過猶不及 — 지나친 것은 미치지 못함과 같다	491
298	상유지보桑楡之補 — 늘그막에 인생을 보완한다	494
299	무장공자無腸公子 — 속없는 사람	497
300	오도일관吾道一貫 — 나의 도는 한 가지로 꿰뚫는다	500

반포지효
反哺之孝

되갚아 먹이는 효성

사람은 누구나 자기 자식을 사랑하는데, 이는 종족(種族)을 보존하려는 동물적인 본능이 있기 때문이다. 아무리 게으른 여자라도 애가 젖 달라는데, 졸린다고 미루지는 않는다. 그러나 부모나 조상에 대한 사랑은 의도적으로 노력해야 되는 것이지, 저절로 되지는 않는다. 그래서 옛날부터 효도(孝道)를 지극히 강조하였던 것이다. 그러나 옛날에는 어릴 때부터 철저하게 효에 대한 교육을 받았기 때문에 어느 정도 가풍(家風)이 있는 집안에서 자란 사람은 효도하는 것이 본능처럼 되어 버렸다. 그래서 자신의 일생을 희생해 가면서 부모님이나 조부모님을 모시는 사람도 적지 않았다.

그러나 오늘날처럼 개성이 존중되는 사회에서는 자기를 희생하면서까지 부모에게 효도하는 사람도 드물고, 또 그렇게 하기를 강요하기는 어렵다. 그러나 효의 근본정신을 잊어서는 안 되겠다.

옛날 1950년대, 60년대 농촌이 어려울 때, 시골에서 공부를 잘하면 가정형편이 어려워도 무리를 해 가면서 아들을 대학에 보내었다. 고향의 부모들은 못 먹고 못 입으면서도 자식의 장래를 위해서 소 팔고 논

팔아 학비를 대었다. 자식이 대학에 다닌다는 사실만으로도 뿌듯했다. 들판에서 하루 종일 일하다가도 자식이 대학에 다니고 있다는 사실만 생각하면 모든 피로가 다 풀리고 기분이 좋아졌다. 남에게 자랑거리도 되었다. 필자가 대여섯 살 먹을 때 우리 동네 집 지으러 온 목수 아저씨가 일하다가 쉴참을 먹을 때면 종종 자기 아들이 대학에 다니고 있다는 이야기를 하면 둘러선 마을 사람들이 감탄하면서 부러워하던 일이 생생히 기억에 남아 있다.

그런 아들들이 대학을 마치고 서울에서 아니면 다른 지역에서 공무원, 교사, 회사원 등으로 취직하여 바쁜 나날을 보내고, 가끔 명절 때 집에 돌아오면 부모들은 너무나 대견스러웠고 남에게 은근히 자랑하고 싶은 마음도 없지 않았다.

그 아들들 가운데 지금은 고위공무원, 교사, 사업가, 기업체 간부, 금융인 등으로 승진한 사람도 있고, 간혹 장관, 차관 등 고위직에까지 오른 이도 없지 않다.

그러나 그 부모들은 대부분 여전히 농촌에서 살고 있다. 효성이 지극한 아들이 도시로 모시려고 해도, 늘 움직이던 습관이 들어 고층 아파트에서 아무 하는 일 없이 지내는 것이 감옥처럼 느껴져, 아들 집에 간혹 갔다가도 이틀을 넘기지 못하고 고향집으로 가 버린다. 아들이나 며느리가 아무리 잘 모시려 해도 소용이 없다.

상당수의 아들들은 도시 여성들과 결혼한 경우가 많은데, 일부 며느리 가운데는 시골 출신의 시부모가 무식하고 비위생적이라 생각하여 겉으로는 표시를 안 내지만 마음으로는 자기 집에 오는 것을 싫어하는 경우가 있다. 또 시부모가 시골에서 정성을 다해 장만해 보내는 음식을 아예 뜯어보지도 않고 버리는 경우가 있다. 손자 손녀를 한번 보려고 해도 공부하는 데 방해된다고 쉽게 허락하지 않는다.

  부모를 모실 생각은 꿈에도 하지 않는다. 내가 아는 어떤 교수는 1년간 외국에 나가서 공부하려는데, 형제들이 1년 동안도 모시지 않겠다 하여, 할 수 없이 양로원에 위탁하고 외국으로 나갔다.

  사랑과 많은 기대를 걸고 공부시킨 아들이건만 부모들은 얼굴 한 번 보기가 힘들다. 아들들의 사회적 지위와는 상관없이 농촌에서 직접 밥을 해 먹으며, 지금도 농사일을 하고 있는 부모들이 많다. 앞으로 10년 후면 문제가 더욱 심각해질 것이다.

  까마귀는 어려서 둥지에서 어미가 물어다 주는 먹이를 먹고 자랐다 하여, 자란 뒤 어미를 둥지에 쉬도록 하면서 먹이를 날라다가 먹인다고 한다. 부모의 낳아 주고 길러 준 은혜를 모른다면, 새보다 낫다고 할 수 있겠는가?

2006년 7월 10일

反: 돌이킬 반　　哺: 먹일 포　　之: ~의 지　　孝: 효도 효

예상왕래
禮尙往來

예의는 오고 가는 것을 숭상한다

어느 동네에 가난한 부모가 열심히 일하여 논을 몇 마지기 장만하여 아들 형제에게 물려주었다. 그 뒤 형은 불철주야 부지런히 일하여 많은 논을 사서 부자가 되어 사람답게 살아가고 있었다. 그런데 그 동생은 못된 짓을 하는 데 돈을 쓰다 보니 부모가 물려준 얼마 안 되는 논마저 다 팔아먹고 빈털터리가 되었다.

그때부터 가끔 형 집에 찾아가 도움을 청했다. 형은 그 하는 짓이 마음에 들지 않았지만, 혈육의 정으로 마음이 아파 상당한 도움을 주었다.

얼마 지나 동생은 그 돈을 다 써 버리고 형님에게 또 도움을 요청했다. 형님은 아우에게 "직업을 구하여 사람답게 살라."고 충고했다. 그리고 또 얼마간의 돈을 주어 보냈다. 아우는 직업을 구하여 일을 할 생각은 안 하고, 형이 준 돈으로 계속 못된 짓을 하다가 돈이 떨어지자 또 형의 집으로 찾아갔다. 그리고 "형은 재산이 많으면서 나를 크게 도와주지 않는다."고 불만이었다. 그리고 만나는 사람마다 붙들고 "우리 형은 동생이 이렇게 못사는데도 돌보지 않는다."고 욕을 하고 다녔다.

얼마 있다가 아우가 또 찾아와 전날 도와준 것에 대해서는 고맙다는 말은 전혀 안 하고, 형에게 패륜적인 폭력을 휘두르면서 큰돈을 내놓을 것을 요구하였다. 형이 알아듣도록 이야기해도 소용이 없었다. 아우의 행패는 날이 갈수록 심해지고, 요구하는 돈 액수도 점점 커져 갔다. 형님은 아우가 하는 짓이 몹시 못마땅하여 마음이 상했지만 참았다. 형제간이라 그래도 마음이 아팠다.

동네 사람들 가운데는 아우가 나쁘다고 하는 사람도 있었지만, 많은 재산을 좀 나눠 주지 않는다고 형을 나쁘다고 비판하는 사람도 있었다. 형은 아우에게 당하고, 동네 사람들에게 억울하게 형제간에 우애 없는 잔인한 사람으로 낙인찍히게 되었다. 그렇다고 누구에게 시원하게 사정을 이야기할 수도 없어 냉가슴을 앓고 있었다. 더구나 친형제 간이라 고소를 할 수도 없었다.

지금 북한 김정일 정권에게 당하고 있는 우리 대한민국의 사정이 앞에 나온 형의 형편하고 같다. 북한 정권은 말을 함부로 하고 행패는 행패대로 다 부리고 있다. 그리고 대한민국의 정치까지 간섭하고 있다. 같은 민족이라고 참고 참아 왔지만, 결국 미사일을 발사하고, 남북장관회담에 참석하여서는, "김정일의 정책으로 남쪽이 덕을 보고 있다."는 어이없는 소리를 하고 갔다.

북한의 미사일이 동해에 떨어져 발사가 실패했다고 보는 사람이 있지만, 북한은 미사일을 발사하여 엄청난 이득을 보았다. 자기들이 노리던 목표를 거의 다 달성했다. 한국의 국론 분열, 한국과 일본의 관계 악화, 미국과 한국의 의견 충돌, 중국과 러시아의 북한 옹호 등등, 미사일 발사에 든 비용의 몇백 배를 챙긴 셈이다.

굶어 죽어 가는 북한 동포를 보면 경제적 지원이 필요하다 싶지만, 그 지원이 백성들에게 가지 않고 핵무기 개발하는 데로 들어가고 있고,

계속 대한민국을 무시하고 자극하는 무례한 발언을 서슴지 않고 있는데도, 대북경제지원을 계속해야 하는가?

현재 규모의 남쪽의 경제지원으로, 잘만 하면 얼마든지 북한의 백성들을 기아에서 구출하고, 북한 정권을 바른길로 인도할 수 있다. 그런데 아무 대책 없이 무조건 퍼 주기를 하다가 지금 이렇게 당하고 있는 것이다. 국민의 혈세를 낭비했으면, 안보라도 유지가 되어야 할 것 아닌가?

예의는 오고 가는 것이 중요하다. 형이 도와주면 아우는 고마운 마음이라도 가져야 하고, 돈을 갚지 못하면 형님 집 일에 달려와 몸으로라도 거들어야 한다. 도움은 도움대로 받고 행패를 부리는 아우에게 형제간이라고 계속 당하면서 도움을 주어야겠는가? 차라리 도와주지 않으면 돈이 귀한 줄 알고 정신을 차릴 것이다.

지금 현재 우리 정부가 김정일 정권에게 무조건 퍼주기식 경제지원을 한다고 남북관계가 개선되지 않는다. 외교에도 작전이 필요하다. 북한의 미사일 발사 사건을 계기로 대북외교를 전면 재검토할 필요가 있다.

2006년 7월 17일

禮: 예의 예   尙: 숭상할 상   往: 갈 왕   來: 올 래

시위소찬
尸位素餐

아무 하는 일 없이 자리만 차지하고 공연히 녹만 먹는다

사람이 가축을 기르는 까닭은 가축마다 제 할 일을 하여 사람에게 도움을 주기 때문이다. 닭은 울어 새벽을 알리고, 개는 집을 지키고, 소는 밭을 갈고, 말은 태워 준다. 만약 가축이 제가 맡은 일을 못하면 주인은 팔아 버리거나 잡아먹어 버린다.

사람이 사는 사회도 마찬가지다. 각자가 자기가 맡은 바 임무를 다할 때 그 대가를 받는 법이다. 공무원이나 회사원에게 월급을 주는 것은, 자기의 맡은 임무를 다한다고 여기기 때문이다. 공무원이나 회사원이 자기의 할 일을 못하면, 당장 처벌을 받거나 파면이 된다. 회사는 철저하게 이윤을 추구하는 기관이기 때문에 회사에 도움이 되지 않으면, 당장 구조조정 등을 구실로 회사를 그만두게 할 수 있다. 그러나 공무원은 뚜렷하게 한 개인의 책임 소재가 분명하지 않은 경우가 있기 때문에, 잘못을 하고도 대충 넘어가는 수가 많다. 그래서 큰 잘못을 저지르지 않는 한, 그럭저럭 지내며 정년까지 갈 수 있다. 물론 감동할 만큼 성실하고 능력 있는 공무원들도 많이 있다.

옛날 중국 전국시대(戰國時代) 제(齊)나라 선왕(宣王)은, 우(竽)라는

악기 연주하는 것을 듣기 좋아하였다. 그 소문을 듣고 우를 잘 부는 사람들이 천하에서 모여들어 하나의 악대를 이루었다. 그들은 대궐에 기숙하면서 선왕이 요청할 때마다 우를 불어 선왕을 즐겁게 하였다.

그 가운데는 우를 전혀 불 줄 모르면서 대궐에서 잘 얻어먹고 입기 위해서 우를 들고 찾아와 끼어 있는 사람이 있었다. 남들이 우를 불 때 부는 시늉만 하면 되니까, 우를 불 줄 몰라도 아무런 문제가 없었다. 그러다가 어느 날 선왕이 우를 한 사람씩 나와서 불라고 명령을 했다. 그러자 우를 불 줄 모르던 그 사람은 할 수 없이 도망을 갔다.

책임 소재를 분명히 하여 일을 맡기면 일을 할 줄 모르는 사람이 그냥 버티면서 월급을 받고 살 수는 없을 것이다.

재작년 태풍 매미가 지나갈 때 엄청난 풍수해가 있었고, 재해를 원천적으로 뿌리 뽑는다 하여 각 시군에 수천억 원씩의 돈을 투자하여 재해방지공사를 하였다. 태풍이나 홍수 등으로 인한 피해는 더 이상 없을 것이라고 국가에서 장담하였다.

그런데 올해 또 끔찍한 물난리로 많은 사상자와 이재민이 발생했다. 이 가운데는 불가항력적인 것도 있지만, 상당수가 사람의 실수로 인한 재앙이었다. 이른바 '인재(人災)'라는 것이다.

여름이면 비가 많이 와서 재해가 발생한다는 사실은 누구나 알고 있다. 그렇다면 여름이 오기 전에 둑을 살피고 하천을 정비해야 한다. 공사한다고 원래의 둑을 잘랐다가 급하게 둑을 다시 쌓았다가 지금까지 터진 적이 없던 둑이 터진 경우도 있고, 하천에 오물이 차서 둑이 넘쳐 아파트 1층이 물에 잠긴 지역도 있고, 배수장 발동기가 가동이 안 돼 물을 퍼내지 못해 마을이 잠긴 곳도 있다. 이 모두가 사람이 사전에 주의를 기울이지 않아서 발생한 사건이었다. 담당 공무원에게 물어보면, 대부분 자기 책임이 아니고, 자기는 잘 모른다고 대답한다.

담당자가 자기의 일을 다하지 않아서 발생했는데도, 당한 사람은 하소연할 곳이 없다. 자기 책임을 다하지 못하는 공무원이 월급을 받아서 되겠는가? 국가의 주인인 백성들이 이렇게 천대받아서 되겠는가? 어떤 자리를 맡았으면 거기에 따른 책임을 다해야 할 것이고, 다하지 못할 때는 물러나야 할 것이다. 국민의 세금인 월급을 하는 일 없이 받아서는 안 되겠다.

2006년 7월 24일

尸: 시체 시, 하는 일 없을 시   位: 자리 위
素: 흴 소, 공연히 소   餐: 먹을 찬

154

발본색원
拔本塞源

뿌리를 뽑고 근원을 막는다

이번 장마에 내린 강우량은 예년의 평균량보다 훨씬 많아, 곳곳에 이재민이 발생하고 엄청난 재산피해를 당했다. 거의 해마다 되풀이되어 연례행사처럼 되었다. 그러나 홍수조절용 댐이 건설된 지역에서는 피해가 거의 없었다는 사실이 증명되었다.

전체를 보지 못하고 환경의 중요성만 지나치게 강조하는 환경운동가들에 의해서, 정부의 댐 건설이 백지화된 곳이 많이 있다. 백지화된 강원도 영월 동강(東江)의 경우, 엄청난 홍수 피해를 당하였는데, 지금 대부분의 사람들은 댐이 없어서는 안 되겠다는 공통된 결론에 도달하게 되었다. 홍수 피해가 특별히 심했던 지역은 대부분 댐 건설이 필요하다고 검토되던 지역이었다. 그러나 정부가 환경운동가들의 반대를 극복하지 못하고 댐 건설을 서둘러 백지화해 버려 이번에 큰 피해를 당하게 되었다. 댐 건설이 되지 않아 입은 이재민들의 피해를 반대하던 환경운동가들이 책임을 지고 보상해 주는가? 전혀 아니다. 그들 가운데 누구도 책임지지 않는다.

댐이 얼마나 필요하며 얼마나 큰 혜택을 주는가는 상습 홍수 지역에서 나서 자란 필자는 체험적으로 알고 있다. 필자의 고향은 함안군(咸安郡) 법수면(法守面)인데, 이 지역은 남강(南江)이 낙동강(洛東江)을 만나 물이 합쳐지는 곳에서 서쪽으로 20리쯤 상류에 있다. 시골 사람들의 속담으로, "메기가 침만 내어놓아도 물이 든다."라고 할 정도로 홍수의 피해가 극심했다.

낙동강은 하구인 삼랑진, 물금, 김해 등지에 높은 산이 많고 강폭이 좁아, 지형적으로 홍수가 발생하기 쉽도록 되어 있다. 폭우가 내리면 불어난 낙동강 물의 힘에 밀려, 남강 물이 낙동강 물속으로 들어가지를 못하기 때문에 남강 물이 도리어 위로 밀려온다. 그런데도 상류에서는 물이 자꾸 흘러내리니, 홍수 피해가 얼마나 크겠는가?

필자가 어릴 때는 매년 서너 차례씩 홍수를 겪었다. 얼마간의 수리안전답을 제외하고는 비가 많이 내리면 온 들판이 바다처럼 되어 버렸다. 건너편 의령이나 남지 쪽도 마찬가지였다. 어떤 해에는 수확을 며칠 앞둔 누렇게 익은 벼를 초가을 홍수로 하나도 건지지 못하는 경우도 있었다. 마을 사람들의 한숨 소리가 곳곳에서 들려왔다.

반대로 한 달만 가물어도 강물이 줄어 바닥을 드러낼 지경이었고, 수리안전답이라도 퍼 들일 물이 없어 강을 가로막아 물을 퍼 들이기도 하였다. 거의 단 한 해도 마음 놓고 농사를 지은 적이 없었다. 홍수 아니면 가뭄이 찾아오니까. 대개 한 해에 홍수와 가뭄의 피해가 번갈아 일어났고, 홍수나 가뭄이 없이 지나가는 해는 거의 기적이라고 할 만했다.

그러다가 1969년도부터 여름에 비가 많이 오는데도 홍수가 지지 않고, 강물이 크게 불어나지 않았다. 그리고 상당히 가물어도 강물의 유량(流量)이 별로 줄지 않았다. 처음에는 이상하다 생각했는데, 얼마 뒤 알고 보니, 상류 쪽인 진주에 남강댐이 건설되어 홍수조절이 되기 때문이었다. 이렇게 댐 하나가 수십만 평의 옥토를 만들었고, 여러 고을의 수많은 백성들의 생활을 안정되게 해 주었다.

물론 상류지역에 실향민도 발생하고 문화재도 물에 잠기고, 안개가 많이 끼는 등 부작용도 없지 않았지만, 홍수나 가뭄으로 인한 피해에 비하면 미미하다고 할 수 있다.

지금 대부분의 하천은 본래 있던 주변의 호수나 늪을 다 막아 농토나 도시로 만들었기 때문에 강폭이 좁아져 자연상태로 두면 해마다 홍수가 나지 않을 수가 없다. 그리고 엄청나게 늘어난 물의 소비량과 전력소비량으로 인하여 자연상태의 하천으로서는 그 소비량을 감당할 수가 없다.

세계 어느 나라를 막론하고, 환경운동가들의 반대에도 불구하고 댐을 만들어 홍수도 조절하고 수력발전도 하고 있다. 수력발전을 많이 하면, 석유 수입량도 줄일 수가 있다. 지금 우리나라에서 수입하는 석유의 양은, 우리나라에서 생산되는 농산품과 광물질을 전부 다 팔아도, 석유 수입 비용의 반도 충당할 수 없는 정도다. 그러니 우리나라 같은 환경의 나라에서는 크고 작은 댐을 계속 건설하여 수력발전을 많이 하는 것이 나라의 경제를 위해서도 도움이 된다.

해를 끼치는 나무라면 뿌리째 뽑아야 다시 움이 나서 자라지 않고, 사람에게 해를 끼치는 물이라면 그 근원지부터 막아야 한다.

해마다 재해대책본부를 설치하여 제방을 보수하고 하천을 정비하기만 해서는 안 된다. 홍수를 막을 근본적인 대책을 세워야 하겠다.

2006년 7월 31일

拔: 뽑을 발　本: 근본 본, 뿌리 본　塞: 막을 색, 변방 새　源: 근원 원

문도어맹
問道於盲

장님에게 길을 묻는다

옛날 어떤 부자가 목수를 한 사람 물색하여 대문을 고치게 했는데, 그 목수는 공사를 다 마치고 나서 공사비를 청구하였다. 주인이 일한 것을 한번 보고 나서 공사비를 주려고 나가 보니, 그 목수가 대문의 빗장을 바깥에다가 달아 놓았다. 대문은 잠금장치인 빗장이 생명인데 그것을 바깥쪽에 달아 놓았으니, 대문의 기능을 전혀 할 수 없게 되어 있었다. 너무 어이가 없는 주인은 화가 나서 큰소리로 꾸짖었다. "천하에 형편없는 목수로군. 아무리 소견이 없기로서니 그래, 대문 빗장을 바깥에다 다는 작자가 어디 있어?" 그 목수는, "그래, 나는 형편없는 목수가 맞소. 그러나 하고많은 목수 가운데서 나 같은 사람을 골라 일을 시킨 당신은 무슨 소견이 있단 말이오?"라고 대들자, 주인은 아무 말도 못 했다.

사람들은 남의 일을 보면 잘 지적하고 비웃고 하지만, 정작 자신이 하는 일 가운데도 남의 지적을 당하거나 비웃음을 살 일이 많은데도, 자신은 모르고 있는 경우가 많다.

지금 우리나라 대한민국에는 아무리 긴박(緊迫)한 상황이 발생하여도 대통령은 전혀 자신의 역할을 못한다. 지금까지는 국민들의 의사에 어긋나는 일만 골라 하더니만, 지금은 그마저도 손을 놓아 버렸다. 그야말로 아무런 정책이나 대책이 없는 것이다. 대통령이 지금 어디에 있는지 아무 소리도 내지 않는다. 마치 자신 있게 항해하겠다고 선장의 자리를 애써 차지했던 사람이 풍랑(風浪)이 심해지니까 나 몰라라 하고 배의 키를 놓아 버리고서 나자빠진 것과 같은 꼴이다.

그래서 지금은 대통령과 상당 기간 의기가 투합되던 전직 청와대 비서관이나 장차관들이 대통령을 강하게 비판하고 나섰고, 열렬한 지지를 보내던 사람들도 대부분 등을 돌리고 있다. 대통령에 대한 지지율이 사상 최저를 기록하고 있다.

자격이 안 되면서 대통령을 하겠다고 나선 사람도 문제지만, 더 큰 문제는 그런 사람을 대통령으로 뽑은 대다수 국민들에게 있다. 일반적으로 사람은 지금까지 해 온 말이나 행동을 보면 앞으로 그 사람이 어떤 행동을 할 것이라는 것을 짐작할 수가 있다. 기적이 일어나지 않는 한 크게 바뀌지 않는다. 마치 2007년 여름을 살아 보지 않았지만, 덥고 비가 많이 올 것이라는 것을 예측할 수 있는 것과 같다. 왜냐하면 지금까지 여름은 그랬으니까.

그런데 국민들은 백성들을 오도(誤導)하는 어용방송이나 일부 신문들의 선동에 휩쓸려, 대통령의 자질이 안 되는 사람을 대통령으로 뽑았다. 자기들이 판단을 잘못해 놓고, 지금 와서 자기들이 뽑은 대통령을 비난하는데, 사실은 사람을 알아보는 안목이 없는 자신들이 먼저 비난 받아야 한다.

나라의 지도자나 각종 지방정부의 책임자나 국민의 대변자인 국회의원 등을 선출하는 선거는 장난이 아니다. 그런데도 점점 장난처럼 되어 가고 있다. 신문에서 조사한 인기도에 따라 공천이 되고, 또 선거에 막강한 영향을 주기 때문이다. 지난번 서울시장 선거에서 여당이 인기가 높은 여자 후보를 내놓으니까, 야당에서 아무리 경륜이 있고 생각이 바른 사람을 후보로 내놓아도 도무지 지지율이 오르지를 않았다. 그러다가 아주 젊은 꽃미남 같은 사람을 후보로 선정하니까, 여당의 여자 후보를 단번에 현격한 차이로 앞지르게 되었고, 결국 큰 표차로 당선되게 되었다. 그러나 그 당선자가 과연 서울시장 역할을 잘 수행할 수 있을지는 의문이 아닐 수 없다. 당시 여당이나 야당에 지금의 당선자보다 객관적으로 볼 때 월등하게 나은 인물이 많이 있었지만, 결국 여론조사에 의한 인기도에서 앞서지 못하여 시장으로 선출되지 못하고 말았다. 다른 지방자치단체의 선거에서도 이런 사례가 수없이 많았다.

전 국민이 국가의 장래를 진지(眞摯)하게 생각하지 않고, 즉흥적으로 선거하는 경향이 갈수록 심해진다. 이러고서도 국가가 잘될 수 있겠는가? 지금 국가가 혼란하고 경제가 침체하는 것은 대통령 한 사람에게 책임이 있는 것이 아니고, 국민 모두에게 큰 책임이 있다.

길을 잘 모를 때 장님에게 길을 물어서 될 일인가? 장님이 길을 잘못 인도하여 자신을 함정이나 낭떠러지로 인도했을 때, 자신의 생명도 잃을 수 있다. 그 책임을 장님에게 물을 수 있겠는가? 결국 자신이 판단을 잘못한 책임을 져야 한다.

2006년 8월 7일

問: 물을 문　　道: 길 도　　於: ~에게 어　　盲: 장님 맹

사속삭즉악인창
赦贖數則惡人昌

사면이나 속죄를 자주 하면 나쁜 사람이 번창한다

 죄가 있으면 당연히 벌을 받아야 하고, 공(功)이 있으면 반드시 상을 받아야 한다. "상은 미덥게 해야 하고 죄는 반드시 처벌해야[信賞必罰]"만 세상이 질서가 잡히고 억울한 사람이 없게 된다.

 사람들이 법을 잘 지키지 않고, 상 받는 사람을 존경하지 않고 우습게 보는 것은, 법의 집행이 공정하지 않고, 수상자를 선정할 때 정실에 치우치기 때문이다. 중학교 고등학교에서 우등상이나 개근상을 받는 학생보고 아무도 비웃지 않는다. 왜냐하면 누가 봐도 성적이 되는 학생이나, 결석을 한 적이 없는 학생이 그 상을 받기 때문이다.

 어렵게 사는 백성들이 사소한 범법행위를 하면 반드시 처벌하여 징역을 살리거나 벌금을 물린다. 그리고 사면이란 것이 없이 형기를 다 채운다.

 그러나 정치가들의 경우에는 큰 죄를 저질러 기소가 되어 경찰이나 검찰이 수사를 하고 판사가 형량을 선고하여 교도소 생활을 하게 되더라도, 1, 2년 지나지 않아서 다시 청와대 비서관, 장관을 한다. 대통령이 이른바 사면권(赦免權)을 행사하여 중범죄자를 다 석방해서 복권해 버리기 때문이다.

대통령 한 사람의 결정에 따라서 전국의 경찰관, 검사, 판사들이 다 오랫동안 헛일을 한 꼴이 되고 만다. 땀 흘리며 수사하고 논고하고 판결한 것은 그 죄에 맞는 형벌을 주기 위한 것이었는데, 사면이라는 이름으로 범죄의 질이나 경중에 상관없이 다 석방하니, 죄인들이 법을 두려워하겠으며, 준법정신이 생기겠는가? 법질서가 철저하게 유린당하는 것이다. 대한민국의 모든 법이 결국 무용지물(無用之物)이 되고 마는 것이다. 그래서 사람들은 법을 지키려고 하지 않고, 법을 지키지 않다가 적발되게 되면, 첫마디가 "되게 재수 없군."이다.

사면이란 것은 원칙적으로 있어서는 안 된다. 옛날 전제군주시대에 왕이 백성들에게 환심을 사기 위해서 가끔 사면이란 것을 했다. 그러나 그때는 삼권분립이라는 제도가 없을 때니, 왕이 최고사법권자로서 사면을 할 수 있다고 볼 수도 있다. 삼권분립을 표방한 민주주의국가에서 대통령이 1년에도 몇 번이나 멋대로 시행하는 사면은, 정말 준법정신에 위배되는 것이다.

또 다 같은 21세기 민주국가지만, 대통령의 사면이 우리나라처럼 흔한 나라는 없다. 미국, 일본, 중국 등에는 사면이란 거의 없다. 저지른 죄의 대가를 치르는 것이 공정하다고 생각하기 때문이다.

사면을 할 때 의례적으로 "국민 화합을 위하고 억울한 사람들을 구제하기 위해서" 등등의 문구가 든 담화문을 발표하지만, 사실 근실하게 살아가는 일반 국민들에게는 사면이 아무런 혜택이 없다. 또 어렵게 사는 서민들에게는 사면의 혜택이 미치지 못한다. 교도소에 있게 되면 국가 경제에 손실을 가져올 경제인들에게도 별로 혜택이 돌아가지 않는다. 사면의 혜택을 받는 사람들은, 비리에 연루된 대통령 측근이나, 뇌물을 받거나 각종 이권에 개입된 여당 정치인이 대부분이고, 거기에 구색을 맞추기 위해서 끼워진 야당 정치인 기타 몇몇 사람일 뿐이다.

이들은 법이 무서운 줄 모르기 때문에 사회에 나오면 다시 전에 하던 버릇을 고치지 못해 백성들에게 군림하고, 경제인들에게 돈을 요구하는 등 부정적인 일을 하고 다닐 것이 뻔하다. 이들이 사면됨으로 해서 선량한 백성들에게 도움되는 점은 하나도 없다. 그러니 국민 화합하고는 아무런 관계가 없다. 대통령 자신의 사사로운 보답 행위에 지나지 않는다.

한(漢)나라 때 왕부(王符)가 쓴 『잠부론(潛夫論)』에 이런 말이 있다. "선량한 백성을 해치는 것으로서, 사면과 속죄(贖罪: 재물을 바치고 죄를 용서받는 일)를 자주 하는 것보다 더 심한 것이 없습니다. 사면과 속죄를 자주 하면 악인이 번창하고 착한 사람들이 상하게 됩니다."

사면 자주 하기로 유명한 우리나라 대통령이 새겨들어야 할 말이다.

2006년 8월 21일

赦: 용서할 사   贖: 속죄할 속   數: 자주 삭, 헤아릴 수
則: ~하면 즉, 법칙 칙   惡: 나쁠 악   人: 사람 인   昌: 번창할 창

위불기교, 녹불기치
位不期驕, 祿不期侈

벼슬자리를 얻으면 교만해서는 안 되고,
녹을 받으면 사치해서는 안 된다

대통령은 국민 여론에서 안 된다는 인사를 장관 및 국영기업체 수장의 자리에 굳이 임명하려고 든다. 주변에서 간곡하게 충고라도 하는 사람이 있으면, "인사권은 대통령의 고유 권한인데, 고유 권한도 행사하지 못하게 하느냐?" 하면서 불쾌해한다.

국민들이 대통령을 선출할 때는 그래도 다른 후보보다는 잘할 것으로 생각하고 표를 던진 것이다. 삼척동자(三尺童子)가 보아도 이치에 어긋나고 상식에 벗어난 일을 하면서도 "대통령의 고유한 권한이다."라고 억지나 부리라고, 대통령으로 선출한 것은 아니다. 국민 대다수가 안 된다고 할 적에는 거기에 틀림없이 문제가 있는 것이다. 대통령과 견해가 같지 않은 사람이라고 모두가 보수세력이라고 몰아붙여서는 곤란하다.

며칠 전 청와대 비서관이 국회에서 의원들의 질의에 답변하는 과정에서 그 말투가 아주 교만(驕慢)하면서도 방자(放恣)하였다. 답변한 그 비서관은 국회의원과의 말싸움에서 이겼다고 생각하여 기분이 좋을지 모르지만, 많은 국민들의 눈살을 찌푸리게 했다. 결국 그 화살은 대통령에게로 돌아가, 많은 사람들이 어찌 저런 기본예의도 갖추지 못한 사람을 중요한 비서관 자리에 앉혔느냐고 대통령을 비난할 것이다.

요즈음 각종 이권 청탁, 부정 대출, 부당한 영업 허가 등등의 이면에는 고위직에 있는 사람, 고위직을 지낸 사람들이 상당수 연루되어 있다. 시중에는 "대한민국은 민주공화국이다."라는 헌법 조문을 희화화(戲畫化)하여, "대한민국은 부정공화국(不正共和國)이다."라는 말까지 나오게 되었다.

대한민국 건국 이후 국민들은, "이번 대통령한테는 속았지만, 다음 번 대통령이 하면 이렇지는 않겠지."라고 기대를 했다가, 실망하고 또 실망하고 하여 오늘날까지 오게 되었다.

지금 대통령은 취임 인사말에서 단호하게 부정부패가 없는 깨끗한 사회를 만들겠다고 다짐했다. 그러나 임기 후반에 들어선 지금, 역대 어느 정권보다 부정이 더 심하게 되어 버리고 말았다.

재야에 있을 때는 그 당시 대통령이나 정부관리나 고위층 인사들의 부정부패가 눈에 잘 보여 신랄한 비판을 가했지만, 자신들이 정권을 잡아 그 자리에 앉게 되면, '이 정도는 괜찮겠지.', '비밀리에 하는데 누가 알겠나?', '이런 자리가 나에게 다시 돌아오겠는가? 언제 그만둘지도 모르는데, 물러난 뒤도 생각해야지.' 등등의 생각으로 일을 처리하다 보니, 국민들의 여론도 무시한 채, 교만을 부리고, 이권을 챙긴다. 역대 정권이 다 그랬지만, 지금이 제일 심한 것 같다. 청와대 비서관들이나 정부 고위직에 있는 사람들이 지금까지 변변한 직업을 가져 본 적이 없었기 때문이다. 마치 배고픈 사람이 몸에 좋은지 해로운지 가리지 않고 마구 먹어 대다가 병을 얻는 것과 같은 격이다. 높은 자리에 올랐으면 됐지 왜 더 이상 교만을 떨어야 하는가? 넉넉한 월급과

퇴직 후의 연금이면 충분할 텐데 왜 꼭 부정에 개입해서 한밑천을 잡으려 하는가? 이런 태도가 자신을 망치고, 자기가 속한 정권을 무너뜨리는 장본(張本)이 된다는 생각을 왜 하지 않는가?

『서경(書經)』에, "벼슬자리를 얻으면 교만해서는 안 되고, 녹을 받으면 사치해서는 안 된다.[位不期驕, 祿不期侈.]"라는 말이 있다. 벼슬자리에 있게 되면 교만할 것이 아니라 더욱더 공손해야 하고, 사치할 것이 아니라 더욱더 검소해야 한다. 고위직에 있게 되면, 공손하고 검소해도 많은 사람들이 질투를 하는데, 거기다가 교만하고 부정까지 저지른다면 어떻게 되겠는가? 고위층 사람들이 더욱 공손하고 더욱 검소하면, 국민들은 좋아하지 말라고 해도 저절로 그들을 좋아하게 될 것이다.

2006년 8월 28일

位: 자리 위　　**不**: 아니 불　　**期**: 기약할 기　　**驕**: 교만할 교
祿: 봉록(월급) 록　　**侈**: 사치할 치

역지사지
易地思之

처지를 바꾸어서 생각한다

    필자가 옛날 초등학교 다닐 때 3학년 음악 교과서에, "아빠하고 나하고 만든 꽃밭에 채송화도 봉숭아도 한창입니다."라는 가사가 나오는 노래가 실려 있었다.

    선생님이 수업시간에 이 노래를 가르치지만, 아버지를 일찍 잃은 필자는, 이 노래를 부르는 것은 물론이고 듣기도 싫었다. 열 살의 어린 나이지만, 그때 필자는 마음속으로, '이 노래 가사를 지어 낸 사람은 그렇다 치더라도, 음악 책에다가 이 노래를 실은 문교부(지금의 교육인적자원부)의 교과서 만드는 사람들은 참 소견도 없는 사람들이다. 아버지가 안 계신 아이들을 슬프게 만들려고 이런 노래를 실었는가? 또 아버지가 살아 계신다 한들 우리나라 형편에서 아버지하고 화단 만들면서 여유 있게 살 만한 가정이 얼마나 되겠는가?'라고 불만스러운 생각을 한 적이 한두 번이 아니었다.

    이 노래를 음악 책에 넣은 편수위원들은, 전국에 이런 생각을 하는 어린이가 있으리라고는 꿈에도 생각 못 했을 것이다. 사람은 다 자기 위주로 살고 생각하고, 기껏 남의 입장이 되어 생각한다고 해도, 결국 자기 주변에서 볼 수 있는 것, 경험할 수 있는 것 정도 안에서 배려할 수밖에 없기 때문이다.

모든 것이 다 마찬가지이다. 지금 우리나라는 경제적으로는 부강한 나라의 대열에 끼어 있지만, 사회는 날로 분열되어 편가르기가 극심하다. 정부와 국민, 여당과 야당, 좌파와 우파, 노인층과 젊은 세대, 남성과 여성, 기업가와 노동자, 서울과 지방, 무슨 지방 출신과 무슨 지방 출신, 무슨 종교와 무슨 종교, 무슨 시민단체와 무슨 시민단체, 무슨 대학 출신과 무슨 대학 출신, 무슨 성씨 등등 편가르기는 끝이 없다. 심지어 시골 조그마한 면에도 동부와 서부, 남부와 북부 등의 편가르기가 있는 형편이다.

편가르기로 인해서 대부분의 백성들은 정신적으로 편안한 날이 없다. 민주주의 나라로서 언론의 자유가 있다지만, 마음 놓고 자기 의견을 말할 수도 없다. 어떤 의견을 내놓으면, 반대 의견을 가진 단체나 사람들이 집단적으로 전화, 인터넷, 편지 등으로 협박을 하고 매도를 하기 때문이다. 지역적 특성을 이야기했다가 전화, 편지 등의 협박에 시달려 죽은 원로 소설가도 있었고, 산송장처럼 된 연예인도 있었다. 누가 쓴 글이나 방송에서 발언을 한 것이 자기 마음에 들지 않으면, 각종 방법을 동원하여 사정없이 협박을 한다. 그러니 정치가들이 대중의 눈치를 보지 않을 수 없는 것이다. 자신의 실상(實像)과는 상관없이 여론 재판에서 잘못 판정받으면, 정치적 생명이 끊어지기 때문이다.

이 모두가 자기만 생각하고, 상대방은 생각하지 않는 데서 비롯된다. 대통령은 국민의 입장을 생각하고, 국민은 대통령의 어려움을 생각하고, 노동자는 기업가의 고뇌를 생각하고, 기업가는 노동자의 생활상을 이해하려고 하고, 젊은 사람은 노인의 어려움을 생각하고, 노인은 젊은이의 개방적인 사고를 인정하는 등, 서로가 상대방의 처지에 서서 그 문제점이나 애로점을 생각한다면, 우리 사회가 이렇게 심한 편가르기로 가지는 않을 것이다.

자기만 알고 자기주장을 하는 사람들의 대부분은 피해의식(被害意識)을 갖고 있다. 상당수의 노동자들은, '기업가들은 늘 놀면서도 호의호식(好衣好食)하는데, 우리 노동자들은 밤낮 쉬지 않고 일해도 월급은 얼마 안 되니, 기업가에게 착취당하는 것이다. 그러니 투쟁해야 된다.'라고 생각하고 있다. 특정 지역 사람들은, '어떤 지역은 대통령이 나왔기에 공장도 많이 들어서고 항구도 건설되고 길도 다 포장되었는데, 우리 지역은 소외당하고 있다.'라는 생각을 갖고 있다. 이런 생각들이 다 피해의식에서 시작된다. 노동자들이 밤낮 쉬지 않고 일하는 만큼, 기업가도 치열한 경쟁 속에서 회사를 살리기 위해서 밤낮으로 머리를 쓰고 있다. 남들이 특혜를 받았다고 생각하는 지역에 사는 사람들 자신은 또 자기들이 소외당한 지역에서 살고 있다고 생각한다.

한 걸음 물러나서, 자기보다는 상대방을, 자기 지역보다는 다른 사람들이 사는 지역을 이해하는 자세를 갖고 살아간다면, 우리 사회는 화합될 수 있을 것이다. 그렇게 화기애애한 분위기가 돌 때, 가장 좋은 사회가 될 것이다.

밖에만 나갔다 하면 남에게 당한 기분이 들고, 어떤 일을 했다 하면 남과 부딪치지 않으면 안 되고, 한마디 말만 했다 하면 집단성토를 당하는 그런 나라는 정상적인 나라가 아니다.

우리 모두가 입장을 바꾸어서 상대를 이해하고 포용하는 자세로 살아가도록 하자.

2006년 9월 4일

易: 바꿀 역, 쉬울 이　　地: 땅 지, 처지 지
思: 생각할 사　　　　　之: 갈 지, 그것 지

용두사미
龍頭蛇尾

용의 머리에 뱀 꼬리. 시작은 거창하나 결과는 없는 것

2004년 이른바 중국의 '동북공정(東北工程)'을 통한 역사왜곡이 표면에 드러났을 때, 민족의식이 강한 우리 국민들이 분노하였다. 국민들은 자발적으로 성토대회를 열고, 언론에서도 연일 그 심각성을 보도하였다.

그 결과 전문학자들을 모아 고구려연구재단을 만들어 본격적인 연구를 통하여 대응한다는 정책을 발표했다. 그러나 2년이 지나는 동안 별다른 수확 없이 고구려연구재단은 동북아연구재단에 흡수되고 말았다. 최근 연구재단을 책임졌던 학자들이 신문 인터뷰를 통해서 정부의 대책을 강도 높게 비판하고 있다.

학자들이 연구를 게을리했던 것이 아니라, 외교부 등 우리 정부 당국이, "중국의 비위 건드리지 말아라.", "중국하고 사이 나빠져서 좋을 것 없다.", "육자회담도 있고 하니, 중국의 도움이 필요할지 모른다." 등등으로 연구를 못 하게 하고, 연구했던 것도 발표를 자유롭게 하지 못하게 했다고 한다. 우리나라 외교부는 중국 하수인 집단인가? 더구나 개탄할 일은 중국에 주재하는 우리나라 대사관에서는 동북공정의

실태조차 파악하지 못하고 있다는 것이다. 이렇게 해 가지고 국가적인 지원하에 조직적으로 연구하는 중국에 어떻게 대응한다는 말인가?

중국 국경지역에 사는 소수민족들 가운데는 그 민족으로 된 독립국가가 있는 경우가 있고, 그렇지 못한 경우가 있다. 티베트 민족 같은 경우는 모든 민족이 다 중국에 속해 있을 뿐, 티베트 민족이 세운 독립국가는 없다. 이런 민족은 현재의 사정으로 봐서 중국의 통치권을 벗어나 독립하기는 어렵고, 중국 정부가 어떤 대가를 치르더라도 독립하도록 그냥 놔두지는 않을 것이다.

우리나라 몽고(蒙古)는 중국 안에 소수민족으로도 존재하고, 또 독립국가가 있다. 중국 정부의 속셈은 중국 밖에 있는 독립국가까지도 중국으로 만들고 싶은 것이다. 몽고는 단일국가라서 쉽게 붕괴될 염려는 없지만, 우리는 남북이 대치하고 있는 상황이라 문제가 더 복잡하다. 중국이 이간질을 하면 남북관계는 점점 멀어질 수 있다.

10여 년 전 필자가 북경(北京)에 거주할 때, 평소 관계가 좋았던 중국고대사를 전공하는 교수 집을 방문한 적이 있었다. 그의 서재 한쪽 벽에는 큰 중국 지도가 걸려 있었다. 중국 지도를 보면 북쪽 중앙에 몽고공화국이 있는데, 웅덩이처럼 움푹 패어 있다. 그 아래로 중국 영토인 내몽고자치주가 받침대처럼 기다랗게 놓여 있다. 묻지도 않았는데, 그 교수가 몽고공화국을 가리키며 말하기를, "이 지역은 본래 중국 영토인데, 장개석 정부의 실수와 러시아의 사주(使嗾)로 인하여 중국에서 떨어져 나가 독립되었다. 언젠가는 되찾아야 하는데……."라고 했다.

필자는 이 교수의 말을 듣고 섬찟했다. '이 사람이 말은 안 하지만, 우리나라에 대해서도 이런 생각을 안 한다고 보장할 수 있나?' 하는 것이 필자의 생각이었다. 어떤 역사지도에는 아예 청(淸)나라 때까지는 자기네 영토라고 표기해 놓았다. 한국 사람들이 자주 왕래하는 북경 등 도시 사람들은 그런 말을 안 하지만, 한국 사람이 처음 가는 시골에서는, "한국에서 왔습니다."라고 하면, "옛날에 우리 나라였는데."라고 서슴없이 말하는 사람도 많이 있었다. 이는 중국에서 오랫동안 한국은 자기네 영토라고 가르쳐 왔다는 증거이다.

앞으로 북한 정권이 무너진다면 중국은, "본래 우리 영토였다."고 하면서, 자기들의 괴뢰정권으로 연변(延邊)처럼 자치주(自治州)를 세워 다스릴 것이다. 그렇게 되고 나면, 중국과 영토 쟁탈을 위한 전쟁을 하지 않는 한 북한 지역의 땅을 다시 찾아오기는 힘들 것이다.

그러니 처음부터 중국의 역사전쟁에서 한 발짝도 물러서지 말고 단단히 대처해야 한다. 이에는 국가의 적극적인 지지가 필요하다. 그런데 현실은 어떤가? 중국은 점차 영토 침략의 야욕을 드러내는데도, 우리 정부 당국은 애써 외면하고자 한다. 사회과학원은 중국의 국책연구기관으로, 연구원만 6만 명인 어마어마한 기구로 그 책임자는 공산당 핵심간부로 장관보다 직급이 높다. 동북공정 시작할 당시의 원장 이철영(李鐵暎)은 공산당 중앙판공청 주임(우리나라의 집권당 사무총장) 출신이다. 그런데도 사회과학원에서 내놓은 "고구려, 부여, 발해 역사는 중국 역사다."라는 주장이 담긴 연구결과를 두고, 우리나라 외교부는, "중국 정부와 관계없는 학자들의 연구다."라고 일관하고 아무런 대책도 세우지 않고 있다.

더 나아가 외교부 등 우리 정부가 앞장서서 우리 국민들을 속이면서 중국의 눈치를 보거나 비위를 맞추기에 급급하였다. 연구원들이 자유롭게 연구결과를 발표하지 못하게 하였다 한다. 중국이 그렇게도 겁이 나는가? 더 강한 미국은 겁을 안 내면서 중국만 겁을 내는가? 우리의 영토를 침범할 야욕이 없는 미국은 물러가라 하면서 우리의 영토에 침을 흘리는 중국에게만은 비굴하게 대하는가?

장개석(蔣介石)의 국민당 정부가 중국을 통치할 때는, 중국에 있는 많은 소수민족들이 불만이 많았다. 왜냐하면 한족(漢族)과 소수민족을 심하게 차별했기 때문이었다. 그러나 모택동(毛澤東)은 "중국은 한족들만의 중국이 아니고 중국에 거주하는 모든 민족들의 중국이다."라고 하니, 중국에 거주하면서 차별받아 왔던 소수민족들이 동등한 대우를 받는 것 같아 아주 기분이 좋았다. 이른바 '다원일체(多元一體)'이다. 즉 "근원은 많아도 한 몸뚱이"라는 것이다.

중국에 살면서 중국 국민인 우리 동포 조선족들도 기분이 좋았다. 그래서 공산당과 국민당 정부와의 전쟁에서 우리 조선족으로 구성된 고려군(高麗軍)이 다대한 전공을 세워 공산당 정부 수립을 도왔다. 지금도 조선족 지식인들을 만나 보면 모택동에 대해서는 대단한 존경과 찬사를 보내면서, 장개석에 대해서는 강한 혐오감을 보낸다.

공산당 정부가 들어선 뒤로는 더욱더 소수민족을 우대했다. 북경대학 등 유명한 대학의 입시에 소수민족 출신의 학생을 우대하고, 한 가정에서 아이 하나밖에 낳지 못하게 하면서도 소수민족은 둘까지 허용하는 정책을 펴고 있다.

2006년 9월 11일

龍: 용 룡   頭: 머리 두   蛇: 뱀 사   尾: 꼬리 미

인시제의
因時制宜

때에 인하여 알맞음을 만든다.
시대에 따라 적절한 대책을 세운다

임진왜란(壬辰倭亂) 이후 만주(滿洲)에서 일어난 여진족(女眞族)이 세력을 확장하여 청(淸)나라를 세워서 황제 나라 명(明)나라를 위협하였다. 반면 명나라는 오랜 부정부패와 당파싸움 등으로 날로 국력이 쇠퇴해 갔다.

이런 국제정세에서 조선왕조의 15대 임금 광해군(光海君)은 그래도 두 세력 사이에 적절하게 외교전술을 펼쳐 침략을 당하지 않고 나라의 평화를 유지해 나갔다. 오늘날 광해군을 재평가하려는 이유가 이런 데 있다.

1623년 인조(仁祖)가 추대되자, 당시의 국제정세에는 전혀 신경을 쓰지 않고, 황제 나라 명나라에 대한 사대(事大)의 예(禮)를 강조하고, 청나라는 오랑캐로 취급하여 상대를 하지 않으려 하였다. 그러다가 1627년 청나라의 침공을 받아 청나라와 형제의 관계로 동맹을 맺었다. 이른바 정묘호란(丁卯胡亂)이다. 그래도 몰래 계속 명나라만 숭상하고 청나라를 배척하다가 1636년 병자호란(丙子胡亂)을 초래하였다.

백성들은 청나라의 칼날 아래 완전히 내팽개친 채, 대신들과 비빈

(妃嬪)들은 강화도(江華島)로 피난했다가 곧 강화도가 함락되는 바람에 일부는 자결하였으나, 왕자 등 대부분은 청나라에 포로로 잡히게 되었다. 국왕 인조와 조정의 신하들은 남한산성(南漢山城)으로 피난하였으나, 청나라 대군에 포위된 채 추위와 굶주림 속에서 40여 일을 버티었다. 각지에서 올라오는 구원군들은 남한산성 부근에서 기다리던 청나라 군대에 전멸을 당했다.

1637년 새해 초 인조는 왕세자와 신하들을 데리고 대성통곡하면서 성을 나가, 삼전도(三田渡)에서 기다리던 청 태종(太宗)에게 무릎을 꿇고 아홉 번 머리를 조아리는 치욕적인 항복의 예를 올렸다. 얼마나 비참하고 치욕적인 장면인가? 그러고는 11개 조항에 해당되는 청나라의 강압적인 요구조건을 다 받아들이지 않을 수 없었다. 그 가운데는 청나라와 군신(君臣)의 관계를 맺고, 왕세자와 왕자, 척화(斥和) 대신들을 볼모로 잡아가는 것 등등의 조건이 있었다.

그리고 청나라 군대는 돌아가면서 부녀자들을 무차별로 납치해 갔다. 나중에 청나라에서는 막대한 돈을 받고서 찔끔찔끔 돌려보내 주었다. 이런 여인들이 이른바 '환향녀(還鄕女: 고향으로 돌아온 여인)'인데, 나중에 정조 잃은 여인을 가리키는 '화냥년'이란 말로 바뀌었다. 그렇게 고생하고 돌아온 여인들을 지체 있는 집안에서는 대부분 받아들이지 않고 버렸다.

국제정세를 모르는 측근들의 잘못된 권유로 임금이 오판(誤判)하여 국가와 백성들에게 엄청난 피해를 주었다. 이를 누가 책임지는가? 아무도 책임지지 않는다. 결국 당한 백성만 억울한 것이다.

10년 볼모 생활에서 돌아와 임금이 된 효종(孝宗)은, 거창하게 북벌계획(北伐計劃)을 세워 10년 훈련한 뒤 청나라를 정벌한다는 계획이었다. 그러나 그 최종목표는 우리가 중국을 차지하여 황제 나라가 되는 것이 아니고, 이미 망한 지 오래된 명(明)나라를 회복시킨다는 것이었다. 국토 면적이 우리의 70여 배가 되고, 인구가 20배가 넘는 청나라를 친다면서, 청나라의 지형은 어떻고, 정보는 어떻게 수집하고, 보급은 어떻게 한다는 등등의 구체적 계획 하나 없이 한때의 울분으로 그저 청나라를 친다고 하고, 여기에 붙어서 서인(西人)들은 정권이나 유지하려고 했던 것이다. 결국 백성들을 기만한 것이다. 그리고 그렇게 전쟁을 하는 목적이 명나라 부흥이라 하니 정말 우스운 일이 아닐 수 없다.

국정을 운영하는 사람들이 국제정세를 모르니, 조선은 날로 낙후하여 20세기 초반에는 결국 일본에게 먹히고 말았다. 망할 길로만 찾아가니, 조선은 일본이 안 먹어도 다른 나라가 먹었을 것이다.

지금 거의 전 국민이 반대하고, 또 군사 분야의 전문가들이 전시작전권 이양을 반대하는데도 대통령은 결국 미국 대통령을 만나 이양하겠다는 약속을 받아 냈다. 청와대나 여당의 인사들은 무슨 대첩(大捷)이나 거둔 것처럼 의기양양하다. 미국이야 무거운 책임을 하나 더는데 반대할 이유가 있을 턱이 없다. 우리나라 걱정은 우리가 해야 한다. 북한 이외에도 우리나라에 침략의 위협을 가할 수 있는 나라는, 일본, 중국, 러시아 등 주변에 얼마든지 많다.

'자주'라는 그럴듯한 말 한마디 때문에, 안보의 튼튼한 성벽을 스스로 허무는 짓을 대통령과 그 측근들은 왜 하는지 이해가 되지 않는다.

혈통으로 볼 적에 청나라보다 더 먼 명나라는 황제 나라라 하여 하늘처럼 받들면서, 우리와 혈통이 가까운 청나라는 오랑캐라 하여 배척하다가 전쟁의 참화를 스스로 불러들인, 인조와 그 측근들을, 오늘날 대통령과 그 측근들은 한번 생각해 봤으면 좋겠다.

정치나 외교는 시대에 맞게 적절하게 대처하는 것이 중요하다.

2006년 9월 18일

因: 인할 인　　時: 때 시　　制: 지을 제　　宜: 알맞을 의

161

재경덕박
材輕德薄

자질은 가볍고 덕은 얇다

우리들은 초등학교, 중학교의 교과서를 통해서 국가가 삼권(三權)으로 분립되어 입법부, 사법부, 행정부로 나뉘어 있고, 그 수장(首長)은 국회의장, 대법원장, 대통령이고, 그 권리가 대등한 것으로 배워 알고 있다. 국가의 경축행사 등을 현장중계방송할 때 아나운서가 "삼부요인(三府要人)께서 다 참석하셨습니다."라는 말로, 대통령, 국회의장, 대법원장을 함께 일컫기도 한다. 겉으로 보기에는 그 권한이 대등한 것 같다. 지금은 헌법재판소가 만들어져 흔히 '사부(四府)'라고 한다.

김대중(金大中) 대통령 때, 신문기자가 "호남 출신 인사들을 너무 많이 기용하는 것 같습니다."라고 질문을 하자, 김 대통령은, "삼부요인 가운데 국회의장과 대법원장이 호남 출신이 아닌데, 무슨 소리냐?"라고 반박한 적이 있다.

그러나 현실은 그렇지 않다. 국회의장과 대법원장은 그 권한에 있어 대통령과는 하늘과 땅의 차이다. 국회의장이나 대법원장은, 대통령이 어떤 사람을 시키겠다는 의도에 따라 결정되기 때문이다. 그래서 국회의장이나 대법원장은 임명받기 위해서 대통령의 심기(心氣)를 살펴 거스르지 않으려고 애를 쓰고, 임명된 뒤에는 보은(報恩)의 차원에서 대통령의 뜻을 잘 받들어야 한다. 이런 실정이니 실제로 별 힘이 없게 되었다. 자기가 잘 처신하면 그래도 형식적인 권위는 지키지만, 잘못 처신하게 되면 국민들의 비웃음거리밖에 안 된다.

국가의 십대 요직에 검찰총장, 경찰청장, 국세청장, 재경부 이재국장(理財局長) 등의 직책은 들어가도, 국회의장, 대법원장은 아예 들어가지도 못한다.

자유당 정권 때 마흔다섯 살의 나이로 국무총리를 지냈고, 또 박정희 대통령 시절에 국무총리를 한 번 더 지내고, 국회의장까지 지낸 백두진(白斗鎭)이라는 분이 있었는데, 유신 2기 국회에서 다시 국회의장을 하고 싶어, 비밀리에 대통령의 측근인 차지철(車智澈) 경호실장을 일곱 번이나 찾아가 결국 국회의장이 된 적이 있었다. 이러고서 국회의장의 권위가 어떻게 서겠는가? 청와대 경호실장이나 경호원들이 국회의장을 보면, 허수아비처럼 보이지 않겠는가? 그래도 이분은 출중한 능력과 깔끔한 매너라도 있었다.

오늘날은 민주화니 발전이니 운운하지만, 더 퇴보가 된 것 같다. 국가의 법적인 균형을 유지하기 위하여, 김대중 당시 야당 총재의 강력한 요구에 의하여 노태우(盧泰愚) 대통령 때 헌법재판소가 만들어졌다. 대법원은 사건 판결이 위주지만, 헌법재판소는 국가의 체제와 방향을 제시하는 기능을 하기 때문에 역사는 짧아도 그 위상은 대법원 못지않다.

그 소장이 되려는 전효숙 헌법재판관은 헌법재판관을 그만두면 헌법재판소장 임명 자격을 상실한다는 것도 모르고, "헌법재판소장에 임명하겠다."는 청와대 비서관의 전화 한 통에 너무 좋아서 덜컥 헌법재판소 재판관을 사퇴하고, 재판소장에 임명되기를 기다리는 행위 자체가 헌법재판소의 권위를 얼마나 실추시키겠는가?

대통령이 당선된 이후부터 막말을 하고 다녀 지금 국민들이 정신적인 몸살이 너무나 심하다. 그런데 "천하에 짝이 없는 물건이 없다."는 속담처럼, 또 대법원장까지 나서서 여기저기 다니면서 막말을 하여, 지금 검찰과 변호사 단체가 들끓고 있다. 서로 손발을 맞추며 일해야 할 관계가 아닌가?

대한민국에는 곳곳에 뛰어난 인재들이 얼마든지 많이 있다. 대통령이 자기 잘 아는 사람만 골라 쓰다 보니, 자질도 시원찮고 인격도 안 되는 인물을 임명하여, 불필요한 소동을 야기하고 있다.

적절하지도 않은 사람을 어떤 자리에 임명하고서 누가 문제를 삼으면, "인사는 대통령의 고유한 권한인데, 무슨 소리냐?"라는 말로 방어하는데, 인사는 대통령의 고유한 권한이 아니고, 국민들이 5년 동안 잠시 위임한 것일 따름이다. 인사를 잘못한다고 국민들이 지적하면, 밀어붙일 것이 아니라, 수긍하고 검토하는 자세가 필요하다.

2006년 9월 25일

材: 재목 재　　輕: 가벼울 경　　德: 클 덕　　薄: 얇을 박

거위존진
去僞存眞

허위는 버리고 참된 것을 간직하자

요즈음 신문에 자주 등장하는 기사 가운데 하나가 12월에 있을 아시안게임 준비 상황에 관한 것이다. 과학적인 훈련방법을 써서 2위를 목표로 피땀 어린 훈련에 열중하고 있다는 내용 등이다.

지난 6월에 있은 월드컵대회를 지상파방송에서 경쟁적으로 막대한 경비를 낭비해 가면서 동시에 중계방송을 하였다. 대회가 있기 4년 전부터 코치 영입부터 각종 전지훈련 관계 기사 등 거의 매일 빠짐없이 방송이나 신문에서 월드컵대회에 대해서 언급하였다. 경기에서 이겨 좋은 성적 올리는 것이 목표였다. 좋은 성적을 올리기 위해서는 외국인 선수를 영입하고, 외국 팀을 불러와 경기를 치르고, 또 우리 팀이 유럽, 남미 등지로 전지훈련을 나가 현지에서 강한 팀들과 경기를 갖기도 하였다. 좋은 성적을 올리기 위해서는 어마어마한 경비는 염두에 두지 않는 것 같았다.

운동경기에 있어서는 좋은 성적을 얻기 위해서 피나게 경쟁하고, 모두가 이를 당연하다고 여긴다. 그러나 공부에 관해서는 절대 경쟁은 안 된다고 하니, 모순이 아닐 수 없다. 고교평준화정책을 반대하거나,

그것이 안 되면 학교 내에서 능력별 반 편성을 주장하는 사람은, 독선적이고 이기적이고 비민주적인 사람으로 매도(罵倒)당한다.

교육부를 비롯한 각급 교육관청에서도 경쟁 없는 교육을 부르짖는다. 그래서 거의 해마다 교육부에서는 개선된 입시제도를 내놓는다. 그 목적은 학교에서의 경쟁을 없애 학생들의 부담을 덜어 준다는 것이다.

그러나 교육부에서 새로운 교육제도를 내놓을 때마다 학생들의 부담을 줄이는 것이 아니고, 학생들의 부담은 이중 삼중으로 늘어나고, 사교육(私敎育)만 더 살찌우게 된다. 실제로 입시제도가 바뀔 때마다 서울 강남(江南)의 사설학원들은 더 성황을 이룬다고 한다. 대표적인 경우가 논술시험이다. 암기를 위주로 한 사지선다형 시험에 대비한 공부를 지양하고, 다양한 독서를 통한 사고력과 작문력의 향상을 위해서 논술시험의 비중을 높인다고 하나, 학생들의 실력 향상은 눈에 띄지 않고, 논술학원만 더 잘되어 가고 있다. 고등학교 한 학급의 학생 수가 40명 정도 되는 상황에서 국어교사가 학생들의 논술을 지도할 수가 없다. 교사는 보통 8개 반 정도의 수업을 맡고 있는데, 학생 3백여 명이 지은 글을 꼼꼼히 읽고 바로잡아 준다는 것은 불가능하다.

또 지금처럼 까다롭고 배배 꼬인 논술시험 문제는 국어전공 교사도 답을 쓸 수가 없고, 출제한 교수보고 답을 쓰라고 해도 별로 잘 쓸 수가 없을 것이다. 아무리 현실을 모른다 해도, 고등학교 3학년 수험생이 답을 쓸 사람이라고 생각할 때, 요즈음 각 대학에서 출제하는 논술시험 문제는 수준이 너무 높아 정말 문제가 아닐 수 없다.

한 번의 논술시험으로 학생의 서열을 매기는 것보다는 3년간 축적한 실력으로 평가하는 것이 낫지 않겠는가?

학생의 부담을 덜어 주겠다는 발상은, 대부분 허위(虛僞)와 가식(假

飾)에서 나온다. 대학에 합격하는 사람이 대학에 합격하지 못하는 사람보다 좋은 대우를 받고, 좋은 대학 나온 사람이 그보다 못한 대학 나온 사람보다 더 좋은 대우를 받는 게 현실인데, 교육부나 교사가 학생들에게, "경쟁하지 마라.", "경쟁은 불필요하다.", "경쟁을 없앤다." 등등의 말을 하는 것은 사기(詐欺)다. 대학을 마치고 취직을 하려고 하면, 그 경쟁은 또 어떤가? 추석이 다가오는데도 취업을 못 해서 고향에 가지 못하는 대학 졸업자들이 얼마나 많은가? 교육부나 교사들의 말을 믿었다가 실업자가 된 사람들을 누가 책임지는가?

모든 사람들에게 만족할 정도의 직장을 구해 줄 수 있다면, "경쟁이 필요 없다."라고 말할 수 있지만, 지금 현재로서는 "경쟁은 필요 없다."는 말은 학생들을 오도하는 것이다. 고교평준화도 마찬가지다. 고등학교 입학 3년 뒤면 경쟁이 기다리고 있는데, 학생들에게 부담을 주지 않기 위해서 평준화제도를 계속하는 것이 정말 학생들에게 부담을 주지 않는가? 정말 부담을 주지 않으려면 학교를 없애야 하는데, 학교를 없애는 것이 학생들을 위하는 길이 될 수 없다.

교육부나 교육자들이 허위를 벗고 학생들에게 진실을 가르쳐야 한다. 학생들은 진실을 다 알고 있는데, 교육자들은 학생들을 위한답시고 허위를 가르치면, 학생들이 교육자들을 어떻게 보겠는가?

2006년 10월 16일

去: 떠날 거   僞: 거짓 위   存: 있을 존   眞: 참 진

몽중설몽
夢中說夢

꿈속에서 꿈 이야기 한다

몇 년 전 남한 인사들이 북한을 방문했을 때, 북한의 김정일(金正日)이 남한의 기자들에게 이런 이야기를 한 적이 있었다. "남조선의 북한 문제 전문가들이나 정치가들이 텔레비전에 나와서 나에 대해서 분석해서 이야기하는 것을 보고 정말 우스워서 죽을 뻔했습니다." 남한의 전문가들이 힘껏 자료를 수집하고 정보를 분석해서 하는 이야기들이, 김정일 자신의 마음속 의도와는 전혀 어긋났기 때문이다.

김대중 전 대통령이나 노무현 현 대통령이 펼치는 대북정책을 보고서 김정일은 "나의 높은 술수를 너희들이 어떻게 알아? 잘 걸려들고 있네!"라고 기분 좋아하고 있을 것이다. 추워서 꽁꽁 언 땅에 햇볕이 쬐면 녹듯이, 마음을 안 여는 북한 당국도 따뜻한 마음으로 대하고 생활이 어렵지 않도록 쌀, 비료 등 물자를 지원하면, 같은 민족이니까 마음을 열고 남북한 간의 화해무드가 잘 조성되고 곧 평화통일이 올 줄로 김 전 대통령은 생각했다. 노 대통령도, 당선 직후에 "대북정책만 잘되면 다른 것은 다 깽판 쳐도 괜찮다."라는 막말을 하였다.

김정일을 비롯한 북한 수뇌부들이 인도적 양심(良心)을 가진 정상적인 사람이라면, 햇볕정책이 효과를 거두어, 화해무드가 조성될 수도 있다. 그러나 북한 수뇌부는 극악무도(極惡無道)한 무리들로서, 아는 것은 배은망덕(背恩忘德)뿐이다.

옛날 어떤 농부가 길을 가다가 보니, 동면을 준비하지 못한 독사 한 마리가 길바닥에서 추위에 떨고 있었다. 농부는 애처롭게 여겨 자신의 품속에 넣어 체온으로 살려 주었다. 그런데도 그 독사는 좀 살 만하게 되니까 배고픔을 느껴 그 농부를 물어 죽이고 말았다. 김정일의 행위가 이 독사와 전혀 다를 바 없다.

김대중 정부 이후 지금까지도 우리 대통령이나 외교안보를 책임진 고위책임자들은 북한의 의도를 전혀 정확하게 파악하고 있지 못한 듯하다. 미사일을 발사하고 핵무기를 만드는데도, "남한 공격용이 아니다.", "북한도 자기방어능력이 있어야 하지 않겠는가?", "핵무기가 아닐 가능성이 높다.", "미국의 대북제재 때문에 핵을 만들게 되었다."는 등의 엉뚱한 소리를 매일 남발하고 있다.

지금 우리 정부는 10년 가까이 북한에 막대한 경제적 지원을 하였고, 북한이 대화의 장으로 나와서 남북평화통일이 곧 다가올 것으로 기대해 왔지만, 현재의 사태는 남북분단 이후 최악의 위기상황이다. 남한에서 지원한 돈으로 굶어 죽는 북한 주민들을 살린 것이 아니라 거의 대부분을 핵무기 만드는 데 써 가지고 핵실험에 성공한 것이니, 우리 정부가 북한 핵실험의 방조자라 할 수 있다.

지금까지 김정일은 뻔뻔스럽게 남한에 여러 가지를 요구하여 왔고, 남한에서도 거의 백 퍼센트 다 들어주었다. 심지어 남한의 각종 선거에도 알게 모르게 영향을 미쳤다. 앞으로 핵무기를 손에 들게 되면, 그의 요구는 더욱 커지고 거세어질 것이다. 남한 당국이 그의 요구를 들어주지 않으면 더 큰 협박을 해 올 것은 불을 보듯 뻔하다.

    우리 대통령이나 외교안보를 담당한 장관들이 북한이 핵실험하기 전에도 아무런 일관된 정책이 없더니, 북한이 핵실험을 한 이 마당에 와서도 어떻게 해야 할지 갈 길을 전혀 모르는 것 같다. 청와대, 외교부, 국정원, 여당 대표 등등의 발언이 다르고, 어제 발표했던 정책을 하루만 지나면 바꾸어 버린다. 불안에 떠는 백성들만 불쌍한 것이다.

    꿈이라는 것은 그 자체가 크게 믿을 수 없는 허황한 것인데, 꿈속에서 또 꿈 이야기 하니 얼마나 허황한 것인가? 지금 우리 대통령과 외교안보를 담당한 장관들의 정책이 꿈속에서 꿈 이야기 하는 것과 다를 바 없다. "꿈속에서 꿈 점친다.[夢中占夢.]"라는 말도 같은 뜻으로 쓰인다.

2006년 10월 23일

夢: 꿈 몽   中: 가운데 중   說: 말씀 설

164

연작처옥
燕雀處屋

제비와 참새가 집에 깃들어 산다.
위기가 닥치는 줄도 모른다

지금은 도시는 물론이고 농촌에도 우리 고유의 전통가옥이 사라져 거의 남아 있지 않다. 옛날에는 좀 넉넉한 집은 기와집을 짓고 살았지만, 보통은 초가집에서 살았다. 기와집에는 대들보 위에 제비가 집을 짓고, 초가집에는 대들보에 제비가 집을 짓고 지붕 이엉 밑에 참새가 집을 짓고 살았다. 거기서 알을 낳고 새끼를 기르는 일을 했다. 이 두 새는 사람에게 별 피해를 주지 않기 때문에 사람들이 친근하게 생각한다.

어떤 집에서 어느 날 주인집 부엌에서 불이 나서 지금 곧 대들보나 지붕으로 옮겨 붙으려 하는데도, 이 새들은 모르고 놀라지도 않고 새끼에게 먹이를 물어다 나르면서 서로 지저귄다. 화마(火魔)가 눈앞에 닥쳤는데도 모르고 대처를 안 하다가 결국은 새끼를 다 태워 죽이고야 만다. 울부짖으며 아무리 후회해도 소용이 없다.

1987년 가을에 필자가 근무하는 대학에 중국에서 근무하는 조선족 대학교수가 한 달 기간으로 방문을 하였다. 그때만 해도 중국과 국교가 수립되지 않아 중국 사람들이 우리나라에 오기가 아주 어려웠다. 중국에서 온 교수라 하여 한 보름 동안은 여기저기 다니면서 강연도

하고 좌담회에도 참가하는 등 환대를 받으며 잘 지냈다.

보름쯤 지나자 별 할 일이 없게 되었는데, 세 사람이 매일 아침 일찍 어디로 갔다가 저녁 늦게야 들어왔다. 나중에 알고 봤더니, 변두리 어떤 공사장에 가서 짐 지는 일을 하여 돈을 벌고 있었다. 그 당시 공사판 인부의 일당이 3만 원이었는데, 거의 중국 교수 한 달 월급에 해당되었다.

그 뒤 이 사실을 필자가 대구에 있는 영남대학 김혈조(金血祚) 교수에게 이야기해 주었더니, 김 교수가, "앞으로 우리나라 교수가 중국에 가서 그런 일 할 날이 안 온다고 보장할 수 있습니까?"라고 대답했다. 그 당시 필자 생각으로는 우리나라와 중국의 경제수준의 차이가 워낙 크기 때문에, 앞으로 뒤바뀔 수 있다고는 상상도 안 해 봤다.

그 당시는 중국의 교수뿐만 아니라 중국 사람들 모두가 한국을 너무 부러워했고, 경제적 이유 등으로 인하여 한국 사람들을 잘 대해 주었다. 그러자 한국 사람들 가운데 상당수가 중국에 가서 마음껏 거드름을 피웠다.

나중에 대통령을 지낸 김영삼(金泳三) 씨는 북경에 있는 청화대학(淸華大學)에 자기 이름을 붙인 큰 건물을 지어 주겠다고 약속했으나, 그 뒤 다시는 언급하지 않았다. 어떤 유명한 소설가는 조선족들이 사는 곳에 찾아가 곳곳에서 자기의 책을 기증하겠다고 약속했지만 귀국한 뒤 약속한 사실조차 잊어버렸다. 어떤 대학에서는 학술대회를 열겠다고 중국 측 교수에게 준비를 시켜 놓고는 아무런 연락도 취하지 않았다. 어떤 서예가는 중국 서예가의 도움을 받아 중국에서 거창하게 서예전시회를 열어 이름을 내고는, 그 서예가가 한국을 방문하자 알은체도 안 했다. 나라의 신용을 떨어뜨리며 미움을 살 일을 너도나도 앞

다투어 하고 다녔다.

　그 뒤 중국의 경제는 계속해서 연 10퍼센트 내외의 성장을 하여 번영을 구가하고 있다. 그러나 우리는 경제가 계속 제자리걸음을 하여 실질적인 성장이 되지 못하고 있다. 국제적 영향력도 중국은 강대국으로 미국과 힘을 겨루게 되었으나, 우리는 주변 강대국들의 영향에서 벗어나지 못하고 있다.

　지금 중국은 경제가 호황이라, 북경대학(北京大學)이나 청화대학(淸華大學) 등 이름 있는 대학의 졸업생들은 여러 군데 취업이 되는 바람에 갈 곳을 결정하기가 어려워 고민하고 있다. 기업체에서 대학에 취업할 학생 모집하러 다니는 형편이다.

　그러나 우리 청년들은 취업하기가 그야말로 하늘의 별 따기다. 다행히 취업을 했다 해도 또 언제 잘려 나갈지 몰라 불안해하며 지낸다. 청년실업자가 4백만을 넘어섰다고 한다. 20대 자식 가진 40, 50대 부모들은 모이면 걱정하는 것이 자녀들 취업 문제다. 그렇다고 당장 나아질 희망이 보이지 않는다. 젊은 사람들이 취업하는 데 너무나 힘이 든다는 것을 알기 때문에 결혼하면 아이를 낳지 않으려고 한다.

　모든 일은 미리미리 대처해야 한다. 이런 식으로 계속 나가면 앞으로 우리나라 경제는 더 나빠지고 젊은 사람들은 살기가 정말 어렵게 된다. 하루빨리 대책을 세워 상황을 전환시켜야 한다.

　경제가 자꾸 나빠지고, 북한이 핵실험을 하는 상황인데도, 대통령으로부터 일반 국민에 이르기까지 너무나 태연하다. 외국인들은 이런 상황에서도 한국 사람들이 너무나 태연한 것에 크게 놀랐다고 한다.

　현재 우리나라 사람들의 모습이, 불이 타들어 오는데도 모르고 지저귀며 즐겁게 노는 제비나 참새와 같지 않은지 한번 생각해 볼 일이다. '연작처당(燕雀處堂)'도 같은 뜻으로 쓰인다.

2006년 10월 30일

燕: 제비 연   雀: 참새 작   處: 곳 처, 처할 처   屋: 집 옥

어불성설
語不成說

말이 이야기를 이루지 못한다. 되지도 않는 이야기를 한다

필자는 초등학교 상급생 때부터 우연히 신문에 취미를 붙여 열심히 보았다. 우리 집에서 보는 『조선일보』를 다 읽고는, 우리 작은집에서 날짜 지난 『동아일보』를 얻어다 읽을 정도였다. 그러다 보니 정치계의 상황을 많이 알게 되었다. 국회의원 등의 신상에 대해서도 거의 다 알았다. 정치에 관계되는 관심 있는 기사를 오려서 따로 모아 두기도 했다.

그 가운데서 가장 매력을 느껴 좋아하게 된 국회의원이 김대중(金大中) 전 대통령이었다. 그에 관한 기사들은 다 오려 두고, 그에 관한 것은 거의 모르는 것이 없었다. "국회에서 5시간 반이라는 가장 긴 발언 기록을 갖고 있다.", "신민당 국회의원들의 야유회 노래자랑에서, 김대중 의원이 「워싱톤 광장」이란 노래를 불러 1등을 했다." 등등이었다.

투표권이 없었지만, 1970년에 대통령 선거에서 김대중 씨가 당선되었으면 하고 은근히 기대하기도 했다. 그가 낙선했을 때는 무척 아까워하였다.

그 뒤로는 정치에 관심이 별로 없어져 '김대중 납치 사건' 같은 큰 사건도 정확한 내막을 모른 채 지나갔다.

1979년 박정희 대통령 시해 사건이 있고 난 이후, 대통령 되겠다고 돌아다닐 때는, '국가가 혼란한 틈을 타서 삼김(三金)이 너무 심하게 선동한다.'라는 생각이 들었다. 1986년 민주화선언 이후 대통령 직선제로 바뀌었을 때 양김(兩金)이 서로 말 바꾸기를 일삼고 상호 비방하는 것을 보고 그들의 인격을 의심하지 않을 수 없었다. 그 뒤로 유심히 보니 김대중 전 대통령은 언행이 일치가 되지 않는 것이 한두 번이 아니었다.

1992년 김영삼(金泳三) 전 대통령과의 대결에서 지고 난 이후, 김대중 전 대통령이 눈물을 흘리면서 정계은퇴(政界隱退)를 선언했을 때, 지지하지 않은 사람일지라도 "저 정도 인물이라면 대통령 한번 해야 하는 것인데, 참 안됐다."라는 동정을 보냈다. 처음에는 정말 정치에 뜻이 없는 듯이 보였다.

그러다가 얼마 뒤 다시 정계복귀를 선언하였다. 이유인즉, "지금 김영삼 씨가 대통령 자리에 앉아서 정치를 엉망으로 하기 때문에 다음에 내가 맡아 나라를 잘 다스려 보겠다."는 것이었다. 정계 은퇴할 때의 말을 완전히 잊은 것 같았다.

그 이후로 필자는 '김대중 씨는 언행이 일치 안 된다.'라고 확실히 생각하여 왔는데, 1997년 대통령 선거 때는 그만 김대중 씨를 찍고 말았다. 대통령 선거에서 김대중 씨는 절대 안 찍겠다고 생각하고 있던 중, 어느 날 밖에서 식사하고 좀 늦게 집에 들어오니, 텔레비전에서 마침 김대중 씨가 후보연설을 하고 있는 중이었다. 끝부분을 들어 보니, "학자, 기술자들이 걱정 없이 자기 분야에서 일할 수 있도록 적극적으로 지원하는 정책을 펴서, 우리나라의 학문과 과학기술 수준을 높여 국제경쟁에서 앞서도록 하겠습니다."라는 말을 듣게 되었다. 지금까지 역대 대통령 선거에서 어떤 후보도 하지 않은 말을 듣고, 필자는, '김대중 씨가 고생을 많이 하더니, 과연 생각에 깊이가 있구나!'라고 생각하고, 학교 가서 다른 교수들에게 김대중 씨의 말을 전했다.

그 뒤 대통령이 되고 나서 5년 동안 나는 김대중 대통령이 학문에 관해서 관심을 갖는 것을 본 적이 없었다. 그래서 나는 '역시 정치가는 사람을 잘 속이는구나.'라는 확신만 갖게 되었다.

김대중 씨는 북한에 가서 "김정일 국방위원장과 노벨 평화상을 함께 받지 못해서 유감이다."라고 말했다. 김정일은, 전쟁을 일으켜 동포를 2백만 명이나 살해한 김일성의 아들로서 남한에 대해서 사죄하는 말 한마디 한 적이 없다. 또 지금 해마다 북한 주민을 수만 명씩 굶겨 죽이고 있다. 그런 사람이 어떻게 노벨 평화상을 받을 수 있겠는가? 지구상에 존재하는 모든 사람들이 노벨상을 다 받고 난 뒤에도 김정일만은 받지 못할 악질적인 존재가 아닌가? 이런 엉터리 말이 세상에 어디 있는가?

김대중 씨가 대통령 되기 전까지는 그래도 자신의 경륜(經綸)을 펴보지 못했으니, 대통령 하기 위해서 술수를 써도 국민들이 이해를 했다. 대통령에 재임하는 동안에도 정치적인 술수를 쓰는 것을 이해를 했다.

그러나 지금은 모든 것 다 털고 담담하게 전직 대통령으로서 정중하게 자신의 위상을 지켜 나가면, 그래도 그를 괜찮게 보는 사람이 적지 않을 것이다. 지금 북한의 핵실험으로 나라 정세가 가장 어려운 시기에 곳곳에 다니면서 사람을 모아 선동적인 이야기를 하는데, 자신에게 무슨 도움이 되는지 모르겠지만, 국가적으로는 분명히 손실이 적지 않을 것이다. "호남이 없으면 나라가 없다."는 말은, 이순신 장군이 호

남을 지키지 못하면, 국가 전체의 국방체계가 무너지니까, 호남의 방어가 지극히 중요하다는 사실을 강조한 것이지, 김대중 씨가 자기 세력 규합하는 데 악용(惡用)하라고 남겨 놓은 말이 아니다. 김대중 씨가 하는 말은 대부분이 이치에 맞는 것이 없다.

2006년 11월 6일

語: 말씀 어   不: 아니 불   成: 이룰 성   說: 말씀 설

관리도치
冠履倒置

갓과 신이 거꾸로 놓이다

중국 춘추시대(春秋時代) 제(齊)나라 경공(景公)이 공자(孔子)에게 정치를 묻자, 공자는, "임금은 임금다워야 하고, 신하는 신하다워야 하고, 아버지는 아버지다워야 하고, 자식은 자식다워야 합니다.[君君, 臣臣, 父父, 子子.]"라고 했다.

거의 동시대에 위(衛)나라 임금이 공자를 초빙하여 정치를 하려고 했다. 그때 공자의 제자인 자로(子路)가 공자에게, "위나라에 가서 정치를 하시게 되면 무엇부터 먼저 하시렵니까?"라고 묻자, 공자는 "명분(名分)부터 바로잡겠다."라고 했다. 자로는 "현실에 어두우시군요. 무슨 명분을 바로잡는다는 말씀이십니까?"라고 공자의 말을 반박하였다. 그러자 공자는, "명분이 바로잡히지 않으면, 그런 상태에서 나오는 말은 이치에 맞지 않는다. 말이 이치에 맞지 않으면, 일이 되지를 않는다. 일이 되지 않으면, 예의나 음악 같은 문화가 생겨날 수가 없고, 예의나 음악이 생겨나지 않으면, 형벌이 알맞게 집행될 수가 없다. 형벌이 알맞게 집행되지 않으면, 백성들이 어떻게 처신할 수가 없는 것이다."라고 설명했다.

명분(名分)이란 무엇인가? 어떤 이름에 따른 실질적인 직분(職分)을 말하는 것이다. 옷이라는 이름이 붙었으면 옷의 기능을 해야 하고, 시계라는 이름이 붙었으면 시계로서의 기능을 해야 하는 것이다. 교육자라는 이름을 얻었으면 교육자라는 역할을 해야 하는 것이고, 학생이라는 이름을 얻었으면 학생으로서의 역할을 해야 하는 것이다.

비근한 예로 난로는 난로의 기능을 해야 하고, 선풍기는 선풍기의 기능을 해야 하고, 냉장고는 냉장고의 기능을 해야 하는 것이다. 소는 밭을 갈아야 하고, 말은 사람을 태워야 하고, 개는 집을 지켜야 하고, 닭은 시간을 알려야 하고, 고양이는 쥐를 잡아야 하는 등 각자의 역할을 다할 때 "명분이 바로잡혔다."라고 하는 것이다. 냉장고에 음식을 넣어 두었는데, 상하거나 시원하지 않으면, 판매한 곳에다 격렬하게 항의를 한다. 이름만 냉장고지 냉장고의 역할을 못하기 때문이다. 소가 밭을 갈지 못하면, 당장 팔아 치워 버린다. 왜냐하면, 일은 못하면서 먹이만 축내기 때문이다.

짐승이나 물건의 경우에는 그 기능을 못할 때는 당장 팔아 없애거나 갈아 치운다. 그러나 사람의 경우에는 그렇지 못하다. 일을 못하면서도 적당히 말로써 변명을 대거나, 남을 속이는 행동으로 평가를 맡은 사람을 속일 수 있기 때문이다. 또 어느 사람이 일을 잘하는지 못하는지 평가하는 기준도 일정치 않다. 이런 까닭에 사람들 가운데는 기회주의자가 생겨나는 것이다. "악화가 양화를 구축한다."는 경제학 원리가 사람들 사이에서도 적용된다. 묵묵히 자기 일을 잘하는 사람을 보면, 간악한 무리들이 그냥 두지 않고, 질투를 하거나 음모를 꾸며 잘 되지 못하도록 만들고 만다.

갓은 아무리 낡고 때가 묻어도 머리 위에 씌어지는 것이다. 신발은 아무리 새것이라도 발 아래에 신겨지는 것이다. 신이 새것이라고 머리 위에 얹어 쓰고 다니면, 다른 사람들이 다 미친 사람으로 취급할 것이다. 그러니 정상적인 사람이라면, 갓을 발밑에 밟고 다니거나, 신발을 머리 위에 이고 다니는 사람은 없다. 그런데 "갓과 신발이 거꾸로 놓이다."라는 말이 왜 나왔을까? 사람들의 가치관(價値觀)이 뒤집힌 것을 풍자하기 위해서 나온 말이다. 세상이 질서가 없이 엉망일 때 이 말이 쓰이는 것이다.

지금이야말로 이 말이 쓰여야 할 때이다. 한 나라의 국무총리를 지낸 사람이 대통령의 특보로 임명받아 들어갔다. 임명하는 대통령이나 그것을 아무 생각 없이 받아들이는 전직 국무총리나 꼭 같은 사람들이다. 본래 국무총리가 될 깜냥이 안 되는 사람이 총리가 되었다 할지라도, 한 나라의 총리를 지냈으면, 국가 체면을 생각해서라도 대통령의 특보로 들어가서는 안 될 것이다.

집권여당의 대표는, 대통령을 상대로 국정을 논의하거나 건의를 해야 하는 자리이다. 그런데 집권여당의 대표를 장관으로 임명하면, 좋아라고 달려간다. 그것은, 집권여당의 대표 자리가 장관 자리보다 훨씬 못하다는 것을 스스로 증명한 것이니, 집권여당의 대표로서 권위가 설 턱이 없다.

연공서열 파괴하는 것도, 결국은 아래에 있는 특정한 사람을 고속 승진시키기 위한 수법에 불과하다. 특별한 능력이나 업적도 없는 사람을 윗자리에 올려놓으면, 다른 사람들이 따르고 싶은 마음이 생기겠는가? 일할 의욕이 생기겠는가? 결국 국가질서만 혼란시킬 뿐이다. 갓은 자기의 위치인 머리에 있어야 하고, 신발은 발밑에 있어야 한다. 뒤바뀌면 우습게 되는 것처럼 나라를 다스리는 일도 마찬가지다. 이름에 맞게 직분, 본분을 지켜 나가야 한다.

2006년 11월 13일

冠: 갓 관   **履**: 신 리, 밟을 리   **倒**: 거꾸로 도   **置**: 둘 치

불경지설
不經之說

이치에 맞지 않는 말

부모님 상(喪)을 당하고 나면 일가친척들이나 친구나 동료들이 조문(弔問)을 오고 부의(賻儀)도 낸다. 상주 된 사람이 장례를 다 마치고 나서, 조문을 오거나 부의를 한 사람들에게 사례하는 인사장을 돌리는 것이 관례화되어 있다.

> 금번 저의 부친 상사(喪事)에 정성 어린 조문과 두터운 부의를 해 주시니 무어라 감사의 말씀을 드려야 할지 모르겠습니다. 여러 가지로 보살펴 주신 덕분에 장례는 무사히 잘 마쳤습니다.
> 마땅히 일일이 나아가 찾아뵙고 인사드리는 것이 도리인 줄 알지만, 황망(慌忙) 중이라 몇 자의 글로써 대신하오니, 양해해 주시기 바랍니다.
> 앞으로 귀댁의 길흉사가 있을 때는 꼭 연락을 해 주시어 보은할 수 있는 기회를 주시기 바랍니다.

위의 글은 어떤 대학 국문과 교수가 부친상을 다 마친 뒤 사례한 편지다. 이 편지는 얼핏 보면 정중하게 예의를 차린 것 같지만, 자세히 내용을 들여다보면, 전혀 말이 되지 않는다. 본래 상주 된 사람은 빈소(殯所)를 떠나지 않는 법이다. 상주가 장례를 마치고 나서 장례 때 도와주어서 감사하다고 남의 집을 찾아다니며 인사하는 도리가 세상에 어찌 있을 수 있겠는가? 누가 언제 지어 낸 서식(書式)인지 모르겠지만, 이런 엉터리 서식이 우리 사회에 이미 많이 퍼져 대부분의 사람들이 이런 식으로 조문에 대하여 사례하는 글을 보내고 있고, 마침내 올바른 말을 가르쳐야 할 국문과 교수마저도 이런 잘못을 답습하고 있는 실정이 되었다. 이치에 맞지 않는 이런 글은 하루빨리 시정되어야 한다. 이런 식으로 인사장을 보내면 어떨지 모르겠다. 독자 여러분들이 참고하시고 더 좋은 생각을 보태어 훌륭한 글을 만들어 사용하면 좋겠다.

　　불초한 제가 평소 사람 도리를 못했는데, 그 화(禍)가 저의 아버님에게 미친 것 같습니다. 오장이 찢어지는 듯 슬픈 마음 견디기 어렵습니다. 가슴을 치며 울며 후회해도 아무런 소용이 없습니다.
　　그런 중에 귀하의 정중한 조문을 받고 보니 많은 위로가 되었습니다. 장례 예법에 소홀한 것은 없었는지 모르겠습니다. 많은 가르침 주시기 바랍니다.
　　황망하여 예의를 갖추지 못합니다. 늘 평안하시기를 빕니다.

　　우리나라는 불행하게도 조선 말기까지는 입으로는 우리말을 하면서도, 한문을 공식문자로 사용하였으므로 모든 공문서나 지식인들이 주고받는 문서는 한문으로 되어 있었다. 1910년 나라가 망한 이후부터는 일본어가 공식문자가 되어 일본어로 대부분의 문자생활을 하였다. 1945년 해방이 된 이후로 한글이 공식문자가 되었지만, 영어가 밀고 들어와 우리 말과 글을 많이 왜곡시켰다. 우리 말과 글로 올바르게 문자생활을 할 기회가 없었다. 그 결과 문자생활에 표준이 될 만한 틀이 없다.

지금 좋은 문장이라고 뽑혀 중고등학교 국어 교과서에 실린 글들도 찬찬히 뜯어보면 말이 안 되는 것이 수두룩하다. 베스트셀러라 하여 많이 팔리는 소설이나 수필집 등에도 말이 안 되는 것이 곳곳에 보인다. 그리고 말을 잘한다고 자부하는 아나운서들도 대부분 몇 마디만 하면 잘못된 말을 쓴다. 일반 사람들은 말할 것도 없다. 어법에 맞지 않는 영어를 쓰면, 당장 콩글리시라고 많은 사람들로부터 비웃음을 사지만, 우리말을 이치에 맞지 않게 해도 아무도 지적을 하지 않는다. 대충 뜻이 통하는 데 문제가 없기 때문이다. 그러나 말은 사람의 생각을 좌우하기 때문에 잘못된 말을 계속 쓰면 생각도 잘못되고, 얼렁뚱땅 말을 하면 생각도 얼렁뚱땅하게 된다.

잘못된 말을 하거나 글을 쓰는 행위는, 어법(語法)이나 문법(文法) 차원의 문제가 아니고 생각의 문제이다. 이치를 따져 잘 생각해서 말을 하면 이런 실수를 줄일 수 있을 것이다.

2006년 11월 20일

不: 아니 불   經: 날줄 경, 법도 경   之: ~의 지   說: 말씀 설

각답실지
脚踏實地

발로 실제 땅을 밟고 산다

옛날 시골 서당에서 글 배우는 아이들의 필수교재 가운데 하나로 『통감(通鑑)』이란 책이 있었다. 중국의 역사서 『춘추(春秋)』가 끝나는 시기부터 송나라 직전까지 1362년간의 역사를 편년체(編年體: 연월일별로 기술한 역사)로 정리한 책이었다.

이 책의 정식 명칭은 『통감절요(通鑑節要)』였는데, 송나라 때 강지(江贄)란 사람이 사마광(司馬光)이 지은 방대한 역사서인 『자치통감(資治通鑑)』 294권을 15권으로 줄인 책이다. 주자가 편찬한 『통감강목(通鑑綱目)』이라는 책 역시 『자치통감』을 강목체(綱目體: 요점을 부각시킨 역사 서술체계)로 바꾸어 50권으로 줄인 책이다.

사마광은 송나라 때의 학자이자 정치가로 벼슬은 정승에 이르렀다. 왕안석(王安石)의 신법(新法)에 반대한 보수파의 원로였고, 뛰어난 역사가였다. 그는 어려서부터 역사책 읽기를 좋아했고, 일찍부터 자라서 역사가가 되겠다는 뜻을 세웠다.

나중에 송나라 영종(英宗)황제의 명으로 『자치통감』의 편찬을 주도하게 되었는데, 전후 19년의 시간을 들여 중국역사상 가장 방대한 편년체 사서 『자치통감』을 완성했다. 그 내용은 풍부하고 아주 학술적 가치가 있다. 수정한 원고만 해도 큰 창고 두 채의 분량이었다 하니, 얼마나 방대한 사업이었는지 알 수가 있다.

사마광은 이 책을 편찬하는 동안 아주 각고(刻苦)하며 자료를 수집하고 정리하고 집필하느라고 밤을 낮처럼 지냈다. 잠을 줄이기 위해서 '경침(警枕)'이라는 특별한 베개를 고안하여 베고 잤다. 나무를 원형으로 깎은 목침인데, 자다가 머리를 조금만 틀어도 베개가 굴러가 버려 잠이 깨도록 만든 것이었다. 그러면 곧 일어나 작업을 계속하였다.

편찬책임자가 이렇게 성실하게 부지런히 편찬작업에 솔선하니, 작업에 참여한 모든 사람들은 저절로 그 자세에 감복하여 열심히 노력하지 않을 수 없었다.

책을 다 완성하여 출판한 뒤, 사마광은 낙양(洛陽) 교외에 은거하면서 학문만 연구하고 있는 그의 절친한 친구 소옹(邵雍)을 방문하였다. 소옹은 보통 소강절(邵康節)이라고 불리는데, 특히 역학(易學)에 조예가 깊어 많은 책을 썼던 학자였다. 사마광은 소강절에게 "자네는 나라는 사람을 어떤 사람이라고 생각하는가?"라고 물어봤다. 그러자 소강절은, "내가 보기에 자네는 '발로 땅을 밟고 사는[脚踏實地]' 사람이지."라고 칭찬하는 말을 했다. 사마광은 자기를 정확하게 알아본 말이라고 생각하며 내심 흐뭇했다.

어떤 일을 성취하는 데 있어서는 훌륭한 계획만 가지고는 안 되고, 거기에 따른 실천이 있어야 한다. 실천을 위해서는 애써 노력하는 것이 필요하다. 남들이 이룬 업적을 보고 그저 재수가 좋아서 됐을 것이라고 깎아내려서는 안 되고, 그 속에 스며든 피와 땀의 투자를 생각해야 한다. 일확천금(一攫千金)을 바라는 허황한 꿈을 버리고, 한 걸음 한 걸음 착실한 생활을 하도록 해야겠다.

2006년 11월 27일

脚: 다리 각   踏: 밟을 답   實: 열매 실   地: 땅 지

소인무붕
小人無朋

소인들은 당(黨)이 없다

공자(孔子)의 언행록인 『논어(論語)』에, "군자는 화합은 하지만 한통속은 되지 않고, 소인은 한통속은 되지만 화합은 하지 못한다.[君子和而不同, 小人同而不和.]"라는 말이 있다. 군자는 의리(義理)에 입각하여 살아가기 때문에 꼭 상호 간에 남의 비위를 맞추어 가면서 어울리려고 하지 않는다. 소인들은 모이는 목적이 이익에 있다. 그러나 이익을 추구할 때는 화합이 되는 듯해도, 마음속으로 각자의 계산이 다르기 때문에 화합할 수가 없는 것이다. 소인들 만 명이 모이면 마음은 만 가지가 된다. 군자가 지향하는 의리는 공정한 것이고, 당당한 것이고, 떳떳한 것이지만, 소인이 추구하는 이익은 사사로운 것이고, 부정한 것이고, 구차한 것이다. 의리를 지향하는 군자들은 의견이 달라도 서로 존경하지만, 이익만을 추구하는 소인들은 한 단체 속에 속해 있다 해도 사실은 서로가 서로의 적(敵)인 것이다.

이런 속성상 군자는 단합이 되지만, 소인은 끝없이 분열한다. 소인들이 어떤 이익을 위해서 공동보조를 취하여 그 이익을 자기들이 차지했을 때 잠시 화합이 되는 듯하지만, 곧바로 그 이익을 자기가 독점하기 위해서는 내부에서 또 적을 만들어 일부를 잘라 내어야 하기 때문에 또다시 싸움을 시작해야 한다. 이런 식으로 끝없는 투쟁을 하다 보면, 결국 그 이익을 자기 혼자 차지할 때까지 싸워야 한다. 싸우는 과정에서 많은 사람들을 죽이고 해치고 괴롭혀야 한다. 마침내 이익을 자기 혼자 차지한다 해도, 천하 사람들을 자기의 적으로 만든 마당에 그 이익이 무슨 소용이 있겠는가? 천하의 소인들이 자기를 공격의 대상으로 삼고 있는데, 자긴들 온전히 버틸 수 있겠는가? 소인은 먼저 남을 망치고 결국은 자기를 망치는 것이다. 비근한 예로 자기가 남에게 손해를 보이면, 손해를 본 그 사람도 자기를 손해 보이려고 온갖 방법을 동원할 것이기 때문에, 결국은 자기 손으로 자기에게 손해를 입히는 것과 다를 바 없다.

그래서 송(宋)나라의 대문장가 구양수(歐陽脩)는 「붕당론(朋黨論)」이란 글을 지어 소인의 심리를 군자와 비교하여 명쾌하게 밝혔다. 「붕당론」의 일부를 인용하면 다음과 같다.

신(臣)이 생각건대, '소인들은 당(黨)이 없고 오직 군자들만이 당이 있습니다.' 그 까닭은 어째서이겠습니까? 소인들이 좋아하는 것은 이익과 녹봉(祿俸: 월급)입니다. 그들이 탐내는 것은 재물입니다. 다 함께 이익을 얻겠다 싶을 때는 잠시 서로 어울려서 당이 되지만, 그것은 위선(僞善)입니다. 이익을 보게 되면 앞을 다투어 나가다가, 이익이 다 끝나면 관계가 멀어지고, 도리어 서로 해치게 됩니다. 비록 형제나 친척이라도 관계를 서로 유지할 수가 없습니다. 그래서 신(臣)은 '소인들은 당이 없다.'고 생각합니다. 잠시 당이 되는 것은 위선일 뿐입니다. 군자는 그렇지 않습니다. 지키는 것은 도의(道義)이고, 행하는 것은 충성과 신의이고, 아끼는 것은 명예와 절개입니다. 이런 것을 가지고 자신을 수양하기에, 군자들끼리는 서로 도(道)를 같이하면서 서로 도움을 줍니다. 이런 것을 가지고 나라를 섬기기에, 마음을 같이하여 함께 문제를 해결해 나갑니다. 시종 한결같으니, 이것이 바로 군자들의 당입니다.

구양수의 이 글은, 마치 지금 노무현 대통령과 열린우리당 사람들을 위해서 천 년 전에 미리 준비해 둔 것 같다. 어떻게 이들의 심리를 이렇게 정확하게 파악할 수 있었을까? 천 년 전의 소인들이나 지금의 소인들이나 심리상태는 하나도 변한 것이 없기 때문이리라.

대통령에 당선되었을 때 자기를 낙선시키기 위해서 고생한 민주당을 배반하고, 새로운 정당을 만드는 것 자체가 배신행위이다. 설령 대통령이 그런 발상을 한다고 해도 대통령 주변의 사람들 가운데 사람 같은 사람이 있었다면, "그러면 안 됩니다."라고 바른길을 일러 주어야 했다. 그런데도 대통령을 따라가면, 장관 자리, 국영기업체 사장 자리 등등 갖가지 이익이 생길 가능성이 있으니까, 대부분이 다 따라간 것이다. 그러나 이제는 대통령이 당에 남아 있는 것이 아무런 이익이 안 되니까 "당을 떠나라.", "신당을 창당한다." 등등의 소리를 당에서 막 하는 것이다.

이익거리가 없는 곳에 소인들이 남아 있을 리 없다. 그러나 정당보조금이라든지, 비례대표 출신 의원들의 자리 문제 때문에 당을 떠나고 싶어도 섣불리 당을 떠나지 못하고 서로 상대방보고 나가라고 한다. 앞으로 분열은 끝없이 계속될 것이다. 이런 판국이니, 국가의 장래와 백성들의 생활은 그들의 관심의 대상이 될 수가 없다.

　우리나라에 언제 군자들이 모인 정당 같은 정당이 출현할 수 있을는지?

2006년 12월 4일

小: 작을 소　　人: 사람 인　　無: 없을 무　　朋: 무리 붕, 벗 붕

인고내로
忍苦耐勞

괴로움을 참고 수고로움을 견디다

필자가 마라톤을 직접 하기 전에는, 마라톤하는 사람들을 보면, '참 할 일 없는 사람들이다. 아무런 생산적이지 않은 저런 운동에 무엇 때문에 시간과 체력을 소모할까?', '어떻게 저 먼 거리를 힘들게 뛸까?', '나보고 뛰라 하면, 4킬로나 뛸 수 있을까?'라고 생각했고, 방송국에서 마라톤 경주 중계방송을 내보내면, '저런 중계방송을 볼 사람이 몇 명이나 된다고 비싼 경비를 낭비해 가면서 쓸데없이 중계를 하고 있을까? 참 소견 없는 사람들이다.'라고 생각해 왔다.

객관적이라는 말은 있지만, 사람들은 결국 주관에 기초하여 판단하지 않을 수가 없다. 조용한 산속의 숲길을 걸어가노라면 계속 차가 왕래하여 경적을 울려 사람을 놀라게 하고 귀찮게 만든다. 그러면 사람들은 "이런 데 와서까지 차를 몰고 다니면서 걸어가는 사람들을 귀찮게 만드는가?"라고 하면서 짜증을 낸다. 그러나 만약 급한 일이 있거나 보행이 불편한 분이 있어 차를 몰고 계곡을 지나게 되었을 때는, "사람들이 차가 오면 옆으로 좀 피하면 될 텐데, 왜 길 한가운데로 다닐까?" 하고 사람들은 운전하면서 짜증을 낸다. 그러다 보니 걸어갈 때는 걷는 사람 위주의 생각을 하게 되고, 차를 몰 때는 차 모는 사람 위주의 생각을 하게 되는 것을 피할 수 없다. 객관적이기 위해서는 상당히 정신적인 노력을 해야 한다.

필자가 6년 전부터 마라톤을 시작하고부터는 마라톤을 보는 시각이 완전히 달라져 버렸다. 마라톤 대회가 있으면 웬만하면 참가하려고 노력하고, 전국적인 큰 대회가 있으면 중계방송하지 않나 텔레비전 프로를 챙겨 보게 되었다. 텔레비전을 거의 안 보는 필자지만 마라톤 중계방송은 꼭 보려고 애를 쓴다.

전에 내가 마라톤에 대해서 가졌던 생각을 가진 주변 사람들로부터 "뭣 때문에 위험한 마라톤을 하느냐?", "시간이 남아도느냐?" 등등의 핀잔을 들으며 마라톤에 참석하지 말라고 만류를 받는다. 그러면 필자는 "어떻게 이렇게 마라톤에 대해서 이해를 못 할까." 하고 답답해하기도 한다.

마라톤하는 사람들 사이에서는, "마라톤은 신이 내린 보약(補藥)", "마라톤은 청년에게는 선택, 장년에게는 필수", "달리는 참선(參禪)" 등의 말이 유행한다.

마라톤을 하려면, 시간도 들고 체력도 소모해야 한다. 그러나 요즈음은 대부분의 사람들이 영양과잉이 되어 가지고, 몸에 보관된 영양분이 각종 질병을 유발한다. 고혈압, 심장병, 당뇨, 관절염 등이 다 영양과잉에서 오는 병이다. 매일 한 시간 정도의 달리기로 이런 생명을 위협하는 생활습관병을 예방하고 치료할 수 있다. "관절에 무리가 가지 않느냐?"고 질문하는 사람이 많은데, 관절 주위의 인대가 튼튼해지기 때문에 달리기는 관절에 더 좋다고 한다. 그러나 건강에 도움을 받으려면, 최소한 일주일에 네 번 이상, 한 번에 40분 이상 달려야 한다. 주말에 한 번, 한꺼번에 두 시간 이상 하는 것은 몸에 이상을 초래할 수 있다. 매일 한다는 마음으로 한 시간 정도씩 해야 한다. 한 번에 20분 30분 정도 해서도 별 소용이 없다.

마라톤은, 육체적인 건강보다도 정신적인 건강에 더욱 좋다. 마라톤을 하면 자신감을 가질 수 있고, 인내심을 키울 수 있고, 마음속의 번뇌나 잡념, 소소한 걱정 등을 다 없앨 수 있다. 마라톤을 하여 정신적인 희열(喜悅)을 느껴 본 사람들은, 스님들이나 수도자들이 고행(苦行)하는 이유를 이해한다.

그저께 일요일 날 대학원생들을 인솔하여 청도(淸道) 쪽으로 고적답사를 갔다가 돌아오는 길에 버스 안에서 다행히 아시안게임 마라톤 중계방송을 볼 수 있었다. 한국의 지영준, 김이용 선수가 20킬로미터까지는 선두그룹에서 달리기에 1990년 북경아시안게임에서 시작된 마라톤 5연패의 목표를 달성할 것으로 은근히 기대했다. 그러나 그 이후 힘이 달려 겨우 7위와 14위로 골인하였다.

물론 선수 당사자는 힘이 들었겠지만, 이 두 선수의 마라톤 성적이, 지금 우리나라 사람들의 안이하고 나태한 정신상태를 반영하고 있다고 생각된다. 힘들고 어려운 것은 못 견디고 노력은 안 하면서 좋은 결과를 바라는 사회풍조가 지금 우리나라에 팽배하고 있다. 힘든 것을 참고 수고로운 것을 견뎌 내는 정신자세를 유지해야만이 좋은 결과를 가져올 수 있을 것이다.

2006년 12월 11일

忍: 참을 인　　苦: 쓸 고, 괴로울 고　　耐: 견딜 내　　勞: 수고로울 로

한우충동
汗牛充棟

**책이 많아 옮기려면 소가 땀을 흘리고,
집에 재어 두면 집이 가득 찬다**

옛날에는 책이 매우 귀하였다. 한 번 옮기려고 소달구지에 실으면 소가 땀을 뻘뻘 흘리고, 집에 쌓아 놓으면 대들보에까지 꽉 차는 정도의 장서를 가진 사람이 있으면, 공부하는 모든 사람들의 선망의 대상이 되었다. 보통 시골 선비들은 평생 모은 책이 백 권 남짓했고, 좀 많다 해도 2, 3백 권 될락 말락 했다. 웬만한 책은 다 베껴서 보았다. 아주 이름난 큰 학자라야 천 권을 넘어갈 정도였다. 그래서 같은 책을 보고 또 보고 반복해서 봄으로 해서 완전히 자기 것으로 만들었다. 책은 너무나도 귀한 것으로서 남에게 빌리기도 여간 힘든 것이 아니었다.

오늘날은 인쇄술의 발달로 인하여 매일 책이 쏟아져 나온다. 우리나라에서 1년 동안에 출판되는 책만도 1만 5천 종(種)이라고 한다. 아동용 책이나 학습참고서는 포함되지 않은 것이다.

책이 많이 출판되니까 좋은 점도 있지만, 여러 가지 부작용도 적지 않다. 서점에 가면 너무나 많은 책이 진열되어 있어 대충 훑어봐서는 책 이름이 눈에 들어오지 않는다. 그래서 사람들이 서점에 가서 책을 구하는 것이 아니고, 방송이나 신문의 책 광고를 통해서 책을 구입하게 된다. 그러니까 광고를 많이 하고 잘하는 책이 베스트셀러가 되는 것이다.

특별히 잘 팔리는 책이 아니면, 서점에서 한 달 이상 진열대를 차지하지 못한다. 잘 팔리지 않는 책은 잠시 진열대에 꽂혀 있다가 얼마 안 있어 뒤에 나온 책에게 자리를 물려주고 지하창고로 갔다가 다시 곧 폐기되고 마는 운명을 겪는다.

대학 도서관이나 공공도서관에서는 새로 출판되는 책을 거의 구입하지 못하고 있다. 예산이 없어서가 아니라, 워낙 많이 쏟아져 나오는 책 가운데서 도서관에 넣을 가치가 있는 것인지 아닌지를 판단할 사람도 시간도 없기 때문이다. 어떤 대학에서는 교수나 학생들이 구입을 요청하는 도서가 있으면 사들인다. 그러니까 도서 구입이 한쪽으로 치우치게 된다.

책이 워낙 많이 나오니까, 책이 귀한 줄 모르고, 귀중한 책도 아무 가치 없는 것으로 생각한다. 필자가 아는 어떤 향토사학자는 소장하던 한적(漢籍)을 자기 생전에 약간의 사례를 받고 기증하는 형식으로 해서 대학 도서관에 넣어 자기 아호(雅號)를 따서 문고를 설치하였다. 대학 도서관에 넣어 문고를 설치하면 민족의 문화재가 되어 영구히 보존할 수 있고, 학자들의 학문연구에 활용될 수 있다. 후손들은 물론 영구히 대출을 할 수가 있다.

그분이 소장하고 있던 양장본 가운데도 좋은 책이 많았다. 1950년 대 나온 역사책, 비매품인 각종 서적 등 다시 구하기 어려운 책이 2500여 권 정도 있었는데, 대학 측에서 별로 탐탁하게 여기지 않으니까, 자기 집에 갖고 있다가 세상을 떠났다. 그런데, 그분이 돌아가신 지 한 달도 안 되어 그 아들이 다시 대학에다 그 책을 인수해 달라고 요청해 왔다. 돈도 아쉽지만, 집의 공간을 차지하고 있기 때문에 빨리 치우고 싶었던 것이다. 대학에서는 한적만 귀한 줄 알 뿐, 양장본은 내용에 상관없이 별로 관심이 없다. 그 아들이 아주 적은 돈을 요구했지만 양장본으로 된 책이라 하여, 대학 도서관에서 구입 의사가 없음을 밝혔다. 그러자 그 아들은 다른 도서관이나 학자들에게 알아보지도 않고, 단돈 몇 푼 받고 고물상에게 넘겨 버렸다. 아버지가 평생 모은 장서가 하루 아침에 폐지로 썰려 나가고 말았다.

이런 아들을 비웃겠지만, 명색이 '상아탑'이니, '지성의 전당'이니 하는 대학에서도 하는 짓이 이와 크게 다를 바 없다. "도서관에 책이 많아야 좋은 대학이 될 수 있다."라고 말하면, "예산을 쓸 데가 얼마나 많은지 아느냐? 아무도 보지도 않는 비싼 책을 사서 뭐 하겠느냐?"라고 반박하는 총장이나 도서관장도 없지 않다. 건물이 비좁다 하여 도서관에 있는 책을 내다 버리는 대학도 있고, 상당수의 교수들이 이용하고 있는 책인데도 지하창고에 집어넣어 버리는 대학도 있다. 어떤 학자가 평생 모은 귀중한 자료를 기증했는데, 기증을 받은 대학의 도서관 직원이 정리하기 귀찮다 하여 쓰레기통에다 버린 대학도 있다. 국내에서 가장 이름난 서울대학에서부터 정년퇴직하는 교수가 자기 장서를 학교에 기증하겠다고 해도, 학교에서 아예 받지를 않는다. 그 장서 가운데는 전 세계에서 단 한 권밖에 없는 책도 있을 수 있는데, 공간이 없다는 핑계로 조금도 관심을 갖지 않는다.

국내 대부분의 대학이 이런 판이지만, 책을 소중히 여기는 대학이 있으니, 바로 경북대학교(慶北大學校)다. 이 대학의 총장, 도서관장, 교수들이 책을 알고 사랑한다. 도서관에서 책 구입도 많이 하지만, 기증을 받는 경우에도 책을 귀중하게 대접한다. 기증을 하겠다 하면, 언제든지 반갑게 환영한다.

　전자정보가 발달된 시대지만 그래도 책은 소중하다. 경북대학교가 근년에 교원임용고사 합격률 전국 1위에 오르고, 각종 고시 등에서 많은 합격자를 내는 것은 우연이 아니다. 책을 사랑하는 대학에서 공부했기 때문이다.

　책을 천대하는 집안이 일어날 수가 없고, 책을 천대하는 대학이 인재를 배출할 수는 없는 법이다.

2006년 12월 18일

汗: 땀 한　　牛: 소 우　　充: 채울 충　　棟: 마룻대 동

빙탄불상용
氷炭不相容

얼음과 숯불은 서로 용납하지 않는다

　얼음은 영도 이상이 되면 녹아 버린다. 얼음과 벌건 숯불이 함께 같은 그릇 속에 있을 수가 없다. 얼음이 많으면 숯불이 꺼져 버리고, 숯불이 많으면 얼음이 녹아 증발해 버린다. 두 사람과 두 단체가 서로 같이 있을 수 없는 관계일 때, 얼음과 숯의 관계라 한다.

　중국 전국시대(戰國時代) 기원전 3세기경 초(楚)나라에 충신 굴원(屈原)이 있었다. 유명한 문학가이자 사상가로서 「이소(離騷)」 등 불후(不朽)의 명작을 남겼다. 식견이 높아 정치이론에도 밝았다. 그러나 아첨과 부정부패만 일삼는 간신(奸臣)들에게 몰려 몇 차례 귀양을 가서 나랏일이 걱정되고 울분을 이기지 못하였다. 그러는 사이 조국 초나라의 서울은 진(秦)나라 침략군의 말발굽에 짓밟혔다. 이에 굴원은 분노와 탄식을 이기지 못하여 멱라수(汨羅水)라는 강에 투신자살하고 말았다. 그가 죽은 날이 5월 5일이라 하여 단오절(端午節)의 행사가 생겼다. 특히 중국 사람들은 지금도 단옷날에 굴원에게 음식을 보낸다 하여 종자(糉子: 찹쌀 등으로 밥을 지어 갈댓잎으로 싼 것)라는 것을 만들어 배를 타고서 물속에 던져 넣는 풍속이 있다.

이렇게 자신의 경륜(經綸)을 펴 보지도 못하고 억울하게 죽은 굴원을 위로하는 글을 후세의 문인들이 많이 지었다. 그 가운데 한(漢)나라 동방삭(東方朔)이 지은 「칠간(七諫)」이라는 글이 있는데, 거기에, "얼음과 숯불은 서로 함께할 수 없다네.[冰炭不可以相幷兮.]"라는 구절이 있다. '빙탄불상용(氷炭不相容)'이란 말은 여기서 유래하여 약간 변형된 것이다.

어느 시대 어느 지방에나 간신이 없을 수가 없다. 간신들은 국가민족을 생각하지 않고 오로지 자신의 권력과 이익만 생각한다. 그러니 부정부패를 저지르지 않을 수가 없는 법이다. 그런데 이 간신들은 자기들의 자리를 확고히 하기 위해서 늘 자신들의 부정한 행위를 규탄하고 감시하는 충신들을 미워하여 자리에 있지 못하게 한다.

조선 성종(成宗) 때의 유자광(柳子光) 같은 자가 대표적인 간신이다. 자기의 원칙은 없고 언제나 권력을 쥔 쪽에 선다. 연산군(燕山君)에게 붙어서 아첨을 하여 사화(士禍)를 일으켜 수많은 훌륭한 선비들을 죽이고 귀양 보냈으면서도, 나중에 연산군을 쫓아내는 반정(反正)에 참여하여 공신이 되었으니, 얼마나 변신에 능한지 알 수가 있다. 유자광보다 조금 뒤에 남곤(南袞)이라는 이가 있었는데, 역시 간신으로서 정암(靜庵) 조광조(趙光祖) 등 훌륭한 선비들을 많이 죽였다. 이 남곤이 유자광의 일생을 담은 「유자광전(柳子光傳)」을 지었다. 남곤은 죽기 전에 자기 글을 다 불살라 버렸지만, 이 「유자광전」만은 그대로 남겨 두었다. "후세 사람들로 하여금 간신 유자광의 마음 쓰는 바를 알게 하기 위해서다."라고 했다. 후세 사람들이 그 글을 읽어 보고, "참 잘 지었다. 간신이라야 간신의 심리상태를 파악할 수 있는 법이다."라고 말하는 사람이 많았다.

간신과 충신은 얼음과 숯불과 같은 관계로 둘 다 같이 존재할 수는 없는 법이다. 두 사람이나 두 당파가 싸우면 사람들은, "똑같으니까 싸우지."라고 그냥 관심을 갖지 않으려고 하는데, 간사한 사람과 충실한 사람을 가려내는 안목을 길러 충실한 사람이 간사한 사람한테 억울하게 당하지 않도록 해야겠다.

2007년 1월 1일

氷=冰: 얼음 빙　　**炭: 숯 탄**　　**不: 아니 불**　　**相: 서로 상**
容: 얼굴 용, 받아들일 용

173

자식기언
自食其言

스스로 그 말을 먹어 버린다. 약속한 것을 스스로 어긴다

  우리들이 일상생활을 하면서 약속을 안 지키는 사람을 보고 "식언(食言) 잘하는 사람", "한 입으로 두말하는[一口二言] 사람"이라고 비판을 한다. 자기가 한 말을 먹는다는 것은, 자기가 한 말을 없었던 것처럼 도로 삼켜 버리기 때문이다.

  '식언'이라는 말은 『서경(書經)』에 처음 나온다. 중국 상고시대 은(殷)나라의 탕(湯)임금은, 하(夏)나라 폭군 걸왕(桀王)이 백성들을 괴롭히는 것을 참다못해 제후(諸侯)의 신분이면서 천자(天子)인 걸왕을 치기 위해서 군사를 일으켜 자신의 근거지인 하남성(河南省) 박(亳) 땅을 출발하면서 백성들에게 이렇게 맹세했다. "공을 세운 사람에게는 큰 상을 내리겠소. 내 말을 의심하지 마시오. 나는 내가 한 말을 삼키지 않을 것이오."

  공자(孔子)의 제자인 증자(曾子)가 어릴 때, 하루는 어머니가 칼을 갈고 있었다. "무엇 하려고 칼을 갑니까?"라고 하길래, 증자 어머니가 무심코 "저 돼지를 잡기 위해서다."라고 했다. 자식에게 거짓말을 해서는 장차 나쁜 영향을 미치겠다고 생각한 어머니는 정말로 그 돼지를 잡아 자식에게 주었다고 한다. 거짓말은 우선은 곤경을 모면하지만, 그 끼치는 해악이 크다.

거짓말 잘하는 부모 밑에서 올바른 자식이 자랄 수 없고, 거짓말 잘하는 스승 밑에서 훌륭한 제자가 나올 수 없다. 교육을 하는 사람은 모르면 "모른다. 다음에 알아 오겠다."라고 해야지 모르면서 적당하게 거짓말로 넘어가면 학생들이 다 안다. 학생들이 당장 모른다 해도 나중에라도 그 교사가 거짓말한 것을 안다. 또 교사가 거짓말로 수업한 것을 믿은 학생은 언젠가는 낭패를 당할 수가 있다.

조선 초기에 어떤 승려가 예언하기를 좋아하였으나, 잘 들어맞지 않았다. 어떤 사람이 "당신 왜 그렇게 거짓말을 자꾸 하는 거요?"라고 꾸짖자, 그 승려는, "부처님께서 거짓말 구천구백 가지를 가지고, 풍수에게 천 가지, 점쟁이, 무당, 의원, 장사꾼, 중매쟁이, 기생에게 각각 천 가지씩 나누어 주고, 시인에게 삼백 가지, 주석가에게 삼백 가지, 천기(天機) 보는 사람에게 삼백 가지를 나누어 주었습니다. 나머지는 제가 지금까지 애용하고 있지요."라고 넉살 좋게 이야기했다.

풍수, 점쟁이, 무당 등등의 직업을 가진 사람이 믿을 수 없는 말을 많이 하지만, 그러나 거짓말 잘하기로는 정치가만 한 사람이 없을 것이다. 양심적인 정치가도 적지 않겠지만, 대부분의 정치가들이 거짓말을 잘하는 편이다. 평소에 정치가들의 말은 마음에서 나오는 것이 아니고, 혀끝에서 나오기 때문에 얼마 지나지 않아 자기가 그런 말을 한 것을 잊어버린다.

1992년 12월 18일 김대중 대통령 후보가 낙선한 직후에 눈물을 흘리면서 정계은퇴 선언을 하였다. 그 말을 국민들이 생생하게 기억하고 있는데도, 3년 뒤에는 다시 정치에 뛰어들었다.

2002년 12월 18일 대통령 선거에서 두 번 낙선한 이회창 후보 역시 눈물을 흘리면서 정치에서 완전히 은퇴한다고 했다. 국민들은 '대통령 할 만한 인물인데 안됐다.'는 아쉬운 마음을 갖고 그를 보냈다.

　그런데 4년쯤 지난 지금 또 김대중 전 대통령의 전철(前轍)을 그대로 밟아 정치활동을 재개하고 있다. '국민들은 적당히 속이면 모르겠지.'라는 생각을 가졌다면, 국민을 너무 무시하는 처사다. 설령 자신이 당선 가능성이 있다 하더라도 자기가 한 말에 책임을 져야 할 것이다. 이 나라의 젊은이들이 무엇을 배우겠는가? 거짓말 잘하는 사람이 계속해서 대통령이 된다면, 대한민국은 사기꾼공화국이 되고 말 것이다.

2007년 1월 15일

自: 스스로 자　　食: 먹을 식　　其: 그 기　　言: 말씀 언

174

민유방본
民惟邦本

백성이 오직 나라의 근본이다

십수 년 전 필자가 교육부 해외파견교수의 신분으로 북경(北京)에서 산 적이 있었다. 국가에서 파견한 공무원들은 현지에 도착하면 의무적으로 15일 이내에 대사관에 신고하도록 되어 있었다. 대사관을 물어서 찾아갔는데, 우선 대사관 출입문을 통과하는 일이 쉽지 않았다. 대사관 문을 잠가 출입을 통제하고, 고용된 중국인 수위가 문을 지키고 있는데 수속이 여간 까다로운 것이 아니었다. 정상적인 수속을 통해서는 들어갈 수 없었다. 마침 대사관에 영사로 있는 분이 아는 사람이라 전화를 해서 겨우 들어갈 수 있었다.

들어가서 신고를 다 마치고 나서, 그 영사를 찾아가서 "대사관은 자국민을 보호하기 위해서 존재하는 것인데, 왜 이렇게 들어오기 어렵게 만들어 두었습니까?"라고 물었더니, 그 영사는, "조선족(朝鮮族)들이 하도 갖가지 사기술로 극성을 부리기 때문에 대사관 출입을 엄격히 제한하고 있으니, 어쩔 수가 없습니다."라고 했다.

그 뒤 연말을 맞이해서 주중대사(駐中大使)가 국비로 파견된 정부 각 부처의 공무원들을 초청하여 만찬을 베풀면서, "중국에 주재하면서 도움이 필요한 일이 있으면 언제든지 대사관을 찾으십시오."라고 친절하게 이야기하였다. 그러나 그 뒤에도 대사관 직원들의 태도는 바뀐 것이 없었다.

우리말을 연구하고 가르치는 학자로 조선족 동포 사회의 대부 격인 중앙민족대학(中央民族大學)의 서영섭(徐永燮) 교수가 한국의 학술행사에 참석해야 하는데, 정상적으로 수속하면 기한을 넘기기 때문에 참석할 수 없는 상황이었다. 모처럼 고국에서 초청한 행사에 참석할 수 없을까 우려하여 필자에게 상의를 해 오길래, 비자 담당하는 영사를 필자가 안다 하여 같이 가게 되었다. 그 영사가 비자 담당의 실무자를 소개해 주어 실무자와 구체적인 수속을 진행하는데, 그 직원은, 그 교수가 제시한 한국에서 온 초청장부터 의심하면서 완전히 조선족 범죄자 취급을 하는 것이었다. 그 교수는 중국에서 소수민족의 언어와 문화를 집중적으로 연구하는 중앙민족대학의 한국학연구소 소장이고, 조선어문학회 회장 등 평생 중국 대륙에서 우리말을 지키고 보급해 온 분으로 우리 민족문화 수호와 보급에 큰 공로가 있는 학자였다. 참다못한 그분이 분통을 터뜨렸고, 필자도 "동포를 이렇게 대해도 되냐?"라고 그 직원에게 따졌다. 고성이 오가는 소리를 듣고, 옆방의 영사가 와서 무마를 하여 일은 겨우 마쳤다. 그러나 그 영사도 나중에 헤어지면서 귓속말로, "조선족들 가까이하지 마세요. 득 될 것 없습니다."라고 했다. 대사관 직원들은 그들대로 애로사항이 있었겠지만, 영 마음이 편치 않았다.

그 뒤 동아일보 김충근(金忠根) 중국지사장이, 우리 교민이 중국 공안국(公安局)에 끌려가 두들겨 맞고 있는 현장을 목격하고서 급히 대사관 참사관(參事官)에게 전화하여, "우리 교민이 중국 공안에게 맞고 있으니, 빨리 구출하고 외교적 조처를 취하시오."라고 했다. 그러자 그 참사관의 답인즉, "그 인간 아주 나쁜 놈이니, 맞아도 싸요."라고 하고는 아무런 조처도 취하지 않았다.

"자국민의 권익을 보호하고, 자국민이 어떤 일을 처리할 때 안내해 주고 도와주기 위해서" 대사관이 존재하고 대사관 직원들이 일을 보고 있지만, 그들의 태도는 "미국이나 일본 등 근무조건이 좋은 나라에서 근무하지 못하는 것도 기분 나쁜데, 자꾸 찾아와서 귀찮게 하지 마시오."라는 식이다. 중국에 있는 동안에 만났던 유학생이나 교민들이 대사관에 대해서 가진 불만이 한두 가지가 아니었다.

그 뒤 귀국하여 우리 대학의 불문과 교수와 외국 이야기를 하다가, 중국대사관의 불친절 사례를 몇 가지 이야기했더니, 불란서에 주재하는 한국 대사관도 마찬가지로 불친절하다는 것이었다. 결국 외교관들의 의식이 문제다.

요즈음 납북어부 귀환 문제로 심양(瀋陽)에 주재하는 우리 영사관 직원들의 태도가 말썽이 되고 있고, 지난번 국군포로 귀환 때 대사관 여직원의 냉담한 전화가 문제가 되었다. 그러나 실제로는 어제오늘의 문제가 아니다. 나라를 위해서 목숨 걸고 싸우다가 억울하게 포로가 되어 50여 년을 북괴 치하에서 온갖 고생을 하다가 탈북하여 고국 땅을 밟고자 하는 사람이 도움을 청하는데도, 담당자들은, "나는 그런 일과 상관없다.", "사람 귀찮게 하지 마라.", "내 전화번호는 어떻게 알았느냐?"라고 대답했다고 한다. 이런 사람들을 어떻게 국가를 대표하여 외국에 파견된 대한민국 대사관 직원이라 할 수 있겠는가?

자기 국민을 이렇게 천대하고서 어떻게 나라가 되겠는가? 이런 천대를 받고서 다시 전쟁이 난다면 누가 국가를 위해서 목숨을 바치겠는가?

『서경(書經)』에, "백성이 오직 나라의 근본이니, 근본이 튼튼해야 나라가 편안하다.[民惟邦本, 本固邦寧.]"라는 말이 있다. 백성이 안심하고 살 수 있는 나라가 정말 강한 나라라 할 수 있다.

2007년 1월 22일

民: 백성 민　　**惟**: 오직 유　　**邦**: 나라 방　　**本**: 근본 본

화종구출
禍從口出

재앙은 입에서부터 나온다

말은 우리 인간만이 갖고 있는 아주 중요한 기능으로서, 인류의 문화가 창조되고 축적되고 상호교류되면서 오늘날까지 발전되어 온 것은 오로지 말의 덕분이다. 글자란 것은 말을 표기하는 수단에 불과하니 크게 보면 말의 일부분이다. 말이 없으면 사람은 동물의 수준에서 벗어날 수가 없다. 말이 없는 세상을 한번 상상해 보시라! 얼마나 답답할지 짐작이 갈 것이다. 간혹 목 수술 등으로 말을 못 하는 사람들이 안타까워하는 모습을 보면, 말을 할 수 있는 것이 얼마나 다행인가를 늘 느끼며 살아야 할 것이다.

이 귀중한 말도, 잘 쓰면 자기에게도 좋고 다른 사람에게도 좋고, 이 세상에도 도움을 준다. 훌륭한 성현(聖賢)의 한마디 말이 후세 사람들에게 두고두고 빛이 되고 힘이 되고 희망이 된다. 그러나 이런 귀중한 말도 잘못 쓰면 칼보다 더 무섭다. 인류사회의 투쟁과 분열은 모두가 말 때문에 빚어진다. "말 한마디로 천 냥 빚을 갚는다.", "가는 말이 고와야 오는 말도 곱다."라는 우리나라에 널리 퍼져 있는 속담(俗談)이 있다.

말이란 것은 사람의 생각의 표현이기 때문에 말을 할 때는 깊이 생각하여 신중하게 해야 한다. 아무런 생각 없이 뱉은 말이 상대방의 가슴을 찌르는 비수가 될 수가 있다. 사람이 사회생활하면서 자기가 하고 싶은 말을 다 해 버리면 인간관계가 형성될 수가 없다. 함부로 한 말은 거기서 끝나는 것이 아니고 반드시 그 뒤에 부작용이 따르기 때문이다.

말을 할 때는 자신의 의사를 분명히 표시하면서도 듣는 사람들을 배려해야 한다. 그리고 해야 할 말과 하지 않아야 할 말을 구분해서 할 줄 알아야 하고, 때와 장소를 가릴 줄 알아야 한다.

상대방과 말할 때는 상대방의 수준과 관심에 맞게 말을 해야 한다. 상대방이 말하는 내용에 관심을 기울여야 한다. 상대방이 어떤 화제를 꺼냈을 때, 자기는 전혀 다른 주제를 이야기해서는 안 되고, 상대방의 이야기가 다 끝나기도 전에 자기 이야기를 해서도 안 된다. 특히 상대방의 이야기가 끝나기 전에 "갑시다." 등의 소리를 해서 자리를 파하도록 만드는 경우는 의도적은 아니라 해도 상대방을 아주 무시하는 짓이 된다.

어느 누구에게나 듣기 좋은 말을 하는 사람은 자기 줏대가 없는 아첨꾼이 될 수밖에 없다. 그러나 누구나 듣기 싫어하는 이야기만 하는 사람은 밉상이다. 입만 벌리면 자기 자랑하고 남을 헐뜯는 사람은 마음이 배배 꼬인 사람으로 사물을 정상적인 관점에서 보지 못하는 사람이다. 입만 벌리면 자기는 옳고 세상 사람들은 다 글렀고, 자기는 잘하는데 다른 사람들이 문제라는 사람은 사물을 객관적으로 보지 못하는 사람이다.

사람이 평생을 살아가는 동안 갖가지 직업에 종사하지만, 어떤 직업에 종사하든지 간에 결국, 사람을 사귀고 일을 처리하는 것에서 벗어날 수가 없다. 사람을 사귀고 일을 처리하는 데 있어 가장 중요한 역할을 하는 것이 말이다. 교육자가 강의를 하려고 해도, 경영자가 회사를 운영하려 해도, 외교관이 외교를 하려고 해도, 군인이 지휘를 하려고 해도, 기술자가 기술을 전수하려고 해도 다 말이 필요하다.

말을 윤택하게 잘 가꾸어 나갈 때, 우리 사회는 질이 높은 사회가 될 수 있다. 어떤 모임의 수준을 알아보려고 할 때 그 구성원들이 쓰는 말을 보면 그 수준을 알 수 있다.

노무현 대통령은 취임할 당시에는 상당한 지지율을 확보하고 있었다. 자기는 지연이나 학연에 크게 얽매이지도 않았고, 정치적인 부담도 없었기 때문에, 뛰어난 인재를 발탁하여 국가를 잘 운영했으면, 국민들로부터 존경받는 대통령이 될 수 있었다. 그러나 자신이 똑똑하다고 생각하여 독선적인 국가경영과 원칙 없는 인사정책으로 오늘날 지지하는 사람이 거의 없는 신세가 되고 말았다. 그리고 정제되지 않은 말을 함부로 함으로 해서 더욱 자신의 수준이 어떠한가를 드러내고 말았다. 자신은 말을 잘한다고 생각하고 있고, 또 대통령은 말을 잘한다고 생각하는 사람들이 많은데, 사실은 대통령은 말을 잘못함으로 인해서 자신의 권위와 인기를 다 잃은 것이다.

2007년 2월 5일

禍: 재앙 화　　從: 좇을 종, ~로부터 종　　口: 입 구　　出: 날 출

복복수수
福復壽酬

복이란 자기 한 일을 돌려받는 것이고,
오래 사는 것은 자기 한 짓에 대한 응보다

양력으로 해가 바뀌어 2007년 새해를 맞이하여, 연초인지라 축하하는 인사를 많이 주고받는다. 한 10년 전까지만 해도 주로 연하장(年賀狀)을 주고받았는데, 지금은 연하장은 거의 사라지고, 컴퓨터 전자우편이나 휴대전화(携帶電話) 문자 메시지로 서로 신년인사를 교환한다. 형식이야 어떠하든 간에 "새해 복(福) 많이 받으십시오.", "만복이 깃들기를 기원합니다." 등등 복을 받기를 바라는 내용임에는 다를 바 없다.

'복(福)'이란 글자는, 갑골문(甲骨文)에서는, "두 손으로 술동이를 들어 신(神)에게 바치는 모습"을 본뜬 것이다. 신에게 술동이를 바쳐서 빌면 신이 상서로움을 내려 좋은 일을 누릴 수 있다는 것이다. 그래서 후세에 와서 복이라 하면, 으레 오래 사는 것[壽], 부유한 것[富], 지위가 높은 것[貴], 자식이 많은 것[多男], 건강한 것[康] 등을 든다. 누구를 평할 때도, '복이 많은 사람', '복이 없는 사람' 등등으로 나눈다. 옛날 가정에서 쓰는 장롱 등의 장석은 박쥐 모양인데, 박쥐는 한자로 '복(蝠)'이다. 그 발음이 '복(福)' 자와 같기 때문에 복을 기원하는 뜻을 담고 있다. 흔히 중국음식점의 문에 '복(福)' 자를 거꾸로 붙여 놓은 것을 볼 수 있는데, '거꾸로 도(倒)' 자에 '쏟아붓는다'는 뜻이 있어 '복을 마구 쏟아부어 주시오'라는 뜻이 된다. 또 '도(倒)' 자와 '이를 도(到)'의 발음이 같으므로, '복이 이른다'는 뜻도 겸하고 있다.

이 세상에 어느 누구도 복을 받기를 원하지 재앙을 당하기를 원하지는 않는다. 개중에는 복을 받을 짓은 하지 않고 재앙을 받을 짓만 골라 하면서, 마음으로는 복을 받기를 바라는 사람이 있다. 옛날 어른들이 자손들을 교육시킬 때, "그런 짓 하면 복 나간다.", "그러면 복이 달아난다.", "복을 차 버린다.", "그 참 거복(拒福)이다." 등등의 말을 많이 했다. 밥을 앞에 놓고 먹을 것이 없다고 투정하는 아이나 밥 귀한 줄 모르고 마구 퍼 흘리는 아이, 옷을 함부로 취급하는 아이 등이 많이 듣던 말이다.

복이라는 것은 하늘이나 운명의 신이 주는 것이 아니고, 자기 자신이 스스로 만드는 것이다. 복을 받기를 간절히 원하면서, 마음속으로 남을 시기하고 질투하고 모함하고, 입으로는 남을 욕하고 이간질하고 거짓말한다면, 복이 올 턱이 없다. 올바르게 살면 언젠가는 복이 오게 마련이다.

간교한 사기술로 남의 재물을 빼앗거나 남을 모함하거나 억울한 사람을 만들어서 부자가 되고 권력자가 되어 천하에 부러울 것이 없는 듯이 살아가는 사람들이 우리 주변에 적지 않다. 그런 식으로 성공한 사람들은 대개 말로가 좋지 않다. 혹 자기 대는 그럭저럭 잘 살았다 해도, 그 아들이나 손자 대에 가면 반드시 망나니 같은 자손이 나와 집안을 쑥대밭으로 만들어 버리고 만다. 그래서 복이라는 것은 자기 한 짓에 대한 보답[復]이라고 말하는 것이다. 경주의 최부자가 12대 동안 만석을 누리는 것은 하늘이 준 복 때문이 아니고, 겸손하고 절제하고 부지런하고 남을 배려하는 마음을 가지고 가정을 다스려 나갔기 때문이다.

사람의 수명(壽命)도 마찬가지다. 장수하는 유전적인 요소를 타고 난 사람이 분명히 있기는 있다. 그러나 자기가 관리하기에 따라서 얼마든지 수명도 늘릴 수 있다. 비싸고 좋은 차라고 꼭 오래 타는 것이 아니다. 아무리 좋은 차라도 관리를 옳게 하지 않고, 함부로 운전하여 부딪치고 넘어지고 하면 얼마 쓰지 못한다. 좀 싸고 못한 차라도 관리를 잘하고 조심스럽게 운전하면 오래 쓸 수 있는 것과 마찬가지다.

규칙적인 생활을 하고 지나친 욕심 안 내고, 운동하고 음식 조심하면 누구나 장수할 수 있다. 절제 없이 술 마시고 담배 피우고, 시도 때도 없이 인스턴트식품 등으로 과식하고, 운동 안 하고, 불규칙적으로 생활하고, 허욕(虛慾)이 많아 늘 불평이 가득한 사람은 몸이 견딜 수가 없는 것이다. 그래서 사람이 장수[壽]하는 것은 자기가 오랫동안 해 온 습관에 대한 반응[酬]인 것이라고 말하는 것이다.

건전한 마음과 건강한 몸으로 행복하게 오래오래 사느냐, 우울하게 불안하게 병고에 시달리느냐 하는 것은 결국 자기 하기에 달려 있다.

2007년 2월 12일

福: 복 복   復: 회복할 복, 다시 부   壽: 목숨 수   酬: 갚을 수

감탄고토
甘吞苦吐

달면 삼키고 쓰면 토해 낸다

조선(朝鮮) 선조(宣祖) 때의 문학가인 송강(松江) 정철(鄭澈)의 시조에 이런 작품이 있다.

나무도 병이 드니 정자라고 쉴 이 없다.
호화히 섰을 때는 올 이 갈 이 다 쉬더니,
잎 지고 가지 꺾인 후엔 새도 아니 앉누나.

송강 자신이 정승의 지위에 있을 때는 찾아오는 사람이 많아 대문 앞이 마치 시장 같았으나, 선조의 미움을 받아 귀양살이하게 되니, 찾아오는 사람 하나 없는 신세로 전락하고 말았는데, 이를 병든 나무에 비유하여 절묘하게 표현하였다.

공자(孔子)의 언행록인 『논어(論語)』에, "한 해의 기후가 추워진 뒤에라야 소나무와 측백나무가 다른 나무들보다 늦게까지 푸르다는 것을 알 수 있다.[歲寒然後知松柏之後彫也.]"라는 말이 있다.

사람이 잘나갈 때는, 친구들도 많고 찾아오는 사람도 많고 친절을 베푸는 사람도 많다. 그러나 자신이 어려울 때는 알은체하는 사람도 찾아오는 사람도 도와주려는 사람도 다 사라져 버린다. 이런 것이 세상의 인심이다. 어려울 때 도와주는 사람이 진정한 친구요 동지인 것이다.

나라도 마찬가지다. 지난 연말에 필자는 대만(臺灣)을 방문한 적이 있다. 대만의 국제공항 출입국 관문의 문이 수십 개는 됨 직한데, 대부분은 다 잠겨 있고, 서너 개만 열어 놓고 업무를 처리하고 있었다. 나올 때 봐도 그러했다. 지금 외국인이나 외국 거주의 화교가 대만을 찾아오지 않는다는 것을 말해 주고 있었다. 중화인민공화국(中華人民共和國)이 부상하니까, 이제 대만은 국제적으로 아무런 영향력이 없고, 대만과 친해 가지고는 국가이익에 도움이 될 것이 없다고 세계 대부분의 나라들이 판단했기 때문이다.

김영삼 전 대통령이 대통령 후보가 되고 나서부터는 현직 대통령인 노태우 씨를 무시하고 핍박했다. 그것이 전례가 되어, 이회창 한나라당 대통령 후보는 실제로 김영삼 씨 덕분에 정계에 나온 지 얼마 되지 않았으면서도 쟁쟁한 사람들을 물리치고 대통령 후보로 선정될 수 있었다. 그러면서도 김영삼 현직 대통령에게 당에서 나가라고 공개적으로 요구하였다. 자신의 이익에 따라 신의(信義)를 저버리고 태도를 표변(豹變)한 사례였다.

노무현 대통령은 자신을 당선시켜 준 민주당을 하루아침에 버리고 열린우리당을 새로 결성하자, 많은 민주당 소속 국회의원들이 뚜렷한 명분도 없이 민주당을 버리고 열린우리당으로 모여들었다. 대통령이라는 막강한 힘이 있기에, 잘 보이면 총리나 장관으로 발탁될 수도 있고 또 여러 가지 이득이 있기 때문이었다. 지난 2004년 총선에서 노무현 대통령 덕분에 국회의원 될 자격도 없는 사람들이 많이 당선되었다.

그러나 지금 노 대통령의 인기가 땅에 떨어지고 레임덕 시기에 들어서자, 대통령이 탈당하지 말라고 말려도 열린우리당 소속 국회의원들이 탈당을 계속하고 있다. 뚜렷한 명분이나 목적이 있는 것도 아니다. 탈당에 앞장선 사람 가운데는 노 대통령 때문에 국회의원 된 사람과 노 대통령이 신임하여 장관을 시켜 주고 당 운영을 맡겼던 사람들도 많다. 왜 이들이 탈당을 서두르는가? 노 대통령과 친하다는 것이 자신에게 도움이 안 된다고 판단하기 때문이다.

고양이는 자기 집에 먹을 것이 없으면 당장 먹이를 주는 사람을 따라간다. 그러나 개는 다른 사람이 먹이를 주어도 주인이 아니면 따라가지 않는다 한다. 사람이 사람다운 것은 신의(信義)를 지키는 데 있다. 국회의원들은 자칭 타칭 '지도자급 인사'라고 한다. 지도자급 인사라는 사람들이 신의를 버리고 이익에 따라 이리저리 몰려다니고 모였다 흩어졌다 하면, 이 나라 젊은 사람들에게 무엇을 보여 주겠는가?

달면 삼키고 쓰면 뱉는 그런 자세를 가진 사람들이 지도자라고 나서서 되겠는가?

2007년 2월 19일

甘: 달 감   呑: 삼킬 탄   苦: 쓸 고   吐: 토할 토

진충보국
盡忠報國

충성을 다하여 나라에 보답한다

조선 중기에 일화와 해학(諧謔)으로 우리에게 잘 알려져 있는 '오성(鰲城)과 한음(漢陰)'이라는 문신(文臣)이 있었다. 오성은 오성부원군(鰲城府院君)에 봉해졌던 백사(白沙) 이항복(李恒福)이고, 한음은 이덕형(李德馨)이다. 이 두 분은 어릴 적부터 아주 가까운 친구로서, 선조(宣祖) 때 같이 벼슬하다가 임진왜란(壬辰倭亂)을 치르면서 많은 공훈을 세웠고, 벼슬이 신하로서는 최고 지위인 영의정(領議政)에까지 이르렀고, 광해군(光海君) 때 영창대군(永昌大君) 살해와 인목대비(仁穆大妃)의 폐위를 반대하다가 귀양 가는 신세가 되었는데, 두 분의 일생이 비슷하다.

한음은, 임진왜란 때는 체찰사(體察使)를 맡아 전쟁을 지휘하고, 명나라에 원병(援兵)을 요청하는 등 분골쇄신(粉骨碎身)하였고, 임진왜란이 끝난 뒤에도 복구사업에 쉴 틈이 없었다. 나랏일이 워낙 바빠 집에 돌아가 식사할 겨를도 없었다. 그래서 대궐 문밖에 조그만 집을 한 채 빌려 자기 첩으로 하여금 거기서 거처하게 하여 식사를 해결하고 있었다.

어느 날 날씨가 매우 더웠는데, 한음은 임금에게 장시간 여러 가지 일을 아뢰고 나자, 목이 되게 타고 가슴이 답답하였다. 대궐 문밖의 임시 거처로 급히 돌아와 입을 열어 말을 하기도 전에 손부터 내밀었다. 물을 달라는 표시였다.

그런데 그 첩은 미리 제호탕(醍醐湯)을 준비하였다가 바쳤다. 제호탕이란, 대추, 오매(烏梅), 백단향(白檀香) 등 한약재를 가루로 내어 꿀에 버무려 두었다가 찬물에 타서 먹는 우리나라 전통의 청량음료이다. 한음은 제호탕이 너무나 마음에 들었다. 그러나 마시려고 하다가 마시지 않고 그 첩을 한참 쳐다보았다. 그러고는, "나는 이제부터 너를 버리겠으니, 너 갈 데로 가라."는 말을 남기고는 그길로 돌아보지도 않고 떠나 버렸다.

그 첩은 평소 매우 영리하여 한음의 총애를 한층 더 받기 위해서 미리 머리를 써서 더위를 식혀 줄 제호탕을 준비하였는데, 그 일로 인하여 자신이 버림받는 신세가 되고 말았다. 그러나 아무리 생각해 봐도 도무지 그 이유를 알 수가 없었다. 밤새도록 잠을 이루지 못하고 울다가, 이튿날 한음과 마음이 가장 잘 통하는 백사(白沙)에게로 달려가 그 사정을 이야기하였다. 백사도 친구 한음이 정말 사랑하던 첩을 버렸다는 말을 듣고 그 이유를 알 수가 없어 의아하게 생각하였다.

그 뒤 한음을 만나자, 백사는 "총애하던 여인을 아무 이유도 없이 버리는 것은 어째서인지?"라고 물으니, 한음은 이렇게 대답하였다. "그 여인이 죄가 있어서가 아니라네. 얼마 전 내가 임금님께 일을 아뢰고 나왔을 때, 날씨가 매우 더워 가슴이 답답하고 목이 말랐네. 그런데 내가 말도 하기 전에 그녀가 미리 제호탕을 준비했다가 주는 게 아닌가. 그 영리함이 너무나 사랑스러웠고, 내가 그 그릇을 받아 들고서 그 얼굴을 보니, 온갖 애교가 내 마음을 끌어 더욱 아름답게 보이더군. 그래서 내가 '전쟁 뒤에 나라가 어지러워 아직 평정을 찾지도 못하여 안

위(安危)를 걱정해야 할 시국인데, 나랏일을 책임진 사람으로서 마음이 끌려 돌아보는 곳이 있게 되면 나랏일을 그르치고 말겠구나.'라고 생각하여 은혜와 사랑을 끊고 나랏일에 전념하기로 한 것이라네. 그녀에게 죄가 있는 것은 아니라네."

한음의 말을 듣고 백사는, "자네의 이번 일은 정말 늠름한 대장부다운 처사라네. 나 같은 사람이 따라갈 수 없는 일일세."라고 탄복하며 칭찬해 마지않았다.

나랏일을 맡은 공직자로서 개인적인 애정관계를 끊은 한음의 처사는 공정하다고 하겠다. 모든 공직자들이 자기 사사로운 인연에 얽매이지 않고, 오로지 충성스러운 마음으로 나랏일에 전념한다면, 나라는 저절로 잘되어 갈 것이다.

2007년 2월 26일

盡: 다할 진   忠: 충성 충   報: 보답할 보   國: 나라 국

문약서생
文弱書生

글만 하면서 나약한 선비

중국 공산당 간부 한 사람이 공산당 주석 모택동(毛澤東)에게 "학자들이 반역을 도모한다면 아마 3년쯤은 걸릴 것입니다."라고 하자, 모택동은 "3년이 아니라 3백 년 동안 도모해도 성공 못 할걸."이라고 대답했다.

공부하는 사람들은 대체로 말이 많다. 그리고 자기주장이 강하고 남의 주장은 귀담아들으려 하지 않고, 아주 사소한 일도 이론적으로 분석하려고 든다. 그러다 보니 공부하는 사람들이 모이면 어떤 일을 착수하지 못하고 계속 논의만 하다가 시기를 놓쳐 버린다. 예를 들자면, 논에 모를 심을 5월이 되면 그 시기를 놓치지 말고 바로 논에 들어가 모를 심어야지, "아직 물의 온도가 낮다.", "오늘은 일조량이 너무 강해서 안 된다.", "바람이 심하게 불어 모가 서지 않는다." 등등의 논의를 계속하다가 7월 중순쯤에 가서 아무리 모를 잘 심어 봤자, 벼를 수확할 수가 없는 것이다. 우리나라 속담에 "망종(芒種: 24절기의 하나로 양력 6월 6일 전후) 지난 보리 거름하나 마나"라는 말이 있다. 망종쯤 되면 보리가 익어 수확할 시기가 다 되었는데, 그때 가서 수확을 좀 더

하겠다고 거름을 해 봐야 거름만 버리는 것이지 아무런 효과가 없다. 세상만사에는 다 그 적절한 시기가 있다.

공부하는 사람은 이론적으로 분석은 잘하고 토론은 좋아하지만, 과감한 실천력, 추진력이 부족하다. 모택동은 학자들의 이런 속성을 잘 알기 때문에 비웃은 것이다.

지금 우리나라 학자들은 자기 학문분야가 위기라고 야단이다. 인문학(人文學)을 하는 사람들은 지금 이 시대는 "인문학의 위기"라고 외치고 있고, 기초과학을 하는 사람들은 "기초과학의 위기"라고 하고, 문학이나 예술에 종사하는 사람들은 "문학, 예술이 황폐화되어 간다."라고 절규를 하고 있다.

지난해 가을 고려대학교 인문학 관계 교수들이 '인문학 위기 선언'을 하여 정부당국이 인문학에 관심을 가져줄 것을 촉구하였다. 그로 인해서 정부당국이나 정치가들의 관심이 좀 제고되었는지 모르겠다. 그러나 그 결과 주요 대학의 인문학 관련 학과의 입학생 성적이 전년도에 비해서 대폭으로 하락했다고 한다. 인문학에 취미와 관심이 있어 지원하려던 상당수의 수험생들이 교수들이 위기라는 말을 듣고 장래가 암담하겠다 싶어 현실적으로 취직이 잘되는 다른 분야로 발길을 돌리고 말았다. 교수들의 위기 분위기 조성이 결국 인문학을 위기로 만들고 말았다.

어느 시대나 순수학문이 대중의 환영을 받는 인기 과목이 된 적은 거의 없다. 어떻게 보면 지금이 인문학을 하는 사람들에게 그래도 괜찮은 시대라고 할 수 있다. 자기가 지은 책을 마음대로 낼 수 있고, 논문을 써서 발표할 학술지도 많이 생겼고, 인문학 관련 강좌, 특강 등을 직장이나 동호인 단위로 열어 그 분야의 전문가들을 불러 강의를 듣는 일도 많아졌다.

　조선 말기 우리나라를 대표하는 대학자로 근 2백 권의 저서를 남긴 면우(俛宇) 곽종석(郭鍾錫) 선생이 하루 세끼 밥을 이어 먹지 못할 정도로 가난했다 한다. 필자의 은사 연민(淵民) 이가원(李家源) 선생은, 40년 전인 1967년도에 자신의 저서를 자비로 출판하였는데, 그때 부담한 자기 저서 한 권 출판비가 서울 시내의 집 한 채 값과 맞먹었다. 지금에 비하면 천문학적인 금액이다. 그래도 다른 데 신경 쓰지 않고 오로지 한 우물만 팠다. 대가는 아무나 되는 것이 아니다. 투자를 해야 한다.

　지금은 세상 사람들이 모든 것을 다 금전적인 가치로 평가하기 때문에 "인문학이 위기다.", "기초과학이 위기다."라고 보는 것이다. 그러나 인문학을 전공하거나 기초과학을 전공하는 사람들이 무더기로 쏟아져 나와 모두가 자기가 원하는 좋은 직장에 근무하게 되는 나라는 지구상 어디에도 존재하지 않는다.

　순수하게 학문적인 열정으로 인문학을 좋아하는 사람이 인문학을 해야지, 돈이 되겠다 싶어서 그 학문으로 들어섰다면, 그런 사람은 오랫동안 학문을 할 수가 없다. 그 학문을 이용해서 자신의 출세의 디딤돌로 사용하는 경우 결국은 그 학문을 병들게 만드는 작용을 한다.

　인문학에 종사하는 교수들이 "인문학의 위기"라고 기자들 앞에서 선언할 것이 아니라, 모두가 강인한 자세로 자신의 전공분야에 매진하여 훌륭한 연구성과를 내면 인문학의 위기가 올 턱이 없다. 남의 눈, 세속적인 인기를 의식하여 좀 더 좋은 대우만 바란다면 인문학은 더욱 더 설 곳이 없다. 나약한 모습만 노출하고 젊은 세대로부터 멸시를 당할 것이다. 인문학 종사자가 자기 자리에서 자기 역할을 잘할 때 사회로부터 존경을 받고 인문학의 비중도 높아질 것이다. 인문학이 위기냐 아니냐는 결국 인문학 종사자 자기 하기에 달려 있다.

2007년 3월 5일

文: 글월 문   **弱**: 약할 약   **書**: 글 서   **生**: 날 생

완물상지
玩物喪志

사물을 즐기다가 자신의 뜻을 잃고 만다

사람의 일생은 어느 누구를 막론하고 한정되어 있고, 그 정신적 능력과 육체적 능력도 한계가 있다. 사람은 자기 마음을 위주로 하여 살아가야지, 눈이나 귀 등 감각이나 바깥 사물에 이끌려 살다 보면, 자기도 모르게 정상적인 궤도를 이탈하게 된다.

옛날에는 직업이라 해 봐야 농업이 대부분이었고, 간혹 글 읽는 선비가 동네마다 몇 명 있을 정도였다. 옛날 사람들의 활동 범위는 대부분 30리 안팎으로, 만나는 사람도 얻어듣는 정보량도 한정이 있어, 개개인이 충분히 다 소화할 수 있었다.

지금은 전 세계가 한마을 같아서 우리나라에서 가장 멀리 떨어진 남미 같은 곳에서 일어난 일도 동시에 즉각 생생한 화면을 통해서 바로 접할 수 있다. 우리는 지금 과학기술이 엄청나게 발달한 시대에 살고 있다. 그러나 이 많은 정보를 받아들여 처리하려고 하니, 우리 몸은 정신적으로 육체적으로 능력 이상의 일을 하지 않으면 안 되게 되었다. 그러다 보니, 정작 자신을 돌아볼 시간은 없는 것이다.

직장인들이 퇴근하여 집에 들어가 응접실 소파에 앉아 텔레비전

리모컨을 틀면 그 속에서는 전 세계의 갖가지 프로그램이 방영되고 있다. 뉴스만 계속 내보내는 채널, 연속극만 계속 내보내는 채널, 스포츠 중계방송, 코미디 등등 입맛대로 골라 볼 수 있다. 그러다 보니 그때부터 잠잘 때까지 계속 텔레비전에만 눈을 박고 있다가 자게 된다. 주부들이 아침밥 먹고 아침 연속극 보기 시작하여 하루 내내 텔레비전 채널 돌리다가 낮 시간을 다 보내는 경우도 있다.

취미 생활에 빠져 밤이고 낮이고 낚시 가는 사람, 가요대회만 찾아다니는 사람이 있고, 도자기 굽기, 그림 그리기, 사진 찍기 등등으로 생업을 등한히 하는 사람도 있다. 어떤 물건 수집에 취미를 가지고 그 물건을 수집하기 위해서는 수백 리도 멀다 하지 않고 달려가는 사람도 있다. 명품을 좋아하여 그 명품 사 모으기로 낙을 삼는 사람이 있다. 운동을 너무 좋아하여 골프에 빠진 사람, 등산에 빠진 사람, 마라톤에 빠진 사람도 적지 않다. 외국 여행에 빠져 일 년에도 십여 차례 외국 여행 다니는 사람이 있다. 외국 여행에서 배우는 것도 있지만, 일 년에 여러 차례 외국에 나가면 자신의 일에 지장이 없겠는가?

젊은 학생들 가운데는 특정한 연예인에게 빠져 그 연예인이 하는 공연에는 다 따라다니고, 그 연예인에 관한 자료는 다 모으고, 그 연예인이 출연하는 프로는 다 보는 경우가 있다. 주부들 가운데는 어떤 특정 연예인과 같은 패션으로 옷을 입고, 심지어 목소리, 표정, 몸짓까지 닮으려고 노력하는 경우도 있는 것을 보았다.

우리 마음은 정상적으로 쓸 때 편안해지고, 비정상적으로 쓸 때는 불안해진다. 별 중요하지 않은 일에 집착하다 보면, 정작 중요한 일은 등한히 하는 경우가 많다. 한정된 인생에서 한정된 정신과 육체로 한 번밖에 없는 인생을 허송(虛送)해서야 되겠는가? 좀 더 생활을 절제(節

制)하여 의미 있는 한평생이 되도록 해야겠다.

3천여 년 전 주(周)나라 무왕(武王)이 천하를 통일하자, 사방에서 공물(貢物)을 바쳤는데, 서쪽 여족(旅族)의 나라에서 큰 개를 바쳤다. 이에 무왕의 동생이자 정승인 소공(召公)이 충고를 하였다. "사람을 가지고 장난을 치면 덕을 잃게 될 것이요, 사물을 즐기다 보면 뜻을 잃게 될 것입니다.[玩人喪德, 玩物喪志.] 특별한 물건을 귀하게 여겨 늘 쓰는 물건을 천하게 여기지 않으면 백성들은 풍족할 것입니다."

특별한 생활에 빠지게 되면 정상적인 생활이 될 수가 없다. 사람을 혹하게 만드는 온갖 물질문명이 범람하는 이 시대에 자신의 정신을 올바로 갖고 사는 것이 중요한 일이다.

2007년 3월 12일

玩: 즐길 완 　　物: 물건 물 　　喪: 잃을 상 　　志: 뜻 지

사본구말
捨本求末

근본은 버려두고 말단적인 것만 구한다

조선(朝鮮) 숙종(肅宗) 임금 때 김학성(金鶴聲)이란 분이 있었는데, 문과(文科)에 급제하여 여러 벼슬을 지냈다. 이분은 어릴 때 아버지를 여의었는데, 청상과부가 된 어머니가 남의 삯바느질을 해서 김학성과 그 아우를 공부시키고 있었다. 그 어머니는 열 손가락이 다 닳을 정도로 밤낮없이 바느질을 해야 겨우 입에 풀칠을 할 수 있는 지경이었는데, 거기다가 두 아들까지 일을 안 시키고 공부를 시키려고 하니 얼마나 살림이 쪼들렸겠는가?

비 오는 어느 날, 두 아들은 서당(書堂)에 가고 혼자 바느질을 하고 있으니, 낙숫물 소리가 들려왔는데, 유심히 들어 보니 어디서 쇳소리 같은 것이 울리는 것 같았다. 이상하다 싶어 그쪽으로 가 봤더니 분명히 낙숫물 떨어지는 밑에서 쇳소리가 나고 있었다. 호미로 살며시 후벼 파 봤더니, 그 아래 큰 가마솥이 있고, 솥에는 은전(銀錢)이 가득 들어 있었다. 아마도 그 이전에 살던 집 주인이 무슨 사연이 있어 돈을 묻어 둔 것 같았다.

너무나 뜻밖이었다. 이 여인에게 지금 가장 절실하게 필요한 것이

재물인데, 자기가 평생 삯바느질해도 벌 수 없는 정도의 재물이 눈앞에 나타났다. 온갖 생각이 머리를 스쳐 갔다. 그러나 얼마 뒤 그 여인은 돈이 담긴 그 솥에서 한 푼도 꺼내지 않고, 호미로 다시 흙을 끌어와 묻어 버렸다. 그 얼마 뒤 김학성의 어머니는 친정 오라버니에게 부탁하여 그 집을 팔고, 다른 집을 구해서 이사를 했다. 그 돈에 관해서는 아무에게도 이야기하지 않았다.

세월이 흘러 두 아들이 장성하였고, 맏이인 김학성은 과거에 합격하여 벼슬길에 나가게 되었다. 고생한 보람으로 이제 가정 형편도 조금 나아지게 되었다. 어느 날 오라버니와 두 아들이 모인 자리에서 비로소 그 돈에 관한 이야기를 했다. "그때 만약 내가 그 돈을 탐내었더라면, 자식들을 바르게 교육할 수 없었을 것이오. 나는 재물을 얻은 것보다 자식들이 올바른 사람이 된 것에 더 큰 보람을 느낍니다. 내 손으로 번 바느질삯이 노력하지 않고 얻은 만 냥의 돈보다 더 값지지 않겠습니까?"라고 숙연(肅然)하게 말하니, 그 오라버니와 두 아들이 감복하지 않을 수 없었다.

김학성의 어머니는 크게 배우거나 지위가 있는 여인도 아니었지만, 올바른 판단을 하였다. 아무런 땀을 흘리지 않은 채 그 재물을 차지했더라면 잠시는 호의호식(好衣好食)하면서 지낼 수 있었지마는, 결국 두 아들을 불성실한 인간으로 만들고 말았을 것이다. 어머니의 올바른 판단이 두 아들을 훌륭한 사람으로 키운 것이다.

1970년대 이후 도시 근교 개발지역의 주민들 가운데는 토지 등을 보상받아 갑자기 큰 부자가 된 사람들이 많다. 대개 그들은 도시로 나가 큰 건물을 짓고 목욕탕을 짓고 좋은 집과 좋은 차를 사고 비싼 옷을 사 입고, 고급 요리를 먹으며 호화롭게 생활하였다. 그 인근의 개발지역에 들어가지 못한 사람들은 그들을 매우 부러워하였다.

그러나 얼마 지나지 않아서 갑자기 부자가 된 그들은 대부분 재산을 다 날렸고, 사람마저 타락한 경우가 대부분이었다. 그들의 자녀들도 올바른 길로 간 사람은 별로 없었다. 토지 보상을 못 받고 그대로 남아 있는 사람들이 결과적으로 더 나았다. 노력하지 않고 얻은 재물이 사람과 집안을 망친 것이다.

자기 손으로 땀 흘려 돈을 버는 것이 중요한데도, 많은 사람들은 일확천금(一攫千金), 횡재(橫財) 같은 것을 노리고 있다. 부동산회사나 증권회사 등에서 많은 사람들에게 일확천금의 망상을 갖도록 조장을 하고 있다. 정부에서 실시하는 복권제도 등은 더 심한 경우이다. 성실하게 근면하게 자기 일을 착실하게 해 가는 사람을 비웃는 세상이 되어 가고 있다. 재산을 위해서는 형제도 친척도 친구도 저버리는 경우가 많다. 그러다 보니 세상은 날로 삭막해져 간다. 재물은 물론 필요하지만 재물보다는 사람이 먼저다.

윤리도덕, 인간다운 삶, 인간미, 인격 등에는 거의 관심이 없고, 재산 모으고 재물 늘리기에 모두가 혈안이 되어 있다. 정신적인 삶을 무시하고 물질적인 욕구만을 찾는다면, 아무리 국민소득이 높아져도 선진국이 될 수 없다.

사람이 근본이고 재물은 지엽적인 것이다. 그런데도 "근본적인 것을 버려두고 지엽적인 것만 추구하고 있으니[捨本求末]", 정상적인 사회는 아닌 것이다.

2007년 3월 19일

捨: 버릴 사   本: 근본 본   求: 구할 구   末: 끝 말

진가난변
眞假難辨

진짜와 가짜를 구별하기 어렵다

우리나라 텔레비전에 〈진품명품(眞品名品)〉이라는 프로가 등장한 것이 근 10년쯤 되어 가는 것 같다. 서양의 여러 나라의 사정은 필자가 모르지만, 중국이나 일본에도 이런 프로가 있는데, 그 진행방법이 우리나라 방송과 거의 비슷한 것을 보았다.

이 프로는 일반대중들에게 문화재에 관심을 갖게 하는 점에 있어 충분히 그 역할을 했다. 요즈음은 사람들이 모이면 지나간 〈진품명품〉 프로에 등장했던 각종 문화재나 골동품 같은 것을 가지고 화제를 삼는 경우가 많다. 가끔씩 이야기하다가 서로 승강이를 벌이기도 한다.

프로에 등장하여 감정하는 각 분야의 전문가들은 감정하는 안목이 대단히 높지만, 가끔 실수도 하지 않을 수 없을 것이다. 왜냐하면 제한된 시간에 감정을 해내야 하는 급박함 때문이기도 하고, 물건이 원래의 위치에 있지 않고 여기저기 다니다가 나오니 유래를 알 수 없어 감정이 곤란한 경우도 있다. 시간적으로 몇천 년, 공간적으로 한반도 전역은 물론이고 해외로부터 들어온 문화재까지 감정해야 하니, 감정위원들은 정신적인 압박을 많이 받을 것으로 짐작이 된다.

다른 분야는 필자가 잘 모르니까 이야기할 수 없고, 서예(書藝) 분야에 대해서 참고로 조금 이야기해 볼까 한다.

필적(筆跡)은 원래 사람마다 다르지만, 간혹 스승이나 제자의 글씨가 닮은 경우가 있고, 부자간에도 닮은 경우도 있다. 또 후세 사람이 옛날 어떤 유명한 사람의 글씨를 본떠서 자기의 필체(筆體)로 삼는 경우도 있다.

옛날 분들 가운데서 남아 있는 필적이 많은 경우에는 서로 대조를 해 보면 그분의 필적을 금방 감정해 낼 수가 있다. 퇴계(退溪) 이황(李滉) 선생이나 추사(秋史) 김정희(金正喜) 선생 같은 경우이다. 그러나 퇴계나 추사의 경우도 그 글씨를 본떠서 쓰는 사람이 많기 때문에, 두 분의 글씨가 아닌데 두 분의 글씨로 판정되는 경우도 간혹 있다.

남아 있는 필적이 한 점밖에 안 되거나 몇 점 안 될 경우에는 비교할 수 없기 때문에 감정하기가 정말 어렵다. 그럴 경우 그 종가(宗家)라든지 제자의 집에서 그동안 전해 오게 된 유래를 알면 감정할 수 있지만, 여기저기 나도는 경우 정말 곤란하다.

몇 해 전 어떤 사람이, 퇴계 선생과 남명(南冥) 조식(曺植) 선생 등 그 당시 여러 선현들의 시를 베껴 놓은 필첩(筆帖)을 들고 〈진품명품〉에 나와서 감정을 의뢰한 적이 있었는데, 감정하는 분이 진품으로 판정한 경우가 있었다. 또 추사 선생의 작품을 감정 의뢰했을 때, 추사의 진품이 분명히 맞는데도 아니라고 한 적도 있었다. 약간의 의심이라도 있으면, "두고 봅시다. 다음에 더 철저하게 감정하여 알려 드리도록 하겠습니다."라고 해야지, 만물박사처럼 나오는 작품마다 단 몇 시간 만에 척척 감정하다 보면, 실수가 없을 수 없다. 중국 고궁박물원(故宮博物院)에 소장되어 있는 『육체천자문(六體千字文)』이라는 작품은 9백여 년 동안 원(元)나라 명필 조맹부(趙孟頫)의 친필로 전해져 왔지만 최근에 와서 가짜라는 것이 증명되었다.

가짜가 진짜처럼 되는 경우 거래하는 사람들끼리 금전적인 피해만 입으면 되지만, 진짜를 가짜라고 잘못 판정하면 그 소장자가 크게 실망한 나머지 그 작품을 천대하거나 버리게 되면 귀중한 문화재 한 점을 완전히 잃게 된다. 가짜를 진짜라고 감정했다가 나중에 경제적 손실을 본 사람으로부터 폭력을 당한 감정가도 있었다. 이런 형편이다 보니, 서예사(書藝史)를 전공하는 어떤 교수는 자신이 한문에 약하고 초서도 잘 모르니까 누가 감정을 의뢰해 오면 대부분 진품이 아니라고 감정해서 돌려보낸다. 그러면 자신은 책임이 없고 안전하지만, 많은 귀중한 문화재가 천대를 받다가 없어져 버리게 될 수가 있다. 좀 더 신중히 하지 않을 수가 없다.

옛날부터 이런 말이 있다. 다 어렵지만 그런 가운데서도 그림이 알아보기가 제일 쉽고, 그다음으로 어려운 것이 사군자(四君子)이고, 그다음이 글씨고, 그다음이 시이고, 그다음이 문장이고, 그다음이 책이고, 제일 알아보기 어려운 것이 사람이라고 했다.

2007년 3월 26일

眞: 참 진   假: 거짓 가   難: 어려울 난   辨: 분변할 변

183

간명범의
干名犯義

이름을 구하려고 의리를 범하다

옛날의 선비들은 벼슬길의 진퇴(進退)를 분명히 했는데, 이를 출처대절(出處大節)이라고 했다. '출(出)'은 '벼슬에 나가는 것'이고, '처(處)'는 '벼슬에 나가지 않고 집에 있는 것'이다. 벼슬할 만한 자질과 역량을 갖추고서도 벼슬에 나가지 않고 지조를 지키는 선비를 '처사(處士)'라고 했다. 벼슬할 만할 때 벼슬하고, 물러나야 할 때 물러나는 것이다. 벼슬하지 않더라도, 일상생활에서 자기가 갈 만한 데는 가고 가서는 안 될 데는 가지 않아야 하고, 참여할 만한 모임에는 들고 참여해서는 안 될 모임에는 들지 않는 것이 개인적으로 출처(出處)를 올바르게 하는 것이다.

조선(朝鮮) 중기에 이희보(李希輔)라는 사람이 있었는데, 책 만 권을 읽은 대학자였으나, 연산군(燕山君)에게 아첨하는 시를 지어 특별승진을 계속했다. 그러다가 얼마 뒤 연산군이 쫓겨나자, 그는 여러 관원들로부터 손가락질을 당하는 사람으로 전락하여 한평생 불우하게 지내고 말았다.

얼마 전 한나라당을 탈당한 손학규 씨는 지금까지는 상당히 처신을 잘하여 많은 국민들이 좋게 생각했다. 그리고 그는 운수도 좋은 사람이라고 할 수 있다. 좋은 고등학교와 대학을 졸업했으면서도, 자기 출세만을 위해서 사회의식 없이 공부만 하지 않고, 독재정권에 격렬하게 항거하는 시위도 많이 해 보고, 불쌍한 노동자들의 사정을 이해하기 위해서 위장취업(僞裝就業)도 해 봤다. 그러다가 또 유학을 가서 공부를 계속하여 박사학위를 받고, 유수한 대학의 교수로서 후진양성에 정력을 쏟았다.

그러나 시위를 주도하던 사람들은 대부분 노력은 하지 않으면서 나서서 이름 얻기는 좋아하기 때문에 마치 일확천금(一攫千金)을 노리는 노름꾼 같은 속성이 있다. 대학생들 가운데 학생 간부를 하거나 시위에 열심인 학생들은 수업에 많이 빠진다. 그러니까 성적이 좋을 리 없고, 그 결과 학점을 받을 수 없게 된다. 그들 대부분은 자기들이 부르짖는 정의(正義)와는 정반대로 비밀리에 교수들에게 찾아다니며 학점을 구걸한다. 시위도 하면서 공부도 열심히 하면 되겠지만, 그게 쉬운 일이 아니다.

시위를 많이 하던 학생들이 그 언변과 선동가적 기질을 발휘하여 나중에 국회의원에 당선되기도 하고, 또 집권당에 속하면 장관이 되기도 한다. 그러나 혼자서 계속 공부해야 하는 교수는 되기 어렵다. 그러나 시위를 많이 하던 손학규 씨는 아주 예외적으로 마음을 독실하게 먹었던지 공부에 침잠(沈潛)하여 전력을 쏟았던 모양이다.

정치에 입문하여서도 14년 동안 국회의원, 장관과 민선 경기도 지사 등을 지내면서 자기 관리를 잘하여, 길지 않은 기간에 대통령 후보로 거론될 정도까지 위상이 높아졌다.

그러나 결국은 그는 일확천금을 노리는 시위꾼의 본색을 드러내고 말았다. 자신의 대통령 당선 가능성을 위해서 한나라당을 탈당하여 다른 당으로 가든지 새로운 당을 만들든지 하는 것은 민주주의 나라에서 개인의 자유에 속하니까, 못마땅해도 국민들이 어쩔 수는 없다. 그러나 자신이 오랫동안 몸담아 왔고 그 토양 위에서 성장했던 한나라당에 대해서 마지막 나가면서 그렇게 무지막지한 욕설을 퍼부어서야 되겠는가? 욕을 하려면 한나라당이 더 엉망이던 이전에 했어야지, 상당히 좋아진 지금에 와서 왜 욕을 하는가? 자신에게 대통령 후보를 안겨 주면 그가 어떤 말을 했을까? 그동안 자신이 한 말, "탈당 안 한다.", "끝까지 한나라당을 지키겠다.", "내 자신이 바로 한나라당이다." 등등의 말은 누가 한 말인가? 우리나라의 젊은이들에게 언행(言行)이 일치 안 되는 이런 작태를 보여도 될 것인가? 자신이 대통령 후보가 될 수 있으면 좋은 당이라 했을 것인데, 자신이 대통령 후보가 될 가능성이 없으니, 버리고 가면서 욕설을 퍼붓는 사람에게 무엇을 기대하겠는가? 이러고서도 이전의 한국 대통령들을 싸잡아 욕할 자격이 있는가? 자기를 당선시켜 준 민주당을 버리고 열린우리당을 만들어 간 노 대통령을 욕할 자격이 있는가?

지금까지 손학규 씨에 대한 비교적 괜찮았던 국민의 인상은, 이번의 처사로 말미암아 완전히 망가지고 말았다. 자기 이익이나 이름 내는 일이라면 못 할 일이 없는 사람을 누가 대통령으로 선출하겠는가?

2007년 4월 2일

干: 구할 간, 방패 간　　名: 이름 명　　犯: 범할 범　　義: 옳을 의

창해유주
滄海遺珠

너른 바다에 구슬을 버려두다

1950년대에 중국 북경사범대학(北京師範大學) 수학과에 장석민(蔣碩民)이라는 유명한 교수가 있었다. 22세 때 독일에서 박사학위를 받아 노벨상 후보에까지 오른 이 교수는 수학 실력이 출중(出衆)하였을 뿐만 아니라, 인품도 훌륭하여 학생들의 존경을 받고 있었다. 남에게 선물할 일이 있으면 반드시 책을 선물하는 습관이 있었다. 그에게서 책을 선물받은 학생들 가운데 지금 중국에서 유명한 수학자가 많이 활동하고 있다.

거의 모든 학생들이 그를 닮았으면 하는 그야말로 학생들의 우상이었다. 학생들의 학문적, 인격적 모델이었다. 그 이후 북경사범대학 수학과를 나와서 교수를 하거나 교사를 하는 사람들은 강의할 적에 모두 오른쪽 손을 오른쪽 뺨에 갖다 대고, 왼쪽 손으로 오른쪽 팔꿈치를 받치는 자세를 하고서 강의를 하였다. 그 교수가 그런 자세로 강의를 했기 때문에 학생들이 흠모한 나머지 자기도 모르게 닮은 것이다. 지금도 수학과만은 북경사대 수학과가 전국에서 제일 좋다고 평가를 받는다. 한 사람의 훌륭한 생각과 태도가 미친 영향이 얼마나 큰지를 알 수 있는 좋은 사례라고 하겠다.

어떤 학교에 훌륭한 선생님이 많으냐 적으냐에 따라서 그 학교의 수준이 달라진다. 학생들이 알게 모르게 따라 하기 때문이다. 맹자(孟子)는 "성인(聖人)은 백세(百世)의 스승이다."라는 말을 남겼는데, 성인의 한마디 말이 후세 사람들에게 삶의 방향이 되고, 힘이 되고 구원이 될 수 있다.

얼핏 생각하면 학자나 선비들은 놀고먹는 것 같아 보이지만, 세상에 크게 도움을 줄 수 있다. 예를 들면 우리나라에 훌륭한 선비가 있어 훌륭한 말씀을 남겼고, 그 말씀에 따라 아무도 죄를 저지르지 않고 바르게 살아가게 되었을 때, 경찰, 검찰, 재판관, 교도관 등이 다 필요 없게 되고, 그들이 근무하는 관청도 다 필요 없게 될 것이니, 그 비용 절감이 어떠하겠는가? 조선시대(朝鮮時代) 유교(儒敎)를 국가의 통치이념(統治理念)으로 삼은 이유가 바로 이런 것이다. 유교의 올바른 덕목(德目)에 따라 살아가면, 모든 사람이 사람답게 살기 때문에 국가에서 강제적으로 처벌을 할 필요가 없는 것이니, 가장 이상적인 통치가 이루어질 수 있는 것이다.

꿈같은 이야기를 하고 있다 생각하시겠지만, 주변에 바르고 착한 사람이 많으면, 상당히 나쁜 사람도 바르고 착하게 되고, 주변에 나쁜 사람이 많으면 상당히 착한 사람도 별 죄의식 없이 나쁜 짓을 하게 된다. 그래서 풍속(風俗)을 교화(敎化)하는 일을, 조선시대에는 지방장관들의 중요한 임무의 하나로 부여하였다.

그러나 지금은 교육자치를 표방하여 도지사나 시장, 군수가 교육에 전혀 관심을 갖지 않는다. 교육은 학교교육만 중요한 것이 아니고, 사회 교육이 더 중요하다. 지금 윤리도덕이 무너지고 사회가 혼란한 것은, 여러 가지 원인이 있겠지만, 지방장관들이 풍속의 교화에 신경을 쓰지 않는 것도 한 가지 원인이라 할 수 있다.

각 고을마다 역사적으로 훌륭한 인물들이 많이 나왔다. 그러나 일제시대 이후 학교교육은 대부분 서양학문에 기초를 둔 지식 전달만을 위주로 하고 있다. 상당한 사회지도층 인사들이 자기 고장에서 배출된 인물들에 대해서 거의 모른다. 그러다 보니 각 고을에서 낳은 훌륭한 인물들은 옛날 책 속에 박제된 인물로 남아 있다. 멀리 있는 인물보다 가까이 있는 인물에서 배우면 더 실감이 나서 효과가 있다. "내가 살고 있는 동네에서 조선시대 대단한 학자가 살았다.", "내가 다니는 학교에서 우리나라를 대표할 만한 훌륭한 인물이 수업을 받았다."라고 하면, 살아 있는 교육이 되지 않겠는가?

지난 4월 11일에 함안(咸安) 문화예술회관에서 함안이 낳은 대학자인 만성(晚醒) 박치복(朴致馥) 선생의 학문과 사상을 주제로 학술대회가 개최되었다. 군 단위에서 그 지역 출신 학자를 대상으로 하여 전국 규모의 학술대회를 개최한 것은 매우 드문 일일 것이다. 다행히 함안의 문화원장과 군수를 비롯한 여러 기관장들의 이해가 있어 성공적으로 마칠 수 있었다. 다른 고을에서도 본받아야 할 일이다.

만성 선생 이외에도 함안이 낳은 많은 학자가 있고, 그들이 남긴 저서는 수없이 많다. 이분들의 학문과 사상을 연구하여 널리 알리면 함안은 앞으로 학문의 고장으로서 전국적으로 인식이 될 것이고, 함안 사람들은 학문의 고장에서 산다는 자긍심을 가질 수 있을 것이다. 나아가 함안을 알리는 데도 큰 도움이 될 것이다.

깊은 바닷속에 구슬이 있으면 목숨을 걸고 캐려고 하지 버려두는 사람은 아무도 없을 것이다. 구슬보다 더 소중한 훌륭한 선현(先賢)들의 학문과 사상이 자기 주변에 있는데도, 이를 버려두고 현대화할 생각을 하지 않는다면, 바다에 구슬을 버려두는 일보다 더 어리석은 짓이다.

2007년 4월 23일

滄: 너른 바다 창　　海: 바다 해　　遺: 버릴 유, 남길 유　　珠: 구슬 주

185

명실상부
名實相符

이름과 실제가 서로 들어맞다

공자(孔子)의 제자인 자로(子路)가 공자에게 묻기를, "위(衛)나라 임금님이 선생님을 초빙하여 정치를 하려고 합니다. 선생님께서는 장차 무엇부터 먼저 하시렵니까?"라고 했다. 공자께서 "반드시 먼저 이름을 바로잡겠다."라고 하자, 자로가 "물정을 모르시는군요! 어찌 이름을 바로잡는다고 하십니까?"라고 불만스럽게 이야기했다. 공자는, "문화가 없구나, 자네는! 이름을 바로잡지 않으면 말이 순리(順理)롭지 못하고, 말이 순리롭지 못하면 일이 되지 않는다."라고 했다.

이 세상의 모든 사물과 현상에는 모두 정확한 이름이 부여되어 있다. 사람, 원숭이, 동물, 식물, 나다, 죽다, 가다, 오다 등등. 이름이 정확하게 바로잡혀야만 의사소통이 올바로 될 수 있고, 의사소통이 올바로 되어야만 사람과 사람 사이에 관계가 정상적으로 유지되고, 사회가 질서가 잡히게 된다. 그래서 이 세상이 정상적으로 돌아가는 데는 이름을 바로잡는 일이 중요하다. 제(齊)나라 경공(景公)이 공자에게 정치가 무엇인지 물었을 때, 공자는 "임금은 임금답고, 신하는 신하답고, 아버지는 아버지답고, 자식은 자식다운 것입니다."라고 대답했다. 곧 각자가 자기 이름대로 역할을 다하는 것이 올바른 정치란 것이다.

　대통령은 대통령답게, 장관은 장관답게, 국회의원은 국회의원답게 역할을 하면 정치는 저절로 잘되는 것이다. 각자가 자기 이름값을 하면 된다. 선생은 선생답게, 학생은 학생답게 자기 책임을 다하는 것이다.

　이름을 바로 하지 못하면 윤리도덕은 무너지고 우리 사회는 어지러워지고 만다. 극단적인 예로 '독약(毒藥)'에 '물'이라는 이름을 붙였다고 하면, 목이 말라 물을 찾았을 때, 독약을 다 가져다주게 될 것이니, 결과적으로 많은 사람을 죽이고 말 것이다.

　그러나 우리는 지금 이름이 바로 되지 않은 세상에서 살고 있다. 민족문학작가협회 회장을 맡고 있는 어떤 중견 소설가의 소설 제목 가운데 『순이 삼촌』이라는 것이 있다. 그 제목만 듣고는 그냥 '순이라는 아이의 삼촌'이겠지라고 오랫동안 생각해 왔다. 그러다가 교육방송 〈라디오 문학관〉이란 프로에서 이 소설을 낭독해 주어 듣게 되었는데, 내용을 알고 보니, '순이 삼촌'은 '순이라는 이름을 가진 자기 집안의 고모뻘 되는 여자'였다. 소설가는 글을 통해서 사회에 봉사하는 사람이다. 작가단체의 대표인 사람의 언어 사용이 이 정도이니, 한심하기 이를 데 없다. 말을 정화하는 것이 아니라 말을 파괴하는 데 일조를 하고 있었다.

　한 10여 년 전에는 텔레비전 연속극에서 젊은 부녀자들이 남편을 '아빠'라고 불러 문제더니, 요즈음은 남편을 아예 '오빠'라고 부른다. '장인(丈人)'은 당연히 '아버님', '장모(丈母)'는 '어머니'라고 부른다. 남편을 '아빠'라고 하는 것은 그래도, '누구의 아빠'라는 것을 생략하여 그렇게 부른다 하면 이해가 가지만, 남편을 '오빠'라고 부르는 것은 정말 기가 찰 일이다. 자기 자식들에게 어떻게 설명할 것인가? 여동생을 가진 사내아이는 자기 여동생과 결혼할 수 있을 것으로 당연히 생각하지 않겠는가? 그 정신적 혼란을 누가 책임질 것인가? 자기 친오빠와 남편을 장차 어떻게 구별할 것인가?

장인 장모를 아버지 어머니라고 하는 것은 인정상 좋아 보이지만, 하늘에 해가 둘이 아니듯이 자기를 낳아 준 아버지 어머니는 오직 한 분씩만 존재하는 것이다. 장인 장모를 아버지 어머니라고 부르는 것이 좋다고 주장하는 사람들이 많은데, 그렇다면 세상의 모든 사람을 보고 아버지 어머니라고 하면 더 좋지 않겠는가? 사람의 관계에는 다 친소(親疎)의 정도가 있는 것이다.

말을 함부로 하는 것은 혼란의 시초다. 사리에 맞는 정확한 용어를 써서 인류도덕을 회복하고, 사회의 질서를 회복하도록 다 같이 노력해야겠다. 이름과 실제는 서로 들어맞아야 한다.

2007년 4월 30일

| 名: 이름 명 | 實: 열매 실, 실제 실 |
| 相: 서로 상 | 符: 들어맞을 부, 부절 부 |

심원의마
心猿意馬

마음은 원숭이처럼 날뛰고, 뜻은 말처럼 달린다

필자는 휴대전화(속칭 핸드폰)를 몇 년 전까지 갖고 있지 않았다. 많은 아는 사람들로부터 "자기 편하자고 다른 사람에게 피해를 주면 되느냐?"라는 농담 반 진담 반의 핀잔을 자주 들었다. 그러다가 아는 분에게 끌려가 휴대전화를 구입했다.

구입한 지 며칠 안 되어 일본 비자 수속을 하기 위해서 여행사에 부탁하니, 여권용 사진이 필요하다고 해서 사진관에 가서 사진을 찍으려고 앉아 있는데, 벨이 울렸다. 받지 않고 그냥 사진을 찍으라고 했더니, 사진기사가 전화부터 먼저 받으라고 했다. 받아 보니 다름 아닌 "일본은 비자를 한번 받으면 5년 동안 쓸 수 있으니 비자를 새로 받을 필요가 없다."는 내용이었다. 당연히 사진을 찍을 필요가 없었다. 그래서 "미안합니다." 하고 사진관을 나왔다. 휴대전화 한 통화로 사진 경비를 절약하는 등 편리함이 이만저만이 아니었다.

한동안 휴대전화 예찬론자가 되었다. 그러나 휴대전화 번호가 널리 알려지고부터는 도무지 무슨 일을 할 수가 없었다. 책 읽으려고 책 펼치면 전화벨이 울리고, 통화 끝내고 나서 책 몇 줄 보면 또 벨이 울린다. 심지어는 아침밥 먹으려고 밥상에 앉았다가 전화받기 시작해서는 그냥 몇 통화 하고 나면 밥 먹을 시간도 없이 출근시간에 쫓긴다. 그래서 '내가 사업하는 사람도 아니고, 공부를 해야 하는 사람인데, 이러다가 망하겠다.' 싶어 사전에 약속한 경우에나 휴대전화를 켜고 평소에는 켜지 않고 지낸다. 불편한 점이 적지 않지만 부득이해서이다.

휴대전화뿐만 아니라, 현대사회에서 우리를 편리하게 즐겁게 해 주는 문명의 이기(利器)는 수없이 많다. 우리를 편리하게 즐겁게 해 주는 대신 그 해악(害惡) 또한 심각하다. 널리 보급된 텔레비전 같은 경우는 전 세계의 소식을 거의 즉시로 알 수 있고, 중요한 공연이나 운동경기를 안방에서 생생하게 바로 즐길 수 있고, 저명한 사람의 강연 등을 바로 들을 수 있다. 그러나 텔레비전 안에서 진행되고 있는 상황은 다 남의 일이다. 자기 할 일을 미루어 놓고 남의 일에만 관심을 쏟게 만든다. 손학규 씨가 탈당을 하건, 정운찬 씨가 대선 출마를 저울질하건, 이런 것은 10년이나 20년쯤 지나면 아무 비중도 없는 일이다. 그러나 자기 하던 일을 멈추고, 탈당 성명서 발표하는 중계방송에 대부분의 사람들이 눈을 맞추고 있다. 아침저녁으로 텔레비전에 등장하던 김종필 씨는 지금 국민들의 기억에서 사라져 가고 있는데, 정계에서 활동할 적에는 그의 일거수일투족(一擧手一投足)이 다 뉴스거리가 되었다.

컴퓨터 인터넷은 알고 싶은 모든 정보를 순식간에 찾을 수 있는 편리함이 있다. 예를 들면 혼자의 힘으로 『조선왕조실록(朝鮮王朝實錄)』에서 '일식(日蝕)'에 관한 기록을 다 찾으려면 7년 걸리는데, 인터넷에서 검색하면 단 몇 초 이내에 다 찾아낸다.

서양 수도원의 신부가 50년 걸려서 베껴 놓은 자료를 초고속복사기로 복사하면 15분 이내에 전부 다 복사해 낼 수 있다. 얼마나 놀라운 일인가?

그러나 휴대전화는 별로 중요하지 않은 일로 사람을 동분서주(東奔西走)하게 만든다. 전에는 아침에 출근하면 퇴근할 때까지 학교 안에 있었는데, 휴대전화가 생기고부터는 수시로 밖에서 불러낸다. 그리고 회의나 강의 등을 할 때 벨 소리 때문에 방해받는 것이 이만저만이 아니다. 특히 대중교통을 이용하다 보면 차 안에서 끊임없는 통화소리의 소음은 심각한 수준이다. 자기 차 있는 사람들이 대중교통을 이용하지 않는 큰 이유 중의 하나가 휴대전화 통화소음이다.

텔레비전은 가족 간의 대화를 완전히 끊어 놓았고, 반가운 손님이 찾아와도 텔레비전만 주시하다가 가게 만든다. 그리고 텔레비전은 건강에 아주 좋지 않다. 첫째, 눈에 가장 나쁘다. 그리고 텔레비전의 내용에 빠져 같은 자세로 오래 앉아 있으면 반드시 신경통 등이 찾아온다. 그리고 운동부족을 초래해 각종 현대병을 유발한다.

인터넷은 정보검색의 편리함이 있지만, 정보의 90퍼센트 이상은 별 도움이 안 되는 것이고, 상당수는 사람들에게 해악을 끼치는 음란물, 마약류에 관한 것이다. 한번 빠져들면 중독이 되어 눈이 아무리 아파도 아무리 바쁜 일이 있어도 계속 들여다보게 된다. 역시 눈에 아주 안 좋고 좋지 않은 자세로 오래 있기에 건강을 해친다.

복사기는 귀중한 자료를 공유할 수 있는 편리함이 있지만, 자료를 눈여겨보지 않게 만들고 '다음에 복사하지.'라는 생각 때문에 사람의 기억력을 현저하게 떨어뜨린다.

현대인들은 문명의 이기를 이용하여 편리하게 살고 있지만, 문명의 이기에 휘둘려 결국은 자기의 생각이나 생활이 없이 지내고 있다. 늘 바쁘다. 하루에 수십 통 수백 통의 통화를 해야 하고, 몇 시간 텔레비전 시청하고, 인터넷 검색 몇 시간 하고 나면, 하루가 훌쩍 가 버린다. 한 달이 훌쩍 가고, 일 년이 훌쩍 흘러간다.

현대인들은 대부분 마음이 안정되지 못하여 마치 나무 위에서 끊임없이 왔다 갔다 하는 원숭이나 끝없이 달려가는 말 같다. 차분하게 자기 시간을 갖고 자기 생각을 하는 자기가 주체가 된 생활이 있어야 하겠다.

2007년 5월 7일

心: 마음 심　　猿: 잔나비(원숭이) 원　　意: 뜻 의　　馬: 말 마

부엄모자
父嚴母慈

아버지는 엄하고 어머니는 자애롭다

호미도 날이건마는,
낫같이 들 리는 없습니다.
아버님도 어버이지마는,
어머님같이 사랑하실 리 없습니다.
아소! 님아,
어머님같이 사랑할 리 없습니다.

독자 여러분들이 고등학교 고전 시간에 배웠을 고려가요(高麗歌謠) 가운데 하나인 「사모곡(思母曲)」이다.

아버지와 어머니가 다 부모지만, 자식들에게 아버지는 엄하고 어머니는 자상(慈詳)한 이미지로 남아 있는 것이 일반적이다. 옛날에는 아버지는 한집에 살아도 보통 사랑채에 거처하고 무슨 일이 있으면 간단하게 중요한 원칙만 이야기하기 때문에 늘 접근하기 어렵고 엄격한 분으로 머릿속에 남아 있다. 몸이 아프거나 먹고 싶은 것이 있거나 말 못 할 사정이 있을 때는 보통 어머니에게 하소연하는 경우가 많다.

중국 남북조시대(南北朝時代) 제(齊)나라의 고환(顧歡)이라는 학자는 『시경(詩經)』을 강의하다가 「육아편(蓼莪篇)」에 이르러서는 눈물을 흘리면서 더 이상 강의를 하지 못했다. 그 시 가운데 이런 구절이 있다.

아버님 날 낳으시고 어머님 날 기르셨네.
쓰다듬고 길러 주고 키워 주고 감싸 주셨지.
날 돌봐 주시고 또 돌봐 주시고,
들고 나고 하면서 나를 돌보셨네.
그 은덕 갚고자 하나,
하늘은 끝이 없네.

부모님이 다 돌아가신 뒤 아무리 간절하게 그 은혜를 생각하여 갚고자 하여도 어떻게 할 수가 없다. 살아 계실 때 작게나마 효도를 하는 것이 후회를 막을 수 있는 길이다.

옛날 사람들은 대가족 제도에서 자라 효도가 생활화되어 있었지만, 지금은 다 핵가족 시대라 하여 부모님들과 떨어져 산다. 부모에게 잘하는 자녀들이 대부분이겠지만, 개중에는 부모를 홀대하여 신문기사에 오르는 사람도 없지 않다. 그래서 국가에서 어버이날이라도 제정하여 부모의 은혜를 생각하게 하는 제도를 만들어 냈다. 자녀들은 직장 관계 등으로 떨어져 지내지만 부모님께 문안전화를 하고 선물을 보내고 틈을 내어 찾아뵙고 있다.

어릴 때는 대부분의 아이들은 부모님들이 자신들의 요구를 다 들어주지 않는다고 불평이 적지 않았다. 그러나 어려운 살림에 부모님들도 자식을 위해 해 주고 싶은 것이 많아도 형편이 따르지 못하는 경우가 많았다. 나중에 커서 자기가 자식을 키워 보면 그 당시 부모님들의 심정을 이해하게 된다.

자식은 부모의 말을 보고 배우는 것이 아니고 행동을 보고 배운다. 그래서 부모는 자식에게 최초의 스승이요 가장 많은 가르침을 주는 스승이라 할 수 있다. 잘못된 부모가 훌륭한 자식을 기를 수 없다. 오늘날 많은 사회문제가 야기되는 것은 가정교육이 파괴된 것이 가장 큰 원인이다. 부부가 다 교육자인데도 자식은 문제아가 되어 있는 경우를 우리 주변에서 흔히 볼 수 있다. 가정이나 학교 할 것 없이 사람 되는 교육은 없고, 지식 습득의 경쟁만 부추기기 때문이다.

필자는 주변 사람들로부터 그래도 상당히 부지런하고 절제 있는 생활을 하는 사람으로 알려져 있지만, 사실 혼자 가만히 생각해 보면, 마음속으로 부끄러워 견딜 수 없다. 남 보는 데서는 부지런하고 절제 있는 것처럼 보이게 행동하지만, 혼자 있을 때는 게으름을 피우고 싶고 되는대로 행동하기 일쑤이기 때문이다.

필자의 어머님은 지식수준이 높은 것은 아니지만, 필자는 어릴 때부터 우리 어머님 처신하는 것을 보고 '우리 어머니처럼 부지런하고 당당하면 세상에 못 할 일이 없겠다.' 싶은 생각이 절로 났다. 매일 새벽 2시에 일어나 집에서 3백 미터쯤 떨어진 우물에서 물을 스무 번 정도 길어 나르고 나서 쇠죽 다 끓여 놓고 밥을 지으셨다. 그리고 식사시간 말고는 앉을 틈이 없으셨다. 자식들을 깨워서 쇠죽 끓이라고 할 수 있지만 공부하라고 직접 쇠죽을 끓여 놓고 밥을 지으셨다. 그리고 어떤 사람을 만나 이야기해도 당당하게 자신의 주장을 폈다. 어떤 어려운 일이 닥쳐도 좌절하지 않았다. 필자와 같이 있어도 하루 종일 몇 마디 하지 않으셨다. 오늘날 필자가 그래도 남의 눈에 부지런한 사람으로 보이고 구차하지 않게 행동할 수 있는 것은 다 우리 어머니 덕분이라고 생각한다.

　필자는 여덟 살 때 아버지를 사별했으니, 아버지와 같이 생활한 기억은 3년 정도밖에 되지 않는다. 그래도 가끔 필자의 손을 잡고 글하는 노인들의 모임에 참석하셨는데, 필자가 한문학(漢文學)을 전공하는 것은 이때의 그리움에 말미암은 것이 크다.

　요즈음 50대 가장(家長)들이 직장에서 밀리고 가정에서도 월급만 전달하고 따돌림당하는 처지라고 한다. 낳아 주고 길러 주신 부모님에게 잘하고, 자녀들에게 모범을 보여 자신의 위치를 회복하기 바란다. 자식들에게 따돌림을 당하는 대부분의 사람들은 자식들만 최고로 여겨 자식 뒷바라지하느라고 자기 부모에게 소홀히 하다가, 자녀들이 그 본을 본 경우가 많을 것이다. "효자 집에서 효자 난다."는 속담처럼, 자신이 부모에게 잘하면, 자녀들은 저절로 가장으로서의 존재를 인정해 줄 것이다.

2007년 5월 14일

父: 아비 부　　嚴: 엄할 엄　　母: 어미 모　　慈: 자애로울 자

사엄생경
師嚴生敬

스승은 엄격하고 학생은 공경하여야 한다

옛날에는 스승 된 사람이 마을이나 인근에서 학식(學識)이 제일 풍부하고, 처신(處身)도 바르게 하기 때문에 대부분의 사람들이 존경하고 자문을 구하기도 하고, 학생뿐만 아니라 많은 사람들이 따랐다. 그래서 학교는 학생들을 가르치는 곳뿐만 아니라 지역의 학문, 문화의 중심기지 같은 역할을 하였다.

일본강점기만 하더라도 시골 보통학교의 교사라도 언행이 바르고 학식도 풍부하여 인근 사람들의 갈증을 풀어 줄 수 있었다. 1910년대에 국문학자 양주동(梁柱東) 교수가 소년 시절 영어 문법을 독학하다가 '삼인칭(三人稱)'이라는 단어의 뜻을 몰라 눈길 30리를 걸어가 보통학교 교사에게 물어서 알았다는 이야기를 보면, 그 당시 교사의 위상이 어떠했는가를 알 수 있다.

근래에 와서 서적이 흔해지고 지식을 누구나 공유하게 되니까, 교사의 위상이 점점 낮아지고 있다. 요즈음은 학교보다 기업체가 더 정보를 풍부하게 갖고 있고, 외국 연구기관과의 교류도 빈번하고 시설도 더 좋기 때문에 학교가 지식의 첨단을 가고 있지 않아 학교가 사회를 앞서가지 못한다. 그러니 학교의 영향력은 없어졌고, 자연 교사의 권위도 없게 되었다.

절간의 스님들도 옛날에는 설법(說法)을 하면 신도들이 경건한 마음으로 잘 들었는데, 지금은 신도 가운데서 일부 사람들이 인터넷 등으로 불교에 관해서 이것저것 알아내고, 인도, 중국 등지의 많은 불교 성지를 탐방하고 돌아와서는 스님들을 시험하는 질문을 많이 하기 때문에 스님들이 신도들 앞에서 설법하기를 꺼리는 경우가 많다고 한다.

옛날에는 학생들이 가질 수 있는 교과와 관계된 책으로는 교과서밖에 없었으니, 교사의 설명이 금과옥조(金科玉條)같이 소중하였고, 한 번 놓치면 다시는 들을 수 없었기 때문에 경청하지 않을 수 없었다. 그러나 지금은 온갖 내용이 풍부한 참고서와 각종 사전, 시청각 자료, 인터넷 등이 있으니까 내용의 풍부성이나 정확성에 있어서 교사의 강의가 최고가 되기 어려우니, 교사가 수업하기가 갈수록 힘들어진다.

거기다가 교사 자신의 언행이 학생의 모범이 되지 못한다. 개성과 편리함만 추구하다 보니, 본인은 아무런 흠이 안 된다고 생각할지 모르지만, 반바지에 슬리퍼를 신고 학교에 나타나서 학생들에게 저속한 농담이나 건다면, 아무리 안으로 실력이 갖추어졌다 해도 학생들의 존경을 받기는 어려울 것이다.

퇴계(退溪) 이황(李滉) 선생의 「유사학제생문(諭四學諸生文)」이라는 글의 첫머리에, "학교는 교화(敎化)를 펼치는 근원이고, 세상에서 제일 착한 곳이다. 그리고 선비는 예의의 으뜸이고, 원기(元氣)가 붙어 있는 것이다.[學校, 風化之原, 首善之地, 而士子, 禮義之宗, 元氣之寓也.]"라고 하였다. 학교의 역할은 중요하고, 스승이나 학생의 임무는 대단히 큰 것이다.

그러나 학교가 무너지고 교육자가 자기의 역할을 못한다면, 나라의 희망은 없는 것이다. 사회가 혼란하고 계속 문제가 발생하는 것은 근원적으로 교육이 무너졌기 때문이다.

교육자는 자신의 임무를 엄격하게 수행하고 학생은 스승을 공경하여 착실히 실력을 쌓고 행실을 올바르게 하도록 해야겠다.

스승의 날을 맞아「스승의 은혜」라는 노래 한 곡 부르고, 꽃 한 송이 달아 드리는 형식적인 일회성 행사를 하지 말고, 진정으로 교사는 교사답게 학생은 학생답게 자신의 도리를 다하여 학교를 살리고, 나아가 국가를 살려 나갈 길을 찾아야 하겠다.

2007년 5월 21일

師: 스승 사   嚴: 엄할 엄   生: 날 생, 학생 생   敬: 공경할 경

관자, 예의지시
冠者, 禮義之始

관례는 예의의 시작이다

사람이 태어나서 자라고 죽을 때까지 네 가지의 큰 절차가 있는데, 이 네 가지 절차 가운데서 가장 먼저 거행하면서 또 기본이 되는 예가 관례(冠禮)이다.

옛날에는 남자는 20세가 되면 관례를 했는데, 땋아 내린 머리를 묶어 상투를 틀고 갓을 씌워 준다. 그리고 이름 대신 이름의 뜻을 풀이하여 그 사람의 정신적인 지표가 될 수 있는 뜻을 담은 자(字)를 지어 주었다. 관례를 한 뒤에는 일반적으로 자를 부른다. 여자들은 갓 대신 비녀를 꽂아 주는 계례(筓禮)를 행했다.

『예기(禮記)』에서 "관례는 예의의 시작이다.[冠者, 禮義之始.]"라고 했듯이, 관례는 인간이 지켜야 할 모든 예의의 출발이다. 사람이 다른 동물과 다른 것은 예의가 있기 때문이다. 예의란 것은 엄청나게 어려운 것이 아니고, 우리의 일상생활에서 자기의 용모를 단정히 하고, 말을 순리대로 하는 것이다. 그렇게 하면 부자 관계, 형제 관계, 남녀 관계, 상하 관계가 다 정상적으로 되는 것이다. 나아가 사회 전체가 질서가 잡히는 것이다. 다른 사람이 무례하게 구는 행동을 보기 싫어하듯이, 자기도 남에게 무례한 행동을 하지 않아야 하는 것이다.

예의가 있는 나라는 사람이 살 만한 나라가 되지만, 예의가 없으면 어지러워지고, 어지러워지면 위태로워져서 사람이 살기가 불안해지고 살기가 싫어진다. 그래서 옛날의 성스러운 임금들은 나라를 다스릴 때 예의를 중시했던 것이고, 예의 가운데서도 가장 기본이 되는 관례를 중시하였던 것이다.

우리나라에서도 『의례(儀禮)』가 전래된 이후로 관례가 시행되었을 것이나, 상고시대에는 정확한 기록이 남아 있지 않고, 고려 말기부터 관례를 한 기록이 남아 있다. 그 이후로 관례는 생활의 일부분이 되었다. 그러다가 갑오경장(甲午更張: 1894년) 이후 단발령(斷髮令)으로 인하여 머리를 깎게 되어 상투가 없어지니, 자연 관례가 사라지게 되었다. 이후 어떤 시골에서도 관례를 하는 모습은 보기 어렵게 되었다.

시골 사람들이 장가들기 며칠 전 친구들을 모아 술을 한잔하면서 '댕기풀이'한다고 하는데, '댕기풀이'라는 것이 "총각의 땋아 내린 머리의 댕기를 푼다."는 뜻이다. 관례가 없어진 이후 장가를 가려면 갓을 써야 되니까, 관례를 할 수는 없고 관례의 일부인 댕기 푸는 것으로써 관례를 약식화한 것이라고 볼 수 있다.

필자가 근무하고 있는 경상대학교(慶尙大學校) 한문학과(漢文學科)에서는 약 20년 전부터 여러 문헌을 고증하여 관례를 복원하여 재현하고 있다. 매년 성인의 날에 맞추어 행사를 진행해 오고 있는데, 날이 갈수록 반응이 좋아지고 있다. 관례식에 참여하여 관례를 하고 자(字)를 받는 의식을 하고 싶어 하는 학생이 해마다 늘고 있다.

관례는 어린이에서 어른으로 격상되는 과정의 예다. 어린이 생활을 청산하고 어른으로 진입하니까 어른의 예를 갖추고 앞으로 정신적으로나 육체적으로 어른으로 행동하도록 여러 사람이 모인 앞에서 공인을 받는 절차이다. 그래서 관례의 축사에서도, "좋은 달 좋은 날에, 처음으로 너에게 갓을 씌우노라. 너의 어린 뜻을 버리고, 순리대로 너의 덕을 이룰지어다. 오래오래 살아 큰 복을 누릴지어다.[吉月令日, 始加元服. 棄爾幼志, 順爾成德. 壽考維祺, 以介景福.]"라고 했던 것이다.

성인으로 다시 태어나는 문턱에서 인생의 하나의 획을 긋는 중요한 통과의례가 관례이다. 금년에 20세 되는 청년들은 성년 되는 의의를 잘 되새겨 더욱 성숙된 사람으로 자라나기 바란다.

2007년 5월 28일

冠: 갓 관　　者: 놈 자　　禮: 예의 례　　義: 의리 의
之: ~의 지　　始: 비롯할 시

지록위마
指鹿爲馬

사슴을 가리켜서 말이라 한다

기원전 2세기쯤에 천하를 통일하여 황제가 되었던 진시황(秦始皇)은 지방 순시 도중 세상을 떠나고 말았다. 진시황의 뜻에 의하여 당연히 첫째 아들 부소(扶蘇)가 황제의 자리를 잇게 되어 있었다. 그러나 부소는 똑똑하기 때문에 부소가 황제가 되면 자기 멋대로 정치를 할 수 없다고 생각한 환관(宦官) 조고(趙高)는 승상(丞相) 이사(李斯)와 짜고서 진시황의 조서(詔書: 황제의 명령이 담긴 글)를 위조하여 둘째 아들 호해(胡亥)를 세웠다. 호해는 멍청하기 때문에 자기들 멋대로 정치를 할 수 있다고 생각했던 것이다.

얼마 뒤 간악한 조고는, 최고 실권자 이사가 반란에 연루되었다고 모함하여 감옥에 보내어 가혹한 형벌을 가한 뒤 이사와 전 가족을 사형에 처하였다. 천하가 조고의 손안에 들어왔다. 조고는 마음속으로 '언젠가는 황제가 되어야지.'라는 야심을 갖고서 하나하나 일을 진행해 나갔다.

하루는 사람을 시켜 황제 앞에 사슴 한 마리를 끌고 오게 하여 황제에게 말했다. "폐하! 신이 천하를 두루 다니다 좋은 말을 한 마리 얻었기에 바치는 것입니다." 황제가 보니, 조고가 가리키는 것은 말이 아니라 사슴이었다. 그는 웃으면서, "경(卿)은 잘못되었소. 이것은 분명히 사슴인데, 경은 어째서 말이라고 하시오?"라고 했다. 그러자 조고는 정색을 하고서 "폐하! 아닙니다. 이것은 좋은 말입니다. 폐하께서 잘못 보셨습니다."라고 했다. 황제가 "경은 농담이 지나치군요. 어찌 사슴을 가리켜 말이라고 하시오. 내가 그것도 모르는 줄 아시오?"라고 약간 기분 나쁜 듯이 말했다.

그러자 조고는, "아닙니다. 틀림없이 말입니다. 폐하께서 잘못 보셨습니다. 만약 폐하께서 신의 말을 믿지 못하시겠다면 조정의 대신들을 불러 한번 물어보십시오."라고 했다. "그렇게 하지요. 대신들이 눈이 있는데, 누가 사슴을 말이라고 하겠소?"라고 황제가 말했다.

황제와 조고가 사슴을 사이에 두고 있는 상황에서 대신들을 한 사람씩 불러들여 "이것이 사슴인지 말인지 말해 보시오."라고 하자, 실권이 조고에게 있다는 것을 아는 대신들은 대부분 서슴지 않고 말을 보고 사슴이라고 대답했다. 개중에 양심이 있는 대신은 말없이 침묵했다. 조고에게 잘 보여야 자리를 보전할 수 있고, 사슴이라고 말했다가는 죽임을 면하지 못한다는 것을 잘 알았기 때문이었다.

지금 독자들은 이 이야기를 듣고서, "아무리 그렇지만 설마 그런 일이 있을 수 있었겠느냐?"라고 의아해할 것이다. 그러나 "사슴을 가리켜서 말[指鹿爲馬]"이라고 하는 일이 21세기 민주화가 잘되고, 선진국의 문턱에 서 있다는 대한민국(大韓民國)에서 벌어지고 있다.

정부기관의 기자실 통폐합이 바로 '지록위마(指鹿爲馬)'와 같은 일이다. 청와대 홍보실이나 국정홍보처에서 대통령에게 아첨한다고 그런 법을 만들었을지라도, 국무회의에서는 그래도 논란은 좀 하고 통과시켜야 되지 않겠는가? 아무런 반대 없이 만장일치로 통과시킨다는 것은 '지록위마' 바로 그대로다.

지금 국무위원 가운데는 과거 민주화 투쟁의 경력이 있는 사람, 언론계에서 필봉(筆鋒)을 휘두르던 사람, 시민단체 대표를 지낸 사람들도 많이 들어 있다. 자기와 노선이 다른 사람이 정권을 잡았을 때는 무슨 일이든지 저항하고 반대하다가, 자기들이 정권을 잡자 무슨 일이든지 찬성하는 사람으로 변해 버렸다. 객관성이라든지 합리성이라고는 찾아볼 수가 없다. 이러고서도 백성들의 지지를 얻을 수 있을까?

2007년 6월 4일

指: 가리킬 지   鹿: 사슴 록   爲: 할 위   馬: 말 마

불중불위
不重不威

무게 있게 처신하지 않으면 위엄이 없다

중국 국민당 총통 장개석(蔣介石)도 국부(國父)라고 존경해 마지않고, 공산당 주석 모택동(毛澤東)도 혁명의 선구자로서 극도로 추앙하는 손문(孫文)이란 분이 있었다. 청(淸)왕조를 타도하고 중화민국(中華民國)을 출발시킨 인물이다. 지금도 중국 대륙이나 대만(臺灣)을 막론하고 중국 사람들의 존경을 한 몸에 받고 있다. 남경(南京)에 있는 중산릉(中山陵)이라는 것이 손문의 묘소인데, 건립은 국민당 장개석이 했고, 관리는 공산당이 하고 있다. 그 규모의 거대함과 그 관리의 정성스러움과 끊임없이 찾아드는 참배객을 보면, 중국에서 손문이란 인물이 백성들로부터 얼마나 존경을 받고 있는지 짐작할 수 있다.

존경은 남이 해 주지만, 원천적으로 자신이 만드는 것이다. 자기한테 다른 사람들이 존경할 만한 거리가 있어야 존경을 하는 것이지, 자기가 남에게 자기를 존경해 달라고 부탁한다고 해서 존경을 받는 것은 아니다.

손문은 세상을 떠나는 순간까지 국가민족을 잊은 적이 없다. 백성들을 진정으로 사랑했다. 그리고 모든 일의 처리가 공정하고 청렴했다. 그는 본래 의학 전공자였지만, 학문적으로 달통했고, 생각이 '남보다 앞서 미래를 보는 눈이 있었다. 그리고 힘들고 위험한 일을 피하지 않고 먼저 몸을 던졌다. 평생 원세개(元世凱) 등 군벌을 제거하기 위해서 노력했다. 그러니 공산당이나 국민당을 막론하고 존경하지 않을 수 없는 것이다.

조선시대에 여러 왕들이 있었는데, 세종대왕(世宗大王)처럼 후세 사람들의 존경을 받는 임금이 있지만, 인조(仁祖)나 철종(哲宗)처럼 비웃음의 대상이 되는 임금도 있다. 다 자신이 남긴 업적만큼 평가를 받는 것이다.

공자(孔子)가 『논어(論語)』에서 "군자가 무게 있게 처신하지 않으면 위엄이 없다.[君子, 不重則不威.]"라고 했다. 늘 말과 행동을 신중(愼重)하게 하고, 끊임없이 공부를 해서 사리에 통달해야 한다. 늘 겸손하게 배우는 태도를 견지하고 어떻게 하면 조금이나마 국가 사회에 기여할 수 있을까를 생각하면서 자신을 수양해야만 무게 있게 처신하는 것이 되고, 따라서 위엄이 생긴다. 자만심(自慢心)만 잔뜩 가지고 자기보다 못한 못난 사람들과 어울려 다니면서 그 속에서 대접받으려고 한다면, 권위는커녕 점점 사람들의 경멸(輕蔑)만 받게 될 뿐이다.

엊그제 대통령이 소위 '참여정부 평가포럼'이란 데서 네 시간 동안 특강이랍시고 했는데, 특강이라고 하기는 어렵고 실은 저질 악성 코미디의 극치였다. 그러고서도 '나는 대통령으로 권위를 가졌으니, 누구도 나를 함부로 대하지 못하리라.' 생각한다면, 정말 심각한 문제다. 취임 초 지금의 대통령을 좋게 생각하던 사람들 중에 많은 사람들이 이미 등을 돌렸다. 다 대통령 자신의 처신 때문에 더 이상 기대를 할 수 없기 때문이었다.

자신의 입으로 대통령의 권위를 말하기 전에 대통령답게 처신한다면 국민들은 존경하지 말라고 해도 저절로 대통령을 존경할 것이다.

대통령은 한 국가의 대표로서 최고 권력의 소유자일 뿐만 아니라, 모든 국민이 따라 배울 만한 존경의 대상이 될 때 백성들이 존경하고 자신의 정신적 모델로 삼으려 할 것이다. 지금 젊은 사람들이 언행을 함부로 한다고 뜻있는 사람들은 개탄을 하지만, 대통령의 언행이 이 모양인데, 젊은 사람들을 나무랄 수 있겠는가?

2007년 6월 11일

不: 아니 불　　　重: 무거울 중　　　威: 위엄 위

192

복수난수
覆水難收

엎지른 물은 다시 담기 어렵다

요즈음 낚시하는 사람을 일러 강태공(姜太公)이라고 하는데, 강태공의 본래 이름은 여상(呂尙)이다. 지금부터 3천여 년 전의 인물로, 태공이라 하는 것은 주(周)나라 문왕(文王)의 할아버지 태공(太公)이 바라던 인물이라 하여 '태공망(太公望)'이라 불렀는데, 성과 결합되어 강태공이라 하는 것이다. 그는 주나라 문왕에게 발탁되어 그 아들 무왕(武王)을 보좌하여 천자(天子) 나라인 은(殷)나라를 멸망시키고 조그만 주나라를 천자 나라가 되게 만드는 큰 공을 세웠다.

강태공이 문왕에게 발탁되기 이전에는 생활이 매우 빈곤하였다. 먹고 입는 것이 큰 문제인데도, 그는 장안(長安) 근방을 흐르는 위수(渭水)가에 가서 한가하게 낚시질이나 하고 있었다. 그 아내 마씨(馬氏)는 가난함과 남편의 무능을 견디지 못하여 마침내 남편을 버리고 가 버렸다.

그 뒤 무왕이 은나라를 멸망시켜 천하를 통일한 뒤 강태공을 제(齊: 山東반도 일대)나라의 제후(諸侯: 지역의 왕)로 봉하여 주니, 부귀를 극도로 누릴 수 있었다. 강태공이 제나라 왕으로 부임하자 마씨가 그 소문을 듣고 다시 찾아와 부부관계를 다시 회복해 줄 것을 요청했다.

그러자 강태공은 물을 한 그릇 떠 오라고 시켰다. 마씨는 물을 한 그릇 떠 왔다. 강태공은 "그 물을 마당에 부으시오."라고 했다. 마씨는 시키는 대로 물을 마당에 부었다. 강태공은 "그 물을 다시 그릇에 담으시오."라고 했다. 마씨가 다시 물을 담으려고 손으로 쓸어 모았지만, 흙과 티끌만 손에 들어오고 물은 담을 수가 없었다. "이미 나를 버리고 떠났다가 다시 결합하여 함께 생활하려는 것은 바로 이 물과 같소. 다시 담기가 어렵지요?"라고 하니, 마씨는 후회하며 발길을 돌렸다. 이 이야기는 송(宋)나라 왕무(王楙)가 지은 『야객총서(野客叢書)』에 실려 있다.

사람이 세상을 살다 보면 뜻대로 되는 일보다 안 되는 일이 더 많다. 그럴 때마다 참고 견디며 심신을 수양하면서 더 나은 길을 모색(摸索)하는 사람은 발전이 있지만, 화가 난다고 마음대로 욕설하고 멋대로 행동한다면, 일은 더 악화되어 마침내 감당할 수 없게 된다. 말을 함부로 하면 주변 사람들의 마음을 상하게 하고 관계를 다 끊게 된다. 행동을 함부로 하면 자기를 망칠 뿐만 아니라 다른 사람에게 피해를 주어 법적인 문제로까지 비화하게 된다.

사람이 동물과 다른 점이 여러 가지가 있지만, 자기의 욕망을 절제할 줄 아는 데 있다. 자기의 욕망을 절제하지 못한다면 사람이라고 하기 어렵다.

예를 들면 자동차를 모는 사람들이 모두 다 교통법규를 준수해야만 사고가 없이 안전하게 다닐 수 있다. 자기 마음대로 급하다고 신호를 위반하고 과속하면, 자기 생명은 물론 다른 사람의 생명까지도 위협한다.

주먹을 함부로 쓸 수 없듯이 말도 함부로 해서는 안 된다. 주먹으로 사람을 상처를 내거나 죽일 수 있듯이, 말로도 남에게 정신적인 상처를 주고 죽는 것보다 더 괴롭게 할 수 있기 때문이다.

지금 대통령은 말을 함부로 하고 있다. 그 본을 보고 온 세상 사람들이 말을 함부로 하고 장난삼아 하고 있다. 어디 모임에 가 보면 정상적으로 말하는 사람은 점잔 빼는 사람으로 간주되고 있는 형편이다.

말을 함부로 하면 심성(心性)이 파괴된다. 개개인의 심성이 파괴되면 사회가 혼란해지고, 그런 나라는 원칙이 안 통하는 정신적인 후진국으로 추락하지 않을 수가 없다. 남이 어떻게 말하든 상관없이 자기 자신만은 신중하게 생각한 뒤 올바른 말을 하도록 하자. 입에서 한번 나온 말은 엎질러진 물처럼 다시 주워 담을 수가 없으니까.

2007년 6월 18일

覆: 뒤집을 복, 덮을 부   水: 물 수   難: 어려울 난   收: 거둘 수

관인대도
寬仁大度

너그럽고 어질어 도량이 크다

공자(孔子)는 민간에서 최초로 체계적인 교육을 실시한 사람이다. 그의 문하(門下)에서 공부한 사람이 3천 명에 이르고, 일가(一家)를 이룬 사람이 72명이다. 또 10명의 뛰어난 제자를 공문십철(孔門十哲)이라 부른다. 십철 가운데서 덕행으로 뛰어난 제자로 민손(閔損)이 있었다. 자(字)가 자건(子騫)이기 때문에 보통 민자건(閔子騫)이라고 부른다.

그는 어머니를 어릴 때 여의고 계모 밑에서 자랐다. 계모는 시집와서 아우 두 사람을 낳았다. 계모는 자기가 낳은 아들과 전처소생인 민자건을 몹시 차별했다. 음식이나 의복 등은 말할 것도 없었다. 그래도 민자건은 남들에게 그 사실을 이야기한 적이 없었다.

겨울 어느 날 민자건은 아버지를 위해서 수레를 몰았다. 그 당시에는 자제들이나 제자가 어른이나 스승의 수레를 모는 관습이 있었다. 그런데 민자건이 마차를 끄는 말의 고삐를 놓쳤다. 아버지가 조심성이 없다고 버럭 화를 내었다. 화를 내면서 자세히 보니 아들은 손가락이 곱아서 오므리지를 못하는 지경이었다. 그 입고 있는 옷을 보니, 갈대꽃을 넣은 옷으로 추위를 막을 수 없었기에 온몸이 얼어 있었던 것이다. 집에 와서 보니 자기가 낳은 두 아들은 따뜻한 털가죽 옷을 해 입히고 있었다.

그래서 민자건의 아버지는 그 계모를 내쫓으려고 결심했다. 그때 민자건은 아버지에게 간언(諫言)을 했다. "저 어머니가 계시면 아들 하나만 춥게 지내면 되지만, 저 어머니가 가시면 아들 셋 모두가 춥게 지내야 됩니다. 다시 한번 생각하시옵소서."

어린 아들의 말이었지만, 아버지가 들어 보니, 이치에 맞기도 하고, 또 고소하다고 생각하지 않고 관대하게 포용하는 그 마음가짐이 너무 대견하게 여겨졌다. 그래서 그 계모를 내치지 않았는데, 계모도 민자건의 말에 감화(感化)를 받아 착한 어머니가 되었다. 민자건은 더욱 효도하여 마침내 평화로운 가정을 이루고 살았다. 공자가 "효자로구나, 민자건은! 그 부모 형제들이 민자건을 효사라고 해도 다른 사람들이 그 말을 문제 삼지 못한다네.[孝哉, 閔子騫! 人不間於其父母昆弟之言.]"라고 그의 효행을 칭송했다. 민자건의 부모나 형제들이 민자건의 효행을 자랑해도 실제로 그가 지극한 효자이기 때문에 남들이 그 말에 대해서 비판을 할 수가 없었던 것이다.

어린아이지만 아버지가 계모를 쫓아내려고 했을 때 고소하게 생각하지 않고 아버지를 말리는 그 태도에서 민자건의 사람됨을 알 수 있다. 남이 자기에게 눈만 한 번 흘겨도 꼭 보복하고 마는 사람이 있는데, 그렇게 하면 이 세상은 투쟁이 그칠 날이 없게 된다. 자기가 보복을 하면 상대방도 가만있지 않는다. 관대하게 포용하면 대부분의 사람들은 감화를 받아 자기 잘못을 뉘우치고 착한 길로 들어서게 된다.

우리나라 사람들은 지금 너무 각박하게 살고 있다. 그러다 보니 이웃 간에도 형제간에도 소송이 비일비재하다. 신문이나 방송을 장식하는 것은 모두 투쟁에 관한 기사다. 대통령은 매일 언론과 전쟁하고, 대학과 전쟁하느라 바쁘다. 야당 후보들은 상대방을 타도하기 위해서 연일 폭로전을 꾸미고 있다. 여권에서는 서로 대통령 후보가 되겠다고 모사(謀事)를 하고 있다. 백성들은 하루도 마음 편하게 살 수가 없다.

넓은 도량(度量)으로 상대방을 칭찬하는 관대한 인물이 그리워진다.

2007년 6월 25일

寬: 너그러울 관   仁: 어질 인   大: 큰 대   度: 법도 도

배중사영
杯中蛇影

잔 속의 뱀 그림자

한(漢)나라 말기 응빈(應彬)이라는 사람이 어떤 고을의 원으로 나가 있으면서 어느 여름날 자기 부하인 주부(主簿) 두선(杜宣)을 초청하여 술을 마시며 이야기를 나누고 있었다. 두선은 상관인 응빈이 권하는 술잔을 받아 마시다 보니, 잔 속에 갑자기 조그만 뱀이 꿈틀거리고 있었다. 상관이 주는 술이라 그냥 뱉을 수도 없고 하여 그냥 마셨다. 그때부터 두선은 술을 마시고 싶은 생각이 싹 가셨고, 속이 뒤틀리고 몸이 근질근질하는 등 온갖 이상한 증세가 발생했다. 억지로 몇 잔을 대작했지만, 마음속의 걱정은 이만저만 아니었다.

집에 돌아와서 술잔 속의 뱀을 마셨다는 생각을 하니 온몸이 벌벌 떨리고 식은땀이 났다. 술잔을 따라 들어간 뱀이 몸속에서 이리저리 마음대로 기어다닌다고 생각하니, 정말 견딜 수가 없었다. 실제로 배도 아프고 가슴도 뜨끔뜨끔해 왔고, 밥을 먹을 수도 없고 물도 마실 수가 없었다. 이제 도리가 없이 완전히 죽었구나 생각하니, 너무나 억울하였고, 자기를 초청해서 그런 술을 권한 응빈이 정말 죽이고 싶도록 미웠다.

집안사람들은 우왕좌왕하며 유명하다는 의원(醫員)들은 다 불러와 여러 가지 처방을 내리고 각종 약을 복용시켰지만, 병세는 조금도 차도가 없었다. 두선은 절망에 빠져 오로지 죽을 날짜만 기다리고 있었고, 아내와 자식들도 깊은 수심에 잠겨 있었다. 술 한 잔 때문에 평안하던 집안이 쑥대밭이 되어 가는 상황이었다.

두선이 여러 날 동안 출근을 하지 않길래 웅빈이 이상해서 물어봤더니, 다른 부하들이 "두선은 병이 위중하여 죽기만을 기다리고 있는 형편입니다."라고 보고했다. "이상하다. 며칠 전까지만 해도 멀쩡하던 사람이 갑자기 죽을병에 걸렸다니?"라고 의아해하면서, 서둘러 두선의 집으로 문병(問病)을 갔다.

대문을 들어서자 과연 두선은 누워서 신음하고 있었다. 병세는 아주 위독했고, 가족들은 사색(死色)이 되어 있었다. 웅빈이 "어떻게 갑자기 이런 병을 얻게 되었소?"라고 물어봤다. 그러자 두선은 속일 수 없어 사실대로 이야기했다. "사실 그날 사또님을 모시고 술을 마실 적에 제 첫 번째 술잔 속에서 조그마한 뱀 한 마리가 헤엄을 치고 있었습니다. 마시는 중간에 그 뱀을 발견했는데, 그냥 목구멍으로 따라 들어갔습니다. 그날 이후로 갑자기 병세가 날로 악화되고 있습니다. 사실 저의 배 속에 뱀이 살아 움직이고 있는 것입니다."라고 절망적으로 말했다. '그럴 리가? 그럴 리가?' 의심이 갔지만, 웅빈은 미안한 마음을 견딜 수 없었다. 몇 마디 형식적인 위로의 말만 하고 물러 나왔다.

집으로 돌아온 웅빈은 '어떻게 금방 따른 잔 속에 뱀이 들어갈 수 있을까?', '그렇다면 주전자 속에 본래 뱀이 있었다는 이야기인데, 술 속에서 어떻게 뱀이 살지?' 등등 의문이 풀리지를 않았다. 그다음 날 그 시각에 두선이 술을 마셨던 그 자리 그 방향에서 웅빈은 한 잔 술을 따라 들어 마셔 보기로 했다. 술잔을 들어 마시려는 순간 잔 속에서 역시 조그마한 뱀이 꿈틀거리고 있었다. 넘기지 않고 자세히 보았더니, 벽에 걸린 활의 그림자가 잔 속에 반사되어 뱀처럼 보였던 것이다. 마루 북쪽에 걸어 둔 붉은활이 저녁 햇살을 받아 술잔에 비친 것인데, 얼른 보니 영락없는 뱀이었다.

응빈은 바로 사람을 시켜 마차를 급히 몰아가서 두선을 데리고 오도록 했다. 두선을 얼마 전에 술 마셨던 그 자리에 앉히고 술을 마시게 했다. 두선이 술잔을 들어 마시려고 하니까 이번에도 술잔 속에 뱀이 한 마리 나타났다. 병으로 몸이 쇠약해진 두선이 기겁을 하자, 응빈은 소리쳤다. "자세히 봐! 자네가 뱀이라고 생각하는 것이 무엇인지." 두선이 자세히 보니, 그것은 벽에 걸린 활의 그림자가 햇빛에 반사된 것이었다. 그길로 병은 바로 나았다.

우리가 세상을 살아가면서, 느끼고 생각하는 일 가운데는 심리적인 원인으로 발생하는 것이 많다. 밤중에 산길을 가다가 어떤 물체를 만나게 되었을 때, 상상을 하면 온갖 모습으로 변하여 나타난다. 건강한 사람도 자기가 몸이 안 좋다고 생각하고 침대에 누워서 죽만 먹기를 석 달 동안 하면 다 죽게 된다고 한다.

피해의식(被害意識)을 가진 사람들은 정신적으로 건강하지 못한 사람이 많다. 그래서 '다른 사람이 나를 해치지나 않는지?', '내 안 보는 데서 내 욕을 하고 다니겠지?', '나만 빼놓고 자기들끼리만 좋은 것 다 챙기겠지?', 심지어는 '다른 사람들이 나를 상사(上司)에게 나쁘게 보고하지나 않는지?', '나를 미행(微行)하는 사람이 있겠지?' 등등 온갖 상상을 하고 다닌다. 이런 식으로 생각하고 지내니 남과 어울리기도 어렵고 친구들이나 동료들이 좋아할 리가 없다. 또 자기 마음이 편할 날이 없고, 스트레스는 다른 사람보다 몇 배를 더 받는다. 그러다가 일도 되지 않고 건강을 잃게 된다.

육체적 건강도 중요하지만, 정신적인 건강은 더 중요하다. 지금 대통령이나 그 비서관들이 언론에 대해서 계속 시비를 거는 것은 건강하지 못한 피해의식에서 유래된 것이라고 할 수 있다. 좀 더 대범하게 처신할 필요가 있지 않을까?

『세설신어(世說新語)』에는 진(晋)나라 악광(樂廣)과 그 친구 이야기로 되어 있고, 또 '배궁사영(杯弓蛇影)'이라고도 한다.

2007년 7월 2일

杯=柸=盃: 잔 배   中: 가운데 중   蛇: 뱀 사   影: 그림자 영

195

칠전팔기
七顚八起

일곱 번 엎어져도 여덟 번 일어난다

중국(中國) 공산당 주석으로 국민당을 몰아내고 중국을 통일한 모택동(毛澤東)은 투쟁은 잘했지만, 행정은 할 줄 몰랐다. 그래서 그가 구상해서 시행한 정책마다 모두 실패하여 그가 집권한 27년 동안 3천만 명 이상이 굶어 죽었다 한다.

공산당 간부 대부분이 시골의 가난한 집안에서 태어나 집을 나와 지하조직에 가담했다가 정권을 잡게 되자 국가 간부가 되어 행정을 하니, 행정이 될 턱이 없었다. 중공의 백성들은 지상낙원(地上樂園)이라는 말에 세뇌(洗腦)가 되어 믿고 살았지만, 나중에 개방하고 보니, 세계에서 제일 못사는 나라로 전락해 있었다.

공산당 간부 가운데서 행정의 능력을 갖춘 사람이 단 두 사람 있었는데, 등소평(鄧小平)과 유소기(劉少奇)였다. 1960년대 초 등소평은 국가 부총리이고 유소기는 국가주석이었지만, 모택동의 정책을 비판하다가 둘 다 1966년부터 홍위병들의 타도 대상이 되었다. 유소기는 모택동에게 항의했다가, 온갖 고난과 능멸을 당하다가 결국 홍위병들에게 비참하게 맞아 죽었다. 등소평은 모택동이 나무라니까 "알겠습니다." 하고는 남창(南昌)이라는 곳의 농기구 공장으로 추방되어 거기서 바이스 앞에 앉아 농기구 부속 조립하기를 7년 가까이 했다.

문화혁명 중간에 두 번 부총리로 기용되었다가 다시 농기구 공장으로 쫓겨났다. 모택동이 죽고 문화대혁명이 끝난 뒤 부총리로 복귀하였고, 복귀한 즉시 여러 동지들을 규합하여 강청(江靑) 등 사인방(四人幇)을 제거하였다. 곧이어 국가주석 화국봉(華國鋒)도 사인방과 연루되어 있다는 여론을 만들어 축출하고 중국의 최고 실권자가 되었다.

문화혁명 중간에 중공 간부들이 홍위병에게 맞아 죽거나 괴로움을 못 참아 자살하거나 병을 얻어 죽거나 정계를 완전히 은퇴하거나 했지만, 등소평만은 10년의 탄압과 고난 속에서도 오히려 건재(健在)하였다. 그래서 중국 사람들은 등소평을 '부도옹(不倒翁: 오뚝이)'이라고 부른다. 오뚝이처럼 넘어졌다가 일어나고, 또 넘어졌다가 일어나기 때문이다. 등소평의 좌우명(座右銘)은, "두려워하지 말라.[不怕.]", "낙천적으로 보라.[樂觀.]", "먼 곳을 향해서 보라.[向遠看.]", "앞을 향해서 보라.[向前看.]"였다.

한 나라의 부총리를 하다가 국가 원수의 노여움을 사서 시골 농기구 공장의 단순직공으로 추방된다면, 주변의 멸시와 조소(嘲笑)가 어떠하겠는가? 다른 사람들이 얼마나 고소해하겠는가? 보통 사람 같으면 저절로 병을 얻거나 죽게 될 것이지만, 등소평은 아무 일 없다는 듯이 차분하게 지냈다. 반역자로 몰려 주변 사람들의 따가운 눈총 속에서도 매일 오후에 하는 자신의 산보를 사정이 허락하는 한 하루도 빠뜨리지 않고 계속했다 하니, 그 인내심과 평정심(平靜心)은 실로 보통 사람으로서는 따라가기 힘들다.

요즈음 생활수준이 높아지다 보니, 사람들이 인내심이 갈수록 없어진다. 조금만 더워도 "덥다." 하고, 조금만 추워도 "춥다." 하고, 조금만 마음에 안 들어도 짜증을 내고, 조금만 힘들어도 팽개치고 그만둔다. 절친한 사람끼리도 조금만 마음에 맞지 않으면 원수가 되고 만다. 결국 세상사는 참지 않으면 되는 일이 없다. "능력 있다.", "성공했다.", "세련됐다." 하는 말들이 다 잘 참는 것을 전제로 한다.

평창(平昌) 동계올림픽 유치가 또 근소한 표차로 좌절되고 말았다. 우리 국민들은 이러한 상황을 당하여 정신적으로 좌절하지 말고, 다시 전 국민의 마음을 합쳐 노력하여 다음번에는 유치를 성공시켜야 하겠다. "다시 유치 노력을 하겠느냐?"는 외신기자들의 질문에, 우리나라 대통령이 "될 때까지 하겠다."라고 대답했으면, 전 세계 사람들에게 한국인의 강인한 의지를 알릴 수 있을 것인데, "돌아가서 생각해 보겠다."라고 대답하여 한국인들의 의지가 한풀 꺾인 것으로 알려질까 싶어 아쉽다.

일곱 번 넘어지면 여덟 번 일어나는 정신으로 일을 한다면, 세상에 되지 않을 일이 없을 것이다.

2007년 7월 23일

七: 일곱 칠　　顚: 엎어질 전　　八: 여덟 팔　　起: 일어날 기

이가난진
以假亂眞

가짜로써 진짜를 어지럽힌다

가짜의 유래는 정말 오래되었다. 아마 인류가 출현할 때부터 가짜는 존재했을 것이다. 중국 춘추전국시대(春秋戰國時代)에는 중국 전역이 많은 나라들로 나뉘어 있었기에, 침략전쟁과 그에 따른 보복 전쟁이 끊이지 않았고, 외교협상도 자주 있었다. 전쟁에 이긴 강대국이 약소국에게 여러 가지 위압적인 요구를 하는데, 그 가운데는 약소국의 왕실에서 조상 대대로 보물로 여겨 전해 온 물건을 바치라는 것도 들어 있다. 약소국에서는 강대국의 뜻을 거스르면 또다시 침략을 당할 것이 뻔하고, 그렇다고 조상 대대로 전해 내려온 보물을 남의 나라에 넘겨줄 수도 없고 하여 처지가 정말 곤란하게 된다. 이런 때 정교한 기술로 모조품을 보내 주면, 강대국에서 모르고 보물을 얻었다고 좋아하는 경우도 있었다.

송(宋)나라 제일의 서예가(書藝家)인 미불(米芾)은, 글씨뿐만 아니라 그림도 잘 그렸고, 시문(詩文)에도 뛰어났다. 당시 서화를 매우 좋아하던 휘종(徽宗)은 그가 서화에 아주 뛰어난 점을 총애하여 그를 불러 서화학박사(書畫學博士)라는 벼슬에 임명하고 자주 접견하여 서화에 대한 대화를 나누었다. 간혹 옛날 서화나 골동(骨董) 등에 대한 감정(鑑定)을 의뢰하였다. 약간의 장난기가 있는 이 미불은, 휘종이 옛날 이름난 서화의 감정을 의뢰하면, "집에 가져가서 자세히 보아야 합니다."라고 하고는 집에 가져와서, 원본은 자기가 갖고 자기가 모조한 그림을 임금에게 돌려주기도 하였다. 그러면 서화에 조예가 깊은 휘종이라도 감쪽같이 속아 넘어갔다고 한다.

북경고궁박물원(北京故宮博物院)에 소장되어 있는 원나라 조맹부(趙孟頫)가 쓴 『육체천자문(六體千字文: 천자문을 篆書, 隸書 등 여섯 가지 서체로 쓴 법첩)』은 8백 년 이상 조맹부의 친필 진본으로 역대 서예가들이 믿어 왔으나, 1990년대 들어와 북경사범대학(北京師範大學) 계공(啓功) 교수에 의하여 가짜인 것으로 최종 감정결과가 나왔다. 진짜와 가짜의 판별이 이렇게 어렵다. 요즘 중국에는 진짜를 능가하는 가짜가 판을 친다. 다 가짜를 잘 만들어 내는 전통이 있는 것 같다.

요즈음 북한에 있는 문화재인데 중국을 통해서 흘러나온 것이라 하면서 사라고 소개하는 경우가 있는데, 대부분은 가짜다. 어떤 골동품 상인이 퇴계(退溪) 이황(李滉) 선생 글씨라고 하면서 한 아름 안고 와서 감정을 해 달라고 하기에, 자세히 살펴보았더니, 너무나 진짜 같았다. 가짜인 것으로 판정했지만, 혹시나 실수할까 봐 정말 신경이 쓰일 정도였다. 필자가 퇴계 선생 글씨는 자신 있게 알아볼 수 있지만, 다른 사람의 글씨일 경우에 판별을 하기 어려웠을 것이다.

물건뿐만 아니라 사람도 가짜가 많다. 본인 입으로 "어디서 학위를 받았습니다.", "전에 무슨 일을 했습니다.", "누구를 잘 압니다."라고 이야기하는데, 듣는 사람이 의심부터 하기는 일반적으로 어렵다. 그래서 이 사람 저 사람이 전하다 보면 결국 사실처럼 되는 것이다. 몇십 년 전에 어떤 사람이 문교부(지금의 교육부)차관하고 성하고 이름자 가운데 한 글자가 같았다. 어떤 대학에 교수임용원서를 내면서, "우리 차관으로 있는 형님이 여기 지원해 보라 해서 왔습니다."라고 하고는 원서를 던져 놓고 갔다. 그 사람은 결과적으로 교수로 임용되었고, 그 학교의 다른 교수들 대부분이 수십 년 동안 정말 문교부차관의 아우로 여기고 지내 왔다.

이번에 동국대학의 가짜 박사 사건 같은 사례가 한두 건만은 아닐 것이다. 외국 박사라면 실력 이전에 맹목적으로 우대하는 대학 자체가 문제가 적지 않다. 지금도 어떤 사립대학에서는 외국에서 박사학위를 받은 사람하고 국내에서 받은 사람하고는 월급을 차등지급하고 있고, 어떤 사립대학에서는 학교 간부를 전부 외국에서 학위 받은 사람으로 채우기도 한다.

소리 없이 자기 일에 충실한 진정한 실력을 갖춘 사람이 세상에는 많이 있다. 사람 같은 사람이라면 자기 잘났다고 나서겠는가? 자기 자랑하고 설치는 사람에게 많은 점수를 주는 세상 사람들의 안목이 가짜를 양산하고 있다.

2007년 7월 30일

以: 써 이   假: 거짓 가   亂: 어지러울 란   眞: 참 진

진석성명
珍惜性命

생명을 진귀하게 여기고 아낀다

사람은 누구나 몸을 갖고 있다. 몸이라는 말은 일반적으로 육체(肉體)를 이야기하지만, 크게는 정신까지도 다 포함된다.

흔히 사람들은 '내 몸은 내 것이니까 내 마음대로 해도 된다.'라고 생각한다. 그러나 몸은 자기 것이 아니고 부모로부터 물려받은 것이다. 부모가 낳아서 길러 주었기 때문에 자기가 자기 몸을 자기 것이라고 할 자격이 없다. 회사나 토지를 부모에게서 물려받으면, 부모에게 특별히 감사한다. 그러나 가치를 헤아릴 수 없는 몸을 부모로부터 물려받았으면서도 부모로부터 물려받은 사실도 모르고 더구나 감사할 줄은 더더욱 모른다. 효의 원리를 가르친 『효경(孝經)』이라는 책에 "신체와 터럭과 피부는 부모한테서 받은 것이다. 감히 상하게 하지 않는 것이 효도의 시작이다.[身體髮膚, 受之父母, 不敢毁傷, 孝之始也.]"라는 공자(孔子)의 말이 실려 있다.

자기 몸을 자기 것이라 하여 함부로 해서는 안 된다. 처신을 멋대로 한다든지, 거짓말을 한다든지, 행패를 부린다든지, 남과 싸워 몸을 상한다든지, 주색잡기(酒色雜技)에 빠져 인생을 허송한다든지, 부정부패를 저지른다든지 하는 것은 자기 자신만의 결함이 아니고, 자기 자신을 낳아 준 부모를 욕되게 하는 것이고, 나아가 조상 대대로 욕을 끼치게 하는 것이다. 그리고 그런 자신을 아버지 할아버지라고 섬기는 아들 손자, 나아가 후손 대대로 욕을 남겨 주는 것이다. 그리고 자신의 친척, 친구는 물론이고, 자신이 태어난 고장, 자신이 속한 단체, 자신의 직장, 자신의 출신 학교에까지 다 피해를 준다. 그러니 자기 몸을 자기가 함부로 해서 되겠는가? 말과 행동을 신중하게 할 필요가 있다. 자기 한 사람의 행동에 많은 사람들이 연관되어 있기 때문이다.

자식 된 사람은 밖에 나가 밤늦게 놀면서 '내가 별 탈 없이 잘 있는데, 우리 부모님은 괜히 쓸데없이 걱정한다.'라고 생각하지만, 부모 된 사람은 자식이 안전하게 들어올 때까지 잠을 이루지 못하고 걱정한다. 그 자식 된 사람이 나중에 부모가 되면, 그제서야 부모의 마음을 이해하게 된다.

어린애들에게 위험한 곳에 가지 말라는데도 말을 듣지 않고 가게 되면 부모는 걱정하게 된다. 그와 마찬가지로 국가에서도 국민들에게 위험한 지역을 가지 말라고 하는 '여행위험지역'을 안내하고 있다. 출국하는 인천공항 등에 "아프가니스탄은 납치의 위험이 있으니, 여행을 자제하시오."라는 경고를 붙여 두었는데도, 그 지역에 가서 활동을 하다가 납치를 당하여 가족은 물론이고 전 국민들의 속을 태우고 있다. 정부로서도 모든 외교력을 기울이고 있지만 쉽게 풀리지 않는다.

엄밀히 말하면 여행하지 말라고 주의를 주었는데도 어기고 갔으니까, 정부는 책임이 없다고 할 수 있다. 자국민 보호의 책임을 면할 수 없으므로, 법을 어겼지만 구출하기 위해서 최선을 다하는 것이다. 미국이나 일본 같은 나라에서는 국가의 지시를 어기고 해외에서 문제를 발생시킨 사람들은 구출되어 귀국하게 되면, 그들을 구출하는 데 든 비용을 그 당사자에게 다 물린다고 한다. 국가의 명령을 어긴 것에 대한 응당의 처분을 내리는 것이다.

부모가 물려준 몸을 함부로 해서는 안 된다. 들어가면 위험하다고 경고해 놓은 지뢰밭에 안 들어가듯이, 자기 자신을 처신하는 데 있어 여러 가지로 더욱더 조심해야 하겠다.

2007년 8월 6일

珍: 진귀할 진   惜: 아낄 석   性: 성품 성   命: 목숨 명, 명령할 명

양호상투, 필유일상
兩虎相鬪, 必有一傷

두 마리의 호랑이가 싸우면 반드시 한 마리는 부상을 당한다

여름철에 인도를 여행하다 보면 날씨가 매우 더운 데다 음식도 입에 맞지 않고, 밤이면 온갖 벌레들이 들끓는다. 호텔방에도 도마뱀이 기어다닌다. 1982년 인도 연수 중에 필자도 호텔방에서 도마뱀을 여러 번 보았다. 일행 중에 여자 연수생이 호텔방에 들어서니 도마뱀이 벽에 기어다니기에 기겁을 하고는 호텔 종업원을 급히 불러 빨리 잡으라고 호통을 쳤더니, 인도의 호텔 종업원은 "도마뱀은 사람을 해치지 않으니, 괜찮습니다."라고 말하고는 잡을 생각도 하지 않았다. 그 여자 연수생이 "빨리 잡아 없애라."고 재촉하자, 그 종업원은 "이 지구는 사람들만 살라고 만들어 놓은 것이 아닙니다." 하고는 유유히 사라졌다. 그 여자 연수생은 밤새 잠 한숨 못 잤고, 여행 내내 불안에 떨며 지냈다.

  이 지구상에는 많은 생명체가 있지만, 사람은 사람만을 위주로 생각하는 경향이 있다. 사람들 사이에서는 또 자기편만 위주로 생각하고, 자기편 속에서는 또 자기만 위주로 생각한다. 현대의 경제학 이론은 "경쟁만이 살길"인 것으로 가르친다. 경쟁이 불가피한 부분도 있지만, 경쟁하지 않고 서로 협조하면 큰 도움을 받는 경우가 더 많다. 예

를 들면 두 마리의 양이 겨울에 따로 떨어져 자면 얼어 죽을 염려가 있지만, 서로 붙어 자면 춥지 않게 잘 수가 있다. 서로 붙어 자면 서로에게 도움을 주지만, 그렇다고 자기에게 손해를 가져오는 것은 아니다. 이웃 집에서 마늘을 심어 수확을 많이 올리면, 경쟁심을 발동하여 자기까지 마늘을 심어, 자기도 망하고 이웃집도 망하게 할 것이 아니라, 자기는 고추를 심어 이웃집도 살고 자기 집도 사는 방법을 찾아야 할 것이다.

사람들은 길가의 풀들을 보고 아무 생각이 없는 것이니 하고 하찮게 생각하지만, 사람들이 풀을 스승으로 삼아 배울 것이 많다. 길가에 나는 풀들의 종류가 수도 없이 많지만, 자기들 나름대로 질서를 지키면서 조화롭게 잘 살아가고 있다. 키가 작은 냉이나 제비꽃 같은 것은 다른 풀이 키가 자라기 전에 이른 봄에 햇볕을 받아 꽃을 피우고 열매를 다 맺어 둔다. 자기가 종족(種族) 보존을 위한 결실을 하고 난 뒤에는 햇볕을 많이 안 받아도 상관없기 때문에, 키 큰 식물들 때문에 손해를 보는 일은 전혀 없다. 국화나 코스모스 같은 경우에는 다른 풀이 성장을 멈춘 이후에 키가 크기 시작해서 다른 풀이 시드는 시기에 꽃을 피우고 결실하기 때문에, 다른 풀이 아무리 키가 커도 조금도 방해를 받지 않는다. 서로 질서를 지키며 양보하는 속에서 자신의 생명을 보존하는 원리를 터득한 것이다.

사람은 이성적으로 자신을 수양하지 않으면, 결국은 자기 혼자 모든 것을 독식(獨食)해야만 비로소 만족하게 된다. 그러니 개인 대 개인 간에는 피 튀기는 경쟁이 벌어지고, 국가와 국가 사이에는 전쟁이 벌어진다. 이긴 쪽에서는 승리의 개가(凱歌)를 올리지만, 진 쪽에서는 처참한 고난을 겪어야 한다. 그러니 서로가 서로에게 도움을 줄 수 있는 삶의 방식이 도입되어야만 사람들이 마음 편하게 살 수 있다.

지금 젊은 사람들이 아이 낳기 싫어하는 데는 여러 가지 원인이 있겠지만, 자기가 겪고 있는 경쟁에 몸서리가 나서 아이를 낳기 싫어하는 사람도 많다. 요즘 김위찬(金偉燦) 교수가 제안한 '블루 오션 이론'이 확산되어 나가고 있는데, 이 이론이 확산되면 이 세상이 좀 바뀔 것 같다. 서로가 잘 살 수 있는 상생(相生)의 세상이 되어야 하겠다.

그동안 대통령이 끊임없이 국민들의 정신을 편안하지 않게 하더니, 요즈음은 야당 대통령 후보들이 지나친 경쟁으로 국민들을 몹시 피곤하게 만들고 있다. 대통령 후보로 나선 사람들은 국가의 최고지도자가 될 것이니, 여러 가지 면에서 국민들에게 모범을 보여야 한다. 상대를 저질스럽게 악랄(惡辣)하게 비방하는 모습으로 대통령이 된들, 국민들의 전폭적인 지지를 받을 수 있겠는가? 좀 더 관대(寬大)하게 상대를 포용할 필요가 있다. 누구든 한 사람만 후보가 될 것인데, 나 아니면 안 된다는 생각을 버리고 점잖게 국민들의 판단에 맡겨야 한다. 국민들은 바보가 아니다. 한 사람은 대통령이 되고 한 사람은 당(黨)을 맡아 협력하면, 두 사람의 지혜가 다 국가를 위해서 쓰일 수 있는 것이다. 지나치게 경쟁하면, 한쪽은 큰 상처를 입지 않을 수 있겠는가?

2007년 8월 13일

兩: 두 량	虎: 범 호	相: 서로 상	鬪: 싸울 투
必: 반드시 필	有: 있을 유	一: 한 일	傷: 상할 상

이덕보덕
以德報德

은덕으로써 은덕을 갚는다

어떤 사람이 공자(孔子)에게 "은덕(恩德)으로써 원한을 갚으면 어떻습니까?"라고 물으니까, 공자가 "곧은 원칙으로써 원한을 갚고, 은덕으로써 은덕을 갚을 것이니라."라고 대답했다.

이 어떤 사람의 말은, "원한을 은덕으로써 갚는다.[報怨以德.]"는 노자(老子)의 말에 영향을 받은 것이다. 얼른 보면 노자의 말은 엄청나게 후덕하고 공자의 말은 각박해 보인다. 그러나 노자는 이상적인 사상을 가진 인물이라, 그의 말은 정상적인 사회생활을 하는 사람에게는 맞지 않는 것이 많다. 나에게 무슨 짓을 하든 무조건 은덕을 베풀라고 하는데, 상대방이 나의 인격에 감화를 받아서 착한 사람이 되면 좋겠지만, 그러지 못하고 도리어 나쁜 사람의 기만 살려 주어 결과적으로 착한 사람들을 못살게 만드는 것이다. 노자의 말은 이 세상의 모든 사람들이 성인군자(聖人君子)의 인격을 가졌을 때에나 실현될 수 있다. 인격적인 대접을 받을 만한 사람에게 인격을 베풀어야 한다.

공자의 말은, 원칙에 입각해서 착한 일 하는 사람에게는 은덕으로 보답하고 나쁜 일을 저지르거나 나를 의도적으로 해치는 사람한테는 정정당당하게 정의로 대해야지, 좋은 것이 좋은 것이라 해서 그냥 져주고 속아 주고 하면, 그 나쁜 사람이 회개하기는커녕, 점점 착한 사람, 약한 사람을 등쳐 먹는 데 익숙해져서 사회는 점점 혼란해진다는 것이다.

필자가 군대 생활 하던 부대에 깡패 생활 하다가 왔다는 병사가 있었는데, 아무도 그 행패를 갚지를 못했다. 장교들도 그가 난동을 부려도 그냥 덮어 두고 넘어갔다. 그런데 유격훈련을 가서 험한 절벽을 밧줄을 타고 뛰어내리는 코스를 통과해야만 했다. 모두가 깡패 했다는 저 사람이 제일 잘하리라 생각했는데, 의외로 그 사람이 훈련조교에게 찾아가 뛰어내리지 않으면 무엇이든지 하겠다고 애걸복걸을 하는 것이었다.

그때 필자는 깨달았다. 깡패는 간이 큰 것이 아니라 사람들의 심리를 이용해서 하는 짓이라는 것을. 먼저 사납게 거칠게 나가면 사람들이 다 돈을 내놓고, 또 "나중에 신고하면 가만두지 않는다."라고 협박하니까, 당한 사람들이 신고를 하지 않았다. 이런 식으로 편안하게 돈 버는 방법을 터득하여 살아온 것이었다. 그러니 깡패는 당하는 사람들이 만드는 것이라는 말이 나오게 되었다.

중국 송(宋)나라는 글만 숭상하다가 나라가 약해져 결국 국토의 대부분을 북쪽 여진족(女眞族)이 세운 금(金)나라에 내주고, 남쪽으로 피난 가서 남송(南宋)을 세웠다. 역사적으로는 송나라는 황제 나라고 금나라는 오랑캐가 세운 변방국가같이 서술되어 있지만, 실제로 송나라는 자기들 황제 나라 유지하게 해 달라고 비밀리에 금나라에 엄청난 금은보화를 갖다 바쳤다. 금나라와의 항전(抗戰)을 주장하는 악비(岳飛)라는 장수를 처벌하지 않으면 협상을 하지 않겠다고 금나라가 협박을 해 오자, 남송의 고종(高宗)은 충신 악비를 옥에 가두어 죽였다.

북한의 김일성(金日成)은 6·25전쟁을 일으켜 동포를 2백만이나 학살하고, 천만 명의 이재민을 만들어 내고, 산업시설, 문화재 등을 수없이 파괴하였다. 그러나 죽을 때까지 자기의 죄악에 대해서 뉘우치거나 사과한 적이 없다. 김정일(金正日)은 그 아버지의 독재정권을 그대로 세습받아 국가 최고지도자로서 권력을 누리고 있다. 여러 차례 남한에 대해서 도발을 일으켜 인명을 살상하였고, 또 북한 주민들을 지금 굶어 죽게 만들고 있다. 그런 독재자에게 김대중 전 대통령은 "같이 노벨평화상을 받지 못해 유감이다."라는 어떻게 봐도 이치에 닿지 않는 말을 하였다.

북한과는 어떤 회담을 하고 어떤 약속을 해도 소용이 없다. 왜냐하면 약속한 것을 우리는 꼬박꼬박 지켜야 하지만, 북한은 지키지 않아도 아무런 일도 없고 우리 쪽에서 추궁도 안 하니까. 북한은 무슨 짓을 해도 세월만 지나면 그냥 넘어간다. 이번에도 김대중 전 대통령이 나서서 "핵문제는 이야기하지 말라."라고 하는데, 핵문제에 대해서 언급하지 않으면서 회담할 필요가 있는가?

남한의 대통령이나 정치지도자는 김정일을 못 만나서 아달이 났고, 만나고 오면 국가에 아무런 도움도 주지 못하면서 큰 외교적 업적이나 낸 듯이 의기양양하다.

우리의 국가위상이나 경제규모로 볼 때 북한이 우리 눈치를 보고 만나자고 애를 태워야 할 것인데, 완전히 거꾸로 되어 있다. 이는 역대 대통령들이 북한의 독재자들을 잘못 길들인 업보다.

동족끼리 만나서 대화하는 것 자체를 반대하는 것이 아니다. 그러나 김정일을 만나더라도 원칙이 있어야 할 것이고, 국가에 실제적인 이득이 있어야 할 것 아닌가?

2007년 8월 20일

以: 써 이   德: 큰 덕   報: 갚을 보

봉공여법
奉公如法

공적인 일을 법대로 받들어 행한다

전국시대(戰國時代) 조(趙)나라에 평원군(平原君)이라는 공자(公子)가 살고 있었다. 그는 조나라 혜문왕(惠文王)의 아우로서 국가의 정승직을 맡고 있었다. 겸손하여 선비를 잘 대접하여 집에 3천여 명의 문객(門客)이 있었다. 국가를 위해서 많은 업적을 남겼다.

그러나 그는 자신의 지위를 믿고 나라의 세금을 내지 않았다. 조나라의 세금을 거두는 관리인 조사(趙奢)라는 사람은 아주 강직한 사람이었다. 몇 번 세금을 내라고 독촉을 해도 세금을 내지 않자, 평원군 집에서 권세를 부리는 아홉 사람을 잡아 와 법대로 적용하여 사형을 시켜 버렸다.

자신의 권위에 손상이 갔다고 생각하여 화가 난 평원군은 장차 조사를 죽여 버리려고 마음을 먹고 있었다. 그때 조사는 평원군을 만나 이렇게 설득하였다. "당신은 조나라의 귀공자요. 이제 당신 집안사람들을 풀어놓고서 공적인 일을 받들어 행하지 않으니, 법이 권위를 잃게 되었소. 법이 권위를 잃으면 나라가 약해지게 되오. 나라가 약해지면 주변의 제후(諸侯)들이 군대를 동원하여 침범하게 되오. 그렇게 되면 조나라는 없어지게 되오. 그렇게 되는 날 당신은 어떻게 당신의 부유함을 유지하겠소? 당신 같은 귀한 지위에 있는 사람이 법대로 공적인 일을 받들어 행한다면 위아래의 사람이 공평하게 되오. 위아래 사람이 공평하게 되면 나라가 강해지오. 나라가 강해지면 조나라는 튼튼해지오. 그렇게 되면 나라의 왕족인 당신을 천하 사람들이 어찌 가벼이 볼 수 있겠소?"

평원군은 조사의 말을 들어 보니 사리에 맞았다. 그래서 자기 집의 가신(家臣)들을 단속하여 국법을 준수하도록 하고, 법에 따라 세금을 내었다. 그리고 조사를 아주 현명한 사람이라 생각하여 왕에게 추천하였더니, 임금은 그를 등용하여 나라 전체의 세금을 관장하는 자리에 앉혔다. 그때부터 나라의 세금이 공평하게 걷히게 되어, 백성들은 부유하게 되고 나라의 창고는 가득 차게 되었다.

사람들은 자기가 못사는 것보다 불공평한 것을 싫어한다. 군대 가면 사병들이 고생을 하지만, 그래도 그것은 괜찮다. 육체적인 고생보다는 특권층 자녀들이 이런저런 이유로 현역병으로 근무하지 않는 데 대한 불만이 대단히 많다. 특권층이라고 여러 가지 특혜를 받으면 일반 백성들은 반대로 심한 박탈감을 느낀다.

낮은 자리에 있을 때는 "나는 출세해도 절대로 그러지 않을 것이다."라고 장담하던 사람들도 "언제 그런 말 했더냐?" 하는 식으로 특권층이 되면 변해 버린다. 조그마한 권력을 잡아도 자기 마음껏 특권을 누리려고 한다.

지금 대통령도 선거운동할 때는 '서민 대통령'이라고 자기의 이미지를 구축하였고, 많은 백성들이 그것을 믿고 지지하였다. 그러나 오늘날에 와서는 무엇이든지 자기 멋대로 하려고 한다. "내가 대통령인데 누가 뭘 해?"하는 식이다. 모든 자리에 있는 사람들이 법을 무시하고 자기 멋대로 하면 나라가 되겠는가? 법을 준수하도록 대통령이 솔선수범해야 할 것인데, 법을 무시하는 데 앞장서고 있다. 이런 식으로 할까 우려가 되어 헌법(憲法)을 성문화(成文化)시켜 놓았고, 대통령 취임식 때, "나는 헌법을 준수하고 ……"로 시작하는 선서(宣誓)를 하게 해 놓았다. 지금은 조사(趙奢)처럼 간언(諫言)하는 공무원이 없다.

그냥 상식적으로 "법에 따라 공무(公務)를 수행한다 해도" 괜찮은 대통령이 될 수 있을 것인데.

2007년 8월 27일

奉: 받들 봉   **公**: 공평할 공   **如**: 같을 여   **法**: 법 법

고인심현
扣人心弦

사람의 마음의 거문고 줄을 두드린다. 사람을 감동시킨다

한나라당의 대통령 후보 경선에 나선 이명박(李明博) 후보와 박근혜(朴槿惠) 후보 간에 경선이 너무 치열하여, 이러다가 당이 쪼개지는 것 아니냐 하면서 국민들이 걱정을 많이 했다. 근년에 보기 드문 무더운 여름에 장기간의 경선 활동으로 국민들의 짜증을 더해 준 것이 사실이다. 너무나 신랄하게 상대방을 공격하고 폭로전을 펼치고, 검찰을 끌어들이고 하니, 국민들은 꼭 그렇게 하지 않아도 될 판을 벌여 스스로 자신들에게 불리하게 만드는 것 아닌가 하고 불안하게 여겨 왔다.

그러나 20일 박근혜 후보의 깔끔한 경선 결과 승복 연설로 국민들의 걱정은 기우(杞憂: 쓸데없는 걱정)에 불과하게 되었다. 그날 박 후보의 승복 연설을 듣고서, 평소에 박 후보를 지지하든 안 하든 상관없이 누구나 감동을 받게 되었다. 박 후보의 그 인격이나 도량이 보통이 아니라는 것을 사람들은 확실히 알게 되었다.

박 후보의 깨끗한 승복 자세는, 직접적으로 자신의 장래를 위해서 바람직한 일이고, 또 한국 민주주의의 수준을 한 단계 격상시키는 역사적인 일이었다.

정치는 본래 세상을 바로잡는 것인데, 오늘날 우리나라에서는 정치가라고 하면, 먼저 '거짓말 잘하는 사람', '신용 없는 사람'의 이미지부터 먼저 떠오른다. 이는 정치가들 스스로가 초래한 결과다.

특히 한나라당은 그 전신인 민정당 때부터 경선 불복의 고리가 이어져 왔다. 김영삼(金泳三) 후보에게 질 것이 뻔하니까, 여러 가지 구실을 붙여 이종찬(李鍾贊) 후보는 경선이 있기 전에 탈당해 버렸고, 이인제 후보는 경선 결과에 불복하여 탈당하고 새로운 당을 만들어 출마했다. 결과는 다 참담하였고, 결국 자신을 더럽히는 꼴이 되고 말았다.

이종찬 씨는 존경받는 독립운동가 이회영(李會榮) 선생의 손자이고, 이시영(李始榮) 부통령의 종손자(從孫子)로서, 경선 불복 이전에는 그가 한마디 하면 사람들은 "이회영 선생의 손자라서 그래도 어딘가 다른 정치가들하고는 나르다."는 등 좋은 이미지를 갖고 있었다. 그러나 많은 사람들의 기대를 저버리고 민정당 경선에 불복하고는 결국 김대중 씨 밑에 들어가 안기부장을 얻어 하였는데, 권력은 좀 누렸는지는 몰라도, 그의 좋은 인상은 완전히 버려 놓았다.

이인제 씨는 삼척동자(三尺童子)가 들어도 웃을 이유를 대며 자기도 취에 빠져 탈당하여 독자 출마하였지만, 당선에는 어림도 없었다. 그 뒤 이 당 저 당 기웃거리는 기회주의자의 표본으로 전락하고 말았다. 지금 대한민국에서 이인제 씨를 바로 보는 사람은 아마 아무도 없지 않나 생각된다. 어린이들이 배워서는 안 되는 인물의 제1순위에 올라갈 것이다.

사람이 물건을 살 때 자기는 나름대로 알아보고 상당히 잘 샀다고 하는데, 옆 사람이 더 싸게 샀으면, 그만 손해 본 것 같은 기분이 들어 당장 상점에 찾아가 따지고 값을 깎아 달라고 요구한다. 남과의 거래에서 조금만 손해 봐도 엄청나게 억울해하며 잠을 못 잔다. 혹 남에게 승복하거나 양보하게 되어도 대부분 조건을 달아서 하는 경우가 많다.

각종 선거에서 떨어져 상심하여 죽는 사람도 없지 않다. 그러나 박근혜 후보는 아무런 조건 없이 승복하였다. 아주 근소한 차로 졌고, 당원들의 직접 선거에서는 이기고, 전화를 통한 여론조사에서 졌으니, 여러 가지 조건을 걸어 승복하지 않을 수도 충분히 있다. 잘하면 한 나라의 대통령이 될 수 있는 절호의 기회이니, 놓치기가 아쉬운 것이 인지상정(人之常情)이다. 그런데 주저 없이 승복하였다.

"큰일을 겪은 사람은 영예(榮譽)와 치욕(恥辱)을 가벼이 여길 수 있다."라는 말이 있는데, 양친을 비명에 잃고 테러를 당하는 등 여러 가지 시련이 박 후보를 단련시켜, 그날 그 내공(內功) 있는 모습을 연출할 수 있었던 것이다.

"심금(心琴)을 울린다."라는 말도 "사람 마음속의 거문고를 울린다."는 뜻이니까, 결국 같은 말이다. 마음이 감동받는 것을 악기의 줄이 울려서 소리를 내는 작용과 같은 것으로 비유한 말이다. '현(弦)' 자는 '활시위'라는 뜻인데, 여기서는 악기의 줄이란 뜻으로, '현(絃)'으로 써도 된다.

2007년 9월 3일

扣: 두드릴 구(고)　　人: 사람 인　　心: 마음 심　　弦: 활시위 현

가호장위
假虎張威

거짓 호랑이가 위세를 펼친다. 가짜가 판을 친다

1973년 박정희(朴正熙) 대통령이 유신을 선포했을 때, 대학생들이 반대시위를 많이 했는데, 주모자들을 잡아서 최전방부대에 강제로 입영을 시켰다. 필자가 근무하던 부대에 서울에서 대학에 다니던 두 사람이 배치되어 왔다. 한 사람은 이른바 명문대학에 다니다 왔고, 한 사람은 서울의 후기대학(주로 전기에 떨어진 학생들이 다시 응시하는 대학)에 다니다 왔다.

대통령은 이들을 고생시키기 위해서 최전방에 배치하라고 명령했다. 그래서 반드시 최전방 소총부대에 배치시키도록 되어 있었다. 그러나 현지 부대에서는 대학생이라 하여 많은 특혜를 주었다. 대학생이라 하여 장교들이 밖에 데리고 나가서 밥과 술을 사 주고, 자주 불러서 이야기도 나누었다. 대대장도 가끔 자기 숙사로 데리고 가서 식사 대접을 하니, 이 두 대학생은 많은 병사들의 부러움의 대상이 되었다. 그때 병사들 사이에서 조소 섞인 유행어가 나돌았는데, "대학생이 좋기는 좋군."이었다. 1970년대 초반에는 같은 연령대에서 백 명에 두 사람 정도가 대학에 가던 시절이었으니, 대학생이 희귀할 때였다. 그런데 같은 대학생인데도 명문대학 다니던 병사하고, 별 이름 없는 대학 다니던 병사에 대한 대접이 또 달랐다.

학력(學歷)이 높으면 대우가 달라지고, 같은 학력이라도 학벌(學閥)이 좋으면 또 대우가 달라진다. 오늘날만 그런 것이 아니고 옛날에도 그랬다. 자기 동네 인근의 스승한테서 배워 학문을 다 이루어 놓고는, 나중에 유명한 스승의 문하에 찾아가 제자로 등록하고는 유명한 스승의 제자인 체만 하고, 자기 동네의 스승의 제자라는 사실은 꿈에도 말하지 않는다. 우리나라만 그런 것이 아니고, 다른 나라도 마찬가지다. 신라(新羅)나 발해(渤海) 사람들이 목숨을 걸고 당(唐)나라로 유학 가는 이유도 다 학벌을 좋게 하기 위해서였다.

명문대학을 비판하고 흠을 잡기 좋아하는 사람이라도, 자기 자녀들은 명문대학에 입학시키고 싶어 한다. 아니라고 말하는 사람은 자포자기한 사람이거나 아니면 위선적인 사람이다. 명문대학을 졸업하면, 사회적 대우가 달라지고, 세상을 살기가 수월하기 때문이다.

이 세상이 학력이 낮은 사람은 학력이 높은 것처럼 행세하고 싶은 유혹을 받게 만들고, 명문대학을 나오지 못한 사람은 명문대학을 나온 것처럼 행세하고 싶은 유혹을 받게 만든다. 유혹을 받는 사람은 대개 열심히 노력하여 학력이나 학벌의 열세를 실력으로 극복하려고 실력을 갖춘다.

그러나 자기 실력이 대학 졸업자보다 낫다고 생각하더라도, 허위 학력이나 허위 학벌을 조작해서는 안 된다. 허위로 조작하는 그 자체가 사기죄에 해당되기 때문이다. 사기죄를 저지르고서 교육에 종사하여 남의 집 자식을 가르칠 수는 없기 때문이다. 사기죄를 저지른 사람이 아무리 피나는 노력을 해서 실력을 쌓고 좋은 말을 하고 다녀도, 근본적으로 사기를 친 사람의 실력이고 말이기 때문에 인정을 받을 수가 없는 것이다.

학력으로 인한 자기비하감이 생기면, 늦게라도 학력을 보완하는 것이 떳떳한 방법이지, 아무도 모를 거라고 생각하여 위조를 해서는 용서받을 수 없다. 우선은 간단하지만 순간적인 거짓말이 일생을 어둡게 만든다. 자기 자신은 속일 수 없기 때문이다. 가난이나 질병 등으로 인해서 학교를 갈 수 없었던 사정은 동정이 가지만, 그렇다고 학력 위조가 동정받을 수는 없다. 배가 고파서 상점의 물건을 집어 먹었을 때, 배고프다는 이유로 모두 용서되지 않는 것과 같은 것이다.

자연과학이나 기술 등은 수치로 계산이 되고 국제적인 기준이 있기 때문에 정확하게 실력이 측정이 되지만, 인문분야나 예술분야는 그렇지 못하다. 국문학을 전공하는 어떤 원로 교수의 논문을 다른 대학 교수에게 심사를 의뢰했더니, 한 교수는 "독창성이 돋보이는 아주 우수한 논문이다."라는 평가결과를 보내왔고, 어떤 교수는 "이런 것을 논문이라고 할 수 있느냐? 이런 사람이 국립대학 교수라고 앉아서 월급을 받아먹으니 대한민국 참 좋은 나라다."라는 극단적인 평가를 보내온 적이 있었다.

이미 대학에서 자리를 차지하고 있는 교수들이 교수가 되려는 사람들을 심사하여 선발하는데, 실제로 억울한 경우가 많이 있다. 그 학과의 교수 가운데는 신규채용 전공분야에 대해서 잘 아는 사람이 없는 경우에도 심사를 하니 그 심사가 정확하게 될 수가 없다. 그러니 정말 실력 있는 사람은 뽑히지 않는 결과를 가져온다.

신정아 같은 사람이 교수로 채용되고, 더구나 국제적인 행사인 광주비엔날레 예술 총감독에 선임되는 것은, 그 분야에 대해서 정확하게 평가하는 사람이 없다는 말이다. 가짜와 진짜를 구분하지 못하니, 가짜가 판을 칠 수 있는 것이다. 그래서 "예술은 외교(外交)다."라는 말까지 나오게 되었다. 그림의 예술적 가치를 알아서 사기보다는 그 화가의 이름 보고 사니까 화가는 실력보다는 어떻게 하든지 많은 사람하고 관계를 맺는 것이 중요한 일이 되었다.

학력에만 가짜가 있는 것이 아니라, 우리 사회에는 가짜가 진짜보다 더 대우를 받는 경우가 너무나 많다.

2007년 9월 10일

假: 거짓 가   虎: 호랑이 호   張: 펼칠 장   威: 위엄 위

203

읍참마속
泣斬馬謖

울면서 마속의 목을 베다

독자 여러분들은 대부분 『삼국지(三國志: 정식 명칭은 '三國演義')』라는 중국의 역사소설을 읽어 봤을 것이다. 그 가운데서 제96회는 「공명휘루참마속(孔明揮淚斬馬謖)」이라는 사실이 전개된다. 촉한(蜀漢)의 승상(丞相) 제갈량(諸葛亮: 그의 자가 孔明이다)이 눈물을 뿌리면서 촉한의 장수 마속(馬謖)의 목을 벤다는 내용을 흥미진진하게 묘사하고 있다.

촉한의 마씨(馬氏) 집안에 아들 오 형제가 있었는데, 모두 뛰어났다. 그 가운데서 맏형인 마량(馬良)이 가장 뛰어났다. 그런데 그의 눈썹은 희었다. 이로 인하여 후세에 가장 뛰어난 것을 가리켜 '백미(白眉: 본래는 흰 눈썹이란 뜻)'라고 일컫게 되었다.

그 아우인 마속(馬謖) 역시 걸출한 인물이었다. 특히 군사작전에 관해서 논하기를 좋아하였다. 사람마다 사람을 알아보는 눈이 다르다. 제갈량은 그를 아주 대단한 인물로 보았지만, 유비(劉備)는 그를 그다지 좋게 보지 않았다. 제갈량이 마속을 너무 편애하는 것 같아 유비가 숨을 거둘 무렵 이렇게 당부했다. "마속은 말이 실제보다 지나치니, 크게 써서는 안 되오. 경(卿)은 잘 살펴보시오." 그러나 제갈량의 생각은 쉽게 바뀌지 않았다.

　제갈량이 제1차 북벌(北伐) 작전을 수행하기 위하여 대군을 이끌고 서울 익주(益州: 지금의 成都)를 출발하여 북쪽으로 진격하여 한중(漢中)을 점령하고 기산(祁山)으로 진격하여 조조(曹操)의 위(魏)나라 군사를 크게 무찔렀다. 조조는 지혜로운 장수 사마의(司馬懿)가 이끄는 군사 20만 명을 급파하여 기산 기슭에 부채꼴 모양으로 진을 치고 촉한의 군사와 대치하도록 했다.

　이때 제갈량은 군량수송로인 가정(街亭)을 수비하는 일이 가장 중대한 문제라고 생각했다. 누구를 뽑아서 지키게 할까 고민하고 있을 때, 마속이 자기가 나서서 지키겠다고 자원했다. 그러나 어린 마속이 노련한 사마의를 대적할 수 있을까 하는 생각에서 제갈량이 망설였다. 그러자 마속이 "만약 제가 패하게 되면, 저는 물론 제 가족까지 처형해도 원망하지 않겠습니다."라며 재삼 간청(懇請)을 하기에, 그의 다짐을 받고 부득이 마속에게 그 임무를 맡겼다.

　출정하는 마속에게 제갈량은 가정에는 삼면이 절벽으로 된 산이 많으니, 절대 산에 올라가지 말고 산기슭에서 진을 치며 잘 지키라고 명령했다. 마속은 그러겠다고 약속했다. 그러나 현지에 도착하여 지형을 살펴본 마속은 적을 유인하여 역공(逆功)하면 승리를 거두겠다고 생각하여 산 정상에 진을 치고 적이 공격하기를 기다렸다. 그러나 한 수 위인 사마의는 마속의 작전을 꿰뚫어 보고는, 공격하지 않고 산기슭에서 그대로 느긋하게 기다리고 있었다. 그러는 사이 마속의 군대는 군량과 식수가 떨어져 저절로 곤경(困境)에 처하게 되었다. 더 이상 버티지 못하고 산 정상을 버리고 밑으로 내려가 포위망을 뚫어야 했다. 먼저 싸움을 걸었다가 마속의 군대는 참패(慘敗)를 당하고 말았다.

마속의 패전으로 제갈량의 북벌계획은 완전히 실패하게 되었고, 군대를 한중으로 후퇴시키지 않을 수 없었다. 제갈량은 마속을 아끼는 마음은 간절했지만, 처형하지 않을 수 없었다. 마속을 처형하는 날 제갈량의 신임을 받던 장완(張琬) 등은, "나라가 어려운 시기에 훌륭한 장수를 처형하는 것은 나라의 손실이오."라며 만류했다. 그러나 제갈량은, "마속은 훌륭한 장수다. 그러나 개인적인 정 때문에 군율(軍律)을 어긴다면, 마속이 지은 죄보다 더 큰 죄를 짓는 결과가 된다. 대의(大義)를 바로잡아야 한다."라고 주장하며 처형했다. 그러나 마속이 끌려갈 때 제갈량도 울었다고 한다. 그리고 제갈량 자신은 상소를 하여 자신이 사람을 잘못 써 이런 결과를 초래했다 하여 품계(品階)를 3등급 강등시켜 줄 것을 황제에게 요청했다.

이 역사적 사실은, 나라나 어떤 단체의 지도자는 공정하게 법을 집행해야지, 자기와의 관계에 이끌려 법을 왜곡해서는 안 된다는 강렬한 교훈(校訓)을 준다.

우리나라 대통령은 청와대 비서관이나 장관의 잘못이 드러나도 감싸려고만 하고 잘못을 인정하지 않고 사과도 하지 않는다. 늘 언론과 야당 때문이라고 마음속에 원한을 잔뜩 쌓아 가고 있다. 국가통치를 이런 식으로 해서야 질서가 잡힐 수가 없고, 아무리 국민소득이 높아진다 해도 선진국이 될 수 없다. 저지른 죄과에 대해서는 아무리 측근이라고 해도 엄중(嚴重)하게 처벌해야만 나라의 질서가 서고, 특권층이 없어지게 된다.

2007년 9월 17일

泣: 울 읍   斬: 목 벨 참   馬: 말 마   謖: 일어날 속

일확천금
一攫千金

한꺼번에 천금을 움켜쥐다

대학교의 총학생회장이란 자리는 밖에서는 혹 대단하게 볼지 모르겠지만, 대학 안에서는 좋게 보는 사람이 별로 없다.

공부에 뜻을 둔 학생은 학생회장으로 나설 생각을 아예 하지 않는다. 대개 노력은 하기 싫으면서 벼락출세를 하고 싶은 학생들이 나선다. 우리나라에는 해방 이후 신탁통치 반대데모부터 시작하여, 4·19학생의거, 6·3한일국교정상화반대시위, 6·29민주화운동 등 대규모 시위가 많았다. 그 시위를 주동하고 나선 총학생회장이나 학생회 간부들이 그 이후 국회의원, 장관 등으로 출세하여 한평생을 잘 지냈다.

이런 전통 때문에, 공부에 마음이 없는 학생들이 학생회 간부를 출세의 지름길로 생각하게 되었다.

어느 대학을 막론하고 학생회장 되기는 쉬운 일이 아니다. 그래서 학생들도 당선되기 위해서 목숨을 걸고 선거운동을 하는데, 그 노력이나 비용은 상상을 초월한다. 우선 선거가 있기 몇 달 전부터 선거본부를 차리는데, 대개 바깥의 괜찮은 여관을 잡아 연락하는 기지로 삼아 집회도 하고 정보도 수집한다. 그리고 홍보용 유인물을 제작하여 배포

한다. 그 형식이라든지 규모가 일반 사회에서 치르는 선거와 다를 바가 없다. 질 좋은 종이에다 호화판 인쇄를 하여 무수히 뿌리고 다닌다. 그리고 전담하여 선거운동을 하는 학생들의 회식비, 활동비 등등을 합치면, 총학생회장으로 당선되기 위해서 드는 선거비용은 어마어마하다.

학생이 그 많은 비용을 들여 선거운동을 하는데, 그 비용을 금전적으로 지원할 수 있는 부모는 없다. 그러니 당선되면 어떤 방법으로든 선거운동에 든 비용 이상의 돈을 우려내야 한다. 정당한 방법으로 그것이 가능하겠는가? 갖가지 부정적인 방법을 저지를 수밖에 없다. 학교에 설치한 자판기 수입 등을 독점하려 하고, 졸업생 앨범 제작 업체 선정 등 각종 이권(利權)에 개입한다. 심지어는 학교에 건물을 짓는 건설업체에 가서 공갈을 쳐서 돈을 우려내려는 학생회장도 있었다.

또 총학생회 회장이나 학생회 간부 등은 학생회 업무나 행사 등을 핑계로 거의 수업에 참석하지 않는다. 그러다가 학기말에 가면 성적이 나오지 않는다. 그들이 민주화에 공헌하고 학교를 위해서 일했다고 보고 학점(學點)을 주는 교수들도 간혹 있지만, 대부분의 교수들은 수업에 출석하지 않았기 때문에 학점을 주지 않는다. 그러면 학생회장이나 간부들은 교수들을 찾아다니며 온갖 구차한 방법으로 학점을 구걸(求乞)하여 겨우 졸업한다. 그들이 겉으로 정의(正義)의 화신인 양 학생들을 선동하고 다닐 때의 모습과는 완전히 반대다.

이들은 학생 시절 학생회장으로서의 권위를 누렸고, 또 손쉽게 거금을 좌지우지하는 자리에 있어 봤기 때문에, 평범한 직장에서 성실하게 살아갈 수 없는 체질이 되어 버렸다. 그래서 졸업 후에 총선에 출마하는 경우가 많은데, 명문대학을 나온 총학생회장은 각 정당에서 다투어 영입해 간다. 그러면 국회의원 몇 번은 거뜬히 하고 장관도 맡고, 더 잘되면 대통령 후보가 되기도 한다. 지금 대통령 경선에 나선 사람 가운데 상당수가 시위 전력을 발판으로 출세한 사람들이다.

　이번에 대통령의 최측근으로서 아는 건설업자와 지방 국세청장을 연결시켜 주는 등 부정에 개입한 정윤재 청와대 비서관은, 대학의 총학생회장 출신이다. 기초적인 공부를 하지 않고 지름길로 출세한 대표적인 경우다. 노력을 하지 않고 하루아침에 천금(千金)의 큰돈을 거머쥐려고 하는 투기꾼이 큰 재산을 모은 것과 맥락이 같다고 할 수 있다. 학생회장 때 물든 잘못된 버릇이 대통령의 집무를 도우는 비서관이라는 중요한 자리에 있으면서 그대로 다시 작동한 것이다. 이상할 것이 하나도 없다. 그럴 줄 모르고 그런 사람을 발탁하여 요직을 맡긴 대통령이 더 큰 문제의 소유자다.

2007년 9월 24일

一: 한 일　　攫: 움켜쥘 확　　千: 일천 천　　金: 쇠 금, 돈 금

멸사봉공
滅私奉公

사적인 것을 없애고 공적인 것을 받들어 행한다

우리말의 문법체계를 연구하고 한글전용운동을 펼친 최현배(崔鉉培) 교수는 자신의 전공분야에 조예가 깊은 것으로 유명하지만, 또 그 처신(處身)이 엄정(嚴正)하기로 소문이 나 있었다. 한때 연세대학교 부총장을 맡아 일한 적이 있었는데, 편지지와 편지 봉투를 두 가지를 갖추어 두고 썼다. 학교 공무(公務)로 편지를 보낼 일이 있을 때는 공용의 편지지와 편지 봉투를 썼고, 개인적인 일로 편지를 보낼 때는 개인용 편지지와 봉투를 썼다. 당시는 차가 아주 귀했고, 차를 탈 수 있는 것 자체가 특권이었던 시절에 부총장이 사용할 수 있는 차가 배정되어 있었다. 그러나 그는 차를 사용하는 일은 거의 없었다. 차를 타고 집행할 공무가 많지 않았다. 그는 버스로 출퇴근하였다.

같은 국문과에 근무하던 김윤경(金允經) 교수는 자기 딸을 시집보내면서 학교는 물론 같은 학과 교수에게까지도 알리지 않았다. "내 딸 시집보내는 일은 내 개인적인 일이므로 학과에 알릴 필요가 없다."는 이유에서였다.

너무 지나친 것 같지만, 두 분이 이런 정신으로 살아갔으니, 나머지 일에도 얼마나 철저하게 공과 사를 가렸는지 미루어 알 수 있다. 오늘날은 이렇게 사는 사람을 찾아보기 힘들다.

중요한 자리에 앉으면, 본인도 특권을 누리려고 하고, 주변 사람들도 그 특권을 이용하는 것을 당연시한다. 국가의 중요한 자리를 맡게 되면, '내가 이 중요한 자리를 맡아 어떻게 일을 잘 처리하여 국가 민족에게 도움을 주고, 역사에 남을 것인가?'를 생각하는 사람은 드물고, '이 자리를 이용하여 어떻게 권위를 부리고, 친인척이나 친구들에게 특혜(特惠)를 주어 나의 존재를 부각시킬까?' 하는 사람이 더 많다. 그래서 어떤 사람이 장관이 되면 그 부인은 물론이고 그 아들딸, 형, 동생, 친구까지도 장관이 된 것처럼 처신하고 다른 사람들도 그렇게 생각한다.

모택동(毛澤東)이 국가주석(國家主席)이 되자, 고향의 친인척들 가운데 많은 사람들이 취직자리를 부탁하려고 북경(北京)으로 찾아왔다. 모택동은 자신의 원고료를 모아 둔 돈에서 왕복차비와 약간의 용돈을 챙겨 주고는 모두 고향으로 돌려보냈다.

모택동의 딸이 북경대학(北京大學) 역사과(歷史科)에 다니다가 방학 때 아버지의 숙소인 중남해(中南海: 우리나라 靑瓦臺에 해당)에 와서 생활하고 있었다. 마침 감기가 심하게 들어 입맛이 없게 되자, 모택동의 비서들이 보다 못해 음식의 질이 조금 나은 공산당 간부식당에서 식사를 몇 끼 시켰다. 이 사실을 안 모택동이 "그 애가 간부식당에서 식사할 자격이 어디 있느냐?"고 노발대발하였다. 공사의 구분을 엄격히 하였다.

지금 우리나라의 장관이나 대통령 비서들이 공사를 구분하지 못하고, 사사로운 개인의 인정에 끌려 국가의 일을 망치고 국민의 혈세(血稅)를 멋대로 낭비하고 있다.

변양균 청와대 전 정책실장은 신정아라는 젊은 여인에게 무슨 책이 잡혔는지, 국가 정책을 어겨 가면서 온갖 방법으로 뒤를 봐주고 있다가 사건의 전모가 백일하에 드러나고 있다. 국가의 예산을 쥐고 있는 막강한 권력을 이용해서 한 여인을 위해 대학이나 기업체에 전방위 압력을 행사하였다. 국가민족의 장래와는 전혀 관계가 없는 일이다.

김만복 국정원장도 자기 고향 사람, 중학교 동창들을 국가정보원으로 불러 국가기밀에 속할 내부시설을 공개하여 자신의 이름을 내려고 비정상적인 처신을 하고 있다.

공직자가 사사로이 자기의 위세를 부리거나 이름을 내기 위해서 이래도 되는 것일까? 국가민족의 장래에 대해서 조금이라도 생각이 있는 사람이라고 할 수 있겠는가?

요직만 맡으면 내 멋대로 해도 된다는 생각이 큰 문제인 것 같다. 더구나 공적인 일을 망치면서 사리사욕(私利私慾)을 위해 국가 권력과 권위를 사용한다면, 나라가 병들지 않을 수 있겠는가? 묵묵히 자기의 직무를 성실히 수행하는 사람들은 말단하위직에 머물러 박봉에 시달리는데, 이런 부류의 엉터리 인간들이 출세가도를 달려 국정(國政)을 좌지우지하니, 대한민국이 정상이라 할 수 있겠는가?

2007년 10월 1일

滅: 없앨 멸　　**私**: 사사로울 사　　**奉**: 받들 봉　　**公**: 공변될 공

금석지감
今昔之感

지금과 옛날은 다르다는 느낌

필자는 금년 2학기부터 연구교수로서 1년 동안 북경대학(北京大學)에서 근무하게 되었다. 지금으로부터 꼭 13년 전인 1994년 2월 1일부터 교육부 파견교수로서 1년 반 동안 북경사범대학(北京師範大學)에 근무한 적이 있었다. 그 사이에 중국이 너무도 변하였다는 것을 절실히 느끼겠다.

중국의 경제발전과 국민소득 향상은 늘 들어 와서 알지만, 북경에 도착해 보니 그 변화가 피부에 절실히 닿아 온다.

외양(外樣)으로 볼 적에 북경의 국제공항부터 어마어마하게 변했다. 1989년 10월에 처음 북경공항에 도착하니, 공항청사는 조그마한 2층 건물로 시설은 보잘것없어 우리나라 지방도시 버스정류소 같았다. 시내까지 들어가는 길은 2차선 도로로 우리나라의 시골길과 다를 바 없었다. 그러다가 1999년에 거의 우리나라 인천공항 수준으로 확장하더니, 지금 다시 올림픽을 대비하여 그 세 배로 확장하고 있다. 완공이 되면 세계 최대의 공항으로 아마 우리나라 인천공항의 두 배 이상의 규모가 될 것이다.

북경 시내에서 제일 높은 건물로 알려져 있던 경광(京廣)빌딩은 존재도 없어졌고, 건평 수만 평에 달하는 건물이 수풀처럼 솟아 있다. 지금도 곳곳에서 건설공사가 한창 진행되고 있다.

도로를 두고 말하면, 북경시를 두르는 세 번째 길인 삼환로(三環路)가 1994년에 완성되었고, 1995년까지는 북경의 중심도 이 삼환로를 벗어나지 않았다. 지금은 사환로, 오환로까지 다 완성되었고, 육환로도 거의 다 완공단계에 이르렀다. 북경시의 활동영역이 몇십 배로 확장된 것이다.

1995년까지는 자금성(紫禁城)을 중심으로 순환하는 지하철과 동서로 뻗은 지하철밖에 없었는데, 그사이 지하철 건설에 박차를 가하여 지금은 지하철이 시내 전역에 거의 거미줄처럼 퍼져 있다.

중국 백성들도 생활수준이 괄목(刮目)할 정도로 높아져 고급아파트에 자가용 차를 가진 사람이 많이 늘어나고 있다. 밤이면 술집을 제외하고는 불을 다 꺼 컴컴하던 북경 시내가 지금은 각종 불빛으로 환하다. 백성들의 옷차림도 다양하게 변했고, 상점에 상품도 넘쳐 난다. 국가경제가 발전하고 국제사회에서 중국의 위상이 높아지자, 모든 국민들이 기(氣)가 살아 있고, 도시 전체가 활력에 넘친다.

내가 아는 교수는 13년 전에는 15평 정도의 낡은 아파트에 교환원이 교환해 주는 전화기를 사용하던 수준에서, 지금은 새로 지은 45평 아파트에 휴대전화, 정수기, 팩스, 에어컨 등을 다 갖추고 한국 사람들 수준보다 더 나은 생활을 하고 있다. 한국 사람들의 생활수준은 벌써 중국 사람들의 선망(羨望)의 대상이 아닌 지 오래되었다.

전에는 필자가 간다고 하면 나오지 말라 해도 북경공항까지 두세 명씩 마중 나오고 자주 필자와 어울리던 교수들이 지금은 다 자기 일에 바쁘다. 외국 각국에서 강의 요청이 쇄도하고 있어, 한국 한번 가기가 소원이던 때와는 다르다. 지금은 한국 교수가 북경에 와도 중국 교수 한번 만나기도 쉽지 않다. 한국 교수를 만나서 새로운 정보를 얻을 것도 없고 경제적인 혜택을 볼 필요도 없기 때문에 한국 교수들 만나기를 별로 달가워하지 않는다.

경제발전에서, 중국에 몇십 년 앞섰던 한국은 그동안 제자리걸음 아니면 후퇴를 하고 있는 동안, 중국은 전력질주를 했던 것이다. 인력과 자원이 무진장으로 풍부한 중국이 일사불란(一絲不亂)하게 발전하는 것을 볼 때, 우리나라는 정신 차려야 하겠다는 생각을 다시 한번 가져 본다.

등소평(鄧小平)이라는 지도자 한 사람의 생각이 13억 중국인들의 생활을 이렇게 향상시키고 있는 것이다.

2007년 10월 15일

今: 이제 금   昔: 옛 석   之: ~의 지   感: 느낄 감

여정도치
勵精圖治

정신을 분발하여 다스리기를 도모한다

국가의 운명에는 지도자 한 사람의 정신이 중요하다. 선장이 배를 잘 운행하면 승객들이 안전하게 목적지에 도착할 수 있지만, 선장이 배를 잘못 운행하면 아무 죄 없이 억울하게 암초에 걸려 침몰하는 배를 타고 있다가 목숨을 잃을 수도 있다. 뱃길을 잘 모르거나 운행 준비를 불성실하게 하거나 술을 마시거나 정신을 차리지 않고 운행하는 선장이 있는 배는 타지 않아야 한다. 그러나 현실적으로 가끔 배를 타면서 선장의 실력이나 태도를 알고 타는 사람은 거의 없다. 그저 믿는 것이다.

한 나라의 국민들의 운명도 배를 탄 승객의 처지와 마찬가지다. 대통령이 전쟁 일으키기를 좋아하는 나라의 국민들은 전쟁에 나가 이름 없이 죽게 되고, 토목공사를 좋아하는 지도자가 다스리는 나라에 태어난 백성은 한평생 부역에 시달린다. 한 개인의 힘으로 어쩔 수 없는 운명 같은 것이 있다.

한국전쟁 이전에 번화하던 개성시(開城市) 시민이 전쟁 뒤에는 북한의 백성이 되었고, 북한에 속했던 시골 속초군(束草郡)은 지금 남한에 속하여 시로 승격되어 있다. 지금 헐벗은 개성 사람들과 잘사는 속초

시민들의 생활수준을 비교해 볼 때, 나라라는 것이 얼마나 중요한지를 알 수 있다.

나라를 다스리는 데도 통치의 능력이 있고, 애국심이 충만하고 인품도 훌륭한 사람을 국가 지도자로 뽑아야 하겠지만, 실제로 투표할 때는 겉으로 자기가 받은 인상에 의하거나 아니면 자신의 여러 가지 인연에 의하여 지도자를 뽑는다. 그렇게 뽑은 지도자가 나라를 잘 다스리기를 기대하지만, 대개 기대는 빗나가는 것이 보통이다.

우리나라의 정치지도자들은 대체로 학생 때부터 정치에 뜻을 둔 대중선동가형이 많다. 그들은 정말 통치에 필요한 실력을 쌓는 것이 아니고, 주로 말솜씨나 대중의 인기를 얻는 기술의 습득에만 신경을 쓴다. 그러니 정권을 잡게 되면 무슨 일을 할 수가 없다. 국가를 다스리는 것은 잘 다스려 보겠다는 마음만 먹는다고 되는 것이 아니다. 차를 몰려고 해도 미리 운전기술을 익히지 않으면 안 되는데, 여러 가지로 복잡하게 얽혀 있는 국가통치를 아무 준비도 없이 할 수 있겠는가?

요즈음 중국이 이렇게 빨리 지속적으로 발전하는 것은 여러 가지 이유가 있겠지만, 가장 큰 이유는 지도자들이 능력이 있고 성실하다는 것이다. 중국의 지도자들은 평생을 실무에 종사하여 점진적으로 승진하여 고급지도자 자리에 오른 사람들이다. 여러 가지 일을 책임지고 맡다 보니 능력이 없는 사람은 중간과정에서 다 도태가 된다.

지도자로 성장한 사람들은 그러니 각 마을이나 작은 직장 내부의 상황을 정확하게 알고 사람을 다룰 줄 안다. 그리고 대체로 아주 성실하고 청렴하다.

그러니 백성들이 절대적으로 신임하고 따른다. 주용기(朱鎔基) 전 국무총리 같은 사람은 지방시찰 갈 때 그 지역의 지방장관에게 알리지 않고 실무자 몇 명과 함께 봉고차를 타고 다닌다. 자기 영접하느라고 시간 빼앗기고 쓸데없는 경비를 들이는 등 정상적인 흐름을 방해한다는 이유이다. 지금의 온가보(溫家寶) 국무총리는 잠바 하나를 몇십 년 입었다고 한다. 이런 지도자들을 백성들이 존경하며 따르지 않을 수가 없다.

중국이 이렇게 발전하는 것은 절대 기적(奇蹟)이나 우연이 아니고, 성실하고 근면한 지도자들과 이들을 잘 따르는 백성들의 노력의 결과이다.

국가경제를 책임진 총책임자가 어떻게 하면 국가경제를 발전시키고 백성들의 생활을 향상시킬까 하는 데 전력을 다해도 부족할 텐데, 오랫동안 국가의 경제장관이나 청와대 정책실장의 자리에 앉아서, 늘 어떻게 하면 마음에 둔 젊은 여인의 비위를 맞출까 하는 생각으로 갖가지 부조리를 저지르는 데 앞장서 왔다. 그렇게 해서 어떻게 국가경제가 발전하겠는가? 그런 사람을 골라서 요직에 앉히는 대통령의 안목이 더 한심하다.

2007년 10월 22일

勵: 힘쓸 려   精: 정기 정   圖: 도모할 도   治: 다스릴 치

이언사군
以言事君

말로써 임금을 섬긴다

옛날의 임금들은 자기 마음대로 나라를 다스린 줄로 많은 사람들이 알고 있지만, 사실은 여러 가지 통제장치가 있었다. 첫째, 모든 관료들은 물론이고 선비들은 상소(上疏)를 통해서 임금의 잘못을 바로잡고, 자기의 의견을 개진(開陳)할 수 있었다. 그러니 일 년 365일 상소가 없는 날이 거의 없었고, 또 대부분의 상소에 대해서 임금이 비답(批答: 상소에 대한 임금의 답장)을 내려 주었다.

제도적으로 사간원(司諫院)이라는 임금에게 간언(諫言: 윗사람의 잘못을 바로잡거나 건의하는 말)을 아뢰는 일을 전담하는 국가기관이 있었다. 여기에서는 임금 개인의 언행의 잘못은 물론이고, 정치의 득실, 부당한 인사 등에 대해서 그 잘못을 지적하여 시정을 요구하였다. 특히 인사에 있어서는, 서경(署經)제도라 하여 1품부터 9품까지 사간원과 사헌부(司憲府: 관리들의 감찰이나 탄핵을 담당하는 기관) 관리들의 비준을 얻어야만 임명되도록 되어 있었다.

홍문관(弘文館)은 나라에서 필요로 하는 문학이나 학문을 담당하는 기관인데, 홍문관의 관원들은 국왕에게 학문을 강의하는 경연(經筵)의 관원을 자동적으로 겸임하도록 되어 있었다. 거의 매일 임금은 경연에 나가 학문이 높은 신하들의 강의를 들어야만 했다. 경연의 강의에서, 전반부는 유교 경전(經典)과 역사서를 강의하지만, 후반부에서는 경전과 역사서에 나오는 사실과 현실문제를 연결시켜 국왕에게 바른길을 제시하였다.

사신(史臣)이라는 역사를 기록하는 관리가 항상 임금 좌우에서 임금의 거동과 말을 일일이 기록하였다. 심지어 중종(中宗) 때 임금이 훈구파(勳舊派) 대신들과 비밀스러운 이야기를 하면서, "이 이야기는 사초(史草: 역사 기록 초고)에 넣지 말아라."라고 한 사실까지 기록하여, 그 사관은 "임금님께서 '이 이야기는 사초에 넣지 말아라.'라고 부탁했다."라고 기록해 두었다. 사신이 기록한 사초가 기초가 되어 나중에 실록(實錄)이 편찬되는데, 나라에서 역사를 확인할 일이 있을 때만 합의에 의하여 열람해 볼 수 있었을 뿐, 임금이라도 절대 볼 수 없었다. 세종대왕이 자기 아버지 태종(太宗)의 역사를 어떻게 기록해 두었는가 궁금해서 『태종실록』을 보려다가, 맹사성(孟思誠) 등 신하들에게 심하게 반박을 당한 일이 있었다.

세계 역사상 많은 왕조가 흥망했지만, 조선왕조처럼 518년이라는 오랜 기간 동안 지속한 왕조가 드물다. 조선왕조의 제도가 엉성한 것 같아도, 그 정치제도가 상당히 치밀하였다. 그것은 관리들이 자유롭게 자기 의견을 개진하여 임금을 규제하여, 통치의 바른길을 모색했기 때문이다. 『맹자(孟子)』에, "임금에게 충고하는 사람은 임금을 좋아하는 사람이다.[畜君者, 好君也.]"라는 말이 있다. 임금에게 아첨하는 사람은 그 임금을 망치게 되고 결국은 그 나라도 망치는 것이다. 임금에게 바른말을 하는 사람은 임금에게 보물을 바치는 것과 같다.

오늘날은 민주주의시대가 되어 대통령에게 바른말을 마음대로 하는 것 같지만, 사실은 대통령의 눈치를 너무나 많이 본다. 청와대 비서관들이 바른말을 하여 대통령을 바로잡을 것을 기대하기는 이미 틀렸다. 모두가 한통속이기 때문이다. 자기 부서의 책임자인 장관들 가운데 소신 있게 대통령 앞에서 자기의 주장을 논리에 맞게 당당히 펼치는 사람은 아무도 없는 것 같다. 막 임명되어 처음으로 국무회의에 참석한 어떤 장관이, 자기의 의견을 비교적 자유롭게 개진했더니, 회의를 마치고 나서 다른 장관들이, "당신 정말 간 크군요!"라고 말할 정도라니, 국무회의의 분위기를 알 수 있다. 더구나 장관들은 그 방면의 전문가인데 대통령이 각 부처 순시하면서 하는 의례적인 말을 열심히 수첩에 적느라고 여념이 없다. 대통령의 말을 귀담아듣는다는 모습을 보여 주어 장관 자리를 오래 유지하기 위해서가 대부분이다.

정부를 견제하라고 국민들이 뽑은 소위 국민의 대표라는 국회의원들도 대통령의 정책에 동조하기 위해서 경쟁하는 것 같다. 대통령 눈에 들어 장관이라도 한자리 얻어 할까 해서이다. 장관을 시켜 준다 해도 거부하는 국회의원이 나와야 한다.

지금 당장 대통령의 비위를 맞추다가 나라를 망치게 되면 모두가 다 역사의 죄인이 된다. 대통령이 듣기 싫어하더라도 대통령을 바른길로 인도하여 나라를 잘되게 하는 것이 요직을 맡은 자신의 사명이라는 것을 고위공직자들은 명심(銘心)했으면 한다. 모든 기관과 단체에서 아첨이 사라지고 바른말이 받아들여지는 풍토가 조성되어야 하겠다.

2007년 10월 29일

以: 써 이　　言: 말씀 언　　事: 섬길 사, 일 사　　君: 임금 군

아행아소
我行我素

나는 나의 본래대로 행한다

'퍄오정씨', '진중미', '따추', '칭저우', '야뤼쟝'.

우리나라 사람들이 '박정희(朴正熙)', '김종필(金鍾泌)', '대구(大邱)', '경주(慶州)', '압록강(鴨綠江)'이라고 발음하는 것을 중국 사람들이 발음하는 대로 적어 본 것이다. 중국어를 능숙하게 아는 사람이 아니라면, 도무지 알아들을 수가 없을 것이다. 알아듣기는커녕, '퍄오정씨'라는 발음을 듣고, '박정희'를 도저히 상상해 낼 수가 없다.

중국 사람들은, 우리나라나 일본(日本)의 사람 이름이나 땅 이름을 자기네 발음 그대로 발음한다. 심지어 서양의 사람 이름이나 땅 이름도 자기네 식의 한자로 바꾸어 발음한다. '러시아'를 '어러스[俄羅斯]', '스위스'를 '루이스[瑞士]', '아이슬란드'를 '삥따오[冰島]'라고 하는 것과 같다. 완전히 자기들 위주로 외래어 표기와 발음을 한다. 그러니 외래어도 어느 정도 시간이 지나면 한자(漢字) 두 글자 내지 세 글자로 된 자기 나라 단어(單語)로 정착하게 된다.

우리나라 교육인적자원부에서 제정한 외국어 표기 및 발음 기준은 현지의 발음에 따르는 것을 원칙으로 하고 있다. '강택민(江澤民)', '주용기(朱鎔基)', '북경(北京)', '무석(無錫)', '흑룡강(黑龍江)'이라고 발음하거나 표기하면 안 되고, '장쩌민', '주룽지', '베이찡', '우시', '헤이룽쟝'으로 발음하고 표기하도록 하고 있다. 일본어도 우리식으로 발음하면 안 되고, '동경(東京)'을 '도쿄', '전중(田中)'을 '다나카'로 발음하도록 원칙을 정하고 있다. 현재 우리나라의 신문이나 잡지 등에서 그 원칙을 따르고 있다.

일본어는 모르겠지만, 중국어의 경우는 사성(四聲)이 있기 때문에 한글로 표기된 대로 발음한다고 해서 중국 사람들이 알아듣는 것이 아니다. 성조가 약간만 달라도 알아듣지 못한다. 그러니 우리나라 사람들이 정확하게 현지 발음대로 한다고 애를 써서 발음해도 못 알아듣기는 마찬가지다.

'등소평(鄧小平)' 같은 사람은 워낙 알려졌기에 '등소평'으로 발음하거나 '뜽쌰오핑'이라고 발음하거나 간에 우리나라 사람이면 누구인지 다 알지만, 별로 알려지지 않은 사람이거나 새로 등장한 사람일 경우, 중국어 발음을 따라서 우리 글자로 표기하면, 머리에 그 사람의 상(像)이 고정되지 않는다. 더구나 그 발음을 보고서 어떤 한자를 쓰는지를 유추(類推)해 내는 것은 하늘의 별 따기처럼 어렵다. '시진평'이라는 새로 정치국상임위원(政治局常任委員)에 임명된 사람이 '습근평(習近平)'인 줄은 한참 뒤에야 알았다. 성(姓)이 될 수 있는 '시' 자 발음은 수도 없이 많기 때문이다.

우리나라 지식인들은 1910년 이전에는 한문(漢文) 배우느라고 많은 노력과 시간을 바쳤다. 일본강점기(日本強占期)에는 일본어 배우느라고 고생하였다. 해방 이후에는 영어 배우느라고 노력과 시간을 투자하고 있다. 어떤 면에서 보면 우리나라 사람들에게는 아주 불행한 일이다.

미국에서는 대학교수도 거의 대부분이 영어 이외에는 모른다. 외국어과의 교수나 특별히 관심이 있는 교수를 제외하고는 외국어를 익히지 않는다. 영어 하나만 알면 족하다.

우리나라의 의과대학(醫科大學) 학생이 하루에 15시간씩 공부한다고 해도 10시간은 영어 공부하는 데 투자하고 정작 의학 공부하는 데는 5시간밖에 투자하지 못하는 실정에 있다. 미국이나 영국의 의과대학 학생은 15시간 공부하면 15시간 전부를 의학 공부에 투자할 수 있다. 그러니 미국의 의학 기술 수준을 따라가려고 하면, 얼마나 고생을 해야 하겠는가? 그러나 영어를 잘하기 위해서는 열심히 공부하지 않을 수 없다. 외국어를 열심히 공부하여 잘하는 것과 외래어를 현지 발음대로 발음하고 표기하는 것과는 별개의 일이다. 외래어를 현지 발음대로 발음하고 표기한다고 해서 전 국민의 외국어 실력이 향상되는 것은 아니다.

지금 우리나라에는 우리 조상들이 수천 년 동안 사용해 오던 한자(漢字)의 발음이 있다. 그런데 그것은 다 버리고, 중국이나 일본의 발음을 따라서 발음하고 표기하라고 강요하니, 정말 주체성이 없다고 비판하지 않을 수 없다. 모든 국민들이 중국어·일본어 전문가가 되어야만 중국이나 일본의 지명이나 인명을 발음할 수 있을 것이다.

또 어디까지는 중국어 원음대로 하고, 어디까지는 우리 한자음으로 발음할 것인가 하는 명확한 경계선도 없다. '중국국무원(中國國務院)'은 '중궈궈우위엔'이라고 하지 않고, 그냥 '중국국무원'이라고 한다. 그런데 국무원이 있는 지점인 '중남해(中南海)'는 '쭝난하이'라고 발음한다.

역사적인 인물로 우리가 세계사 시간에 배운 적이 있는『기하학원본(幾何學原本)』의 번역자 '서광계(徐光啓)'라고 하면 알지만, '쉬꽝치'라고 하면 알 수 있는 사람이 거의 없다.

이래저래 국민들의 정신적 부담을 주는 "현지음대로 발음하고 표기해야 한다."는 이 원칙을 왜 고수해야 하는가? 중국이나 일본에서는 전혀 고려해 본 적도 없는 자주성 없는 언어정책을. 그리고 현지 발음을 따라 발음하고 표기해야 한다는 원칙을 지키려면, 어찌 꼭 강대국인 미국, 일본, 중국, 프랑스, 독일의 언어만 현지음대로 발음하고 표기해야 하는가? 아프리카나 아랍 등지의 나라들의 언어도 현지음대로 발음하고 표기해야 할 것 아닌가? 대한민국 국민들은 전 세계의 외국어를 다 알아야 정상적인 언어생활을 할 수 있을 지경이다.

우리는 우리의 길을 가야지, 중국 사람, 일본 사람들의 편의를 위해서 살아야 할 이유가 없다.

2007년 11월 5일

我: 나 아 　　　行: 갈 행 　　　素: 바탕 소

단장취의
斷章取義

문장을 잘라서 자기가 필요한 뜻만 취하다

요즈음은 컴퓨터를 이용한 검색기능(檢索機能)이 아주 발달해 있기 때문에 필요한 자료를 찾기가 아주 쉽다. 『조선왕조실록(朝鮮王朝實錄)』 가운데 소나무 보호에 관한 기사를 개인이 책장을 넘기면서 찾으려면 그 일에만 전념해도 5년 정도 걸린다. 그러나 컴퓨터를 이용하면 컴퓨터가 거의 순간적으로 다 찾아 준다. 그리고 또 한글 자모순으로, 연대순으로, 지역별로, 등등 갖가지 방법으로 분류도 해 준다. 그래서 책을 짓거나 논문을 쓸 때 아주 편리한 점이 많다. 그래서 요즈음은 대학교수 가운데서도 공공연하게 "책 읽을 필요 없다."라고 말하는 사람까지 나오게 되었다.

그러나 편리하게 많은 자료를 수집하여 정리해 주는 컴퓨터의 도움으로 많은 저서와 논문이 쏟아져 나오지만, 또한 많은 문제가 있다. 실제 상황과 논문의 결론이 다르다는 것이다. 저서를 하거나 논문을 쓰는 학자가 원전(原典)을 읽어 그 대상에 대해서 정확하게 파악한 뒤에 글을 쓰는 것이 아니고, 자기가 논문 쓰는 데 필요한 자료만 뽑아서 논문을 썼기 때문에 문제가 발생하는 것이다. 예를 들면 주자학(朱子學)

을 연구하여 발전시킨 퇴계(退溪) 이황(李滉)을, 주자와 학문의 방법이 다른 양명학자(陽明學者)로 둔갑시킬 수 있다는 것이다.

이런 일은 학자들 사이에서만 일어나는 것이 아니다. 언론에 종사하는 기자들은 더 심하다. 어떤 인물과 장시간 인터뷰를 해 놓고 자기 필요한 부분만 기사화하니, 그 인터뷰를 당한 사람의 의도와는 어긋나는 경우가 많다.

사람들 사이에서 이간질 잘하는 사람들이 어떤 사람의 말을 옮길 때, 이런 방법을 써서 말썽을 일으킨다. 병이라는 사람의 친구 갑이 을을 두고, "그는 술버릇은 나쁘지만, 의리는 있다."라고 말했다면, 그 말을 들은 병이 을에게 옮길 때, "너 술버릇 나쁘다고 갑이 욕하더라."라는 식이다.

글을 읽을 때 부분만 보지 말고, 전체를 두루 보아서 궁극적인 뜻을 잘 찾아야 한다.

지난 10월 20일 일본 구주대학(九州大學)에서 열린 퇴계학국제학술회의(退溪學國際學術會議)에 참석했다가 히로시마 원폭기념관(原爆紀念館)에 가 봤다. 정식 명칭은 '평화기념자료관'이었다. 이름부터 가식적(假飾的)인 냄새가 났다. 전시된 자료를 통해서 원자폭탄의 위력과 원자탄 투하 이후의 참상(慘狀)을 충분히 상상할 수 있었다. 전시한 자료에 붙은 문구 가운데 이런 것이 있었다.

"순식간에 거리의 모든 것이 파괴되고 수많은 귀중한 생명을 잃었다. 그중에는 건물의 정리에 동원된 여자 중학생들은 유품만 남아 있을 뿐, 시신은 말할 것도 없고 유골조차 가족 품에 돌아오지 못한 경우도 많았다."

전시관 전체에서 전달하려는 일본인들의 의도는, "우리 일본은 잘

못한 것이 아무것도 없는데, 무자비한 미국놈들이 원자폭탄을 투하하여 20만 명이라는 무고한 생명을 앗아 갔고, 그 이후에도 후유증으로 인한 장애인을 수없이 만들어 내었다. 한국 사람도 2만 명이나 억울하게 죽었다. 미국의 잔인무도함을 잘 알고 가시오."라는 것이었다.

일본은 19세기 말부터 우리나라를 비롯한 동남아 각지를 식민지로 만들어 약탈과 탄압을 가하였고, 중국에서는 10여 년 가까이 전쟁을 계속하는 등, 일본 군국주의자들 때문에 동아시아 전체의 백성들이 고통받은 것에 대한 반성이나 자책 등은 한 구절도 없었다. 더구나 징용, 정신대 등의 이야기는 찾아볼 수 없었다. 이 기념관 자체가 일본에 의한 거대한 역사왜곡(歷史歪曲)이었다. 2차대전의 역정 가운데서 자신들의 억울한 점만 부각시켜 전시하고 있으니, 일본의 젊은이들이 자국(自國)의 역사를 바로 알기 어려울 것이다.

'단장취의(斷章取義)'는 '단장취의(斷章取意)'로 써도 된다.

2007년 11월 12일

| 斷: 끊을 단 | 章: 문장 장 | 取: 취할 취 | 義: 뜻 의 |

정자정야
政者正也

정치란 바르게 하는 것이다

춘추시대(春秋時代) 노(魯)나라의 대부(大夫)인 계강자(季康子)가 공자(孔子)에게 정치에 대해서 물으니까, 공자께서 대답하시기를, "정치란 것은 바르게 하는 것이오. 그대가 바른 것으로써 통솔한다면, 백성 가운데 누가 감히 바르게 하지 않겠소?"라고 했다.

또 공자께서는, "지도자 자신이 바르면 명령하지 않아도 모든 일이 시행되지만, 그 자신이 바르지 못하면 비록 명령해도 백성들은 따르지 않는다."라는 말씀을 하셨다.

지도자가 바르지 못하면서 권력으로써 백성들에게 명령하면 백성들은 따른다. 그러나 마음속으로 지도자를 존경하여 따르는 것이 아니고, 마지못해 따르게 되는 것이다. 지도자가 처신을 바르게 하면 백성들은 거기에 감화(感化)를 받아 저절로 존경하면서 따르게 되는 것이다.

'정사 정(政)' 자는, '바를 정(正)' 자와 '칠 복(攵)' 자가 합쳐져서 이루어진 글자다. '칠 복(攵)' 자는 '점 복(卜)' 자와 '또 우(又)' 자가 합쳐져서 이루어진 글자다. 이때 '점 복(卜)' 자는 회초리의 모양이고, '또 우(又)' 자는 '손 수(手)' 자의 변형이다. '정사 정(政)' 자는, "바르게 하라고 손에 회초리를 들고 제재를 가하는 모양"이다. 그래서 공자가 정치는 바르지 못한 것을 바르게 만드는 것이라고 정의한 것이다.

그런데 요즈음은 '정치적(政治的)'이라는 말이 본래의 뜻과는 정반대로, 비정상적으로 원칙을 어기고 야합하는 것으로 바뀌었다. "그 사람 매우 정치적이다."라는 평을 듣는다면, 그 사람은 바른 것과는 크게 거리가 있는 사람이다.

월남(越南)의 호지명(胡志明) 같은 사람은 월남 백성들이면 누구나 할 것 없이 지금까지도 존경하고 있다. 정당한 방법으로 정치를 했고, 개인적인 축재(蓄財)는 조금도 없었고, 국가의 관리 임명에 있어서 사사로운 지연이나 학연에 얽매이지 않고 공정하게 처리했기 때문이다. 그는 월급을 노동자의 세 배를 받았는데, 노동자는 하루 8시간 일하지만, 자기는 하루 24시간 동안 계속 나랏일에 신경을 쓰기 때문이라고 그 이유를 밝혔다.

우리나라의 정치인들은 '바르게 하는 것'과는 거리가 멀다. 이승만 (李承晩) 대통령은 한국전쟁 때 "서울을 사수(死守)할 테니, 안심하라."고 국민들에게 담화문을 발표해 놓고는 살짝 서울을 빠져나가 피난을 갔고, 정부를 믿고 있던 서울 시민들이 피난도 하기 전에 한강 다리를 폭파하여 피난도 못 가게 만들었다.

박정희(朴正熙) 대통령은, "민정이양(民政移讓)하겠다.", "삼선개헌(三選改憲) 안 하겠다."라고 공언해 놓고는 약속을 지키지 않았다.

김대중(金大中) 대통령은, 대통령 선거에서 두 번 떨어진 뒤 "정치에서 물러나겠다." 해 놓고는 2년 뒤에 다시 나와 정치활동을 재개하여 결국 대통령에 당선되었다.

이회창(李會昌) 한나라당 대통령 후보도 두 번 떨어진 뒤 "정계에서 은퇴하겠다."고 국민들을 상대로 고별 기자회견을 해 놓고는 다시 대통령 선거 출마를 선언하였다. 여러 가지 궁색한 변명을 하는데, 그 변명 가운데 하나가 "김대중 대통령도 그러지 않았느냐?"는 것이다. "다른 사람이 살인을 하니, 나도 살인해도 괜찮다."고 말한다면, 되겠는가?

그런데 이런 처사는 국민들을 우롱하는 행위다. 더구나 대한민국의 청소년들이 무엇을 배우겠는가? 범죄자들이 죄를 저질러도 대통령이 된 사람이 처벌할 자격이 있겠는가? 이회창 씨는 지금까지 그래도 상당히 괜찮은 이미지를 갖고 있었고, 능력도 있을 것으로 인정되었다. 두 번의 대선에서의 패배도 모두 이인제의 반칙과 김대업의 날조로 인한 것이었으니, 억울하기 짝이 없을 것이다. 그러나 출마해서 대통령에 당선된다 해도 자신이 한 말에 대한 책임을 지키는 인물로 남았으면, 사람들이 그래도 다른 정치가들과는 다르다고 그의 사람됨을 높이 쳤을 것인데, 그마저 역시 자신이 한 말을 마음대로 뒤집는 삼류 정치가의 수준을 벗어나지 못하여 많은 국민들이 아까워하고 있다.

심판은 유권자들이 하는 것이다. 거짓말하는 정치가는 누구를 막론하고 당선되게 하지 말아야 하고, 참되게 바른길을 걷는 사람이 당선되도록 해야 하겠다.

2007년 11월 19일

政: 정사 정 　者: 놈 자, ~란 것은 자
正: 바를 정 　也: 이끼(어조사) 야, ~이다 야

212

소향무전
所向無前

향하는 곳에 앞을 막는 것이 없다

『삼국지(三國志: 정식 명칭은 '三國演義')』를 읽어 본 분은 아시겠지만, 위(魏)나라 조조(曹操)에게는 하후연(夏侯淵)이라는 맹장(猛將)이 있었다. 그때 서북 지방을 30여 년 동안 할거(割據)하여 세상을 어지럽히던 송건(宋建)이란 장수가 있었다. 하후연은 1개월의 작전 끝에 송건을 사로잡았다.

당시 위나라의 서울인 허창(許昌)으로 개선한 하후연에게 조조는 상을 내리면서 이렇게 칭찬했다. "송건이 30여 년 동안 난을 일으켰는데, 하후 장군이 일격에 공격하여 격멸(擊滅)하였소. 하후 장군은 마치 사나운 호랑이처럼 공격하여 들어가니 앞에서 막을 것이 없었소."

그래서 후세에 앞에 거칠 것 없이 내닫는 것을 일러 '소향무전(所向無前)'이라고 표현하게 되었다.

11월 6일, 12년 만에 다시 태산(泰山)을 가 보았다. 중국의 중요한 다섯 개의 산을 옛날에 오악(五嶽)이라 하여 특별히 중시했는데, 태산은 그 가운데서도 머리에 해당되기 때문에 황제가 와서 직접 하늘에 제사 지내는 의식을 거행해 왔다. 그래서 중국의 산 가운데서 가장 중시를 받았다.

태산 남쪽 발치에 태안(泰安)이라는 도시가 있다. 태안은 태산을 찾는 사람들 때문에 발전해 온 도시라 해도 과언이 아니다.

1994년 가을에 갔을 때는 큰 건물이라고는 볼 수 없는 시골의 조그마한 시(市)였다. 도착하는 그날 밤이 마침 필자의 조모의 제삿날이라 형님 댁에 전화를 하려고 하니 태안에서 제일 크다는 호텔에서도 국제 전화 통화가 되지 않았다. 그러니 지방 도시 가운데서도 형편없는 오지였던 것이다.

2007년 가을에 와 보니, 고층 건물이 곳곳에 들어섰고, 길도 아주 넓게 정리가 되어 있었다. 아주 활기 넘치는 중소도시로 변해 있었다. 공장도 곳곳에서 가동되고 있었다.

지방 소도시인 태안시의 시청 건물을 새로 지었는데, 과천에 있는 정부청사 건물 가운데 하나만 했다. 아마 우리나라의 지방 소도시에서 이런 거대한 건물을 지었다면, 온갖 말썽이 났을 것이다. 그리고 시청 앞의 광장은 '태산광장(泰山廣場)'이라고 이름을 붙였는데, 아마 우리나라에서 자랑하던 옛날 여의도광장의 몇 배는 되는 듯했다.

태산에서 내려온 오후에 태안에서 80킬로미터 북쪽에 있는 제남(濟南)에 도착해서 북경 가는 데 몇 시간 걸리느냐고 택시 기사에게 물어봤더니, "2시간 걸린다."고 대답했다. 옛날에 분명히 7시간 걸렸는데, 2시간이라고 하기에, 잘못 말하는가 싶어 다시 물어봤더니, 분명히 2시간 걸린다고 대답했다.

알고 보니 우리의 KTX열차에 해당되는 '동차(動車)'라는 고속전철이 생겨난 것이다. 제남과 북경 사이에만 가설된 것이 아니고, 전국의 간선철도는 거의 다 고속전철로 바뀌어 국내에서의 이동에 소요되는 시간이 3분지 1로 줄어들었다. 북경과 상해 사이에 15시간 이상 걸리던 시간이 5시간 남짓 걸리게 되었다. 가히 내륙교통의 혁명이라고 할 수 있다.

10여 년 사이에 북경만 엄청나게 달라진 것이 아니고, 중국 전역 모두가 엄청나게 달라졌다. 자동차 생산량과 조선(造船) 수주량이 이미 우리를 추월하였다. 중국의 발전에는 정말 거침이 없는 것 같다.

우리나라는 더 이상 비생산적인 문제에 힘을 소모하지 말고, 국력을 집중하여 새로운 도약을 해야 할 것이다.

2007년 11월 26일

所: 바 소   向: 향할 향   無: 없을 무   前: 앞 전

지성감신
至誠感神

지극한 정성은 귀신도 감동시킨다

필자에게 24대조 되는 휘자(諱字)가 유전(有全)인 조상이 계신데, 고려(高麗) 후기 충렬왕(忠烈王) 때의 인물이다. 그 위에 중시조(中始祖)로부터 4대가 더 있지만, 『고려사(高麗史)』 등에 기록이 남아 있는 선조는 이분이 처음이다. 그런데 족보(族譜)에 실린 이분의 행적 끝에 "묘소는 강화도(江華島) 불곡(佛谷)이다. 일설에는 탑곡(塔谷)이라 하나 상고할 수 없다."라고 되어 있다.

그 후손 가운데 허관구(許官九)라는 사람이 있는데, 강원도 홍천(洪川)에서 초등학교 교사로 근무하다가 정년퇴직을 하였다. 젊을 때부터 오로지 빈약한 이 기록에 근거하여 조상의 묘소를 찾아내겠다는 결심을 하고 매년 여름방학 겨울방학 때마다 배낭을 짊어지고 강화도에서 '불(佛)' 자나 '탑(塔)' 자와 관계되는 지명을 찾아 26년 동안 다녔다.

처음에는 불평을 늘어놓던 부인도 남편의 정성에 감동되어 같이 탐사(探査)에 나섰다. 미쳤다고 비웃는 동료나 이웃 사람들도 점점 많아져 갔다. 남들은 방학이 되면 여행이다 독서다 해서 평상시 하고 싶었던 일을 찾아 하는데, 이분은 매년 조상 묘소 찾는 일로 교직생활의 방학을 다 보냈다.

　강화도는 어디든지 안 가 본 곳이 없었지만, 끝내 묘소는 찾지 못하고 포기하고 말았다. 포기한 그다음 해 여름방학 때 밤에 잠을 자고 있는데, 꿈에 신이 나타나서, "올해는 왜 조상 묘소를 찾아 나서지 않느냐? 지난번에 갔던 그 골짜기에서 조금만 더 올라가면 있는데……."라고 말하고는 사라져 버렸다.

　일어나 꿈인가 생신가 하고 앉은 채로 기다리다가 날이 새기가 무섭게 배낭을 지고 강화도로 갔다. 꿈에 신이 계시한 곳을 찾아가니, 땅속에서 검은 돌이 보이기에 손으로 흙을 걷고 자세히 보니, '고려문하시중허공유전지묘(高麗門下侍中許公有全之墓)'라는 묘표(墓表)가 나타났다. 그곳은 지금 지명으로는 강화도 불은면(佛恩面)이고, 족보에서 "불곡(佛谷)"이라 했으니, 족보의 기록이란 것이 근거 없이 적지 않았다는 것이 증명되었다.

　경기도에서는 연세대학교 손보기(孫寶基) 교수팀에 의뢰해서 학술적으로 발굴하여 문화재로 지정하였고, 역사학계에서는 고려 후기 무덤 형태에 대한 연구의 대상이 되고 있다. 후손들은 다시 봉분을 쌓고 재실을 지어 묘소의 모습을 갖추게 되었다. 완전히 없어졌다고 생각했던 먼 조상의 산소를 후손 한 사람의 정성으로 찾아낸 것이다.

　이분은 누가 시킨 것도 아닌데, 자발적으로 정성을 다하다 보니, 결국 영감이 떠오른 것이다. 이것은 과학적으로는 증명이 안 되지만 골똘히 생각하면 꿈에 해결책이 나타나는 현상이라 할 수 있다.

　공부나 기술도 머리가 좋고 나쁨이 좌우하는 것이 아니라, 결국은 정성이 좌우한다. 계속 관심을 가지고 자주 보는 사람은 이해도 잘되고 기억도 잘될 수 있다. 그러나 머리만 믿고서 태만히 한다면 공부가 되고 기술이 습득되겠는가?

　『서경(書經)』에, "오직 덕(德)만이 하늘을 움직여 아무리 멀리 있는 것도 이르게 할 수 있다. 지극한 정성이면 귀신도 감동시키는데, 이 묘족(苗族)이겠는가?"라는 구절이 있다. 남방의 소수민족인 묘족이 반란을 일으키자, 하(夏)나라 우(禹)임금은 처음에 무력을 동원해서 정벌하려고 했다. 그러다가 신하의 건의를 받아들여 덕(德)을 가지고 교화를 펼쳐 나가 결국 그들을 감화시켜 평화를 되찾았다. 지극한 정성이면 되지 않을 일이 없다. '지성감천(至誠感天)'이라는 말도 같은 뜻으로 쓰인다.

2007년 12월 3일

至: 지극할 지, 이를 지　　誠: 정성 성　　感: 느낄 감　　神: 귀신 신

점입가경
漸入佳境

점점 아름다운 지경으로 들어간다.
갈수록 점점 재미있어진다

중국(中國) 남북조시대(南北朝時代) 진(晉)나라에 고개지(顧愷之)란 유명한 화가가 있었다. 그는 인물화(人物畫)를 잘 그렸을 뿐만 아니라, 박학다재(博學多才)하였다. 그리고 또 사람이 멍청한 것으로도 유명하였다. 그래서 세상에서 그를 삼절(三絶)이라고 불렀다. 곧 세 가지에 뛰어났다는 뜻이니, 그림에 뛰어났고[畫絶], 재주가 뛰어났고[才絶], 멍청한 것이 뛰어났기[癡絶] 때문이었다.

중국의 양자강(揚子江) 이남은 날씨가 따뜻하기 때문에 사탕수수가 자랄 수 있다. 요즈음 계림(桂林) 같은 데 가 보면, 현지 농민들이 한 다발씩 어깨에 메고 여행객들을 상대로 팔려고 애를 쓴다. 대나무처럼 생겼는데, 껍질은 짙은 보랏빛이다. 사탕수수는 밑둥치가 달고 위로 갈수록 덜 달기 때문에 사람들이 먹을 때 일반적으로 밑에서부터 먹는다.

그러나 고개지는 사탕수수를 먹을 때, 혼자 줄기 끝에서부터 먹어 내려왔다. 사람들이 괴이하게 여겨 물었더니, "사탕수수를 위에서부터 먹어 가면 먹으면 먹을수록 점점 더 달아지는 법이오."라고 했다.

사람들은 그를 멍청하다고 여겼지만, 실제로는 그를 멍청하다고 하는 사람들이 더 멍청한 것이다. 좋은 것을 미리 먹어 버리는 것보다는 기대감을 가지면서 맛없는 것부터 먹는 것이 더 나은 방식이다.

편하고 좋은 것부터 먼저 하고 힘들고 귀찮은 것을 나중으로 미루어 놓으면 인생이 언제나 괴롭다. 어릴 적 경험으로 볼 때, 명절이나 생일 등을 기다릴 때가 한없이 좋고, 지나가고 나면 그만 허전해진다. 아무리 대단한 운동경기도 그 결과를 알고 나서 보면 박진감(迫眞感)이 없어진다.

내일에 대한 기대가 없다면 이 세상은 살맛이 없어질 것이다. 흔히 세 가지 공인된 거짓말 가운데 하나가 노인들이 "죽어야 되겠다."라고 말하는 것이라 한다. 몸이 말을 안 듣고 현실생활이 뜻대로 되지 않지만, 그래도 '손자 손녀 취직하고 결혼하고 증손자 낳는 것 보고 죽어야지.' 하는 기대 때문에 당장 죽을 수는 없는 것이다.

이번 대통령 선거는 그야말로 점입가경이다. 여러 차례 예측할 수 없는 상황이 계속 일어났기 때문이다. 여당의 몇 차례에 걸친 탈당, 분열, 통합, 재통합을 거쳐 정동영 후보로 최종 귀착되었다. 한나라당은 이명박 전 서울시장, 박근혜 전 당대표 간에 분열이 우려되는 치열한 경선 공방을 거쳐 간발의 표 차이로 이명박 후보가 한나라당 대통령 후보가 되었다. 그러다가 11월 초순에 경선에 참여하지 않았던 한나라당 소속의 이회창 씨가 탈당을 하여 보수진영의 지지자를 분할하며 대선 출마를 선언하였다. 그 이후 이명박 후보는 BBK 의혹으로 야당 후보의 자리를 유지하지 못할 것이라는 의혹을 넘기고, 12월 5일 검찰의 무혐의(無嫌疑) 발표로 의혹을 벗었다.

이제 9일 남은 대선의 결과가 어떻게 될지 지켜보는 가운데 대선은 점점 더 흥미롭게 진행되고 있다. 이제는 누가 국가를 잘 다스릴지 능력과 정책을 보아 투표해야겠다.

2007년 12월 10일

漸: 점점 점　　**入:** 들어갈 입　　**佳:** 아름다울 가　　**境:** 지경 경

개근식실
漑根食實

뿌리에 물을 대 주어야 열매를 맺는다

물은 인간생활과 밀접한 관계가 있다. 우리 몸의 90퍼센트 이상이 수분으로 되어 있기 때문에, 사람은 물을 안 먹으면 일주일도 못 버티고 죽는다. 물은 사람들이 먹는 데 쓰일 뿐만 아니라, 목욕하고, 빨래하고, 그릇 씻고, 집 안 청소하는 데 물이 없으면 안 된다.

13년 전 중국에 살 때 낡은 아파트 15층에 살았는데, 겨울에 전기와 수도가 고장 나 양동이로 물을 들어 올리며 1주일 정도 생활한 적이 있었다. 꼭지만 틀면 물이 나오는 수도가 그렇게 소중한 것인 줄 절실히 느꼈다. 하루에 네 식구가 살아가는 데 필요한 물을 길어 오는 데 낮 시간의 반을 소비해야 했지만, 물은 전혀 마음대로 쓸 수가 없었다.

물은 이 밖에도 수력발전, 농업용수, 공업용수, 선박 운항, 관광자원 등 쓰이는 곳을 이루 다 열거할 수가 없다. 때로 홍수로 재난을 일으키기도 하지만, 물은 생활의 필수품이다. 중국에서는 황하(黃河)가 자주 범람하기 때문에 중국 북부지역에 큰 재앙을 가져오지만, 그래도 황하를 '어머니 젖줄'이라고 한다.

40년 전만 해도 웬만한 우리나라 시골의 시내나 강물은 그냥 먹을 수 있을 정도로 깨끗하였지만, 지금은 우리나라에서 그냥 먹을 수 있는 물이 거의 없을 정도로 오염되어 있으니, 상황이 심각(深刻)하다. 환경보호에 누구 할 것 없이 관심을 쏟아야 하겠다.

앞으로 20년 정도만 지나면 우리나라도 물 부족 국가가 될 것이기 때문에 미리 대비해야 한다고 한다. 옛날에는 10명 가족의 집에서 밥하고 세면하고 허드렛물 쓰는 데 4백 리터 정도면 충분했는데, 지금은 한 사람이 하루에 수세식변기로 흘려 내리는 물과 한 차례 샤워하는 데 드는 물만 해도 4백 리터를 넘을 정도다.

특히 농작물은 물이 없으면 절대로 생장할 수가 없다. 산꼭대기에 있는 밭에 심는 식물이라도 역시 수분을 필요로 하는 것이다. 농사의 성패는 수리시설이 좌우한다.

그래서 역대로 수리시설을 잘 하는 제왕이 훌륭한 통치자였다. 9년의 홍수를 잘 다스려 중국의 물줄기를 정비한 하(夏)나라 우(禹)임금은 지금까지도 칭송되는 것이다.

비유하자면 백성은 농작물과 같고, 정치는 수리시설을 갖추는 것과 같다고 할 수 있다. 농작물에 물길이 닿지 않으면 농작물은 말라 죽는다. 수리시설을 잘 해야만 농작물이 결실(結實)을 하여 백성들이 먹고살 수가 있다. 힘이 들어도 수리시설을 잘 갖추어야 두고두고 안정적으로 농사를 지을 수 있다.

노 대통령의 임기가 두 달 남짓 남았다. 5년 동안 백성들을 위해서 별로 한 일이 없기 때문에 퇴임식할 때 내세울 업적을 찾기가 어렵지 않을까 생각된다. 취임할 때는, 자기 이전의 통치자들은 다 기회주의자들이라고 몰아붙이며 기세등등(氣勢騰騰)했는데, 이임식장에서 어떤 태도를 취할지 궁금하다. 여당 후보마저도 노 대통령이 해 온 정책에 대해서 철저히 부정하니 말이다.

2007년 12월 17일

漑: 물 댈 개   根: 뿌리 근   食: 먹을 식   實: 열매 실

심기일전
心機一轉

마음의 틀을 한 번 바꾸다

우리나라 속담에 "대추나무에 연줄 얽힌 듯하다."라는 말이 있다. 시골에서 자라난 사람들은 다 추억이 있겠지만, 겨울이 시작되면 연 날리는 일이 시골 아이들이 겨울에 즐길 수 있는 놀이 가운데 중요한 한 가지였다. 용돈이라는 것이 아예 없던 시절에 간혹 심부름값이나 친척들이 오면 얻은 돈을 모았다가 실타래를 사고 얼레를 만들고 연을 띄우면 무슨 큰일을 성공한 것처럼 기분이 좋다. 실에다가 밥풀을 묻혀 실을 질기게 만들기도 하고, 심지어는 다른 애들과 연줄 싸움을 하기 위해서 그 긴 실에다 밥풀에 사기그릇을 부순 가루나 유리 가루를 섞어 입히기도 한다.

애지중지하던 연이 어쩌다가 바람이 약하거나 혹은 회오리바람이 불어 대밭이나 나무숲에 떨어지면 연을 다시 건질 수가 없게 된다. 그때의 실망감은 정말 표현할 수가 없다. 연이야 다시 만들면 되지만, 연실의 대부분을 잃어버렸으니, 언제 다시 가질 수 있을지를 생각하면 막막하다. 정말 아깝다. 대나무도 가지가 많아 실을 끌어내기가 어렵지만, 아카시아처럼 가시가 많은 나무에 얽히면 더욱 곤란하다. 그런데 나무 가운데서 가시가 가장 예리하고 많은 대추나무에 연실이 얽히면 얼마나 복잡하겠는가?

모르겠지만, 지금 우리나라 사람들 대부분의 머릿속이 근년의 대통령들의 통치방법 때문에 대추나무에 얽힌 연실처럼 대단히 복잡할 것이다. 어떻게 말로 표현할 수가 없을 정도로 짜증이 나고 답답할 것이다. 1993년 김영삼 정부가 들어선 이래로 개혁(改革)이라는 이름으로 '신한국 건설', '제2건국', '햇볕정책', '역사 바로 세우기' 등등 하루도 정신적으로 편안한 날이 없을 정도로 계속 우리나라의 정체성(正體性)을 부정하면서 앞사람이 한 것은 무조건 거부하고 파괴하는 정책으로 일관하였다. 마치 우리나라에는 나라가 없었던 것처럼 '신한국 건설'이니 '제2건국'이니 멋대로 구호를 붙여 왔다. '역사 바로 세우기'는 더욱 말도 안 되는 이야기다. 비정상적인 시각을 가진 몇몇 사람이 그것도 단시간에 어떻게 한 나라의 역사를 바로잡을 수 있겠는가? 다만 지금의 대통령의 눈에 들게 하는 짓만 하고 마는 것이다.

그래서 대다수 국민들은 개혁이라는 말에 정말 신물이 났을 정도가 됐다. 대다수가 침묵하고 있지만, 개혁이라는 말만 나오면 비웃음부터 먼저 보낸다.

독자들이 매일 이용하는 교통신호등은 통행 신호는 초록색이고, 정지나 경고 신호는 붉은색이다. 맨 처음 신호등을 만든 사람들이 여러 가지를 고려하여 가장 최선의 방법으로 만들었다. 붉은색은 파장이 길기 때문에 멀리서 잘 식별이 되고 또 사람의 심리가 붉은색을 대하면 흠칫하면서 조심하는 마음이 들기 때문에 붉은색을 정지나 경계를 표시하는 신호의 빛깔로 쓴 것이고, 초록색을 보면 사람이 안온한 마음이 들고 가까이 가고 싶은 마음이 들기 때문에 통행의 신호는 초록색이다. 이것을 일제 때 일본 사람들이 제정했으니까 푸른색을 정지의 신호로 하고 붉은색을 통행의 신호로 바꾸자고 한다면, 개혁이라고 할 수 있겠는가? 대통령은 자기의 목적을 관철했지만, 더 많은 교통사고를 유발하여 백성들에게는 두고두고 고통을 줄 것이다. 설령 일본 사람이 만들고 독재자가 만들었더라도 합리적이고 실용적이고 국민들에게 실질적인 도움이 된다면, 그대로 두어야 한다. 그것이 국가를 위하는 길이다.

그러나 요 근래의 우리나라 대통령은 '개혁을 위한 개혁'을 하여 백성들을 괴롭히고 국고를 낭비하였다. 그리고 백성들을 편을 갈라 이간을 시켰다.

전 세계적으로 경제상황이 좋은 근 10여 년 동안에 우리나라만 경기침체로 저성장의 늪에서 헤어나지 못하고 있다. 대통령이 늘 국내에서 문제 아닌 문제로 시비를 일으켰기 때문이다.

이제 2008년 무자년(戊子年) 새해가 밝았다. 새로 대통령이 된 사람은 백성들의 뜻을 받들어 나라를 보다 더 진취적이고 긍정적이고 적극적으로 관리해 나가야 하겠다. 우리나라의 역사를 부정하고 멸시하는 분위기를 바로잡아, 4천여 년의 찬란한 문화를 가진 자랑스러운 민족이라는 자존심을 회복해 주어야 하겠다. 온 국민이 마음을 새로 고쳐먹고 광명(光明)이 비치는 앞으로 나가도록 잘 인도하는 것이 새로 대통령이 된 사람의 가장 큰 임무일 것이다.

2008년 1월 1일

心: 마음 심   機: 틀 기   一: 한 일   轉: 구를 전

겸용병포
兼容幷包

아울러 포용한다

"참새가 작아도 오장육부(五臟六腑)는 다 있다."라는 속담이 있는데, 가족이 많은 가정이나 적은 가정이나 할 것 없이 있어야 할 살림살이는 다 갖추어야 한다. 외국에서 혼자 살면 처음에는 '밥그릇 하나, 국그릇 하나, 쟁반 하나, 수저 한 벌만 하면 된다.'라고 생각하고 시작했다가 하나하나 사다 보면 돌아갈 때쯤 되면, 결국은 다 사고 만다고 한다. 평소에 자기가 쓰던 물건이 하나도 곁에 없으니, 생활이 불편한 점이 한두 가지가 아니다.

그러나 정신적으로 엄청나게 편안하다. 신경 건드리는 일이 거의 없기 때문이다. 가끔 만나는 중국 교수들은 듣기 좋은 말만 하고, 그래도 외국이라고 유학생들은 반갑게 대한다. 제일 편한 것은 사람을 짜증 나게 하는 국내의 복잡한 정치상황의 대부분을 듣지 않아도 되기 때문이다.

대통령 선거를 전후해서 국내에 잠시 있었는데, 매일 벌어지는 정치적 공방을 보고서 우리나라가 정치적으로 얼마나 안정되지 않았는지를 알 수 있었다. 대통령 후보 상호 간에 아량(雅量)이나 겸양(謙讓)

등은 전혀 찾아볼 수 없었다. 대통령이라면 정치적 능력은 물론이고 인격적으로 국민들로부터 존경을 받아야 할 것인데, 너나없이 야박한 막가는 소리로 상대를 공격하니, 젊은 사람들이 보고 무엇을 배우겠는가? 국회는 국회대로 신체적 대결로까지 치닫는 극한상황을 보여 주고 있었다.

지난달 25일 북경(北京)으로 돌아온 이후로, 우리나라 소식을 거의 접하지 못하니, 조용한 느낌이 들었다. 그런데 27일, 중국중앙방송에서 아침 7시 뉴스부터 "대통령 당선자 이명박의 특검(特檢)을 국무회의에서 통과시켜 대통령이 재가했다." 한다는 소식을 거의 시간마다 방송했다.

'국내 정치상황이 다시 조용하지 않겠구나.' 하는 생각이 들었다. 지금 우리 국민들은 정말 정신적인 안정을 바라는 시기이다. 그러나 대통령 당선자 자신이 "특검을 수용하겠다." 했으니, 지금 대통령이 특검을 재가했다 해서 특별히 나쁘다고 말할 수는 없다. 또 청와대 대변인의, "의혹이 있는 사람의 입장에서도 의혹을 벗는 것이 좋다."라는 말은 틀린 말은 아니다.

그러나 대통령 선거에서 거의 50퍼센트에 달하는 지지로 당선된 당선자이다. 심지어 "BBK 설립했다."는 발언이 담긴 비디오까지 배포된 상황에서도 국민들의 반수에 달하는 사람들이 이명박 후보를 지지한 것은 지금 우리나라의 상황에서 설령 의혹을 받는다 해도 가장 국가에 필요한 사람이라고 판정한 것이다. 국민들은 그의 능력을 보고 혹 있을지도 모를 그의 허물에 대해서 관용(寬容)을 베푼 것이다.

현실적으로 특검을 한다고 해서 대통령에 취임하지 못하게 할 수도 없다. 또 대통령은 25일에 큰 죄를 짓고 형이 확정된 사람들을 무더기로 사면(赦免)이라는 이름으로 석방하지 않았는가? 국가의 앞날을 위해서 용기를 내어 일을 순조롭게 풀었으면 좋았을 텐데 하는 아쉬움이 남는다.

북경대학(北京大學)을 설립한 지 15년쯤 되어 학교가 점점 형편없게 되어 갔다. 그때 국가에서 채원배(蔡元培)라는 인물을 북경대학의 총장으로 임명하여 보냈다. 이분이 학교를 맡아 북경대학을 중흥시켰다. 지금 북경대학 교정에 유일하게 동상이 서 있는 전직 총장이다. 그는 청나라 과거에 합격하여 관리를 지내다가 독일, 프랑스에 두 차례 유학하여 교육학박사를 받았고, 중화민국 초기에 교육총장(교육부장관)을 지냈다.

그때 중국은 근대 교육을 갓 시작했기 때문에 체재가 잡혀 있지 않았고, 북경대학 교수들은 출신이 갖가지인 데다가 직장생활이란 것을 해 보지 않았기 때문에 생각이 각양각색이고 행동도 자기 멋대로 하였다. 그리고 주장하는 것도 너무나 엉뚱하였다. 예를 들면 "청나라 황제 제도로 돌아가야 한다."고 주장하는 고홍명(辜鴻銘), 황간(黃侃), 공산주의자로 지하운동을 벌이고 있던 이대교(李大釗), 미국에서 유학하고 돌아와 서양학문을 전파하기에 열을 올리는 호적(胡適), 독학으로 교수가 된 양수명(梁漱溟) 등등이 있었다. 심지어 서로 간에 "저런 작자는 교수라 할 수 없으니 쫓아내야 한다."고 총장에게 건의하는 사람도 있었다.

그러나 채원배는 모든 구성원들이 자기의 장점을 최대한 발휘할 수 있도록 두루 포용하여 자유로운 학문적 분위기를 이룩하였다. 만약 총장이 한쪽 편을 들어 상대편을 압박하거나 몰아내거나 했다면 북경대학의 학문 경향은 아주 편협한 쪽으로 가고 말았을 것이다. 그래서 90년이 지난 지금까지도 명총장으로 칭찬을 받고 있다.

남의 장점을 인정하고 포용하는 자세는 누구에게나 다 필요하다. 특히 지도자가 된 사람은 전체를 두루 포용해야지 한쪽 말만 들으면 안 된다. 대통령은 자기가 속한 정당의 입장에서 일을 처리해서는 안 되고 국가 전체를 보는 입장에서 일을 판단해야 한다.

2008년 1월 7일

兼: 겸할 겸　　容: 얼굴 용, 받아들일 용　　幷: 아우를 병　　包: 쌀 포

화충상제
和衷相濟

속마음을 합하여 서로 일을 이루어 나간다

요즈음은 개인의 인권을 중시하다 보니 너 나 할 것 없이 나름대로 대접을 받고 살아가는 편이다. 그렇기 때문에 조그만 손해나 수치스러운 일도 참거나 양보하지 못하고 분쟁을 일으켜 이겨야만 직성이 풀린다.

학생들 대부분은 집에서 한두 명밖에 없는 귀한 자녀이기 때문에 그들이 집에서 요구하는 것은 부모들이 다 들어준다. 그래서 학교에 와서도 이 버릇을 그대로 유지하려 하기 때문에 통제가 되지 않는다. 교사가 조금만 야단을 쳐도 울거나 집으로 전화를 해서 부모에게 억울한 일을 당했다고 하소연을 한다. 그러면 일부 지각없는 부모들은 자기 자녀들을 나무라지 않고 당장 학교로 찾아와서 학생들이 보는 앞에서 교사에게 행패를 부린다.

이런 학생들이 자라서 사회로 나가 구성원이 되면, 그 사회는 질서가 있을 수가 없다. 자기의 인격은 보호받아야 한다고 생각하면서 남의 인격은 보호해 줄 생각을 하지 않는다면, 어떻게 건전한 사회가 될 수 있겠는가?

어린 학생들만 남을 배려하는 생각이 없는 것이 아니라, 사회의 지도층에 있는 사람들도 처신을 올바르게 하지 않는 경우가 많다. 비근한 예로 현직 고등학교 교사로서 대학원에 입학하여 공부를 하면서 발표를 하는데, 지도교수가 몇 마디 지적을 하자 울고 나가서는 그길로 대학원을 그만두고 학교에 발을 끊는 사람도 있었다. 또 다른 현직 교사는 대학원에 들어와서 1년 남짓 다니다가 어느 날부터 보이지 않기에 다른 학생들에게 상황을 물어보았더니, 그만두었다고 했다. 그 뒤 어떤 장소에서 마주쳤는데, 대학원을 그만둔 일에 대해서는 일언반구도 말하지 않았다.

국회의원들이 싸우고 시민단체가 자기들의 이익만 주장하는 이기적인 단체로 변해 가는 것이 다 자기주장만 하고 자기 이익만 챙기려 하고 남의 말은 듣지 않고 남의 입장은 생각하지 않기 때문이다.

예의(禮儀)라는 것은 번거롭고 까다로운 것이 아니다. 후대에 와서 예의가 귀찮은 것으로 되어 버렸지만, 그 근본정신은 사람이 사람답게 살기 위해서 서로가 지켜야 할 규정인 것이다. 마치 교통법규와 같다. 사람마다 자기 멋대로 차를 몰면서 빨리 가야 한다고 교통신호를 지키지 않는다면, 빨리 가지도 못할 뿐만 아니라, 남의 생명을 상하게 만들고 자기 생명까지도 위협받게 된다. 아무리 바빠도 교통법규를 준수하는 것이 자기를 위하는 길이고, 가장 빨리 갈 수 있는 길이다.

이른바 민주화정권이 들어선 이래로 15년 동안 개인의 인권이 많이 신장된 것은 사실이다. 그러나 많은 시행착오를 거치면서 정신적, 물질적 손실도 아주 컸다. 이제 독재라든지 압박 같은 것은 거의 없어지게 되었다. 자기주장을 하던 시대에서 어느 정도 개인의 인격이 보장되고 있으니, 서로 아량을 베풀면서 양보하여 인정미가 넘치는 세상을 만들어 나가야 하겠다.

어떻게 하는 것이 진정으로 국가를 위하는 길인가, 무엇이 진정으로 인류를 위하는 길인가, 등등을 생각하면서 서로 진실로 마음을 합쳐서 일이 잘되어 나가도록 해야겠다.

투쟁이 아니라 화합(和合)만이 진정으로 자기를 위하고 남을 위하는 길이다.

사람은 혼자의 힘으로는 살 수가 없게 되어 있다. 하늘에 맞추고 땅에 맞추고 다른 사람과 어울리고 자기 자신의 마음과도 맞추어야 한다. 봄이면 봄에 맞게 살아야 하고 낮이면 낮에 맞게 사는 것이 하늘에 맞추는 것이다. 더운 지방에서는 더운 지방에 맞게, 산촌에서는 산촌에 맞게 사는 것이 땅에 맞추는 것이다. 군인이면 군인답게, 기술자면 기술자답게 사는 것이 다른 사람에 맞추는 길이다. 활동적인 것을 좋아하면 활동적으로 살고, 조용한 것을 좋아하면 조용하게 사는 것이 자기에게 맞추는 것이다.

아무리 튼튼한 아래 어금니가 있어도 받쳐 주는 위 어금니가 없으면 아무 소용이 없다. 사람은 다른 사람과 더불어 살게 되어 있다. 가식적인 화합이 아닌 속마음으로 화합할 때 우리 사회나 나라가 발전할 수 있을 것이다.

2008년 1월 14일

和: 화합할 화   衷: 속 충   相: 서로 상   濟: 건널 제, 이룰 제

거인자희
拒人自喜

다른 사람의 말을 거절하며 스스로 기뻐한다

"이 세상에는 짝이 없는 것이 없다."라는 속담이 있는데, 우리나라의 대통령이 남의 말을 듣지 않고 자기 멋대로 하여 계속 문제를 일으키더니, 대만(臺灣) 총통 천수이벤(陳水扁)이 국민들의 정서와 어긋나는 일만 계속하여 대만 국민들이 지긋지긋하게 생각하여 물러날 날짜만을 손꼽아 기다리고 있다.

그는 대다수 국민들의 정서와는 관계없이 대만의 독립을 주장하며 중국과의 관계를 끊기 위하여 중국에 관계되는 것은 다 없애는 운동을 하고 있다. 그 일환으로 장개석(蔣介石), 장경국(蔣經國) 등 국민당 출신의 전임 총통의 자취를 없애는 일에 열중하고 있다. 그러다 보니 대만에서는 요즈음 연일 시위가 없는 날이 없을 지경이다.

사회가 혼란하다 보니, 나라 경제가 잘될 턱이 없다. 2007년 1년 동안에 도산한 대만 기업체가 4만여 개에 이르고, 인구 2천만 명 남짓한데, 실업자가 백만을 넘어섰다. 외국 기업의 투자는 완전히 끊어졌고 외국 관광객들이 발길을 돌린 지 오래되었다.

경제에 전념해도 나라 경제가 회생하기가 쉽지 않은데, 연일 엉뚱한 일로 국민들의 정신을 교란시키고 있으니, 국민들의 한숨 소리가 날로 높아 가고 있다. 중국과 관계를 끊는 것은 대만 국민들 대부분이 싫어하고 장개석 등 장씨 일가의 자취를 지우는 일도 국민들의 65퍼센트가 반대하는 일이다. 그런데도 천수이볜은 궤변을 늘어놓으며 강행하고 있다.

지도자의 기분 풀이로 피해를 당하는 것은 국민이다. 실업자가 된 가장들은 가정의 생활비와 자녀들의 학비를 대지 못하니, 가정불화가 생기고, 심한 경우에는 자살을 시도하는 사람도 적지 않다고 한다.

천수이볜은 변호사 출신이고, 말재주가 있고, 큰소리치기를 좋아한다. 국민들의 지지율은 10퍼센트 정도이다. 지금 야당인 국민당 소속의 대만 시장 출신이 차기 총통으로 당선될 가능성이 가장 높은데, 천수이볜에 의하여 뇌물죄로 기소를 당하였으나 1심에서 무죄를 선고 받은 상태에 있다. 테러의 위협에 시달리고 있다.

우리나라가 1997년 IMF 금융사태를 당하여 위기에 처했을 때도 대만 경제는 튼튼했는데, 지도자 한 사람이 국가를 잘못 이끄는 바람에 지금 희망이 없는 나라가 되어 버리고 말았다.

독학(獨學)을 하거나 자수성가(自手成家)한 사람들은 남의 말을 잘 듣지 않는다. 남의 말을 듣는 것을 항복하거나 굴욕을 당하는 것으로 착각하는 경우가 많다.

여러 사람의 지혜가 모이면 가장 올바른 답을 찾을 수 있다. 바다가 큰 것은 여러 갈래의 물을 다 받아들이기 때문이다. 자기가 최고라고 생각하여 남의 말을 받아들이지 않으면 언젠가는 위험한 판단으로 실패하고 만다. 국가 지도자가 잘못 판단하면 그 피해는 전 국민에게 돌아간다.

우리 국민들은 지금 우리나라 대통령에게서 이런 사실을 이미 경험하였다. 앞으로 새로 취임할 대통령도 재벌총수의 전적인 신임을 받아 전권을 휘둘렀기 때문에 다른 사람의 의견을 잘 듣는 훈련이 되어 있을지 확신하기 쉽지 않다.

2008년 1월 21일

拒: 막을 거　　人: 사람 인　　自: 스스로 자　　喜: 기쁠 희

과포상인
過飽傷人

지나치게 배불리 먹는 것은 사람을 상한다

필자 나이 또래의 사람들이 어린 시절을 보냈던 1950년대 말, 60년대 초에는 배만 곯지 않아도 잘사는 수준이라고 간주되었다. 부잣집에서도 고기를 맘대로 사 먹지 못했다. 제사나 잔치가 있을 적에라야 겨우 고기 맛을 볼 수 있었다.

전해 오는 이야기 가운데 이런 것이 있다. 옛날에는 이고 지고 다니면서 고기 등 그 동네서 나지 않는 물건을 파는 장사꾼들이 많았다. 동네 어떤 큰 부잣집에서 몇 년이 지나도 고기 한번 사 먹는 법이 없자, 어떤 생선 장수가 아주 살찐 갈치 몇 마리를 말아서 밖에서 그 집 안마당으로 던져 넣었다고 한다. 주인 노인이 마당에서 툭 하고 물건 떨어지는 소리를 듣고서 나와 보니, 너무나도 군침이 도는 살찐 갈치였다. 한참을 들여다보고 이리저리 생각하다가 주인 노인이 그 갈치를 도로 밖으로 던져 내버렸다. 왜냐하면 그 주인 노인은 '그 갈치로 맛있는 국을 끓이면 집안 식구들이 입맛이 당겨서 밥을 많이 먹을 것이니, 그러면 양식이 많이 축날 것이다.'라고 생각했기 때문이었다.

"미국 사람들은 고기를 먹다가 남긴다고 하는데, 설마 그럴 리가 있겠는가?", "고기 한번 실컷 먹어 봤으면. 늘 나물 반찬뿐이니." 하고 투정을 하면서 살아왔다.

우리나라는 다행히 경제발전에 크게 성공을 하여, 오늘날은 고기를 마음대로 먹을 수 있는 시대가 되었다. 그렇게 넉넉하지 못한 사람이라도 고기 먹는 데 구애받지 않을 뿐만 아니라, 우유, 햄, 소시지, 통조림 등 영양가 많고 맛있는 음식을 거의 마음대로 먹을 수 있게 되었다.

고기 등 먹고 싶은 것을 마음대로 먹으니, 소원성취가 되었고, 더 행복감을 느껴야 하는데, 그렇지가 못하다. 걱정이 더 많이 생겼다. 맛있는 것이 너무 많아 잘 먹게 되니, 살이 찌고 지방성분이 증가하여 각종 질병이 발생하게 되었다. 이제는 맛있는 음식을 앞에 두고 먹지 않으려고 무한한 인내심을 발휘해야 할 실정이다. 만약 마음대로 먹었다가는 당장 고혈압, 당뇨병, 심장병 등이 나타난다. 음식이 귀하여 맛있게 먹던 시대에서 많은 음식을 보고도 먹지 못하는 시대가 되었으니, 즐거울 것이 있겠는가?

이런 시대에는 철저한 자기 관리(管理)가 필요하다. 규칙적으로 적당한 양을 먹어야지, 수시로 먹고 싶다고 마구 먹으면 언젠가는 몸에 탈이 나게 되어 있다.

"중국 사람들은 차(茶)를 많이 마시기 때문에 살이 안 찌는 모양이다.", "중국의 볶는 요리가 살을 안 찌게 하는가 보다." 등등의 이야기를 해 왔는데, 이런 말도 옛날 말이 됐다. 중국에서도 요즈음은 길에 살찐 사람이 많이 보인다. 심지어 소림사(少林寺)에서 무술 연마하는 젊은 승려들 가운데도 살이 쪄서 측은해 보이는 사람도 있다. 중국도 생활수준이 높아져 먹는 문제가 해결되니까 비만한 사람이 많이 나타난다. 결국 영양가 높은 음식을 많이 먹으면 차를 아무리 마셔도 살찌는 수밖에 없다.

요즈음 젊은 사람들은 주식인 세끼 밥은 옳게 먹지 않고, 잘 때까지 계속 음식이나 음료수를 입에 달고 산다. 그러니 위장 등 오장육부(五臟六腑)가 잠시도 쉴 틈이 없다. 젊을 때는 모르겠지만, 나이가 들면 각종 생활습관병이 발생하지 않을 수가 없을 것이다.

영양은 우리 몸에 꼭 필요한 것이지만, 지나치게 많이 섭취하면 남아서 각종 질병을 유발하기 때문에 잘 조절할 필요가 있다. 젊을 때 건강하다고 언제나 건강한 것이 아니니, 건강할 때 건강을 지키도록 해야겠다.

2008년 1월 28일

過: 지날 과, 지나칠 과   飽: 배부를 포   傷: 상할 상   人: 사람 인

향우비읍
向隅悲泣

모퉁이를 향해서 슬피 운다

『한시외전(韓詩外傳)』이라는 중국의 고전에 이런 말이 있다. "여러 사람들이 어울려 즐겁게 놀아도 그 가운데 한 사람만 돌아앉아 모퉁이를 향해서 슬피 울고 있으면 그 자리가 즐겁지 않다."

독자 여러분들은 대부분 다 경험해 보았을 것이다. 자기가 사는 형편은 어느 정도 부러울 것 없이 괜찮아도, 가까운 친척 가운데 불행한 일을 겪거나 어려움에 처해 있는 사람이 있으면 늘 마음이 편치 않다. 그래서 "사돈 팔촌까지 다 아무 일이 없어야 마음이 편하다."라는 우리나라 속담이 있다. 정말 형편은 안 되지만 도와주어야 되겠다 싶은 사람은 무척 많다.

어느 경제전문가가 "개인마다 쓰고 싶은 만큼 쓸 수 있는 돈 액수가 얼마나 되겠는가?"라고 물었는데, 대답하는 사람들이 5억, 10억, 100억 원 등등으로 대답하니, 그 전문가는 3조 원이라고 말했다. 왜냐하면 못사는 처삼촌 집도 한 채 사 주고 싶고, 실직한 중학교 동창생 아들 공납금도 내 주고 싶고, 부도나서 도망 다니는 친구 빚도 갚아 주고 싶고, 병원비가 없어 입원 못 하는 고향 동네 아주머니 입원도 시켜 주고 싶고 등등 평소에 '나에게 돈이 있어 내가 도와주었으면 좋을 텐데.'라고 생각한 일을 다 하려면 그만한 돈이 든다는 것이다.

그러니 모든 사람들을 즐겁게 만족하게 하기는 정말 쉽지 않다. 조그마한 단체 하나도 이끌어 나가려면 여러 사람들의 말이 많은데, 국가 전체를 이끌어 가는 대통령은 얼마나 힘들겠는가?

이제 얼마 지나면 대통령이 바뀐다. 그러면 대통령이 바뀜에 따라 새로운 자리를 얻어 즐거워할 사람도 많이 나오겠지만, 반면에 좋은 자리를 잃고 떠나가는 사람도 많이 생길 것이다. 개중에는 자기 재임 중에 한 일 때문에 조사를 받지 않을까, 처벌을 당하지 않을까 하여 불안한 사람도 많을 것이다. 그 가족이나 친지들도 물론 불안할 것이다.

새로 취임하는 대통령은 누가 뭐라고 해도 우리나라에서 제일 강자(强者)다. 강자는 후덕(厚德)하고 관대(寬大)해야 한다. 권력을 손에 쥔 강자가 편협한 생각을 갖고서 지난날 자기의 감정을 건드린 사람, 자기를 괴롭힌 사람, 자기를 모독한 사람에게 다 앙갚음하려고 하면 다시 나라가 분열되고 혼란하게 된다.

후덕하고 관대하게 모든 사람들을 따뜻하게 껴안아야 한다. 남몰래 눈물 흘리는 사람이 없도록 해야 한다. 다른 정당 사람, 다른 지역 사람이기에 앞서 모두가 자기가 다스리는 나라의 국민이다. 당이 다르다고 지역이 다르다고 차별하거나 적대시한다면, 대통령이 될 자격이 없다.

노무현 대통령의 5년 동안 시정 방침을 5만여 자의 한자 가운데서 한 글자로 나타낸다면, '나눌 분(分)' 자라고 할 수 있겠다. 모든 것을 나누려고 했다. 나를 지지한 사람과 지지하지 않은 사람, 진보와 보수, 좌파와 우파, 부자와 가난한 사람. 나누는 것은 끝이 없다. 나누는 것은 반감(反感)을 불러일으킨다. 5년 동안 나누다 보니, 정작 필요한 일보다는 쓸데없는 일에 대부분의 정력을 쏟고 말았다. 국민들도 거기에 휘둘려 별일 아닌 것 가지고 서로 적대감정을 갖게 되었다.

조선시대 선비들이 지성으로 떠받들었던 명(明)나라가 결국 '나눌 분(分)'자 때문에 망했다. 이민족인 몽고족(蒙古族)을 북쪽으로 몰아내고 명나라를 세운 뒤에는 이민족을 오랑캐라 하여 철저하게 분리하여 무시하였다. 그러니 이민족들의 반감이 심하지 않을 수 없었다. 결국 만주족(滿洲族)이 몽고족(蒙古族)의 힘을 빌려 명나라를 멸망시키고 청나라를 세웠다. 그리고 나라 안은 당쟁으로 조용할 날이 없었다.

새로 취임하는 대통령이 해야 할 급선무(急先務)는 국민들의 정신적인 안정(安定)과 화합(和合)이다. 안정과 화합이 되어야 우리나라가 다시 한번 비약적인 발전을 할 수 있다.

민주화정권 이후 개혁이라는 구호 아래 올바른 역사적 평가도 없이 매일 부수고 바꾸고 하여 국민들은 정신적으로 지쳐 있다. 국민들이 이명박 당선자를 선출한 것은 안정과 화합을 바라기 때문일 것이다.

2008년 2월 4일

向: 향할 향   隅: 모퉁이 우   悲: 슬플 비   泣: 울 읍

천인합일
天人合一

하늘과 사람은 하나로 합쳐져 있다

사람들이 자라는 나무나 풀을 보면서 '저 나무나 풀은 땅이 없으면 뿌리를 내리지 못할 것이고, 하늘에서 햇빛이나 비를 내리지 않으면 자라지 못할 것이다.'라고 생각한다.

동양의 전통사상(傳統思想)에서 하늘[天]과 땅[地]과 사람[人]을 합쳐서 '삼재(三才: 세 가지 근본 재료)'라고 이야기해 왔는데, 오늘날 사람들은 별로 실감 나게 생각하지 않는다. 더구나 과학이 발달한 오늘날에는 인공위성을 타고 우주공간으로 올라가는 정도이니, 전통적으로 우리 조상들이 생각하는 하늘은 존재하지도 않는다. 옛날 사람들이 생각하는 '하늘'은 오늘날의 말로 하면 '우주(宇宙)'나 '자연(自然)'으로 대체할 수 있을 것이다.

서양 사람들은 자연과 인간을 대립적으로 생각하여 자연을 이용하고 정복하고 나아가 자연을 파괴하게 되었다. 그러다 보니 산업화가 먼저 되어 소득이 높아지고 잘살게 되었다. 잘살지 못하는 나라에서는 선진국(先進國)이라고 부러워하게 되었다.

동양에서는 자연과 사람이 하나라고 생각하여 자연을 숭배하고 존경하고 사랑하였다. 우리 조상들은 흙 한 삽도 마음대로 파지 않았고, 나무 하나도 함부로 베지 않았다. 어떻게 보면 미신적인 것 같지만, 반드시 먼저 일을 할 날을 골라 받고, 마음과 몸을 재계(齋戒)하여 고유제(告由祭)를 올린 뒤에 일을 시작하였다. 집 지을 터를 닦는다든지, 산소 일을 한다든지, 심지어 무너진 담을 고칠 때도 그냥 함부로 손을 대지 않았다. 그만큼 자연을 존중하고 사랑하였다.

그러다 보니 산업화는 좀 늦어 잘살지 못하게 되었고, 잘사는 서양을 부러워하게 되어 근대화(近代化), 선진화(先進化)라는 이름으로 서양을 따라잡으려고 무척 노력하였다.

그 결과 소득이 높아져 어느 정도 풍족하게 살게는 되었지만, 잘 보존되어 오던 자연이 파괴되어 심각한 환경문제를 야기하게 되었다. 환경파괴로 자연계의 질서가 무너져 그 재앙이 사람에게 닥쳐오게 된 오늘날에 와서는 자연을 정복한 서양의 사상보다는 자연을 숭배한 동양의 사상이 더 차원이 높고 멀리 내다본 사상이라는 것을 알게 되었다. 지금 서양에서는 동양의 사상을 배우기에 한창이다. 미국이나 유럽의 여러 대학에서 동양사상 관계의 강의가 서양 학생들에게 매우 인기를 끌고 있다고 한다.

중국은 1998년 양자강(揚子江) 대홍수로 역사상 유례없는 대재앙을 겪었다. 인구 7백만이 넘는 대도시인 무한시(武漢市)가 양자강이 범람하여 물바다가 되고, 어떤 지역은 양자강 둑이 터져 수백 리의 농토가 휩쓸려 나가기도 했다. 그때 이재민이 4천만이라 했다.

금년 2008년도 들어서자 중국에서는 아침저녁으로 방송이나 신문 등에서 올림픽에 관한 이야기로 가득 채워 올림픽 열기로 들떠 있었다.

그러다가 1월 10일경부터 주로 중국 중남부 지역에 눈이 내려 근한 달간 계속되었다. 보통 양자강 이남은 눈이 내리지 않고 얼음도 잘 얼지 않는데, 계속 영하의 상태에서 눈이 내렸다. 처음에는 별것 아닌 줄 알았는데, 습기가 많은 지역에서 영하 2도 내지 5도 정도에서 계속 눈이 내리니, 눈이 계속 얼음으로 변하여 고속도로와 국도가 다 막혔고, 전기로 다니는 기차도 다니지 못하고, 비행기도 뜨지 못했다. 많은 습기가 고드름으로 변하여 나중에는 고드름이 서까래만 하게 되어, 그 무게에 전선이 다 끊어지고 고압철탑이 부러져 내려 곳곳에 정전이 되었다. 정전이 되니 수돗물도 공급되지 못했다. 현대생활에서 전기와 수돗물이 공급되지 않으면 모든 생활이 완전히 마비가 되어 버린다. 석탄을 운송하지 못하여 화력발전소도 가동을 중단할 위기에 처하였다.

게다가 설이 되어 귀향하려고 나섰던 사람들이 길에서 오도 가도 못하게 되었는데, 광주역(廣州驛)에는 40만 명이 보름 가까이 정체되어 있었으니, 그들을 먹이고 재우고 하려니 완전히 난리 상태였다. 이재민이 1억 명이고, 재산 손실이 6조 원 이상이라고 한다. 중국 중앙방송에서는 매일 재난 실황 중계방송을 할 정도였다.

유사 이래 가장 큰 홍수가 나고 눈이 거의 안 내리던 지역에 한 달 이상 눈이 내리는 이런 기상이변(氣象異變)이 왜 오는 것일까? 양자강 중상류인 삼협(三峽)에 압록강의 수풍 발전소의 40배 되는 삼협댐을 막아서 그렇다고 주장하는 전문가도 있고, 중국 동남부에 밀집되어 있는 공장에서 오염된 열기를 하늘로 보내어 북쪽에서 불어온 찬 기류와 만나 눈이 많이 오는 것이라고 주장하는 전문가도 있다.

아무튼 자연을 파괴한 대가가 얼마나 가혹한가를 절감하게 해 준 일이었다. 앞으로도 이런 기상이변이 일어나지 말라는 법이 없으니, 환경 개선에 주의하고 자연을 원래 상태로 돌려놓지 않으면 자연이 인간에게 어떤 재해를 가져다줄지 아무도 모른다.

"사람은 자연과 하나"라는 동양의 사상이 얼마나 선견지명(先見之明)이 있는 차원 높은 사상인지를 알겠다. 중국의 자연재해를 보고, 우리나라에서도 미리미리 대비해야 하겠다.

2008년 2월 11일

天: 하늘 천   人: 사람 인   合: 합할 합   一: 한 일

견풍전타
見風轉舵

바람을 보고 배의 키를 돌려야 한다

중국에 있는 어떤 기업체의 사장이 중요한 일을 맡길 사람이 한 명 필요해서 모집 광고를 냈더니, 세 명이 응모하였다.

한 사람은 누구나 알아주는 일류대학을 우수한 성적으로 졸업하고 강한 자존심을 갖고 있는 사람이었다.

두 번째 사람은 괜찮은 대학을 졸업하고 여러 기업체에서 근무하면서 많은 경험을 쌓은 사람으로 현장업무능력을 자부하는 사람이었다.

세 번째 사람은 보통 정도의 대학을 졸업하였고, 별로 자랑할 거리도 없는 평범한 대학생이었다. 그렇게 넉넉하지 않은 가정의 많은 가족 속에서 할아버지 할머니의 잔소리를 끊임없이 들어서 사람 사는 도리를 어느 정도 아는 성실한 청년이었다.

면접시험을 사장이 직접 보는데, 먼저 사장실에 있던 소파나 의자를 다 치워 버리고, 의자 몇 개를 사장실에 들어오는 복도 옆에 놓아두었다. 주의력이 있는 사람이라면 볼 수 있도록.

먼저 첫 번째 일류대학 졸업생이 들어왔다. 사장이 "앉으시지요."라고 권했다. 그러나 주위를 돌아보니 의자가 없었다. 그런데도 사장은 두 번 세 번 "앉으시지요."라고 하기에, 그는 속으로 화가 났다. '사람대접을 뭐 이런 식으로 하는 데가 있느냐?'고. 사장이 또 앉으라고 하기에 "앉을 의자가 없는데, 어떻게 앉습니까?"라고 반문하였다. 사장은 미안한 듯이, "아! 의자가 없었군요."라고 말하고는, 몇 가지 물어보고 면접시험을 끝냈다.

다음에 경험 많은 사람이 들어왔다. 사장은 똑같이 "앉으시지요."라고 권했다. 그러자 그 사람은 "괜찮습니다."라고 세련된 말투로 대답했다. 계속해서 앉으라고 권하자, "저는 평소에 서 있는 것이 습관이 되어 다리가 튼튼합니다."라며 사장의 비위를 맞추기에 급급하였다. 사장이 "아 참! 의자가 없었군요."라고 말하고는, 몇 가지를 물어보고는 가 보라고 했다.

마지막으로 평범한 대학 졸업생이 들어왔다. 사장이 여전히 "앉으시지요."라고 권했다. 이 사람이 주위를 둘러보니 의자가 없었다. 그러자 "잠깐 나가서 의자를 갖고 와도 되겠습니까?"라고 물었다. 사장이 허락하자, 밖에 나가서 아까 들어올 때 보아 두었던 의자를 들고 와 앉아서 사장과 여러 가지 이야기를 나누었다.

당연히 세 번째 사람이 채용되었다. 첫 번째 사람은 일류대학 우등 졸업생이라는 자존심이 강했으므로 자기 실력에 대한 대접만 받을 생각으로 가득 차 있었다. 두 번째 사람은 연마한 현장경험이 진정한 경험이 아니고 윗사람 비위 맞추는 능력만 키운 것이다. 세 번째 평범한 대학 졸업생은 대가족 제도에서 많은 가족들과 생활하다 보니, 특별한 대우를 받을 수도 없었고 물질적으로 풍족하지도 못했을 것이기에, 현실대응 능력, 즉 융통성(融通性)이 뛰어났던 것이다.

유능한 선장은 배를 운행하는 원리에만 능한 것이 아니라, 돌변하는 위기상황에 잘 대처하여 언제나 배를 안전하게 운행하는 것이다. 잔잔한 바다에서는 누구나 배를 잘 운행할 수 있는 것이고, 사고도 나지 않는다.

2월 25일이면 대통령이 새로 취임하는데, 대통령 노릇을 잘하기는 정말 쉽지 않다. 5천만 국민마다 자기의 욕구가 있고 불만이 있기 때문이다. 다 들어주다가는 국가대사(國家大事)를 이끌어 나갈 수 없다. 가장 합리적이고 적절한 방법으로 국가를 부강하게 하고 국민을 편안하게 해 주어야 하는 것이 대통령의 가장 큰 임무일 것이다.

예상하지 못한 난관에 봉착했을 때 그 해결 방법은 어떤 책에도 쓰여 있지 않고, 어떤 사람도 말해 주지 않는다. 자신의 사고와 경험과 여러 사람들의 의견을 듣고 대통령 자신이 종합적인 판단(判斷)을 해야 한다. 대통령은 판단을 잘해야 한다. 그렇기 때문에 대통령 노릇 하기 어려운 것이다.

미국의 레이건 대통령이 처음 취임했을 적에 미국 국민들은 별로 기대하지 않았다. 배우 출신이라서 사람들이 대통령 노릇을 잘할 것인지 걱정을 했는데, 결과는 미국의 역대 대통령 가운데서 치적이 가장 뛰어난 몇 명의 대통령에 뽑힌다. 왜냐하면 그는 융통성 있게 판단을 잘했기 때문이었다.

예를 들면, 그 당시 아프리카, 아랍 등지의 여러 나라들이 소련의 공작으로 미국과 사이가 멀어지고 소련과 관계가 가까워졌다. 미국의 외교전문가, 국방전문가들은 걱정이 태산이었다. 여러 차례 조처를 취하라고 레이건 대통령에게 건의하였다. 그러나 레이건은 "그냥 두면 된다."라고 대답했다. 왜냐하면 레이건은 "그런 나라들은 다 극도로 빈곤한 나라여서 소련이 그런 나라와 가까워지면 결국 소련에서 원조를 해 주어야 하기 때문에 소련 경제가 지탱하지 못할 것"이라고 예측하였기 때문이다. 과연 레이건의 예측대로 소련은 그런 나라 원조하다가 경제가 지탱하지 못하여 분해되었고, 미국과의 힘의 균형도 유지할 수 없게 되었다.

옛날 어른들은, "사람은 영대(靈臺)가 뚫려야 한다."라는 말을 자주 했는데, 영대란 곧 '마음'이다. "마음으로 원리를 통해야 무슨 일이든지 잘 처리해 나갈 수 있다."라는 뜻이다.

"국민들이 애를 먹여서 대통령 노릇 못하겠다.", "우리나라는 강대국에 둘러싸여서 여러 가지로 불리하다.", "부존자원이 너무 없다." 등등의 핑계를 대는 사람은 이미 대통령 노릇 할 자격이 없는 것이다. 현재의 상황에서 국가를 가장 잘 이끌어 나가는 것이 중요하다. 견풍사타(見風使舵: 바람을 보고 키를 부린다)라는 말도 같은 뜻이다.

2008년 2월 18일

見: 볼 견　　　風: 바람 풍　　　轉: 구를 전　　　舵=柁: 키 타

점철성금
點鐵成金

쇠를 만져 금으로 만들다

옛날 어떤 신선이 쇠나 돌을 만지면 금으로 만들어 냈다는 전설이 있다. 오늘날에 있어서는 기업가가 바로 쇠나 돌을 금으로 만드는 비결을 가진 사람이라 할 수 있다. 값싼 원자재를 수입해 와서 부가가치가 높은 제품으로 만들어 세계 각국에 수출하여 국가의 부(富)를 창조하니까.

필자가 14년 전 북경(北京)에서 살 적에는 현대자동차(現代自動車)에서 만든 소나타 승용차를 길에서 일주일에 한두 번 정도 볼 수 있었다. 그때는 한국 사람이면 너 나 할 것 없이 "야! 소나타다!"라고 소리쳤다. 우리나라에서 생산한 자동차가 광활한 중국의 도로에서 달리는 것을 보노라면 저절로 상당한 감동이 왔던 것이다.

지금은 북경 교외에 현대에서 세운 자동차 공장이 있어 이미 백만 대 이상을 생산하였고, 북경 시내의 택시의 거의 반쯤은 소나타나 엘란트라 승용차다. 현대의 기업 규모가 성장한 것이기도 하겠지만, 우리나라 국력이 신장했다는 살아 있는 증거다.

천안문 앞을 통과하는 장안가(長安街)를 따라 서쪽으로 쭉 가다가 보니, 길 남쪽에 초대형 휴대폰 매장이 있었다. 우리나라 휴대폰의 광고가 붙어 있기에 일부러 들어가 봤다. 아마 세계 각국의 휴대폰은 다 전시되어 있는 것 같았다. 삼성과 엘지의 제품이 맨 앞쪽 중앙에 진열되어 있었다. 기분이 매우 좋았다.

그 외에도 여기저기 전자제품 파는 매장을 지나다 보면 우리나라 전자제품이 맨 앞에 진열되어 있다.

장안가에서 동쪽으로 가면 포스코, SK 등 우리나라 기업의 광고가 거리에 크게 붙어 있고, 중국 텔레비전에 광고하는 우리나라 기업도 많다. 심지어 중국 시내버스 차체에도 우리나라 기업의 광고가 많이 붙어 있다.

그리고 웬만한 백화점이나 슈퍼 등에 가면 우리나라의 제품들이 진열되어 있다. 관광지에 가면 한글로 안내판이 붙어 있다.

부존자원이 거의 없는 우리나라가 이 정도로 성장한 것은 우리 국민들의 피와 땀과 눈물의 대가이다.

삼성의 이병철(李秉喆) 회장이나 효성(曉星)의 조홍제(趙洪濟) 회장 등은 본래 부잣집 아들로 태어나 대학도 다녔지만, 현대의 정주영(鄭周永) 회장은 가난한 농민의 아들로 태어나 보통학교 교육밖에 받지 못했다. 더구나 경영학 공부란 것은 해 본 적은 물론 없고, 아마 젊은 시절에는 들어 본 적도 없었을 것이다. 그런 그가 세계적인 대기업을 이룰 수 있었던 원동력은 오로지 본인의 근면과 성실, 담력과 판단력이었을 것이다. 가히 기업경영 분야의 달인(達人)이라 할 수 있다.

우리나라에서 1년 동안에 생산되는 농산물, 수산물, 임산물, 광산물 등을 모두 다 팔아도 1년 동안 수입하는 원유 값의 반에도 미치지 못한다고 한다. 우리나라는 오로지 수출에 의지해서 먹고살 수 있는 나라다. 수출을 하지 못하면 국가 기능이 바로 마비가 되고 만다. 수출을 하려면 생산하는 기업체가 잘 돌아가야 한다. 생산 기업체가 우리 국민들을 다 먹여 살린다 해도 과언이 아니다.

그런데도 그동안 정치권에서는 기업을 괴롭혀 왔고, 지식인들은 기업이 노동자들을 혹사하고 착취한다고 비판만 해 왔다. 노동자를 혹사하고 착취하는 기업이 없지 않겠지만, 기업을 해 무조건 비판하여 반기업적인 정서를 심어서는 안 된다.

특히 현대의 경우 아버지인 정주영 회장은 올림픽을 유치하는 데, 아들 정몽준 의원은 월드컵을 유치하는 데, 아들 정몽구 회장은 여수 엑스포를 유치하는 데, 각자 결정적 공헌을 하였다.

중국에 사는 우리 동포 지식인들이 모여서 하는 이야기를 들으니, "서울 올림픽 이전에는 조선만 있는 줄 알았지, 한국이 있는 줄은 몰랐다."고 했다. 올림픽이나 월드컵이 우리나라를 세계에 알리고 우리 경제를 살리는 데 얼마나 큰 역할을 했는지는 국민들이 모두 잘 알고 있다.

그러나 그것을 민간인 차원에서 많은 경비를 들여 가며 유치한 분들의 노고를 잊어서는 안 된다. 우물물을 마시면서 우물 판 사람의 수고를 생각할 줄 알아야 한다.

대기업을 재벌이니 족벌이니 하여 색안경을 끼고 볼 것이 아니다. 꼭 현대만 아니라, 기업의 국가적, 사회적 공헌을 긍정적으로 인정해야 한다.

2008년 2월 25일

點: 점 점, 손댈 점   鐵: 쇠 철   成: 이룰 성   金: 쇠 금, 금 금

물극필반
物極必返

사물이 극도에 이르면 반드시 돌아온다

미국 컬럼비아대학에서 철학박사를 받고 북경대학 교수로 재직하면서 1919년 5·4운동을 주도하여 중국현대사에 많은 영향을 끼친 호적(胡適) 박사가 이런 말을 남겼다. "역사란 감독이 만들어 내는 여배우와 같다." 한 사람의 여배우가 감독의 지시에 따라 선량한 여인, 혹은 표독한 여인 등 다양한 모습으로 연기를 한다.

역사는 객관적이고 엄정(嚴正)한 것으로 여겨지지만, 사실은 서술하는 사람의 시각이나 입장, 목적에 따라서 아주 달라진다. 인류역사상 가장 위대한 인물로 존경의 대상이 되어 오던 공자(孔子)도 모택동(毛澤東)에 의해서 "중국의 역사 발전을 막은 원흉(元兇)"으로 낙인이 찍혀 문화대혁명 기간 동안 맨 먼저 타도해야 할 대상이 되어 온갖 박해를 받았다.

그러다가 개혁개방 이후 다시 존경의 대상이 되고 있다. 지금 중국에서는 공자를 배우려는 분위기가 고조되고 있고, 그의 언행록(言行錄)이라 할 수 있는 『논어(論語)』에 대하여 재해석한 책이 연일 쏟아져 나와 대중의 인기를 얻고 있다.

이번 음력설 연후 1주일 동안에 북경사범대학(北京師範大學)의 우단(于丹)이라는 40대 여교수가 '논어감오(論語感悟)'라는 주제로 중국중앙방송에서 강의를 하여 대단한 인기를 끌었다. 이 우단 교수는 2006년 10월 1일부터 1주일 동안 중앙방송에서 '논어심득(論語心得)'이라는 중국방송사상 가장 인기를 누린 강의를 하였고, 강의 이후 이 교수는 일약 전국에서 가장 유명한 교수가 되었다. 그의 『논어심득』은 지금까지 8백만 권이 팔렸고, 저자 사인 판매 때는 중관촌(中關村) 도서대하(圖書大廈)라는 서점 한 군데서 하루에 1만 권의 책이 팔렸는데, 책을 사려는 인파로 그 서점 부근은 하루 종일 도로교통이 마비가 될 정도였다.

우단이라는 교수가 강의를 잘한 것도 이유가 되겠지만, 문화대혁명 때 장기간 매도당한 공자의 학문과 사상을 대중이 모르다가, 우단 교수를 통해서 들어 보고서 그 좋은 점을 알았기에 대중이 책을 사서 보려고 애를 쓰는 것이다.

전공자 아닌 우단 교수의 책이 이렇게 잘 팔리자, 전공한 교수들이 더 알차고 정확한 내용의 책으로 독자들에게 봉사해야겠다는 생각에서 『논어』에 관한 책을 계속 써내어 '논어 붐'이 일어나게 되었다.

공자라는 같은 사람의 같은 책인데도, 시각과 입장에 따라서 이렇게 달리 대접을 받는 것이다.

역사는 이렇게 사람에 의해서 조작되고, 조작된 역사가 정치가에 의해서 이용되는 것이다. 유방(劉邦)이 세운 한(漢)나라가 자기들의 건국을 정당화하기 위해서, 진시황(秦始皇)의 업적은 다 덮어 두고 폭군으로만 묘사하였다.

조선의 역사가들이 고려의 역사를 왜곡하여 왕실의 비리와 역대

왕들의 실정을 과장하였다. 『고려사(高麗史)』를 읽어 보면, 고려는 없어져야 할 나라라는 생각이 절로 들도록 조작해 놓았다.

『조선왕조실록(朝鮮王朝實錄)』은 그 치밀성에 있어서는 세계에 자랑할 수 있는 우리나라의 대표적인 사료(史料)지만, 당쟁이 심해진 선조(宣祖) 이후의 기록은 당파에 의해서 아주 왜곡되게 서술해 두었다. 아주 훌륭한 인물이라도 자기와 당파가 다르면 형편없는 인물로 묘사해 놓았다.

지난달 25일 이명박 새 대통령이 취임하였다. 취임사에서 우리나라 현대사를 "산업화와 민주화를 단시일에 이룬 자랑스러운 역사"라고 정의하였다. 우리 역사에 대한 대단한 자긍심(自矜心)을 가진 긍정적인 평가이다. 똑같은 역사를 두고서 5년 전 노무현 전 대통령은 취임사에서, "정의가 패배하고 기회주의가 득세한 잘못된 역사"라고 부정적으로 정의하였다. 자기 나라 역사를 부정적으로 정의하면서 출발한 정권이 정상적인 국정운영을 할 수 없다는 사실은 이미 증명이 되었다.

지식인들은 대체로 남의 말을 의심하고 남과 다르게 하려는 속성이 있다. 이승만 대통령과 박정희 대통령 시대에 너무 반공을 강조하니까, 지식인들 사이에서는 반공정책에 순응하지 않아야 지조 있고 용기 있는 지식인이 되고, 순응하면 비겁한 어용지식인처럼 되는 분위기가 되어 갔다. 이것이 점점 확산되어 좌파(左派)에 힘을 실어 주었다. 그래서 좌파를 주장하면 지조가 있고, 진보적이고, 국가민족을 위하는 것처럼 보였다. 그래서 목소리가 점점 커졌다. 결국 좌파정권까지 탄생시켰다.

좌파정권이 백 퍼센트 잘못한 것은 아니지만, 침묵하는 대중의 정서와 어긋난 정책을 너무 많이 펼쳐 나갔으므로, 이제 유권자인 국민들은 좌파정권을 더 이상 지지하지 않게 되었고, 새로운 정권이 탄생할 수 있게 되었다.

음(陰)의 기운이 가장 성한 동지(冬至)에 양(陽)의 기운이 생겨나듯이, 사물이 너무 극도로 지나치게 되면 반드시 돌아오게 되어 있다. 그래서 옛날 성인(聖人)들은 중용(中庸)의 도를 강조하였던 것이다. '반(返)'자는 '반(反)'자로도 쓴다.

2008년 3월 3일

物: 물건 물　　極: 지극할 극　　必: 반드시 필　　返: 돌아올 반

226

천명미상
天命靡常

천명은 일정하지 않다

송(宋)나라의 대신 사호(史浩)가 지은 『상서강의(尙書講義)』에, "천명은 일정하지 않다. 오직 덕(德) 있는 사람을 돕는다.[天命靡常, 惟德是輔.]"라는 말이 있다. 하늘은 특정한 나라나 단체, 사람에게 특별한 대우를 해주는 일은 없고, 오직 덕(德)이 있는 사람만을 도와준다는 뜻이다.

'덕(德)'이란 글자는 본래 '덕(悳)'으로 썼는데, '곧을 직(直)' 자와 '마음 심(心)' 자의 결합이다. 결국 '곧은 마음'이 바로 '덕'이다. 사람이 태어날 때는 누구나 곧은 마음을 갖고 태어난다. 세상을 살아가면서 잘못 물이 들어 속이고 꾸미는 것이다. 정정당당하게 자기의 본성을 지키면서 살아가는 것이 곧 덕(德)이다. 그래서 "덕을 닦는다.[修德.]"는 말은 세속에 물든 더러운 때를 벗기어 본래의 모습을 회복하는 것을 의미한다. 본래 깨끗한 거울도 방치해 두면 먼지나 때가 끼어 보이지 않듯이, 우리 마음도 늘 닦지 않으면 물욕, 편견, 아집, 술수 등으로 가려진다.

동서고금을 막론하고, 어떤 나라가 처음 건립될 때는 무슨 일이든지 순조롭게 되어 마치 하늘이 도와주는 것 같다. 망해 가는 나라는 무슨 일이든지 꼬이고 비정상으로 되어 마치 하늘이 망치려는 것 같다. 그래서 어떤 일에는 하늘이 결정하는 운명이 있다고 옛날 사람들은 믿었던 것이다.

새로 일어나는 나라를 세우려는 사람들은 임금과 신하 모두가 정직하고 근면하고 검소하고 적극적이고 긍정적이고 겸손한 자세로 어떤 일에 대응한다. 그러니 하는 일마다 뜻대로 된다.

반면에 망해 가는 나라의 사람들은 임금과 신하 모두가 원칙을 지키지 않고 나태하고 소극적이고 부정적이고 교만한 자세로 어떤 일에 응한다. 그러니 하는 일마다 되는 것이 없다. 천명인 듯하지만 사실 천명은 사람이 만든다. 그래서『서경(書經)』에, "하늘이 보는 것은 우리 백성들로부터 보고, 하늘이 듣는 것은 우리 백성들로부터 듣는다.[天視自我民視, 天聽自我民聽.]"라는 말이 있다. 백성들의 반응이 곧 천명이라 할 수 있다. 우리가 흔히 쓰는 "민심이 곧 천심(天心)이다."라는 말도 같은 뜻이다.

대통령 취임 초기에는 여론 지지도가 높다가 대통령 직무를 수행하면서 자꾸 백성들의 뜻과 어긋나는 짓을 하고, 백성들이 싫어하는 짓을 하고, 백성들을 무시하면 지지도는 내려간다. 임기 말년에 가면 저 대통령 어서 빨리 그만두었으면 하는 생각을 갖게 된다. 백성의 지지율은 언제든지 바뀔 수 있는 것이다. 그래서 "천명은 일정하지 않다.[天命靡常.]"고 하는 것이다.

10년간의 좌파정권에 염증을 느낀 백성들이 이명박 후보를 압도적으로 지지하여, 이명박 후보는 사상 최대의 표차로 대통령에 당선되어 취임하였다. 이회창 씨의 출마가 없었다면, 그 표차는 정말 엄청났을 것이다.

대통령은 취임 초 하필이면, 부동산 투기한 사람, 논문 표절한 교수, 아들 병역에 문제가 있는 자 등을 장관으로 임명하여 대통령 스스로 자신의 입지를 어렵게 만들고 첫인상을 나쁘게 만드는가? 요즈음은 국민 가운데 지식수준이 높고, 경험이 풍부한 인재들이 얼마든지 있다.

백성들의 압도적인 지지를 받아 당선된 대통령이지만, 지지율이란 것은 하루아침에 변하므로 믿을 게 못 된다. 자기 멋대로 무슨 짓을 해도 여론은 내 편이라고 생각한다면 큰 오산이다.

김영삼(金泳三) 대통령 때도 취임 초기에 장관 후보자들이 부동산, 자녀 국적 문제 등으로 말썽이 많았다. 그러나 김영삼 대통령은 국민들의 지적을 수용하여 즉각 장관을 바꾸었다. 그러나 지금 대통령은 계속 우기고 변명하고 야당에 사정하는 등 구차한 모습을 보인다. 바른 마음가짐으로 자신을 닦아 백성들의 신뢰를 잃지 말아야 하겠다.

2008년 3월 10일

天: 하늘 천   命: 명령할 명   靡: 쓰러질 미, 없을 미   常: 떳떳할 상

부저추신
釜底抽薪

가마 밑에서 땔나무를 빼어내라

중국 남북조시대 인도(印度)에서 중국으로 건너온 달마대사(達摩大師)가 숭산(嵩山)의 소림사(少林寺)로 찾아가 거기 있는 동굴에서 9년 동안 면벽(面壁) 수도하여 도를 깨쳤다. 그는 인도의 선종(禪宗)을 중국에 전파하고 혜가(慧可)에게 자기의 법통(法統)을 전해 주었다. 혜가는 선종의 제이조(第二祖)이다.

그 법통이 선종의 오조(五祖) 홍인(弘忍)에 이르렀다. 홍인이 만년에 이르러 그의 법통을 전해 줄 제자를 고르는데, 평소의 수제자인 신수(神秀)에게 깨달음을 요약하여 시 형식으로 나타낸 게송(偈頌)을 읊도록 했다. 신수는 이렇게 게송을 읊었다.

내 몸은 보리수,
마음은 명경대와 같아.
때때로 부지런히 닦아서,
먼지 일지 않도록 해야지.
身是菩提樹, 心如明鏡臺.

時時勤拂拭, 勿使惹塵埃.

그때 방아 찧는 일을 하던 혜능(慧能)이 지나가면서 그 게송을 듣고서 자기는 이렇게 읊었다.

보리는 본래 나무가 없는 것,
명경 역시 대(臺)가 아닌 것.
본래 아무것도 없는데,
어디서 먼지가 나겠는가?
菩提本無樹, 明鏡亦非臺.
本來無一物, 何處惹塵埃?

평소의 학문의 수준으로 봐서 누구나 신수가 법통을 이어받을 줄 알았다. 그러나 홍인대사는 무식한 혜능을 자기의 후계자로 지명하여 의발(衣鉢)을 물려주었다. 깨달음이 한 단계 높아 정신적인 번뇌를 해결하는 근본적인 방법을 터득했기 때문이었다. 신수의 수준은 지엽적인 한 가지 문제에 매달리는 수준이었다.

사람이 세상을 살아가면서, 무슨 일을 해결하려면 근본적으로 해결해야지, 임기응변(臨機應變)적인 해결책을 쓰면 자꾸 문제가 발생한다. 펄펄 끓는 가마솥의 물을 식히려면 아궁이의 땔나무를 빼어내 버리면 가마솥의 물은 저절로 식는다. 그러지 않고 아궁이에 불은 계속 때면서 바가지로 물을 드리워 식히려고 하면 백 명이 달려들어도 식힐 수가 없다. 우리나라 속담에 "언 발에 오줌 누기[凍足放尿]"라는 말이 있다. 겨울에 바깥에 오래 있다 보면 발이 매우 시리다. 오줌은 따뜻하니까 따뜻한 오줌이라고 발등에 누면 우선은 뜨뜻하다. 그러나 식고 나면 얼어붙어 발이 더욱 시리게 된다. 일시적인 조처가 전체적으로 일을 더 악화시키는 경우가 많다.

가정경제나 국가경제나 다 마찬가지다. 백성들의 인기를 얻기 위한 정책을 펼치면 우선은 좋지만, 나중에는 국가를 돌이킬 수 없는 궁지로 몰아갈 수가 있다. 선거만 있으면 여야 막론하고 백성들의 환심을 살 수 있는 공약을 내놓는데, 국가민족의 장래에 어떤 영향을 미칠지 몇 번 심사숙고(深思熟考)한 뒤에 내놓는 것인지 의심스럽다.

총선이 가까워 온다. 국회의원 후보들의 선심성 공약이 무더기로 쏟아질 것이다. 국민들은, 그 공약이 진실한가, 국가민족을 위해서 가치가 있는가, 실행 가능성이 있는가를 살펴보기 바란다.

2008년 3월 17일

釜: 가마솥 부　　底: 밑 저　　抽: 뽑을 추　　薪: 땔나무 신

경공형평
鏡空衡平

거울처럼 투명하게, 저울대처럼 공평하게

사람이 한평생 이 세상을 살아가면서, 자기가 평가받는 일도 많고, 또 자기가 평가하는 일도 적지 않다. 유치원에서부터 말 한마디 하고서 "잘했다.", "못했다."라고 선생님 말씀 듣는 것부터가 모두 평가다.

각종 시험, 면접 등이 다 평가다. 심지어 운전시험, 신체검사 등도 다 평가라 할 수 있다.

남을 평가하는 경우로는, 선생이 되어 학생의 학업성적이나 행동발달 등을 평가하는 것, 기업체의 책임자가 되어 사람을 채용하는 것, 선거를 통해서 누구를 뽑는 것, 이런 것들이 다 평가다. 어떤 음식점에 기느냐, 어떤 물건을 사느냐, 하는 것 등도 다 평가에 속한다고 할 수 있다. 사람이 평가를 떠나서는 하루도 살 수가 없다.

사람들은 대체로 자기가 한 평가는 객관적이고 공정하고 원칙에 입각해서 했다고 믿고 있다. 그러나 자기가 평가를 받은 경우는 대부분 주관적이고 불공정하고 원칙도 없다고 생각한다. 그래서 평가를 받은 사람들의 불만이 쏟아져 나오게 되어 있다.

학생들 가운데 성적을 받고서 만족하는 학생은 최고점수를 받은 몇 명뿐이고, 대부분은 불만이다. 입사 지원자 가운데서도 최종시험에 합격한 사람은 만족하지만, 떨어진 사람은 자기의 결점을 돌아보기 전에 먼저 평가에 대해서 강한 불만을 가지게 마련이다. 진급 대상자 가운데서도 진급한 사람은 평가에 대해서 불만이 없지만, 진급하지 못한 사람은 불만을 가지지 않을 수 없다.

평가의 생명은 공정성에 있다. 공정하게 평가하려면, 명확한 평가기준이 있어야 한다. '평가할 평(評)' 자의 글자 구성을 보면, '말씀 언(言)' 오른쪽에 '평평할 평(平)' 자가 붙어서 이루어졌다. 글자 그대로 "말을 공평하게 하는 것"이 '평가할 평(評)' 자의 본래 뜻이다. 평가기준이 애매하거나 흔들리면 공정한 평가가 될 수가 없다. 자의 눈금은 어디를 가도 변하지 않는 것처럼 원칙을 지켜야 한다.

이제 막 끝난 제18대 국회의원 후보자 공천(公薦)의 경우, 여야를 막론하고 낙천자들의 불만이 최고조에 달한 것 같다. 특히 한나라당의 경우 개혁공천이란 말을 내걸고 많은 현역 의원들에게 공천을 주지 않았다. 그런데 뚜렷한 원칙이 있으면 낙천자들이 수긍을 하겠지만, 아무런 원칙 없이 많은 유능한 현역 의원들의 정치적 생명을 끊어 놨으니, 불만이 터져 나오고 탈당을 하여 무소속으로 출마할 준비를 하는 것이다.

의정활동 성적이 아주 우수한 의원, 전문분야의 실력을 충분히 갖춘 의원, 지역구에서의 여론조사에서 월등한 우세를 보이는 의원, 당을 위해서 헌신적으로 봉사한 의원, 아무런 흠이 없는 의원 등을 마구 잘라 버리고, 누가 봐도 그보다 훨씬 못한 정치지망생에게 공천을 주었다. 객관적이고 공정한 공천이라고 생각하는 사람이 거의 없는 것 같다.

이런 식으로 하면, 이번에 공천을 받은 신인들이 당선되어 국회에 진출한다고 해도 불안해서 4년 동안 올바른 의정활동을 할 수 있겠는가? 아무리 의정활동을 열심히 해도 소용없고, 아무리 몸가짐을 바로 해도 소용이 없으니 말이다.

또 서구나 일본처럼 8선, 9선 의원이 수두룩한 의회의 전문가 집단을 우리나라에서는 영원히 볼 수 없을 것이다. 국회의원들은 늘 초선, 재선만 있게 된다면, 국회의 전문성이나 역사성이 있을 수 있겠는가? 혁신공천(革新公薦)한다고 구호를 내걸고 시작한 공천심사가 그 결과는 최악의 공천을 하지 않았나 생각된다.

공천 심사위원들이 정말 마음가짐을 "거울처럼 투명하게[鏡空], 저울대처럼 공평하게[衡平]" 가지고 공천을 했는지, 스스로 가슴에 손을 얹고 성찰해 볼 일이다.

2008년 3월 24일

鏡: 거울 경　　　空: 빌 공　　　衡: 저울대 형　　　平: 평평할 평

229

언득기의
言得其宜

말은 그 알맞음을 얻어야 한다

옛날에 어떤 부자가 추수를 한 뒤에 많은 사람들에게 한번 베풀어야겠다고 생각하여 인근의 많은 사람들을 초청하여 잔치를 벌였다. 이 부자는 그야말로 선의에서 많은 사람들을 불러 모았다.

가난하던 시절이라 부자가 한번 대접을 한다고 하니, 많은 사람들이 모여들었다. 부자는 사람들을 기다리다가 자기가 꼭 오리라고 바라던 사람이 나타나지 않자 혼잣말처럼, "꼭 와야 할 사람이 왜 아직도 안 오는 거지?"라고 했다. 그러자 모였던 사람들 가운데서 자존심이 센 사람들은 일어서서 자리를 떴다. 이 부자의 말을 곰곰이 따져 보면, 지금 와 있는 자기들은 별로 올 필요가 없는 사람들인 것처럼 들렸기 때문이다.

상당수의 사람들이 우르르 돌아가는 것을 보고서는 이 부자가 당황하여 "가서는 안 되는 사람들이 왜 가지?"라고 말했다. 그러자 남아 있던 사람들은 자존심이 더 상했다. "우리는 꼭 와야 하는 사람도 아니고, 가도 아무 상관 없는 사람들이란 말인가?" 하고는 대부분의 사람들이 일어나 가 버렸다.

별 악의에 찬 말도 아닌데, 말 두 마디 때문에 잔치도 열어 보지 못하고 준비했던 음식이고 술도 다 쓸데없게 돼 버렸고, 자신의 기분도 아주 나빠졌다.

사람은 말을 통해서 마음이 전달된다. 마음으로 상대를 전혀 무시하지 않으면서도 무시하는 듯이 말을 하면 상대는 모욕감을 느낀다.

어머니가 돌아간 지 얼마 안 되어 슬픔을 이기지 못하고 있는 친구에게, 어떤 친구가 "아! 이번에 우리 어머니 팔순을 맞이해서 일본 여행을 시켜 드렸더니, 일본 음식도 잘 드시고 일본에 관심도 많으시고, 얼마나 즐거워하시는지 몰라. 내가 일본 여행시켜 드릴 생각을 한 것은 내가 생각해도 정말 잘한 것 같아."라고 자랑을 한다면, 어머니를 잃은 그 친구를 의도적으로 괴롭히려고 한 것은 아니지만, 칼로 가슴을 후벼 파는 것과 다름이 없다고 할 수 있다.

"절름발이 앞에서 뛰지 마라."라는 우리나라 속담이 있다. 평소에 다리 장애 때문에 가슴에 한이 맺혀 있는 사람 앞에서 누가 잘 뛴다고 자랑한다면, 계산할 수 없는 엄청난 상해(傷害)를 주는 결과가 된다.

그래서 말은 자기 위주로 할 것이 아니라 상황에 맞게 상대방의 입장을 고려해서 해야 한다. 거짓말이나 욕설, 폭언 등은 물론 해서는 안 된다. 그 못지않게 남을 음해(陰害)하는 말, 다른 사람을 이간시키는 말, 남의 마음에 상처를 주는 말, 남을 흉보는 말, 남을 모독하는 말, 자기를 돋보이게 하려고 하는 말 등도 해서는 안 된다.

청산유수처럼 막힘없이 말한다고 말을 잘하는 것이 아니다. 남에게 도움이 되는 말, 남이 들어 위로가 되는 말을 하는 것이 정말 잘하는 것이다. 성현(聖賢)이나 철인(哲人)의 말이 영원히 살아남은 이유는, 우리에게 도움을 주고 들으면 마음의 위안이 되기 때문이다.

요즈음은 대통령부터 유치원생에 이르기까지 말을 함부로 한다. 말을 함부로 하는 마음가짐을 가지면 자연히 행동도 함부로 하게 된다. 그러면 결국 사회가 혼란하게 된다. 전에는 우리말 정화운동(淨化運動) 등이라도 펼쳐지더니, 지금은 그런 운동마저도 볼 수 없게 되어 버렸다.

선거를 앞두고 상호비방, 흑색선전 등 말을 얼마나 함부로 할지 모른다. 그 상황에 맞게 품위 있으면서 내용 있는 말을 하도록 각자 노력하자.

2008년 3월 31일

言: 말씀 언　　得: 얻을 득　　其: 그 기　　宜: 알맞을 의

처사횡의
處士橫議

벼슬 없는 선비들이 멋대로 논의한다

옛날에는 글을 아는 사람의 숫자가 적어 글을 아는 것만 가지고서도 존경의 대상이 되었고, 또 많은 사람들이 그의 말을 경청하였다. 시골 마을에 초등학교 교사가 부임하면 온 동네 젊은 사람들이 그의 이야기를 듣고 싶어 거의 저녁마다 그의 자췻집을 방문했고, 그에게 궁금한 것을 물어보고, 또 무슨 일이 있으면 그 교사에게 자문을 구했다. 그야말로 온 마을의 선생이요 지도자였다.

그러나 교육이 널리 보급되어 모든 국민들의 지식수준이 높아지자 너 나 할 것 없이 박학(博學)한 사람이 되어 남의 말을 듣지 않고 자기주장만 하게 되었다. 말로만 주장하는 것이 아니라 심지어는 반풍수 같은 지식으로 책도 내고 연구소도 차리는 사람까지 생겼다.

정확하게 알고 지식을 퍼뜨리면 많은 사람들에게 도움을 주지만, 잘못된 지식을 퍼뜨리면 많은 사람들에게 해를 끼치는데도 함부로 자신이 알고 있는 지식을 퍼뜨리고 있다. 또 좋은 것은 백 퍼센트 좋은 것이 아니고 대부분 부작용도 따른다. 예를 들면 요즈음 만병통치약처럼 선전하는 홍화(紅花)씨는 뼈를 붙게 하는 데는 특별한 효과가 있지만, 많이 먹으면 위장이나 대장을 상하게 한다. 차(茶) 같은 것도 좋은 점이 분명 있지만, 빈속에 많이 마시면 내장을 상하게 만든다. 만병통치약인 것처럼 선전하면 곤란하다.

어떤 일간지 신문기자인데, 자기주장이 너무나 강하여 정말 말릴 수 없었다. 소쩍새에 관해서 글을 썼는데, 그 사람 주장에 의하면 역사상의 모든 문헌은 다 틀렸고, 새를 전문으로 연구하는 조류학자의 주장도 다 틀렸고, 자기의 주장만 맞다고 했다. 자기가 맞다는 것은 누가 판정을 해 주었는지 모르겠다.

요즈음 어느 나라 할 것 없이 국가에서 정책을 내놓으면 자칭 전문가나 각종 시민단체에서 이론적 근거를 들어 반대를 한다. 올바른 의견도 있겠지만, 맞는 것 같으면서도 전혀 맞지 않는 경우도 적지 않다.

1970년대 초 박정희 대통령이 독일 아우토반 고속도로를 보고 눈물을 흘리고 우리도 고속도로가 있어야 하겠다고 생각하여 돌아오자마자 경부고속도로 건설을 발표하였다. 그러자 김대중(金大中), 김영삼(金泳三) 씨 같은 당시의 야당 지도자들은 경부고속도로 공사장에 가서 드러누워 반대했다. 서울대학교 법대 학장과 성균관대학교 총장을 지낸 황산덕(黃山德) 박사 같은 경우는 "우리나라 같은 작은 나라에서는 고속도로가 근본적으로 필요 없다. 그 땅에 차라리 콩을 심는 것이 국가적으로 볼 때 더 이롭다."라는 내용의 글을 『동아일보(東亞日報)』에 실어 반대의견을 개진했다.

그러나 그때 고속도로를 닦지 않았다면, 지금 우리나라의 운명은 어떻게 되었겠는가? 외국에서 물품 주문이 들어와도 수송을 못 해서 수출을 하지 못할 것이다. 최고 지성이라는 사람의 판단력이 이러했다.

지금 한반도대운하 건설을 두고서도 지식인들이 집단적으로 반대운동이나 찬성운동을 해서는 안 된다. 운하 전문가들이 모여서 진지하게 논의하고, 운하를 운영하고 있는 나라의 사례를 잘 참고하는 것이 중요하다.

책임질 자리에 있지 않은 사람[處士]들이 자기 좁은 안목에서 멋대로 주장하는 것을 듣고 국가정책이 흔들려서는 안 된다. 근년에 그런 잘못이 이미 많이 있었는데, 다시 그런 어리석음을 되풀이해서는 안 되겠다.

2008년 4월 7일

處: 곳 처　　士: 선비 사　　橫: 가로 횡, 멋대로 횡　　議: 논의할 의

노안비슬
奴顔婢膝

노비 같은 얼굴과 걸음걸이

조선 정조(正祖) 때의 대문호인 연암(燕巖) 박지원(朴趾源)이 젊은 시절 지은 「양반전(兩班傳)」이라는 글은, 양반신분을 사고파는 타락한 양반들의 생활을 풍자한 유명한 한문소설(漢文小說)이다.

거기에 천민들의 생활을 묘사한 부분을 보면 참으로 비참하다. "양반을 보면 숨을 죽이고 벌벌 떨고, 뿔뿔 기어 뜰에서 절을 해야 하고, 코를 땅에 끌고 무릎으로 기어다녀야 한다."라고 되어 있다.

오늘날이야 천민이나 노비신분의 사람이 없어졌지만, 선거철이 되면, 노비처럼 처신하는 사람이 있다. 바로 후보자들이다. 당당하게 자기 소신껏 공약(公約)을 발표하는 사람은 아주 드물고, 유권자들을 찾아가 온갖 아첨을 다 떨며 당선을 도모한다.

평소에 유권자(有權者)를 정말 '권한이 있는 사람'으로 생각하여 대우했다면 이러지 않아도 될 것이다. 이렇게 유권자들의 비위를 맞추고 다니다가 선거에서 당선만 되고 나면 유권자들은 안중에도 없다.

경북 칠곡(漆谷)에서 사미헌(四未軒) 학회 창립대회가 있어 참석했는데, 어떤 연세 많은 분이 나와서 인사를 하는데, 마이크가 너무 멀어 잘

들리지 않았다. 그러자 앞줄에 앉아 있던 그 지역구 이인기(李仁基) 국회의원이 나와서 자기 손으로 마이크 높이를 조절하여 맞추어 주었다. 어른을 존경하는 태도를 느낄 수 있었다. 평소에 유권자를 생각하는 정치인이었을 것이다.

어떤 시골 노인이 처음으로 비행기를 탔는데, 앞에 비어 있는 자리가 있기에 그냥 앉았다. 그러자 나중에 그 지역구 국회의원이 올라와서 "이 자리가 어떤 자린데 앉느냐?"고 화를 내어 나무라면서 그 노인을 쫓아냈다. 아마 선거기간이었으면 그러지 않았을 것이다. 그 국회의원은 결국 정치생명이 오래가지 않았다.

"중국 사람들은 평소에 전화해서 같이 밥 먹고 일이 있으면 부탁하는데, 한국 사람들은 평소에는 아무 소식 없다가 일이 있으면 같이 밥 먹자 한다."는 중국에 사는 한국 사람들 사이에 전하는 말이 있다. 미리미리 대비하는 사전포석(事前布石)이 필요하다.

비가 오기 전에 지붕을 손질해야지, 비가 내린 뒤 지붕을 손질하면 집이 다 썩는다. 정치에 뜻이 있는 사람이라면 평소에 잘해야지, 평소에는 거드름을 피우다가 선거철이 되어 다급해지니까, 노비 같은 얼굴과 걸음걸이로 아첨을 하면서 표를 구걸하는데 그렇게 한다고 효과가 있겠는가? 멀리 보는 안목, 앞날을 보는 안목이 필요할 것이다.

2008년 4월 10일

奴: 사내종 노　　顔: 얼굴 안　　婢: 계집종 비　　膝: 무릎 슬

장세기인
仗勢欺人

권세에 기대어 사람을 속인다

중국 속담에 "군자다운 사람이 권력을 잡으면 덕(德)을 쌓는데, 소인은 권세에 의지해서 사람을 속인다.[君子掌權積德, 小人仗勢欺人.]"라는 말이 있다.

바르게 살아가는 군자다운 사람은 자기가 어떤 일을 주도할 수 있는 자리에 있게 되면, 세상을 위해서 좋은 일을 하려고 하고 다른 사람을 도와 다 같이 잘 사는 세상을 만들려고 노력한다. 반대로 소인은 세력을 잡게 되면 이를 이용해서 자기의 권위를 세우고 자기를 과시하고 자기 이익을 챙기기 위해서 다른 사람들을 무시하고 핍박하고 속이는 짓을 멋대로 한다. 그래서 소인이 권력을 잡는 것을 칼을 맡기는 것처럼 위험하다고 했다. 칼은 생활에 꼭 필요한 도구지만, 잘못 쓰면 많은 사람들을 죽이거나 상하게 할 수 있다.

'사필귀정(事必歸正: 일은 반드시 바른 데로 돌아간다)'이니, '인자무적(仁者無敵: 어진 사람에게는 대적할 사람이 없다)' 등등의 말이 있지만, 현실은 그렇지 않은 경우가 많았다. 역사적으로 정의(正義)를 추구하던 옳은 사람들이 간악한 소인들에 의해서 억울하게 희생을 당한 경우가 얼마나 많았던가? 우리나라의 무오사화(戊午士禍) 등 여러 차례의 사화에서 올바른 군자들이 간악한 소인들에게 몰려 아무 이유 없이 죽임을 당한 일이 여러 번 있었다. 간신 유자광(柳子光) 한 사람에 의해서 장래가 촉망되던 수많은 군자들이 죽임을 당하거나 귀양살이를 해야 했다.

중국의 역사에서도 늘 정의로운 군자보다는 왕을 둘러싼 환관(宦官)들이 실권을 잡고 나랏일을 좌지우지했다. 권력이 있는 곳에는 늘 소인들이 들끓게 되어 있다. 군자다운 사람은 권력 다툼에서 발걸음을 멀리한다. 교묘한 소인과 싸우려면 힘이 들기 때문이다.

선거라는 제도는 민주주의의 가장 기본적인 제도로서 완벽한 것 같지만, 사실은 그렇지가 못하다. 우선 당선되기 위해서는 선거운동에서 자기가 상대방보다 뛰어나고 훌륭하고 능력 있다고 말하고 다녀야 한다. 자기 실상보다 돋보이게 말해야 낭선이 되지, 겸손하고 양보해서는 당선될 수가 없다. 사람 같은 사람은 자기가 잘나고 훌륭하다고 말하면서 여기저기 다닐 수가 없는 것이다.

또 공천을 받기 위해서는 갖가지 유리한 조건을 선점해야 한다. 그러기 위해서는 여러 가지 불법적인 방법을 동원하지 않을 수가 없다. 선거를 통해서 당선되려면 유권자들에게 아첨해야 하고, 또 공천권자에게 자기를 돋보이게 하지 않을 수가 없다. 공정하게 알아서 해 주겠지 생각하고 점잖게 있는 사람은 공천을 받을 수가 없다.

공천권을 쥔 사람은 마치 무소불위(無所不爲)의 권력을 쥔 양 공천 지원자들의 생사(生死)를 좌지우지한다. 자질도 뛰어나고 의정활동도 잘한 현역 의원들이 공천을 받지 못한 사례가 적지 않았다. 공천에 뚜렷한 원칙이 없으니 공천권자에게 아첨하지 않을 수 없고, 공천권자는 이를 더욱 즐긴다. 그리고 자기 뒤에는 대통령이라는 막강한 권력이 있음을 은근히 자랑한다.

그러나 백성들은 이런 오만하고 부당하게 권력을 휘두른 사람들을 용납하지 않았다. 이번 4·9 총선에서 집권당의 핵심간부이자 대통령의 최측근인 현역 국회의원들을 대부분 낙선시켰다. 이는 백성들의 판단수준이 높아진 것을 증명하는 것이다. 전 같으면 비록 그 인물이 하는 짓이 마음에 들지 않아도, 우리 지역구 발전을 위해서 대통령과 가까운 사람을 국회로 보내자는 구호에 마비가 되어 몰표를 보내 주었지만, 지금은 아무리 대통령 측근으로 지역구를 발전시킨다 해도 바른 처신을 하지 않는 사람은 당선시키지 않는다. 자기 지역구에서 국회의원에도 당선되지 못하는 자질을 가진 사람이 어떻게 집권당의 국회의원 후보를 공천하는 일을 좌지우지할 수 있었는가? 얼마나 많은 억울한 사람이 나왔겠는가?

비단 국회의원 공천뿐만 아니라, 소인이 권력을 잡고서 얼마나 많은 군자들의 운명을 좌지우지했겠는가? 소인을 미리 알고 대처하는 일이 중요하다.

2008년 4월 14일

仗: 의지할 장   勢: 권세 세   欺: 속일 기   人: 사람 인

귀득기리
貴得其理

그 이치를 얻는 것을 귀하게 여긴다

어떤 교수가 논문을 쓰려고 책상 앞에 앉아서 머리를 짜내어 구상을 하고 있었는데, 논문이 잘되지 않아 애를 태우고 있었다. 그런데 어린 아들이 계속 들락날락하면서 말을 거는 등 논문 집필을 방해했다. 마침 자기가 보고 있는 학술지의 뒷부분에 부록으로 세계지도가 실려 있었다. 그 지도를 뜯어내어 갈기갈기 찢어서 아들에게 주면서 "이것이 세계지도인데, 네가 이것을 원래대로 다 맞추어 오면 내가 큰 상을 줄게."라고 아들이 조용히 하도록 유도했다.

아들은 심심하던 터에 상을 탈 수 있게 되어 호기심을 갖고 찢어진 지도를 원래대로 다시 맞추러 자기 방으로 가지고 갔다.

'제 놈이 다 맞추려면 머리 좀 썩여야 할걸. 최소한 몇 시간은 조용하겠지?'라고 생각하며 다시 연구에 몰두하였다.

그런데 10분도 안 되어 아들이 지도를 다 맞추어서 들고 와서 상을 요구했다. 하도 신기해서 교수가 "어떻게 이렇게 빨리 맞추었지?"라고 물었더니, 아들은, "세계지도를 하나하나 맞추려니까 정말 어려웠습니다. 얼마나 시간이 걸릴지 저도 예측할 수가 없었지요. 지도를 원래대로 맞추려고 고민하다가 종잇조각 하나를 들고 이리저리 궁리하던 중에 우연히 뒤집어 봤더니, 뒤쪽은 본래 어떤 모델의 사진이 있더군요. 그래서 그 여자 모델 사진을 원래대로 맞추어 가지고 뒤집으니, 세계지도가 되어 나오더군요."라고 말했다. 모델의 사진이 원래대로 맞추어졌다면, 그 앞 페이지에 있었던 세계지도는 저절로 맞추어지는 것이었다.

어떤 일을 하는 데는 바탕이 되는 원칙이 있다. 농사일에는 농사일의 원칙이 있고, 군사작전에는 군사작전의 원칙이 있고, 교육에는 교육의 원칙이 있고, 정치에는 정치의 원칙이 있다.

국가에는 한 국가로서의 원칙이 있는데, 이 원칙을 잘 지켜 나가면 나라를 다스리는 것이 쉽다. 원칙이 없이 그때그때 되는대로 정사를 처리하면 일관성이 없어 일이 꼬이고 백성들의 신의를 잃게 되고 마침내 민심이 이반하게 될 것이다.

교육을 맡은 사람도 일관된 원칙이 있어야지 원칙이 없이 되는대로 교육을 하거나 말을 내뱉으면 학생들이 교육하는 사람의 말을 믿지 않을 것이다.

오랜 역사를 가진 많은 고전 가운데서 '경(經)' 자가 붙은 책은 경서(經書), 또는 경전(經典)이라고 부르는 책으로서 사람이 이 세상을 살아가는 데 있어 큰 원칙이 되는 책이다. 이런 책을 많이 읽어 자기 머릿속에 간직해 두면, 세상을 살아가거나 어떤 일을 만났을 때 처리할 수 있는 큰 원칙이 될 수 있다. 사람이 나이가 많아지거나 지위가 높아져 가면 판단할 일이 점점 많아지게 마련이다. 원칙이 있는 사람은 판단을 정확하게 할 수가 있다. 지위가 높은 사람이 판단을 잘못하면 많은 사람들에게 괴로움을 끼치게 된다.

송(宋)나라 초기에 조보(趙普)라는 사람이 정승이 되자, 사람들이 "저 사람은 『논어(論語)』밖에 모르는 무식한 사람이다."라고 비방을 했다. 조보는 그 말을 듣고 대응하기를, "나는 『논어』 반만 가지고 천하를 다스린다.[半部論語治天下.]"라고 했다. 그는 늘 『논어』를 손에서 놓지 않고 반복해서 읽었는데, 어떤 문제에 부닥치면 주저하지 않고 정확하게 대응책을 내놓았다. 『논어』를 숙독하여 자기 마음속에 원칙을 만들어 두었기 때문이었다.

사람들이 갖고 있는 좌우명(座右銘)이나 가훈(家訓) 등도 원칙의 하나라고 볼 수 있다. 원칙에 입각하여 일관성 있는 언행을 하는 것이 바르게 사는 것이라 할 수 있다.

2008년 4월 21일

貴: 귀할 귀　　**得**: 얻을 득　　**其**: 그 기　　**理**: 이치 리

시비전도
是非顚倒

옳은 것과 잘못된 것이 거꾸로 된다

"유행(流行)이 뭐냐?"고 물으면 한마디로 정의하기가 어렵다. 어떤 사람이 유행을 정의하여, "현명한 사람이 그것을 비웃으면서도 따라 하는 것"이라고 답하니, 정말 그럴듯하게 들렸다.

유행이라는 것은 합리적(合理的)이고 실용적(實用的)인 뚜렷한 이유 없이 그저 많은 사람들이 하니까 따라 하는 경우가 대부분이다. 대부분의 사람들이 폭이 좁은 넥타이를 매고 다니는데, 혼자 넓은 넥타이를 매고 다니면, 괜히 주눅이 드는 것이다.

유행만 그런 것이 아니라, 세상을 휩쓰는 여론(輿論)이나 주의(主義), 정책(政策)도 합리적이거나 실용적인 이유와 어긋나게 결정되는 경우가 많다. 호랑이 등 같은 군중의 세력을 한 개인이 감히 거역하지 못하는 것이다. 그래서 역사나 풍속마저 잘못되는 경우가 있었다. 대학생들이 시위를 많이 할 때, 시위에 참여하지 않고 공부만 하면, 자신이 마치 배신자나 이기주의자로 생각되어 발언권을 얻지 못했던 것이다.

중국에서는 오랜 옛날부터 딸을 낳으면 '전족(纏足)'이라 하여 베로 발을 칭칭 동여매어 자라지 못하게 했다. 도종의(陶宗儀)의 『남촌철

경록(南村輟耕錄)』에 기록된 바에 의하면 오대(五代) 남당(南唐) 때 생겼다고 한다. 그 외에 남북조시대 제(齊)나라나 당(唐)나라 때 기원했다는 설도 있다. 중국에서는 발이 작을수록 미인으로 쳤고, 발이 큰 것을 아주 부끄러워하였다. 어머니가 딸을 사랑하면 사랑할수록 발을 더욱 꽉 짜매어 발이 자라지 못하도록 했다. 딸이 자라서 발이 크게 되면, 그 어머니는 평생 죄인처럼 죄책감을 갖고 살아야 했다.

그 결과 귀족 집안의 여자들은 걸음을 거의 걷지 못하였고, 걸음을 걸어도 빨리 걸을 수가 없었다. 여자는 걸음을 걷지 못하는 것을 신분이 귀한 것으로 쳤다. 여자가 어쩌다가 발이 크다는 말을 들으면 지극히 수치스럽게 여겼다. 며느리를 맞아들일 때도 발을 봤지 얼굴은 보지 않았다. 청(淸)나라 황족(皇族)인 만주족(滿洲族)들은 본래 전족을 하지 않았는데, 한족(漢族) 여인들이 전족하는 것을 보고 다투어 따라 했다.

정상적인 사람을 장애인으로 만드는 것을 보고, 이래서는 안 되겠다 싶어 청나라 강희(康熙)황제가 전족을 금지하는 명령을 내리자, 왕희(王熙)라는 신하가 금지시키는 것을 반대하는 상소를 하였다.

그 뒤 강희황제의 손자인 건륭(乾隆)황제도 전족을 금지하는 명령을 내렸으나 소용이 없었다.

중국에서 전족의 제도가 완전히 없어진 것은 1949년 중국 대륙에 공산당 정권이 수립되고 나서부터였다. 그러나 귀족 집안의 여인은 전족해야 한다는 관념이 없어지지 않았다. 1994년에 필자는 북경의 공원에서 전족하여 잘 걷지 못하는 할머니를 직접 본 적이 있다.

이렇게 잘못된 관습이 지속되어 중국의 많은 여인들을 오랫동안 괴롭혀 왔지만, 고치려고 생각하지 않고 그대로 따라 했다.

이 세상에는 이처럼 옳지 못한 것이 힘을 얻어 세상을 지배하고 옳은 것은 힘을 얻지 못하여 사라지는 경우가 비일비재(非一非再)하다. 책의 경우도 내용이 좋은 책은 대중의 인기를 얻지 못하고, 내용이 없는 책이 베스트셀러가 되어 많은 사람들의 관심을 끄는 경우가 많다.

특히 영화나 텔레비전 연속극의 경우 인기가 좋은 것은 사회도덕을 파괴하고 젊은 사람들을 타락시키는 것이 대부분이다. 문제가 심각하다고 하지 않을 수 없다. 수백만 명의 관객을 동원한 유명한 영화가 처음부터 끝까지 욕설투성이다. 〈살인의 추억〉이라는 제목의 영화가 인기를 얻어 안 본 사람이 없으니, 영화를 만든 사람도 문제지만, 국민들의 의식이 문제다.

한동안 '한류(韓流)'라 하여 우리나라 텔레비전 연속극이 중국에서 많이 방영되어 중국 사람들을 만나면 우리나라 인기 배우나 탤런트들에 대해 잘 알고 있었는데, 요즘은 중국 텔레비전에서 우리나라 연속극을 거의 볼 수 없다. 대부분의 내용이 비정상적인 불륜관계로 전개되기 때문에 중국 정부에서 자기 나라 사람들의 윤리의식을 해친다 하여 방영하지 말도록 통제를 가했다고 한다. 우리나라 연속극이나 영화가 우리나라 문화를 전파하는 역할을 톡톡히 했는데, 지나치게 꼬이고 비정상적인 내용으로 만들다 보니 제지를 받게 된 것이다.

옳고 그름이 바로잡혀야 사람이 살 만한 세상이 되지, 옳고 그름이 뒤집히면, 사람이 어떻게 말이나 행동을 할 수가 없다. 바른말을 하고 바른 행동을 한 사람이 손해를 보고 바보가 되고, 그릇된 말을 하고 그릇된 행동을 하는 사람이 활개를 치는 사회가 되어서야 되겠는가?

2008년 5월 5일

是: 옳을 시   非: 그를 비   顚: 엎어질 전   倒: 넘어질 도

심입천출
深入淺出

깊게 들어가 이해하여 쉬운 말로 표현한다

지금 50대 전후의 사람들은 고등학교나 대학 다닐 때, 갑자기 국민윤리(國民倫理)라는 과목이 생겨 강의를 들었을 것이다. 국민윤리를 담당한 교수나 교사는 열강(熱講)을 하지만, 들어도 머리에는 또렷하게 들어오지 않았다는 기억이 있을 것이다.

그 당시 국민윤리라는 과목은 국가에서 정책적으로 개설한 과목이었다. 담당 교수나 교사들도 전공자가 아니고, 단기간의 연수를 받은 유사한 과목의 전공자들이 맡았다. 국민윤리라는 과목의 범위가 어디까지이며, 어떤 성격의 과목이고, 어떤 목적에서 가르친다는 뚜렷한 의식없이 강의를 했기 때문에, 강의하는 사람도 잘 모르고 또 강의에 초점이 없었다. 그래서 듣는 학생들도 무슨 소리인지 모르겠다는 말을 이구동성으로 했던 것이다. 자기가 잘 모르는 경우 잘 가르칠 수가 없다.

또 대학의 교양필수과목 가운데 「자연과학개론(自然科學槪論)」이라는 과목이 있었다. 옳게 강의를 하려면, 최소한 물리, 화학, 생물, 지질학에 대해서 다 알고 있어야 가르칠 수 있는 내용으로 되어 있다. 그런데 생물이나 물리 전공을 한 교수 한 사람이 다 맡아서 가르치니, 자기가 전공한 분야는 가르칠 수 있지만, 자기가 전공하지 않은 부분은 가르치기가 어려운 것이다. 그래도 강의는 해야 되니, 학생들이 알아듣게 설명하기가 어려웠던 것이다.

자기가 전체를 깊이 있게 알아야 쉽게 설명할 수 있다. 비근한 예로 지리산(智異山) 등산로를 물어 왔을 때, 지리산을 수백 번 가 봐서 모든 등산로에 대해서 거리와 특징 등을 정확히 알고 있는 사람은 지리산에 대해서 알기 쉽게 설명해 줄 수 있다. 그러나 지리산을 친구 따라 한 번 가 본 사람은 자기 자신이 지리산 어디가 어딘지 분간이 안 되는 상황인데, 어떻게 남에게 지리산 등산로를 설명해 줄 수 있겠는가? 자칫 남을 오도할 수가 있는 것이다.

그러니 가르치는 일에 종사하는 사람은 아무리 많이 널리 알아도 이만하면 됐다 할 수 있을 정도로 만족할 수는 없는 것이다. 끝없이 부단히 노력해야 하는 것이다.

요즈음 중국과 교류가 빈번하고, 많은 사람들이 중국을 왕래한다. 그러다 보니 자칭 중국 전문가로 자처하는 사람들이 많다.

중국에서는 지금 각 분야에서 책들이 쏟아져 나온다. 그러니 국내에 중국 책을 번역하여 출판한 책이 많이 있다. 또 중국을 소개하고 안내한 책들이 많이 있다.

그러나 한마디로 말하면, 우리나라에는 중국 전문가가 없고, 출판된 책들도 만족할 만한 책이 없다. 대부분 출판사의 기획에 의해서 번역자가 재촉을 당하는 상황에서 출판된 책들이 많다. 어떤 책을 번역하려면 번역하는 사람은 원문을 여러 번 읽어 보아 내용을 숙지한 상태에서 번역을 해야 하는데, 시간에 쫓기다 보니, 읽어 보지도 않은 상태에서 번역하다가 모르는 단어가 나오면 찾아서 해결하고 또 번역해

나간다. 그러다 보니, 번역하는 사람 자신이 내용을 모르고 번역하는 경우가 적지 않다.

중국어는 다른 외국어와 달라서 단어를 안다고 문장이 이해되는 것이 아니고, 전반적으로 문화를 알아야 그 문장이나 그 장면이 이해되는 경우가 많다. 번역 출판된 중국소설을 보면, 어려운 부분이나 인용된 시 등은 다 생략해 버리고, 대충 얼렁뚱땅 번역한 것이 대부분이다.

또 자기가 모르면 관계된 책을 찾아 끝까지 해결하고 자기보다 나은 사람에게 물어서 완선(完善)하게 되도록 노력을 한 뒤에 책을 내야지, 번역 업적 많이 부풀리려고 책을 졸속(拙速)으로 내어서는 안 된다. 힘들여 번역을 하는 판에 세상에 도움을 주도록 해야지 해악을 끼쳐서야 되겠는가?

특히 젊은 사람들은 남에게 보이는 공적을 쌓기에 급급하지 말고, 자기 분야의 진정한 내공(內功)을 꾸준히 쌓아 나가야 하겠다. 자기가 정확하게 잘 알아야 다른 사람들이 잘 알도록 설명도 할 수 있고 번역도 할 수 있는 것이다.

2008년 5월 12일

深: 깊을 심   入: 들어갈 입   淺: 얕을 천   出: 나갈 출

중지성성
衆志成城

여러 사람의 뜻은 성처럼 무엇이든지 막아 낼 수 있다

5월 2일 오후 1시 반쯤에 북경대학 구내식당에서 점심을 먹고 나오니, 북경대학의 대학원생으로부터 "지진 경보가 있으니 조심하시라."라는 전화가 왔다. "진원지가 어디냐?"고 물어봤더니, 사천성(四川省)이라고 했다. 사천성은 우리나라 사람들이 즐겨 읽는 『삼국지(三國志)』에서 유비(劉備)가 세운 촉한(蜀漢)의 근거지였다. 촉한의 서울 익주(益州)는 바로 지금의 사천성 성도(省都: 성정부 소재지)인 성도시(成都市)이다.

'북경이야 별일 없을 테지?' 생각하고 지내다가 저녁 7시에 뉴스를 보니, 사천성 문천현(汶川縣) 일대에 이미 7.8도의 강한 지진이 발생하여 이재민이 아주 많이 발생했고, 중국의 온가보(溫家寶) 총리가 비행기로 사천성으로 날아가는 도중에 대국민 담화를 발표하고 있었다.

다음 날 아침이 되니 피해상황이 집계되었는데, 1만 명 이상의 사망자를 내고, 1천만 명 이상의 이재민을 발생시킨 어마어마한 지진이었다.

5월 18일 현재 5만 명 가까운 사망자가 발생하고, 아직도 매몰되어 구출되지 못한 사람이 얼마인지 정확하게 알지를 못하고, 5백만 채 이상의 가옥이 파괴되고, 17개의 댐이 금이 가는 등 붕괴위험이 있다고 한다.

1976년 발생하여 24만 명의 사망자를 낸 당산(唐山) 대지진보다도 더 넓은 지역에서 더 강력하게 발생한 중국 역사상 가장 강력한 지진이었다.

수재(水災)나 화재(火災)는 그래도 땅 표면에서 발생한 재해로 겪고 나서 복구하기가 쉽지만, 지진은 비교가 안 될 정도로 그 피해가 엄청나고, 또 심각하고 장기적이다. 무너진 건물은 물론이지만, 남아 있는 건물도 100분의 1도만 기울어도 다 뜯어내어야 하지, 위험해서 사람이 살 수가 없다고 한다. 도로, 철도, 교량 등도 다 새로 건설해야 하고, 전기, 통신 시설 등도 다시 건설해야 한다. 댐 등도 여름철에 비가 많이 오면, 어떤 후유증이 발생할지 모른다. 농토도 다시 정리해야만 농사를 지을 수 있다. 산림 등 환경파괴도 말로 다 표현할 수가 없다. 원상을 복구하는 데는 엄청난 시간도 걸리지만, 천문학적인 숫자의 예산이 필요하다.

1천만 명을 초과하는 이재민들은 앞으로 어떻게 살아야 할지 막막하기만 하다.

그러나 이 엄청난 재난에도 중국의 지도자들이나 국민들은 침착하게 잘 대응하고 있다. 온가보 총리는 그날로 달려가 지금까지 쉬지 않고 현장에서 구재(救災)작전을 진두지휘하고 백성들을 위로하고 있고, 16일부터 호금도(胡錦濤) 주석도 현장으로 달려가 백성들을 위로하고 있다.

인민해방군이나 무장경찰이 투입되어 구재작전을 벌이는 것은 물론이고, 각 지역별로, 단체별로 자원봉사단을 만들어 사천성으로 달려가 어려운 상황에서 구재작업에 봉사하고 있다. 중국 국민들은 앞다투어 의연금을 내어 그 액수가 이미 9천억 원에 이르렀고, 옷, 음식, 생활필수품 등 어마어마한 양의 물자가 사천성으로 끊임없이 보내지고 있다.

어려운 사람을 구제(救濟)하는 일에 앞장서는 이런 모습을 방송 등에서 보고 있노라면, 아주 감동적이다.

이런 때에 방송이나 신문에서 '중지성성(衆志成城)'이라는 단어를 선정하여 국민들을 일사불란하게 구재에 전력을 다하도록 인도하는 지혜가 아주 탁월하다. 이런 상황에 가장 적절한 말이 '중지성성'밖에 또 있을까?

2008년 5월 19일

衆: 무리 중   志: 뜻 지   成: 이룰 성   城: 성 성

절기망상
切忌妄想

망령된 생각을 절실하게 꺼린다

중국 의학사상 의학과 약학의 기술을 집대성하여 『본초강목(本草綱目)』이라는 불후의 저서를 남긴 이시진(李時珍)이라는 의학자가 있었다. 그는 명(明)나라 후기의 인물인데, 혼자서 40년의 시간을 투자하여 직접 전국각지를 다니면서 약초의 성질을 알아내고, 처방을 알아냈다. 그가 새로 발견해 낸 약초만도 374종에 이르고, 1만 1천 종의 처방을 모았다.

의학서로서 『본초강목』은 오늘날까지도 의약학 방면에 큰 영향력을 발휘하고 있다. 진화론(進化論)의 창시자인 영국의 생물학자 다윈이 『본초강목』을 보고서 아예 '중국의 백과전서'라고 극찬을 아끼지 않았고, 그의 진화론 수립에 많은 계발을 받았다.

그렇게도 의학에 정통한 학자인 이시진이 제일 싫어하는 행위가 신선술(神仙術), 장생불사(長生不死), 기공(氣功) 등이었다. 얼핏 생각하면 이상한 것 같지만, 사실은 과학적인 사고를 한 이시진이 미신을 싫어한 것이었다. 의학에 정통할수록 장생불사가 불가능하다는 것을 잘 알게 된다.

도사들이 수은(水銀)을 이용하여 단약(丹藥)을 만들어 그것을 먹으면 장생불사할 수 있다고 믿었다. 이러한 망상(妄想)은 수천여 년 동안 지속되어 왔다. 이시진 당시에는 만력(萬曆)황제까지도 장생불사를 위한 단약 만드는 일에 빠져 있었다. 황제가 그러니 온 나라의 분위기가 어떠했는지 상상할 수 있다. 그러나 이시진은 수은을 먹으면 중독된다는 사실을 밝혀냈다. 그리고 기공을 하면 하늘을 날고 축지법을 쓰는 등 신비한 능력이 생긴다는 각종 주장도 일축하였다.

위대한 의학자였지만, 그가 주장하는 것은 지극히 순리적인 평범한 것이었다. 각종 약재가 인체에 미치는 영향을 연구하여, 그 약을 활용하여 병이 나지 않도록 예방하고, 이미 병이 났을 때는 치료하는 방법을 찾는 것이었다.

만주족(滿洲族)이라 하여 중국 사람들이 평가절하(平價切下)하지만, 역사상 가장 영명(英明)한 임금 중의 한 사람인 청(淸)나라 강희(康熙)황제는 그 자신이 고금(古今), 동서의 학문에 정통하였다. 중국의 학문은 물론, 서양의 천문학, 수학, 물리학, 의학 등에 정통하였고, 라틴어 등 서양의 외국어도 알았다. 그러나 그가 주장하는 바는 상식에 바탕한 평범한 것이었다.

강희황제가 나이가 많아져 수염이 허옇게 세었다. 그러자 황제의 환심을 사기 위해서 주위의 신하들이 수염을 검어지게 한다는 오수(烏鬚)라는 약을 먹을 것을 권유했다. 그러나 강희황제는 "사람은 나이를 먹으면 수염이 허옇게 되는 것이 자연적인 이치다. 내가 수염이 허옇게 되었다는 것이 얼마나 기쁜 일이냐? 중국 역사상 3백여 명의 황제가 있었지만 수염이 허옇도록 황제 노릇 한 사람이 몇 명이나 있었더냐?" 하면서 아주 편안한 마음으로 수염이 허옇게 된 사실을 받아들였다.

또 주변의 신하 가운데 이빨이 빠져나간 사람이 있었는데, 계속 한숨을 쉬면서 아쉬워하였다. 강희황제가 그의 그런 행동을 보고, "사람이 나이가 들면 이빨이 빠지는 것은 당연한 일인데, 순리대로 생각해야지, 그것을 가지고 그렇게 안타까워하면 무슨 소용이 있느냐?"라고 타일렀다. 그의 건강비결은 '음식을 절제하고, 행동을 신중히 하는 것'일 따름이었다.

사람은 누구나 아프지 않고 오래 살고자 한다. 그래서 건강에 관계된 일로 유혹하면 대부분 넘어가게 되어 있다. 요즈음 건강에 관한 각종 약과 방법이 개발되어, 각종 홍보기법을 동원하여 다투어 판매하고 있다. 사람들이 혹시나 하고 그 효과를 기대하다 보니 많이 사서 이용하거나 약을 먹는다. 효과가 있는 경우도 있겠지만, 검증 안 된 약이나 사이비 치료법 등 때문에 해를 입는 경우도 적지 않다. 좋다고 그렇게 떠들던 방법이나 약이 얼마의 세월이 지나면 흔적도 없이 사라진다. 약이나 치료법도 유행을 타는 것이다.

음식 절제하고, 행동을 조심하고, 규칙적으로 운동하여, 병이 나기 전에 예방하고, 병이 났으면 적극적으로 고치는 방법을 써야지, 맛있다고 하여 음식을 지나치게 먹고, 행동은 방종하게 하고, 운동은 안 하다가, 병이 나면 검증 안 된 처방이나 약품을 써서 병을 치료하려고 하면 쉽게 낫겠는가?

2008년 5월 26일

切: 간절할 절   忌: 꺼릴 기   妄: 망령될 망   想: 생각할 상

238

고위금용
古爲今用

옛날 것을 지금 사용한다

"벗이 있어 멀리서부터 온다면, 어찌 기쁘지 않겠는가?[有朋自遠方來, 不亦樂乎?]" "예절의 쓰임은 화합을 귀하게 여긴다.[禮之用, 和爲貴.]" "덕은 외롭지 않다. 반드시 이웃이 있다.[德不孤, 必有隣.]" "사방 바다의 안인 온 세상 사람은 다 형제다.[四海之內, 皆兄弟.]" "자기가 하고자 하지 않는 것은 남에게도 하지 말라.[己所不欲, 勿施於人.]"

위에 인용한 이 다섯 구절은, 모두 공자(孔子)의 언행록이라 할 수 있는『논어(論語)』에 나오는 것이다. 그런데 왜 인용했을까? 이 다섯 구절이 중국 당국에 의해서 이번 북경올림픽에서 외국 선수와 관람객을 환영하는 데 쓰일 표어(標語)로 제정됐기 때문이다.

『논어』라는 책은, 공자가 한 말과 공자의 행동과 공자가 제자 및 당시 사람들과 주고받은 문답으로 이루어져 있다. 공자가 그때그때 말하고 행동했던 것을 그 제자들이 기록해 두었다가, 제자의 제자들이 모아서 정리·편집한 책이다. 2400여 년 전에 이미 완성되어 각지에 퍼졌다.

우리나라에도 삼국시대 이전에 전래되어 백제(百濟)의 왕인(王仁) 박사가 일본(日本)에 전해 주어 일본 사람들이 보게 되었다. 통일신라

(統一新羅) 시대 나라의 학교인 국학(國學)에서 필수과목의 교재로 삼아 가르쳤다. 조선시대 우리나라 선비들은『논어』를 어릴 때부터 배워 거의 다 외우고 일상의 대화에 자주 언급했다.

오늘날에도 자주 쓰이는 '온고지신(溫故知新: 옛것을 익혀서 새것을 안다)', '불치하문(不恥下問: 아랫사람에게 묻는 것을 부끄러워하지 않는다)', '교언영색(巧言令色: 말을 교묘하게 하고 얼굴빛을 좋게 함)' 등등의 성어(成語)가 모두『논어』에서 나왔다.

『논어』는 2천여 년 동안 베스트셀러가 되었다. 그리고 시대 상황에 맞추어 적절하게 재해석하여 그 시대의 정신적인 이정표로서의 구실을 하였다. 한(漢)나라 유학자들은 한나라의 시대 상황에 맞게, 송(宋)나라 학자들은 송나라 시대 상황에 맞게 해석하여 활용하였다.

오늘날은 오늘날의 실정에 맞게 재해석하여『논어』의 열기가 고조되어 가고 있다. 화합(和合)을 강조하는 이번 북경올림픽에, 올림픽준비위원회에서 최근의 참신한 말을 다 버리고『논어』에서 다섯 구절을 뽑아 와 올림픽의 표어로 사용하는 것에서『논어』의 영향력이 얼마나 큰지를 짐작할 수 있지만, 중국 사람들이 얼마나 자기네들의 전통문화(傳統文化)를 현대에 잘 접목시키는지를 알 수가 있다.

1988년 우리나라는 중국보다 20년 앞서 올림픽을 개최하여 성공적으로 마무리 지었다. 우리나라를 알리고 우리나라를 일으키는 데 올림픽을 잘 활용하여 많은 도움을 받았다. 그러나 우리는 너무 '경제'에만 치중하여 우리의 우수한 전통문화를 세계에 선양하는 작업을 성공시키지 못한 아쉬움이 없지 않았다.

필자가 사는 곳이 올림픽 메인스타디움과 가까워 몇 번 가 봤더니, 메인스타디움 주변에 중국 전통가옥도 많이 지어 놓고 또 중국 전통식의 정원도 꾸며 놓은 것을 볼 수 있었다.

중국 사람들이 정말 "옛날 것을 오늘에 잘 활용한다."는 것을 느낄 수 있었다.

2008년 6월 2일

古: 옛 고   爲: 할 위   今: 이제 금   用: 쓸 용

가화만사성
家和萬事成

집안이 화목하면 모든 일이 이루어진다

요즈음은 생활수준이 높아져 대부분의 사람들이 풍요롭게 살게 되다 보니, 각자 자신의 건강(健康)에 관심을 많이 쏟는다. 가까운 공원이나 운동장에서 각종 운동을 하는 사람들을 많이 볼 수 있다. 주말이면 좀 이름 있는 산은 등산객으로 빽빽하다. 모두가 건강을 관리하기 위해서다.

북경 시내에 50여 개의 공원이 있어 운동하기에 아주 좋다. 그래서 중국에 유행하는 말로, "아침에는 운동하는 노인들 때문에 공원이 비좁고, 저녁에는 연애하는 젊은이들 때문에 공원이 비좁다."라는 말이 있다. 중국 노인들은 태극권(太極拳), 검술(劍術) 등을 많이 하는데, 꾸준하게 하는 사람들이 아주 많다.

그러나 개인의 진정한 건강상태를 유지하려면, 가정건강, 사회건강이 받쳐 주어야만 한다. 아무리 운동을 많이 하여 몸의 상태가 최상이라고 하여도 가정에 문제가 있거나, 사회가 안정되지 못하면, 개인의 정신적, 육체적 건강은 보장되지 못하기 때문이다. 가정건강은 심신의 안정, 사업의 성공, 생활의 즐거움을 가져오는 원천이다. 그리고 사회건강의 바탕이다. 개인건강, 가정건강, 사회건강 가운데서도 가장 중요한 것이 가정건강이다. 사회는 곧 가정이라는 세포(細胞)로 구성된다. 가정이 건강하지 못하면 개인도 사회도 다 건강할 수가 없다. 가정에 문제가 있어 불화가 생기면, 마음이 편하지 않고, 그 결과 폭음을 한다든지 스트레스를 심하게 받으면 건강을 잃게 된다.

우리 사회에 각종 범죄가 날로 기승을 부리고 있는데, 이는 가정에 문제가 있기 때문이다. 집안에서 자녀들 돌보고 집안 살림을 잘하는 현모양처(賢母良妻)를 바보로 취급하는 분위기가 우리 사회에 있기 때문에, 대부분의 여인들이 앞을 다투어 밖으로 나가서 무슨 일을 하려고 한다. 자녀들의 성장에 관심도 없고, 집안일은 돌보려고 하지 않는다. 그러다 보니 거의 모든 가정이 정상이 아니다. 자녀들이 부모 얼굴을 볼 시간이 없다. 또 부부 사이의 불화로 말미암아, 이혼, 별거 등 비정상적인 상태의 가정이 날로 늘어나고 있다. 그러니 자녀들이 정서적으로 불안하다. 가정이 불안하고 즐겁지 않으니까, 결국 부모의 무관심 속에서 청소년 범죄행위를 저지르게 된다. 국가에서 뒤늦게 청소년 선도위원회 등을 만들어 문제가 있는 청소년을 선도한다고 하지만, 청소년 문제가 근본적으로 해결될 수가 없다. 해결되기는커녕 도리어 날로 늘어나고 있다.

어떻게 할 것인가? 지금부터라도 가정부터 정상화해야 한다. 젊은 사람들은 결혼만 하면 가정이 되는 줄 알지만, 원만한 가정을 이루려면 노력을 해야 한다. 연애할 때야 좋은 장소에서 만나 좋은 이야기 나누다가 좋은 음식 먹고 다니면 되지만, 결혼은 그렇지 않다. 가정을 꾸려 나가려면 귀찮고 어려운 일도 처리해야 한다.

두 사람이 만나 결혼하여 살면 저절로 가정이 되는 것이 아니고, 하나의 가정을 이루기 위해서는 노력하고 참고 경영을 해야 한다. 한 쌍의 부부가 되면 단순히 두 사람만의 관계에서 그치는 것이 아니다. 부부를 이룬 두 사람은, 부부 상호 간의 배우자이자, 자기 부모의 자식이고, 자녀들의 부모다. 그리고 며느리, 동서, 형수, 사위, 자형, 처남, 고모부 등등 다양한 관계가 다 한 번의 결혼으로 형성된다. 그러니 한 사람이 멋대로 처신하면 많은 사람들에게 상처를 준다.

옛날에는 정해진 운명에서 달리 선택의 여지가 없기 때문에 묵묵히 자기에게 주어진 길을 가는 수밖에 없었다. 그래도 가난한 것 이외에는 가정문제가 크게 발생하지 않았다.

그러나 지금은 부부간의 개성이 존중되어야 하고, 대등한 주장을 하다 보니, 서로 양보하기가 어렵다. 결국 말다툼으로 번지게 된다. 서로 참고 서로 맞추어 살려고 노력하기는 쉬운 일이 아니다. 반면 눈만 돌리면 가정을 버리도록 갖가지 유혹이 도처에 도사리고 있어 얼마든지 일을 저지르고 가정을 스스로 파괴할 수가 있다.

'동방예의지국(東方禮義之國)'이라고 중국의 칭찬을 받아 오던 우리나라가 이제는 가정의 예절과 법도는 이미 파괴되고 물질적인 의식주 생활에 바탕한 즐거움만 추구하고 있다. 이러다가 부부간에 싫증이 나면 곧 불화가 생겨나 점점 악화되어 이혼을 하게 되고 자식들을 팽개치게 된다. 가정의 건강한 화목 없이는 개인의 진정한 건강을 기대할 수 없고, 진정한 안정된 사회를 기대할 수도 없다. 건강한 가정을 이루기 위해서는 화목하게 지내려고 노력해야 한다.

2008년 6월 9일

家: 집 가　　　和: 화합할 화　　　萬: 일만 만　　　事: 일 사
成: 이룰 성

실사구시
實事求是

실제적인 일에서 옳음을 구한다

옛날 고등학교 국사 교과서를 보면, 영정조(英正祖) 시대의 실학자(實學者)들을 세 개의 학파로 분류하면서 추사(秋史) 김정희(金正喜) 등 고증학(考證學)에 치중하는 학자들을 '실사구시학파(實事求是學派)'라고 분류했다. 그러나 '실사구시'란 말은 꼭 고증학파에만 해당되는 것은 아니고, 모든 실학자들, 나아가서는 모든 학자들, 더 나아가서는 모든 사람들에게 다 해당되는 말이다.

'실사구시'란 이 말은, 후한(後漢)의 반고(班固)가 지은 『한서(漢書)』「하간헌왕전(河間獻王傳)」에 맨 먼저 나오니, 생긴 지가 이미 2천 년 가까이 된다.

그런데 중국에 와 보니, 이 말은 일상 대화에서 많이 쓰이고 있다. 특히 정치지도자나 학자들이 많이 쓰는 편이다. 모택동(毛澤東)이 '실사구시(實事求是)'라고 쓴 글씨도 곳곳에 붙어 있다. 이 말을 특히 많이 쓰는 사람은 중국 개혁개방의 총설계자 등소평(鄧小平)이다. 그의 개혁노선은 '실사구시' 정신에 입각한 것이다. 실사구시란 "실제적인 일에 입각해서 올바른 길을 택하는 것"이다.

중국에 맞지도 않는 마르크스 이론에서 벗어나지 못하던 중국 지도자들의 생각을 과감하게 바꾸도록 한 사람이 등소평이고, 생각을 바꾸는 데 크게 작용한 말이 '실사구시'다. '실사구시' 정신에 입각하여 표명한 등소평의 말 가운데 몇 가지를 소개하면 다음과 같다.

"흰 고양이냐 검은 고양이냐를 막론하고, 쥐를 잡아야 좋은 고양이다.[不管白猫黑猫, 抓住耗子, 就是好猫.]" 즉 공산주의건 자본주의건 상관하지 않고 잘 사는 것이 중요하다는 말이다.

"사회주의가 사람이 먹을 밥이 될 수가 없다.[社會主義不能當飯吃.]" 사회주의 자체가 사람 밥 먹여 주는 것이 아니니, 사람을 가난하게 만들면, 사회주의도 얼마든지 뜯어고칠 수 있다는 의미다. 사회주의에는 본래 시장경제가 없었다. 그러나 등소평은 과감하게 "사회주의제도에 시장경제 하지 말라는 규정이 어디 있느냐?"라고 하면서 자본주의의 시장경제원리를 사회주의에 도입시켰다.

"발전이 바로 확실한 방법이다.[發展就是硬道理.]" 결국 발전하는 것이 최고라는 뜻이다. 아무리 좋은 사상이라도 국가의 경제발전이 없어 후진국으로 낙후되면 안 된다는 뜻이다.

1978년 등소평이 개방한 이래로 중국은 지금 경제적으로 엄청나게 발전하였다. 개혁개방을 처음 시도할 때, 반대하는 정치지도자들도 많았지만, 등소평은 자기의 실사구시 노선을 추진하여 중국을 세계적인 경제대국으로 만들었다.

반대로 북한의 김일성(金日成)이나 그 아들 김정일(金正日) 같은 경우에는 교조주의적(敎條主義的)인 공산주의에 갇혀 개혁개방을 못 하였다. 그 결과 낙후된 경제상황으로 인하여 많은 백성들을 굶겨 죽이고 있다.

예를 들면 벼를 한 평에 몇 포기 심고, 농작물 가운데서 쌀은 몇 퍼센트 이상 심고, 옥수수는 몇 퍼센트 심으라는 것까지 당(黨)에서 결정하여 명령하고 있다고 한다. 땅이 기름지면 좀 많이 심어도 되고, 좀 메마르면 적게 심어야 하는데, 기름지거나 메마르거나에 상관없이 심는 포기까지 정해져 있으니, 농사가 잘될 수 있겠는가?

사람이 어떤 일을 하면서 실사구시 정신으로 하면 훨씬 더 적응을 잘할 수가 있고, 기회를 놓치지 않고 발전할 수가 있다. 나라도 마찬가지다.

2008년 6월 16일

實: 열매 실   事: 일 사   求: 구할 구   是: 옳을 시, 이 시

241

식전방장
食前方丈

음식이 사방 한 길 되는 상에 차려져 있다

중국의 경제가 발전하니, 봉급생활자들의 월급이 이전에 비하여 상상을 초월할 정도로 올랐다. 내가 아는 교수는 자기 입으로 자기 월급이 10년 사이에 30배 올랐다고 이야기했다.

그러나 월급이 오르고 생활수준이 향상되자 여러 가지 상품(商品)도 고급화되어 돈이 많이 들게 생겼다.

남자 바지 하나에 우리 돈 몇천 원 주면 살 수 있었는데, 지금은 몇십만 원짜리를 파는 고급 상점이 수두룩하다. 물론 몇천 원 하는 바지를 파는 데도 있긴 하지만, 좀 살 만한 사람들은 자기 수준에 따라서 자연히 그런 가게로는 발길이 가지 않는 모양이다.

값이 많이 오르고 고급화된 것 가운데 대표적인 것이 음식점이다. 전반적으로 값이 많이 올랐지만, 특히 사치스러운 호화판 음식점이 많이 생겨났다. 그런데 이름 있는 사치스러운 음식점에는 항상 사람이 많다. 중국 사람들이 자기 수입에 비하면 비싼 음식점인 줄 알면서도 '내가 우리 가족 데리고 저기 들어가서 밥 한 끼 못 먹어서야 되겠나?' 하는 심리에서인지 모르겠으나, 아무튼 고급음식점에는 사람이 항상 붐빈다.

'동래순(東來順)'이라는 유명한 식당이 있다. 샤부샤부같이 고기를 끓는 물에 담가 먹는 음식점인데, 역사가 150년쯤 된 식당이고 북경(北京)에만 체인점이 190개나 되고, 하루 매출액이 우리 돈으로 9억 원이라고 한다. 그런데 이 식당에는 점심때 가면 입구에서 종업원이 대기번호표를 나누어 주는데, 한 20분, 심하면 한 시간 정도 기다리면, 자기 번호를 불러 자리를 배정해 준다. 그 번호표 부르는 종업원의 인상이 마치 손님에게 대단한 특혜를 베푸는 것 같다.

나라가 넓다 보니, 한 가지 사업에 성공하면 일확천금(一攫千金)을 하는 사람도 없지 않다. 그래서 개인전용 비행기를 가진 사업가도 많다. 중국에 떠돌아다니는 말로 이런 것이 있다. 상해(上海) 부자가 북경 부자를 초청하여 5천만 원짜리 음식을 대접했더니, 북경 부자가 자기 전용비행기를 타고 갔다가 음식 나오는 것 보고는, "사람을 어떻게 이렇게 대접할 수 있느냐?"고 노발대발(怒發大發)하며 밥을 먹지 않고 돌아왔다고 한다.

중국 서안(西安)에는 '황제식사(皇帝食事)'라 하여 한 끼에 4천만 원 가까이 하는 음식을 파는 식당이 생겨 신문에 소개된 것을 보았다.

북경에서 제일 좋은 호텔이라는 북경반점(北京飯店) 앞을 근 20년 동안 지나만 다니다가 몇 년 전 한번 들어가 봤더니, 메뉴판 속에는 5백만 원짜리 등등 몇백만 원짜리 요리가 수두룩하였다.

맹자(孟子)가 말하기를, "나는 내 뜻대로 할 수 있어도, 음식이 앞에 사방 한 길 되는 상에 호화판으로 차려져 있고, 시중드는 여인들이 수백 명인 그런 사치스러운 생활은 하지 않겠다."라고 했다.

아무리 좋은 음식이라도 혀에 닿는 순간만 느끼는 것이지, 그 단계를 지나고 나면, 비싼 음식이나 값싼 음식이나 별 차이가 없다. 그보다는 자신의 덕(德)을 닦고 법도에 맞는 생활을 하여 자신의 도덕성(道德性)과 정당성(正當性)을 높이는 것이 더 중요하다.

사람이 음식이 아니면 살 수가 없지만, 인생을 사는 목적을 맛있는 음식 먹는 데 둔다면, 너무 저급한 생활이라고 할 수 있다. 맛있는 호화판 음식 먹는 사람을 부러워할 것도 없다. 영양가 많은 맛있는 음식만 찾다 보면 영양과잉이 되어 결국 각종 생활습관병을 유발하게 된다. 요즈음 의사들도 거친 음식을 먹을 것을 권유하고 있다.

2008년 6월 23일

食: 먹을 식　　前: 앞 전　　方: 모 방　　丈: 한 길 장

242

면배수적
面背受敵

얼굴이나 등에서 모두 적의 공격을 받는다

필자가 중국 북경에 머무르는 관계로 국내정치의 자세한 내용을 알지 못한 채 지내는 셈이다.

지난해 압도적인 표차로 거뜬하게 대통령에 당선되어 2월 25일 취임한 이명박(李明博) 대통령이 지금 잘해 나가고 있겠지라고 생각해 왔다. 그러다가 지난 5월 말쯤에 우연히 인터넷을 여니, 사건 제목 가운데 '대통령 탄핵(彈劾)' 운운하는 말이 올라와 있었다. 워낙 의외인지라, 국내의 상황이 궁금해서 좀 알아봤더니, 그사이에 대통령의 인기는 20퍼센트 정도로 추락하였고, 국내에서는 미국 쇠고기 수입 협상 때문에 연일 대규모 시위가 계속되고 있었다.

대통령은 시위하는 사람들이 너무 심하다고 생각할지 모르지만, 대통령 자신이 자아서 이런 사태를 만들어 낸 책임이 없지 않다.

압도적인 표차로 대통령에 당선되어 취임했다. 곧이어 4월 9일에 국회의원 총선이 있었는데, 야당이 없어질까 사치스러운 걱정을 할 것이 아니라, 전력을 다해서 정계를 장악해야만 했다. 그래야 자기 재임 기간 동안에 자신의 정책을 실현할 수 있는 것이다.

그런데 대통령 선거의 압도적인 승리에 도취되어 마치 국회의원 선거에서 너무 압승을 하면 곤란하다는 교만한 마음을 갖기라도 한 듯, 공천심사를 잘못하여 많은 불만이 나왔다. 박근혜(朴槿惠) 의원의 측근이라 공천에서 떨어진 사람들이 친박연대를 결성하거나 혹은 무소속으로 출마하여 한나라당 후보를 떨어뜨렸다. 단합하여 힘을 집중적으로 쏟지 않고 분열하여 힘을 분산하였다. 결과는 겨우 의석을 과반수 정도 차지하는 데 그치고 말았다. 총선 후에도 친박연대의 복당(復黨) 문제로 조금도 생산적이지 않은 논란이 그치지 않았다.

이명박 대통령은 늘 자신감을 갖고 "내가 아주 큰 회사인 현대건설 사장도 오랫동안 잘 해냈다.", "서울시장도 역대 시장 가운데서 제일 잘했다고 하더라."라는 말을 자주 했다.

현대건설 사장도 잘했고, 서울시장도 잘했다고 할 수 있다. 그러나 현대건설 사장이나 서울시장 하는 것하고, 대통령 하는 것하고는 하늘과 땅 차이가 있다. 현대건설 사장은 정주영(鄭周永) 회장의 절대적인 신임을 업고 회장 하자는 대로 하면서, 간간이 마음에 드는 건의 정도 하면 된다. 목적이 이윤추구 하나밖에 없기 때문이다.

서울시장 하는 동안에는 하는 일이 대부분 서울시의 이익을 위해서 하는 일이기 때문에 악랄하게 물고 늘어질 야당 소속의 시의원이 있을 리 없다. 서울시에는 외교나 국방문제 같은 복잡다단한 문제가 없다. 지역감정도 없고, 농민문제도 없다. 서울시장은 서울시민이 희망하는 바를 달성하면 된다.

대통령이 되면 국가를 대표하여 외국과 외교를 해야 하는데, 대통령의 한마디 말이 나라의 운명을 좌우하는 경우도 있다. 북한이나 주변국과의 평화를 유지하려면 때로는 평화적으로 때로는 위협적으로 처리할 일이면서 긴박한 일이 매일 발생할 수 있다.

그러니 근본적으로 현대건설 사장이나 서울시장 잘했다고, 저절로 대통령을 잘할 수 있는 것이 아니다. 자동차 운전 잘한다고 저절로 비행기를 잘 모는 것은 아니다.

대통령의 속마음은 어떤지 모르겠지만, 겉으로 보기에는 애국심이 일반 국민들보다 없어 보인다. 취임 준비하면서 영어교육을 너무 강조하는 바람에 백성들의 빈축을 샀다. 자기 나라 전통문화에 대해서는 한마디 언급도 없이 입만 벌리면 영어가 중요하다고 강조했다.

미국 방문하고 중국 방문하는 일도 좀 천천히 해도 될 것이고, 국제사회에서 우리나라의 주장만을 할 수는 없지만, 미국과 협상을 하더라도 얻을 것은 얻어 내면서 마지못해서 미국의 요구를 들어주는 식이 되어야지, 국민 여론을 무시하고 덜렁 협상을 해서는 곤란하다.

장관이나 비서관을 임용하면서 좀 더 신중히 했어야 하지 않나 하는 아쉬움이 있다. 자신이 선거기간 동안에 재산문제로 그렇게 시달렸으면, 장관이나 비서관을 임용하면서 청렴한 사람들을 위주로 임용해야 자신의 혐의가 벗겨질 것인데, 도리어 많은 재산을 가진 사람만 장관이나 비서관으로 임명했고, 그들의 재산형성에 문제가 노출됐는데도, 대통령이 문제인 줄로 생각하지 않으니, 대통령의 사고에 문제가 있었다.

역대 대통령들은 자신을 위해서 목숨을 바칠 자기 사람을 주변에 몇 명 갖고 있었지만, 이명박 대통령에게는 진정한 측근이 없고, 대부분 급작스레 모인 사람들이다. 그 가운데 특히 교수들이 많다. 교수 가운데 능력이 출중한 사람이 많겠지만, 교수들은 정상적이고 합리적인 상황에서 자기 이론을 펼칠 수 있다. 그러나 정치상황은 정상적이고 합리적이지 않다. 유격전적인 상황에서 대처능력이 뛰어난 사람들이 필요하다.

그리고 신문 방송과의 관계가 원만하지 못하여, 아직도 대부분 대통령과 적대관계에 있는 셈이다.

이런 상황이 지금 대통령을 어렵게 만들어 국민은 국민대로, 야당은 야당대로, 여당 내에서는 여당대로 대통령을 공격하고 있는 모양이다.

대통령 노릇 잘하기가 쉽지 않다는 것을 알고, 심기일전하여 진지한 자세로 최선을 다하여 난국을 극복하기 바란다.

2008년 6월 30일

面: 얼굴 면　　背: 등 배　　受: 받을 수　　敵: 적 적

맹구치부목
盲龜値浮木

눈먼 거북이가 물에 떠 있는 나무를 만나다

어릴 때 어울리던 친구나 학교에서 가르침을 받았던 선생님 가운데서 헤어진 뒤 한 번이라도 다시 만났으면 하고 아쉬워하는 경우가 있다. 사람만이 아니라 아끼던 물건이었는데, 없어졌거나 잃어버린 뒤에 그 물건을 얻을 수가 있다면 하고 아쉬워하는 경우가 많다. 그러나 보통 좀처럼 뜻대로 되지 않는다.

필자의 숙부님은 책 읽기를 아주 좋아하였다. 건강에 관심이 많아서 한의학(韓醫學: 1980년대까지는 漢醫學으로 표기하였음) 서적도 가끔 보았다. 가끔 자기 약이나 가족들의 약을 지어 주기도 했는데, 특효가 있는 경우가 있었다. 숙부님의 한의학 관계 책 가운데서 『화타신의비전(華陀神醫秘傳)』이라는 책이 있었다. 화타는 후한(後漢) 말기의 아주 뛰어난 의원으로, 조조(曹操)가 중풍이 들었을 때, 머리에 문제가 있다 하여 머리를 열어 수술을 하려다가 조조에게 처형된 명의(名醫)였다. 그는 자기가 지은 의학 책을 불살라 버렸다고 되어 있다. 그러나 이 책의 서문에 보면 화타의 집에 원본이 남아 있었고, 불살라졌던 것은 사본이라고 되어 있다. 이 책이 집에 남아 있던 화타의 진본(眞本)인지, 후세 사람이 가탁한 것인지는 알 수 없다.

필자가 고등학교 다닐 때 숙부님은 서울로 이사를 갔는데, 중요한 물건만 챙겨 가고, 나머지 살림도구는 우리 집에 맡겨 두었다. 그 가운데 『화타신의비전』이 남아 있었다. 필자가 그 책을 가끔 보기도 하였는데, 이 책은 증상별로 처방이 나와 있어서 의학에 정통하지 않아도 처방 그대로 약을 쓰면 되니까, 쉽게 활용을 할 수가 있었다.

필자가 그때 그냥 '마른 트림'이 자주 나오는 증상이 있었는데, 아프거나 한 것은 아니지만, 남 보기에 안 좋아 고쳤으면 생각하고 있었다. 어느 날 이 책을 찾아보니까, "산에 가서 칡을 캐서 즙을 내어 석 되를 먹으면 낫는다."라고 처방이 나와 있었다. 그래서 친구들을 데리고 산에 가서 칡을 반 가마 정도 캐어 와서 돌확에 찧어서 마셨더니, 과연 말끔히 나았다.

한약재로 처방하는 것이 대부분이었지만, 민간약을 활용하는 경우도 많았다. 예를 들면 "곡식 껍질 등이 목에 걸리면 닭의 침을 먹고, 고기 뼈가 목에 걸렸으면 개의 침을 먹어라." 등등이었다.

그 뒤 군대 갔다가 휴가 오면서 숙부님 댁에 들렀는데, "그 책이 보이지 않는데, 고향에 있으면 다음에 올 때 찾아오라."는 분부를 듣고 찾아 드렸다.

40여 년의 세월이 지나 숙부님도 돌아가셨고, 종제들에게 그 책을 찾아서 나를 달라고 하기도 어려웠다. 나는 그 책이 갖고 싶지만, 종제들의 처지에서 볼 적에는 자기 부친의 유품이기에 쉽게 내놓을지도 알 수 없는 일이다.

그래서 한의학 관계 출판사나 도서관에 알아봐도 그 책은 없었다. 1989년 이후로 중국을 자주 다니면서 서점을 두루 뒤졌지만, 그 책은 없었다. 혼자 마음속으로, '시간이 나면 종제에게 이야기해서 복사라도 해서 가져야겠다. 그동안 없어졌으면 어쩌지?'라는 생각을 하고 있었다.

그런데 며칠 전 한국에서 문화예술 관계 인사 다섯 명이 북경에 와서 같이 반가원(潘家園)이라는 북경 동쪽에 있는 유명한 골동시장에 가게 되었다. 거기에는 헌책을 파는 서점도 있는데, 나는 한길사 김언호 사장하고 같이 헌책방을 둘러봤다. 그런데 그 책이 거기에 있었다. 단숨에 샀다. 우리 돈 3천 원 정도의 가격이었다. 너무나 반가웠다.

불교의 『백유경(百喩經)』에서, 만나기 어려운 것을 비유하여, "눈먼 거북이가 바다를 헤엄치다가 떠다니는 나무를 만나는 격"이라고 했다. 정말 몇십 년 만에 우리나라나 중국의 어디에서도 보이지 않던 책을 여기서 만났으니, 정말 이루기 어려운 소원을 달성하였다.

2008년 7월 7일

盲: 눈멀 맹　　龜: 거북 구(귀)　　值: 만날 치, 값 치　　浮: 뜰 부
木: 나무 목

음식유절, 기거유상
飮食有節, 起居有常
음식은 절제가 있고, 거처는 일정함이 있게 한다

옛날에는 영화 한 편을 보려고 하면 읍내까지 15리 정도 걸어가서 보거나, 아니면 가끔 들어오는 이웃 동네 가설극장(假設劇場)까지 걸어갔다 와야 했다. 그러다가 1970년대 초기에 이웃 부잣집에서 처음으로 흑백텔레비전을 샀다. 온 동네, 심지어는 이웃 동네 사람까지도 와서 봤다. 영화나 연속극을 보려면 이웃집까지는 걸어가야 했다.

10여 년 지나 집집마다 텔레비전이 보급되었다. 그래도 텔레비전을 보려면 마루까지는 걸어 나가야 했다. 그러다가 텔레비전이 흔해져서 방마다 있게 되어 마루까지 걸어 나갈 필요도 없게 되었다. 그러나 채널을 바꾸기 위해서는 텔레비전 앞에까지 일어나 가야 했다. 그 뒤 리모컨이 생겨서 텔레비전 앞에까지 갈 필요도 없게 되었다. 그러니 손가락만 움직이면 이리저리 채널을 돌리면서 볼 수 있다. 지금은 손가락 누르는 것도 귀찮아서 말로 하면 채널이 바뀌는 장치를 개발 중이고, 나중에는 말도 필요 없고 눈짓만 하면 채널이 바뀔 것이라 한다. 사람을 엄청나게 편하게 만들었고, 시간을 절약하게 해 주었다. 비단 텔레비전뿐만 아니라 모든 생활도구가 이런 식으로 발달해 왔다.

이런 식이다 보니 너 나 할 것 없이 모든 사람의 운동량(運動量)은 엄청나게 줄어들었다. 사람도 동물(動物)의 한 종류이기 때문에 움직여야 산다. 크게 보면 '동물(動物)'이라 할 때 '동(動)' 자가 '움직일 동' 자다. 사람을 포함한 동물은 본능적으로 움직여야 산다. 그래서 수백 가지의 헬스기구가 개발되어 사용되고 있지만, "걷는 것만큼 좋은 운동이 없다.[百鍊不如走.]"고 한다.

텔레비전이 있으면, 집에 앉아서 영화나 연속극을 볼 수 있고, 전 세계의 소식을 알 수 있고, 운동 경기도 볼 수 있고, 외국어도 배울 수 있고, 자기가 좋아하는 연예인들도 만날 수 있는 등등 유익한 점이 너무나 많다. 그러나 절제 없이 보면, 우리 몸에 온갖 나쁜 영향을 미친다. 휴일이나 퇴근 후 한번 텔레비전 앞에 앉으면, 잘 때까지 이리저리 채널을 돌리면서 본다.

절제 없이 장시간 텔레비전을 보면, 첫째, 눈을 결정적으로 나쁘게 만든다. 또 나쁜 자세로 꼼작 않고 앉아 있기 때문에 어깨, 허리, 목 등에 아주 해롭다. 심지어는 텔레비전 보다가 앉은 채로 잠이 들어 목이 비틀어진 사람이 있는 경우도 봤다. 중국의 사전에는 '텔레비전 보다가 생긴 병'이라는 뜻의 단어인 '전시병(電視病)', '전시종합증(電視綜合症)' 등의 말이 올라 있다. 중국에서는 텔레비전을 '전시(電視: 뎬스)'라고 한다.

텔레비전을 보면서 간식 등을 먹으면, 하루 저녁에 6, 7백 칼로리까지 열량을 더 추가하게 된다. 운동은 거의 하지 않고, 음식은 몇 배로 많이 먹으니, 살이 찔 수밖에 없다.

텔레비전뿐만 아니라, 우리 생활을 편리하게 하려고 발명한 제품들이 도리어 우리들의 건강을 해치고 있다. 자동차, 컴퓨터, 엘리베이터, 세탁기 등등.

우리나라에도 지나치게 살찐 사람이 가끔 보이더니, 중국 와서 보니까, 살찐 사람이 너무나 많다. 중국 사람들은 체질적으로 고기를 좋아하고, 또 모든 음식을 기름에 튀겨 먹기 때문에 기름 섭취량이 우리보다 몇 배나 많다. 생활습관병 발생률도 급속도로 증가하고 있다. 그래서 지금 중국도 도시의 여인들은 가장 큰 관심이 살 빼는 데 있다. 살 빼는 음식, 살 빼는 차(茶) 등을 광고하기 시작했다. 그러나 눈앞에 맛있는 음식이 즐비한데 스스로 절제하기 어렵고, 혼자 사는 것도 아니고, 직장생활 하려고 보니 생활이 규칙적으로 되기가 어렵다. 운동을 시작해야지 해야지 하다가 영원히 못 하는 사람도 많다.

원자탄을 발명한 아인슈타인이 갑자기 동맥경화로 세상을 떠났다. 물리학 분야에서는 세계 최고의 학자지만, 자기 건강관리에는 실패한 것이다. 반대로 중국 13억 인구의 총지휘자로 너무나 바쁘게 산 등소평(鄧小平)이 가장 중요하게 생각한 일은 다름이 아니고 운동이었다. 문화대혁명 때 부총리에서 시골 트랙터 공장 직공으로 추방되었으면서도 하루 한 시간 걷는 규칙은 견지(堅持)하였다. 그 결과 건강하게 94세까지 살았다.

맛있는 음식이 아무리 많아도 절제해서 먹고, 생활이 아무리 복잡해도 규칙적으로 생활하여 건강하게 살아야 하겠다. 그래야 자신도 행복하고 주변 사람들에게도 피해를 끼치지 않을 수 있다.

2008년 7월 14일

飮: 마실 음　　食: 먹을 식　　有: 있을 유　　節: 마디 절, 절제할 절
起: 일어날 기　　居: 살 거　　常: 늘 상, 일정할 상

면광어랄
面狂語辣

얼굴은 미친 듯하고, 말은 고약하다

인도(印度)의 상류층 집안의 여인들은 모자를 쓰는 것이 습관이고, 어디를 가나 좀처럼 벗지 않는다고 한다. 옛날 인도에 극장이 처음으로 보급되어 갈 때, 영화 보러 오는 상류층 여인들이 극장에서 영화를 보면서도 모자를 벗지 않았다. 수많은 여인들이 큰 모자를 쓰고 있으니, 뒤에 앉은 관객(觀客)들은 불만이 많았다. "모자를 벗으시오."라고 안내방송을 할 수도 있고, "모자 좀 벗읍시다."라고 자막을 내보낼 수도 있고, 극장 입구에 "모자 착용 절대금지"라는 문구를 붙일 수도 있다. 그러나 극장은 영리를 목적으로 하기에 고객을 존중해야 한다. 그래서 관객의 다수를 이루는 상류층 여인들의 기분을 상하게 하기 어려웠다. 그렇다고 또 많은 관객들의 불만을 해소하지 않을 수도 없었다.

극장 측에서 한동안 고민을 하고 있었는데, 한 직원이 이런 의견을 제안했다. "이런 문구를 자막으로 내보내면 아무도 모자를 쓰지 않을 것입니다. '우리 극장에서는 질병이 있거나 노약한 여인들을 배려하여 그런 분들에 한해서 모자를 쓴 채로 영화를 보는 것을 허락합니다.'라고. 멋 내기 위해 모자를 쓰는 여인들치고 자기가 병들었거나 노약하다고 간주되기를 바라는 사람은 아무도 없을 것이니까요."

극장 측의 여러 사람들의 논의를 거쳐 그다음 날 영화 상영 전에 자막으로 그 문구를 내보냈더니, 과연 그 직원의 예측은 적중(的中)했다. 자막이 나가자마자 극장 안의 모든 여인들이 즉각 모자를 다 벗었고, 한 번밖에 자막이 나가지 않았는데도, 그 뒤 극장 안에 들어오면 여인들이 한 사람도 빠짐없이 모자를 다 벗었다.

그 자막 속에 강압적이거나 위세를 부리는 명령조의 말은 한마디도 없는데도, 효과는 영원히 백 퍼센트였다. 이런 표현을 보통 '완곡(婉曲)한 말투'라 하는데, 넌지시 둘러서 말하지만, 듣는 사람이 기분 나쁘지 않으면서 말을 듣게 하는 것이다. 필자가 고등학교 다닐 때, 표동종(表瞳鍾) 선생님은 학생들을 때리거나 욕설을 하는 적이 없는데도 학생들은 수업 시간에 조용하고 말을 잘 들었다. 심지어 화를 내는 일도 없었다. 그 당시 생각에도 대단하다고 생각됐다. 그분 자신이 모범적으로 처신하여, 학생들의 마음을 움직였기 때문에 그런 반응이 나오지 않았나 생각한다. 자신의 언행으로써 학생들을 완전히 감복시켰기 때문이다.

오늘날 우리 사회를 둘러보면, 얼굴 표정이나 말이 너무 거칠다. 중국에 살다가 한국에 가서 비행기에서 내려 공항을 빠져나가면 크게 두 가지 확실한 인상을 받는데, 첫째는 우리나라가 너무나 깨끗하다는 것이다. 거리나 건물이나 다 깨끗하고 사람들의 옷차림이 깨끗하다. 두 번째는 우리나라 사람들의 표정이 활기가 있다는 것이다. 보통 쓰는 말로 '빠릿빠릿하다' 할 수 있다. 그러나 조금 안 좋은 말로 표현하자면 얼굴 표정이 너무 '악착같다'고 할 수 있다. '자기 것 절대 손해 보지 않겠다.'는 표정이 역력하다. 요즈음은 버스 등을 타 보면 앞뒤에서 계속 핸드폰을 하는데, 젊은 사람 나이 든 사람 할 것 없이 말하는 것의 반 이상은 욕설이고 고함이다. '점잖다', '느긋하다', '너그럽다', '도량이 있다', '우아하다' 등등의 말은 찾아보기 어렵다.

대통령 선거를 비롯해서 각종 선거에 출마한 후보들이 유세할 때 하는 말의 대부분은 상대방 비방과 자기 자랑이다. 명색이 국민을 대표한다는 국회의원들이 가장 자주 쓰는 말은 '결사반대', '끝까지 사수한다', '절대 양보는 없다', '타도한다' 등등의 말이다. 너무나 살벌한 말들이다. 표정도 마찬가지다. 상대당의 입장을 고려해 주는 아량(雅量)은 찾아볼 길이 없다. 개인뿐만 아니라, 단체나 기관도 마찬가지다.

말만 그런 것이 아니라, 각종 관청이나 단체에서 보내는 문서 등에도 갖추어야 할 예의가 없기는 마찬가지다. 조금만 분석해 보면, 기분 나쁘게 하는 표현이 곳곳에 수두룩하다.

『대학(大學)』이라는 책에, "말이 어그러지게 나가면 어그러지게 들어온다.[言悖而出者, 亦悖而入.]"라는 말이 있다. 자기가 멋대로 무례한 말을 하면 결국 자기도 그런 말을 듣는다. 남에게 표정이나 말로 행패를 부리면, 간접적으로나 직접적으로 자기도 그런 보복을 당한다.

생활이 편리해지고 경제적으로 윤택해졌다고 발전한 것이 아니고, 우리나라 사람들이 점잖고 우아한 표정으로 예의에 맞는 말을 할 때 우리나라 사람들의 삶의 질이 발전했다고 말할 수 있는 것이다.

2008년 7월 21일

面: 얼굴 면　　狂: 미칠 광　　語: 말씀 어　　辣: 매울 랄

화충공제
和衷共濟

속마음을 화합하여 함께 일을 해결해 나간다

중국 공산당의 주석 모택동(毛澤東)이 1970년대 중반 어느 날 쇼크를 일으켜 쓰러진 일이 있었다. 그 당시 그 부인 강청(江靑)은 모택동과 한 집에서 살지 않고 조어대(釣魚臺: 별장식 호텔 이름)라는 곳에서 따로 살고 있었다. 모택동이 약간 정신이 돌아왔을 때, 비서가 "강청 동지를 부를까요?"라고 물으니까, 모택동은 무의식중에도 손을 내저으며 부르지 말라고 했다. 왜냐하면 강청이 가까이 오면 귀찮으니까.

모택동은 장기간의 투쟁을 통해서 정권을 쟁취하였는데, 그는 늘 투쟁을 강조하였고, 다른 사람들에게도 투쟁을 끝없이 권유하였다. 노동자는 자본가에게 투쟁하고, 소작인은 지주에게 투쟁하고, 피고용인은 고용주에게 투쟁하고, 없는 자는 가진 자에게 투쟁하라고 가르쳤다.

그가 집권한 1949년 이후로 중국 대륙에 정치적 투쟁이 끊일 날이 없었다. 그가 집권한 직후에 자본가, 지주, 국민당 지지자들을 반혁명분자로 몰아 숙청했다. 1950년대 후반 반우파투쟁(反右派鬪爭)이라 하여 우파에 가깝다고 간주되는 사람들을 모아 한차례 대대적인 숙청을 했다. 그리고 나서 1966년부터 10년 동안 문화대혁명을 일으켜 자신에게 반기를 드는 사람들은 거의 다 숙청했다. 계속 반대파를 만들어 타도하고, 남은 계파 가운데서 또 반대파를 색출하여 타도하는 식이었다. 그러니 모택동이 세상을 떠날 때까지 투쟁은 계속됐다.

 투쟁을 그렇게 중요하게 생각한 모택동도, 자기 부인 강청이 불평을 하고 잔소리를 하고 의견대립을 하니까, 귀찮았다. 나중에는 따로 살았고, 자주 만나 주지도 않았다. 얼마나 귀찮았으면 쇼크로 생명이 위급한 상황에서도 부인의 접근을 싫어하였을까? 따뜻한 손길이 아니고, 가시 돋친 말과 앙칼진 목소리에 너무나 질려 버린 것이다. 모택동 자신이 평소에 주장하던 대로라면 자기에게 투쟁하고 대들고 불평하고 잔소리하는 여인을 더 사랑해야 할 텐데, 자신의 경우에는 투쟁 잘 하는 사람을 귀찮아했을까?

 혁명가건, 싸움 선수건 간에, 사람은 마음으로는 포근한 어머님 품속 같은 환경을 제일 그리워하는 것이다.

 그래서 세상은 투쟁해서 되는 것이 아니고, 화합(和合)하는 것이 중요하다. 화합이 되어야만 세상이 정상적으로 운영될 수 있다. 가정도 화평해야 가족들이 힘을 얻을 수 있고, 직장도 화평해야 일에 능률이 오를 수 있다. 가장 쓸데없이 에너지를 낭비하는 것이 가까이 있는 사람하고 다투는 것이다. 마음이 평화롭지 못하고 직장동료하고 정신적인 갈등을 일으키면서는 일에 집중할 수 없고 능률을 올릴 수 없다. 미국 하버드대학 교수들은 절대로 서로 싸우는 일이 없다고 한다. 각자 세계 최고를 향해서 나아가는 데 쓸데없는 일에 에너지를 낭비할 시간이 없는 것이다.

 화합이 잘되려면 개인 각자가 자기의 주장만 하고 자기의 이익만 챙겨서는 안 된다. 겸손하게 상대를 위하고 이해하고 서로 양보해야만

이 화합이 가능하다.

지금 중국은 호금도(胡錦濤) 주석이 들어선 이후로 '화해사회(和諧社會)'를 부르짖으면서 다방면으로 화합을 극도로 강조하고 있다. 모택동이나 호금도나 다 같은 공산당이지만, 통치방식을 투쟁에서 화합으로 바꾼 것이다. 호금도는 오랜 역사적 실험을 통해서 투쟁으로는 국가통치가 안 된다는 것을 안 것이다. 그래서 작년에 처음으로 개통한 중국 고속전철의 이름을 화해호(和諧號)로 지었다. 거리 곳곳에 '화해'의 표어가 나부낀다. '화(和)'는 '좋은 곡식이 입에 맞는다'는 뜻에서, '서로 순응한다', '서로 화합한다'는 뜻이고, '해(諧)'는 '말을 하면 여러 사람들이 다 의견이 일치한다'는 뜻에서, '어울린다', '고르다'라는 뜻이다. 지금 중국은 국가의 정책에 거의 이견이 없이 국민들이 잘 호응하여 엄청난 경제성장을 계속 이루어 나가고 있다.

우리나라는 현재 개인의 인권이 잘 보장된 편이다. 각자가 도덕적으로 합리적으로 처신하면 아주 아름다운 사회가 될 수 있다. 그러나 현실은 그렇지 못하다. 너무나 이기적으로 자기 개인과 자기가 속한 단체의 이익을 위하여 목소리를 높이고 상대를 비난하고 있다. 공공의 이익을 위해서 설립된 시민단체들도 겉포장은 그럴듯하지만, 사실은 이익단체로 변해 있다. 이러고서는 국가고 사회고 발전되기 어렵다. 국민 모두가 진정으로 속마음을 화합하여 어려운 일을 함께 해결해 나가도록 해야겠다.

2008년 7월 28일

和: 화합할 화   衷: 속 충   共: 함께 공   濟: 건널 제

자무기탄
恣無忌憚

멋대로 하여 거리끼는 바가 없다

텔레비전에 자주 나와 주부들을 상대로 건강에 대해서 강의하는 유명한 의사가 있다. 어느 날 그 의사가 강의를 하는데, 어떤 주부가, "선생님! 어떻게 하면 스트레스를 받지 않을 수 있습니까?"라고 질문을 하였다. 그러자 그 의사는 대뜸, "뭐든지 참으면 스트레스가 됩니다. 절대 참지 마세요. 절대 참지 말고 하고 싶은 대로 하면 스트레스를 받지 않습니다."라고 답변을 하였다.

얼른 들으면 맞는 말 같지만, 그 의사의 대답은 정말 큰일 낼 말이다. 그 의사의 말처럼 이 세상 사람들 모두가 참지 않고 하고 싶은 대로 하면 이 세상이 정상적으로 존재할 수 있겠는가? 개인과 개인 사이에는 투쟁이 끝이 없고 세상은 온갖 범죄와 혼란으로 그야말로 아비규환(阿鼻叫喚)이 될 것이다.

사람의 사람다운 점은 참는 데 있다. 자기의 뜻을 이루고, 학문을 이루고, 사업에 성공하고, 병을 고치고 하는 등이 다 참는 데서 오는 것이다. 참을성이 부족한 사람을 덜된 사람, 짐승 같은 사람이라고 한다. 참지 못하면 결국 인생낙오자, 타락자, 범죄자가 되고 만다. 사람도 동물의 한 종류이기 때문에 원숭이 등과 신체구조가 90퍼센트 이상 닮았다고 한다. 나머지 10퍼센트 정도로써 사람다움을 나타내는 것이다.

오늘날 사람들의 입에 자주 오르내리는 말 가운데 하나가 '스트레스'라는 단어다. 현대인들은 이 스트레스를 마치 자기만 받는 것처럼 착각하고 있다. 스트레스는 원시시대에도 있었고, 다른 사람도 받고 있다. 원시인이라도 사냥을 나가 사냥을 하지 못하였을 때 스트레스를 느끼지 않겠는가? 그러나 원시인들은 어려운 환경에서 사는 것이 습관화되었기 때문에 스트레스를 잘 극복하였다. 오늘날 사람들은 어릴 때부터 유복한 가정에서 풍요로운 생활을 하면서 말만 하면 뜻대로 다 되는 환경에서 생장해 왔기 때문에 조그마한 스트레스도 견디지 못한다.

대학생이 수업시간에 소변하고 싶다고 마음대로 들락거리는데, 교수가 나무라면 자기가 왜 나무람을 당해야 하는지 하고 항변하는 시대가 되었다. 그러니 가정에서 조그만 꾸지람을 듣고 자살하는 학생이 생기는 것이다. 자식은 가출하여 범죄행위를 저지르고, 부모는 이혼하는 등 정상적인 가정이 아니다. 알고 보면, 다 참지 못하는 데서 기인하는 것이다.

옛날 당(唐)나라 때 장공예(張公藝)라는 사람은 9대가 한집에서 화목하게 살았다. 9대가 한집에서 산다는 것은 18촌이 될 때까지 분가하지 않고 한 가족으로 산다는 것이다. 나라에서 여러 번 표창을 받았고, 당나라 고종(高宗)은 태산(泰山)에 제사 지내고 돌아오는 길에 그 집에 들러 9대가 한집에서 살 수 있는 방법을 물었다. 그러자 장공예 노인은 '참을 인(忍)'자를 백여 자 써서 고종황제에게 바쳤다. 그 의미는 서로 참지 않고 남을 탓하면 화목이 될 수가 없다는 뜻이다. 참지 않고 남의 탓을 하면 결국 사이가 벌어지고 분쟁이 생긴다는 것이다. 화목하게 사는 방법은 자기 욕구를 다 충족시키려 해서는 안 되고, 참으면서 양보하는 길밖에 없다. 그렇게 해야만 가정이 원만하게 유지되어 나갈 수가 있다.

우리나라 옛날 어른들 가운데는 '백인당(百忍堂)', '인당(忍堂)', '인재(忍齋)' 등 참을 인(忍) 자를 넣어서 자신의 호를 짓는 분이 많았다. 참음으로써 자기의 뜻을 이루고 다른 사람과 잘 어울리며 한평생을 성공적으로 살려고 했던 것이다.

방자하게 아무런 거리낌 없이 자기 멋대로 하고, 그 유명한 의사의 말대로 뭐든지 참지 않고 성질을 부리며 산다면, 범죄자가 안 될 수 있겠는가? 참는 사람은 바보가 아니다. 참지 못하고 일을 저지르는 사람보다 몇 단계 자질이 우수한 사람이다.

2008년 8월 4일

恣: 마음대로 자   無: 없을 무   忌: 꺼릴 기   憚: 꺼릴 탄

인정승천
人定勝天

사람이 마음을 확정하면 하늘을 이긴다.
사람의 의지가 자연적인 난관을 극복한다

현재 중화인민공화국(中華人民共和國)의 수도인 북경(北京)은, 지금부터 3천 년 전인 춘추전국시대(春秋戰國時代) 연(燕)나라의 서울이었다. 그 뒤 당(唐)나라 때는 변방의 고을인 어양(漁陽)이었다. 다시 서울이 된 것은 9백 년 전인 요(遼)나라 때부터이고, 금(金)나라, 원(元)나라의 서울을 거쳐, 명(明)나라 때 와서 오늘날의 모습을 갖추게 되었다. 북경성(北京城)과 자금성(紫禁城), 천단(天壇) 등도 다 명나라 초기에 건설되었으니, 6백 년 전의 일이다. 만주족(滿洲族) 황제가 다스린 청(淸)나라는 명나라가 만들어 놓은 궁궐과 성에 들어와 그대로 통치했으므로, 현재 북경시의 기본 구도는 명나라 초기에 완성된 것이다.

지금은 전국 정치, 문화의 중심도시일 뿐만 아니라, 역사유적이 풍부하게 남아 있어, 전국 칠대고도(七大古都)의 하나이다. 유네스코 세계문화유산에 들어간 것만 해도 다섯 군데다.

1911년 청(淸)나라가 망한 이후로 북경은 북양군벌(北洋軍閥)들이 발호(跋扈)하여 반무정부상태였고, 1937년부터는 일본이 점령하여 통치한 식민지지역이었다. 1949년 10월 1일, 모택동(毛澤東)의 공산당정권을 세울 때까지는 북경을 관리하는 관청도 사람이 없었다. 그러니 도시가 혼란스러울 수밖에 없었다.

지금까지 다행히 자금성 등 문화유산이 보전되어 있는 데는 사연이 있다. 1945년부터 1949년까지 국민당과 공산당이 내전을 벌였는데, 1949년 1월에 공산당 군대가 북경을 포위하여 바야흐로 공격을 개시하려고 하였다. 전쟁이 시작되면 북경은 잿더미가 되는 것은 명약관화(明若觀火)한 사실이다. 그때 모택동이, 국민당 북경지역총사령관인 부작의(傅作義)에게 서신을 보내어, "우리 두 사람이 문화재를 파괴하여 역사의 죄인이 되지 맙시다."라고 하자, 부작의가 그 제안에 찬동하고 귀순하여 북경을 모택동에게 넘겼다. 그래서 북경의 문화유산이 고스란히 남게 된 것이다.

북경은, 서양 사람들에게는 동양을 대표하는 대도시로 알려져 있지만, 그 안에 들어가 보면 결점이 적지 않다.

첫째, 북경에는 큰 강이 없다. 연 강수량도 6, 7백 밀리미터 정도밖에 되지 않는다. 그래서 매우 건조하다. 북경에서 생장한 사람이 아니면, 견디기 어렵다.

둘째, 서북쪽의 고비사막과 황토고원(黃土高原)에 가까워 겨울과 봄에는 황사(黃沙)와 바람이 너무 심하다. 아침에 방을 깨끗이 닦아 놓고 창문을 열어 놓으면, 오후에는 방바닥에 손가락으로 글씨를 쓸 수 있을 정도로 먼지가 많이 들어온다.

셋째, 북경 시내는 직경 백 리 정도 되는 평지지만, 동남쪽만 제외하고는 삼면이 1천 미터 이상의 산으로 둘러 있기 때문에 공기 순환이 되지 않는다.

넷째, 석탄 등을 연료로 하여 난방을 하고 공장을 돌리기 때문에 공기가 되게 나빴다.

필자는 가족을 데리고 1994년 2월에 북경에 1년 반 거주하려고 도착하였다. 그때는 북경에 도착하자, 온 도시가 석탄연기 냄새로 가득했고, 도랑의 물은 썩어 있었고, 곳곳에 쓰레기가 날렸다. 그리고 차량들도 시꺼먼 연기를 내뿜으며 달리고 있었다. 뒷골목 등은 정말 더러웠고, 질서도 없었다.

그 이전에 학회 참석차 두 차례 왔을 때 호텔에서 자고 명승고적만 다닐 때는 북경이 좋아 보였는데, 생활하려고 그 속에 들어가 보니, 정말 천양지차(天壤之差)가 있었다. 가족들도 북경 생활을 별로 달가워하지 않은 상태에서 1년 반을 지냈다.

지금 14년 만에 다시 와서 살아 보니, 완전히 다른 나라 같았다. 넓은 길이 많이 건설되었고, 깨끗한 새 건물도 많이 들어섰고, 전에 있던 길거리의 나무는 더욱 많이 자랐고, 또 새로 나무를 많이 심었다. 특히 주목할 것은 꺼멓게 썩어 있던 도랑을 정비하여 맑은 물이 흐르게 하고 주변에 나무와 꽃을 많이 심어 아름다운 경치로 바꾸어 놓았다는 점이다. 본래 공원이 많았지만, 더욱 많이 만들고 나무와 풀과 꽃을 더욱 많이 심어 놓았다. 북경에 있던 공장들은 전부 다 바닷가로 옮겼고, 지하철도 많이 건설하고, 전기 버스도 많이 들여놓았다. 녹지(綠地)가 북경시 면적의 45퍼센트를 차지한다고 한다. 그래서 이번 올림픽의 구호를 '녹색올림픽'으로 정했다.

2001년 7월 북경이 제29회 올림픽 개최지로 결정이 났을 때, 많은 나라에서, 공기가 나빠서 참석하지 않겠다고 하며 올림픽 거부 분위기를 만들어 갔다. 그때만 해도 북경은 사실 그런 말을 들을 만했다.

그러나 그 이후 7년 동안 중국 정부와 북경시, 중국 국민들의 노력으로 북경을 깨끗하고 아름다운 도시로 변화시켰다. 우려를 하던 구미 각국의 선수나 임원들이 북경에 와 보고는 생각했던 것보다 훨씬 좋다고 찬사를 아끼지 않고 있다. 2008년 8월 8일에 마침내 올림픽 개막식이 거행됐다.

사람이 뜻을 세우고 꾸준히 추진해 나가면, 어떤 악조건도 충분히 극복할 수 있다는 하나의 좋은 선례를 남겼다.

다른 일도 마찬가지다. 남보다 좀 안 좋은 여건에서 자란 사람이 더 훌륭한 사람으로 성장하는 경우가 많다.

2008년 8월 11일

人: 사람 인   定: 정할 정   勝: 이길 승   天: 하늘 천

사본취말
捨本取末

근본적인 것은 버리고 말단적인 것을 취한다

1930년대 전후해서 중국에서 양대 화가라면 제백석(齊白石), 서비홍(徐悲鴻)을 치고, 삼대 화가라 할 때는 장대천(張大千)을 더 넣는다.

제백석은 어릴 때 가난하여 학교는 다녀 본 적이 없고, 농사일 거들고 목공(木工) 노릇 하면서 생활하였다. 그림이나 전각(篆刻)에 천부적인 재능이 있어, 좀 자라서 남의 도장을 파 주고 초상화를 그려 주고서 살았다. 천부적인 재능과 어릴 때 자연 속에서 동물과 식물을 직접 보면서 산 것이 그의 그림 그리는 일에 큰 자산이었다. 나중에 중국 제일의 화가로 성장하였다.

서비홍은 중국화의 바탕에다 프랑스 유학을 통하여 서양화의 기법도 가미하였는데, 중국화의 좋은 점은 계승, 발전시키고 중국화의 좋지 못한 점이나 부족한 점은 서양화의 기법으로 보완하였다.

장대천은 일본에 유학하여 그림과 염색공예를 배우고, 또 돈황석굴(敦煌石窟)에 들어가서 3년 동안 260폭의 돈황벽화를 임모(臨摹: 그대로 따라 그리는 것)하였다. 또 자신의 미술에 대한 안목을 넓히기 위하여 전 세계를 여행하였다.

장대천이 세계 여행 도중에 프랑스에 이르러 세계적인 화가인 피카소를 만났다. 피카소는 본래 스페인 출신인데, 파리에 정착해서 예술활동을 하고 있었다. 화가들은 서로 처음 인사할 때, 자기의 작품을 폐백(幣帛: 예물)으로 삼는다. 피카소가 자기가 그린 화첩(畫帖)을 내어놓았다. 장대천이 그 화첩을 펼쳐 보니, 피카소의 40폭의 작품은 전부 제백석의 작품을 임모(臨摹)한 것이었다.

피카소가 장대천에게 이렇게 이야기했다. "그림은 선생의 나라 중국이 세계에서 제일입니다. 그다음은 일본입니다. 일본은 중국의 영향을 받았으니까요. 셋째는 아프리카 그림입니다. 서양에는 그림이 없습니다. 그런데 이상한 것은 그림을 배우겠다고 중국에서 프랑스로 유학하러 오는 사람이 적지 않은 것입니다. 프랑스에 유학하는 것은 발전이 아니고 타락입니다."

장대천은 피카소를 만나 보고 두 번 크게 놀랐다. 그때는 제백석이 그리 이름이 나지 않았을 때인데, 제백석을 그렇게 높게 평가하는 것이었고, 두 번째는 중국 그림을 그렇게 높게 평가하는 것이었다.

장대천 자신도 중국에 없는 것을 서양에서 배워 보겠다는 생각에서 서양을 여행 중이었는데, 이런 말을 들으니 부끄러웠다.

중국은 본래 자존심이 대단한 나라로 서양을 오랑캐 취급하였다. 그러나 1840년 아편전쟁(阿片戰爭)에 패배한 이래로 서양 여러 나라에 전쟁만 했다 하면 패배하였고, 1894년에는 동양의 조그만 섬나라 일본에 참패를 하였다. 그래서 청나라 말기부터 자비감(自卑感: 자기를 낮추어 보는 마음)이 가득하여 서양을 부러워하면서 배우려는 열기가 대단하였다. 그래서 살 만한 집안의 자녀들은 일본, 유럽, 미국 등으로 많이 유학을 떠났다.

자기 문화를 천시하고 서양을 배우자고 외친 대표적인 문화운동이 1919년의 5·4운동이었다. 중화민국 시기의 대학교수들도 대부분 외국 유학파들이 주도권을 잡았다. 우리가 생각하는 것보다 훨씬 더 자기 것을 버리고 서양의 것을 취하는 경향이 강한 셈이었다. 이 점을 오늘날에 와서 중국 지식인들은 많이 반성하고 있다.

우리는 중국보다 훨씬 더 심했다. 1910년 일본에게 주권을 빼앗겼고, 영토는 짓밟혔다. 우리는 이 점을 매우 마음 아파하고 있다. 그러나 주권을 잃은 것 못지않게 불행한 점은 일본 사람들의 손에 의해서 우리의 역사가 단절되고 문화가 파괴되었다는 것이다. 일본시대에도 대학이 있고 각종 학교가 있어 교육을 했었지만, 교육목적은 우리 역사를 왜곡하고 멸시하는 마음이 들도록 만드는 것이었다. 우리나라는 학문도 문화도 없는 나라인 것처럼 교육하여, 우리나라 젊은 사람들로 하여금 조상들을 원망하고 욕하게 만들었다.

그래서 우리 것이라면 무시하고 천대하였다. 학문이나 문화는 물론이고, 일상생활까지도 우리나라 것은 비과학적이고 저급한 것으로 생각하도록 만들었다.

예를 들면 우리 조상들은 나무와 흙을 주된 재료로 하여 집을 지었다. 그 속에 살면서 우리나라 사람들은 어떻게 하면 서양 사람들처럼 높은 빌딩에 살아 보나 하고 부러워하였다. 음식도 우리나라 음식은 곡식과 채소 위주인데, 서양 사람들은 고기를 마음대로 먹는다고 부러워하였다. 옷도 우리나라 옷은 면이나 마가 대부분인데, 서양 사람들은 털로 짠 옷, 가죽으로 만든 옷을 입는다고 부러워하였다.

그러나 40년 정도의 세월이 지나는 동안 우리나라 사람들도 높은 빌딩에서 살고, 고기 마음대로 먹고, 털옷 가죽옷을 마음대로 입게 되었다. 그러나 지금은 우리 것이 가치를 인정받아 귀하게 여겨지고 있다. 몸에 좋다고, 잘사는 사람들은 아파트를 버리고 황토집, 통나무집을 짓고 있다. 고기를 많이 먹어 각종 생활습관병을 유발하자, 이제는 채소를 많이 먹으려고 노력하고 있다. 그리고 옷도 삼베나 모시, 면 등이 환영을 받고 있다. 우리 것이 본래 좋았음이 이제야 증명이 되는 것이다. 학문이나 문화도 결국 국가나 민족이 힘이 있어야 인정을 받는 것이다.

   자기의 좋은 점은 천시하고 남의 좋지 못한 것을 좋은 것인 양 부러워하다가 본래보다 더 못하게 되는 경우가 대단히 많다.

2008년 8월 18일

捨: 버릴 사　　本: 근본 본　　取: 취할 취　　末: 끝 말

이대도강
李代桃僵

**오얏나무가 복숭아나무를 대신해서 쓰러지다.
작은 목적은 큰 목적을 위해서라면 희생할 수도 있다**

1945년 제2차 세계대전 이전에는 미국과 소련이 사이가 나쁠 일이 별로 없었다. 제1차 세계대전까지만 해도 미국은 먼로주의 노선에 따라 국제적 분쟁에 개입하는 일 없이 독자적으로 살아갔다.

그러나 제2차 대전이 끝나고 나서부터 미국과 소련은 세계의 주도권을 잡기 위해서 첨예하게 대립하였다. 우리나라를 38도선을 경계로 하여 남북으로 나누어 점령하였고, 그 뒤 한국전쟁으로 인하여 대립양상은 더욱 극단으로 치달았다. 이른바 냉전체제가 계속된 것이다.

그런데 1954년 소련에서 느닷없이 대학생 럭비 친선경기를 갖자고 미국에 제의를 해 왔다. 그리고 선수단을 포함해서 방문하는 명단을 2백 명까지 허용하겠다고 했다. 미국으로서는 정말 뜻밖이었다. 서로 왕래를 할 수 없어 소련의 정보가 사뭇 궁금하던 차에 이 기회를 이용하여 소련 내부를 좀 알아봐야겠다 싶어 쾌히 그 제의에 응하고, 임원 등을 가장하여 친선방문단에 정보요원을 잔뜩 집어넣었다.

미국 선수단이 소련을 방문하여 친선경기를 마친 이후에, 소련 당국에서는 국가 간의 냉전은 마치 없었다는 듯이, 아주 친절하게 미국

선수단을 안내해 주었다. 미국 사람들이 생각해도 기밀이 유지되어야 할 이런 곳을 적대국가 국민인 우리에게 보여 주어도 되나 싶은 의심이 들 정도로 자세하게 안내하고 설명해 주었다.

미국 정보요원들은, '바보들! 우리가 럭비선수나 임원인 줄 알지만, 실제로 우리는 미국의 일급정보요원들이야. 너희들 비밀을 너희들 손으로 우리에게 안겨 주다니, 어찌 이런 멍청한 짓을 하고 있어?' 하고 속으로 소련의 멍청함을 안타까워하면서 쾌재(快哉)를 불렀다.

그때 소련에서는 항공산업에 치중하고 있었고, 그 수준에 미국이 바짝 긴장하고 있을 때였다. 미국 정보요원들은 돌아가자마자 자기의 전공(戰功)이라도 과시하듯, 소련에서 본 소련의 항공산업의 수준과 미국의 대책에 대해서 장문의 보고서를 작성하여 올렸다.

그 이후로 몇 년 동안 미국 정부에서는 항공산업 연구와 개발에 엄청난 투자를 하였고, 국방부에서는 전투기 개발에 총력을 기울였다. "이제 항공산업 분야에서 우리가 소련을 너끈하게 앞질렀을 것이야." 라고 미국 사람들이 기분 좋아하고 있던 1959년, 소련에서는 세계 최초로 인공위성을 쏘아 올렸다. 미국은 꿈도 못 꾸던 일이었다. 소련에게 보기 좋게 뒤통수를 얻어맞았다. 우리나라 속담에 "나는 사람 위에 걸터앉는 사람 있다."라는 격이었다.

소련에서는 자기들이 끌어올린 항공산업의 수준을 미국에 공개함으로써 미국이 항공산업에 전력을 기울이도록 만들고, 그 틈에 미국을 압도할 인공위성을 개발하여 성공한 것이다. 미국은 자기들이 럭비 친 선경기를 통하여 소련의 정보를 많이 얻어 냈다고 대단히 만족하고 있었지만, 실제로는 소련의 작전에 철저히 당한 것이다. 소련은 우주산업의 기선을 제압하기 위해서 항공산업의 수준은 공개해 버린 것이었다. 우주산업이라는 큰 목적을 달성하기 위해서 항공산업에 미국이 따라와도 좋다고 경쟁을 포기한 것이었다.

사람이 세상을 살다 보면, 매일 선택의 기로(岐路)에 서게 된다. 직위가 높을수록 책임이 무거울수록 선택할 일이 많아지고, 선택하기가 어려워진다. 예를 들면 대통령이 한 가지 일의 선택을 잘하면 국운이 열리지만, 선택을 잘못하면 나라를 망치게 된다.

등소평(鄧小平)이 중국을 개혁개방(改革開放)하겠다고 했을 때 반대하는 고위층이 많았다. 왜냐하면 사회주의가 무너진다는 것이었다. 그러나 등소평은 반대를 무릅쓰고 개혁개방을 선택하여 강력하게 추진하였다. 올해로 개혁개방 30년째인데, 중국은 그동안 엄청난 발전을 가져왔다.

개인의 일생도 마찬가지다. 선택을 잘하면 앞길이 열리지만, 선택을 잘못하면 그때부터 앞길이 암담하게 되는 경우가 많다. 선택을 잘하려면 판단을 잘해야 하는데, 판단을 잘하려면 마음에 사욕(私慾)이 없어야 한다. 이것도 갖고 싶고 저것도 갖고 싶으면 판단을 잘할 수가 없다.

기업체 사장이면 거기에 전념해야지, 사장 하면서 국회의원도 하고 싶고, 장관도 하고 싶고, 사회단체 회장도 하고 싶어 하면, 어느 것도 다 잘 못하게 된다. 학자는 학문연구에만 전념해야 하고, 바둑선수는 바둑에만 전념해야 하고, 농구선수는 농구에만 전념해야 하고, 가수는 노래 부르는 데만 전념해야 한다.

큰 것을 얻기 위해서 작은 것은 희생해야 하는 것이다. 오늘날 사람들은 너 나 할 것 없이 너무 많은 것을 얻으려고 하다 보니, 잘되는 것도 없고, 또 심신이 피로한 것이다. 버릴 줄 알아야 얻는 것이 있을 수 있다. 남에게 양보하면 몇 바퀴 돌아서 다시 자기에게 돌아오는 것이다.

2008년 8월 25일

李: 오얏(자두) 리   代: 대신할 대   桃: 복숭아 도   僵: 쓰러질 강

251

존조경종
尊祖敬宗

조상을 높이고 공경한다

좋은 대학을 나와 국가기관의 장을 지낸 고급공무원 출신의 70대의 어떤 분이 최근에 자기 친구에게 "조상 산소를 다 파서 화장해서 강물에 뿌려 버려야겠다."고 했다. 그 친구가 "왜 그렇게 하려고 하느냐?" 하니까, "해마다 묘사 등이 부담이 되어서 그렇다."고 했다.

역사교사를 하다가 대도시의 공립고등학교 교장을 지낸 분이, "제사 때문에 귀찮아서 못살겠다."라고 짜증을 냈다.

어떤 대학교수가 전화통을 붙들고, "앞으로 전화하지 마세요. 나는 ○○강씨(姜氏) 아니에요. 글쎄 아니라니까요. 왜 자꾸 사람 귀찮게 하세요."라고 하고는 전화기를 콱 놓았다. 옆에 있는 그 동료가, "선생님은 ○○강씨로 알고 있는데, 어디십니까?"라고 물어보니까, 그 교수는, "우리 ○○강씨 종친회 사무실인데, 족보한다고 무슨 단자(單子: 명단) 만들어 올리라, 내 허락도 없이 종친회 이사에 집어넣어 무슨 회의에 참석하라는 등 계속 귀찮게 해서 전화 못 하게 한 것입니다."라고 대답했다.

위에 든 세 가지 예 가운데 첫 번째 사례는 나와 아주 가까운 분의 친구 이야기고, 두 번째와 세 번째 사례는 필자가 직접 들은 이야기다. 최고의 식자층이라 할 수 있는 사람들의 자기 조상에 대한 생각이 이러니, 일반 사람들은 어떠할지 가히 짐작할 수가 있다. 조상을 잘 받들기로 잘 알려진 우리나라 사람들 사이에 조상에 대한 관심이 어떻게 변해 가는지를 알 수 있다.

우리나라는 세계 어느 나라에 못지않게 족보(族譜)를 잘 정리해 온 전통이 있어 왔다. 족보가 위조가 있는 등 약간의 문제점이 없는 것은 아니지만, 자기의 혈통과 출신을 알려 주는 중요한 작용을 한다. 자기의 역사인 동시에 한 집안의 역사다. 타향에서 같은 성(姓)을 가진 사람을 만나서 몇 마디만 나누어 보면, 어느 할아버지의 자손이고, 어디서 갈라져 나왔으며, 자기와 몇 촌 간인지 알 수 있다.

우리와 아주 가까이 있고, 문화적으로 많은 교류가 있었던 중국 사람들도 우리만큼 족보를 중시하지 않았다. 더구나 촌수(寸數)라는 말 자체가 없다. 삼촌, 사촌 하면 중국 사람들은 무슨 말인지 모른다. 촌수에 대해서 역사를 전공하는 중국 교수에게 설명해 주었더니, 아주 훌륭하고 편리한 호칭법이라고 찬탄한 적이 있었다. 보통 5대 이상만 올라가면 잘 모른다. 필자와 가까이 지내는 중국의 교수들 가운데 자기 조상을 모르는 사람을 여럿 보았다.

약 30년 전쯤에 〈뿌리〉라는 외국 영화가 들어왔는데, 그 줄거리는 미국에 팔려 간 아프리카 흑인이 자기의 혈통을 찾는 이야기였다. 많은 사람들 사이에 화제가 되었고, 감동을 받은 사람이 많았다고 했다. 그 흑인의 정성에 비하면 우리나라의 일반 사람들이라 해도, 몇 배나 더 우수하게 자기의 뿌리를 잘 찾아오고 있는 것이다.

1981년 겨울 독일의 세계적인 사회학자 보르노 박사가 우리나라를 방문하였다. 돌아가기 직전에 기자회견을 가졌는데, 우리나라 기자가 "앞으로 한국이 어떻게 하면 잘되겠습니까?"라고 하자, 보르노 박사는, "한국은 다른 것은 할 것 없고 지금껏 해 온 것처럼 한국인의 족보를 잘 지켜 나가면 됩니다."라고 했다. 한국 기자들은 전혀 예상 밖의 답을 듣고 어리둥절하였다.

우리나라 사람이 별로 중시하지 않거나 혹은 낡은 제도로 여기는 족보를 서양의 세계적인 학자가 왜 그렇게 칭찬을 했을까? 국가와 사회와 가정의 질서를 잡아 주고, 개인을 도덕적으로 바른 길로 인도하는 기능을 하는 것으로서 족보의 기능을 매우 높게 보았던 것이다.

우리나라 사람들은 어떤 말이나 행동을 할 때, 자기의 조상을 생각하고, 자기의 후손을 생각한다. '내가 이런 언행을 하면 조상들에게 욕이 되지 않을까? 먼 훗날 나의 후손들에게 누가 되지 않을까?'라고. 그러니 말 한마디, 발 한 걸음 옮길 때도 신중히 하고 한 번 더 생각하고 돌아봤다. 그러나 서양 사람들에게는 이런 관념이 없다. 오늘날 범죄자가 증가하고 사회가 혼란한 것은 가정에서의 교육이 되지 않았기 때문이다. 학교가 책임지지 않는다고 나무라는 사람이 있지만, 학교가 교육하고 책임지는 것은 한계가 있다. 사람의 기본은 집에서 이루어진다. 보통 남을 욕할 때, "누구 자식인지 참 못됐다.", "누구 집 자식인지 본데없다."라고 하지, "어느 선생 제자인지 참 못됐다.", "어느 학교 출신인지 본데없다."라고는 하지 않는다.

족보를 만들어 자기가 누구의 후손이고, 누구의 자식인지 그 사람의 위치를 확인시켜 주면, 사람이 함부로 처신하지 못한다. 또 옛날에는 대부분 동족부락을 이루어 살았기 때문에, 동네 안에서 문밖에 나가도 모두가 할아버지, 아저씨, 형님, 동생, 조카 관계이기 때문에 감히 함부로 하면서 살 수가 없었다.

    훌륭한 조상이 있으면, 그 행적을 새긴 비석을 세우고, 학문이나 덕행이 뛰어난 조상은 후손들이 유림들과 협력하여 서원을 지어 제사 지냈다. 이런 것은 단순히 조상 자랑하려는 것이 아니고, 훌륭한 조상을 교육의 자료로 활용하여 후손들을 바른길로 인도하려는 것이다. 이른바 문중교육(門中敎育)이란 것이 있어 수시로 젊은 사람들을 교육해 왔다.

    조상을 다 버리고 도시에 나와서, 문밖에만 나가면 어디 출신이고 누구 집 자식인지 모르는 상황에서는 쉽게 범죄행위를 할 수 있고, 언행을 함부로 하기 쉽다.

    조상을 존경하고 높이는 좋은 전통이 너무 빨리 무너지는 것이 안타깝다. 좋은 전통마저 다 버리는 것이 발전이고 개혁이라면 큰 착각이다.

2008년 9월 1일

尊: 높일 존　　祖: 할아버지 조　　敬: 공경할 경　　宗: 으뜸 종

─── 252 ───

중추가절
中秋佳節

가을 중간의 아름다운 명절, 추석

일 년 열두 달을 사계절인 춘하추동(春夏秋冬)에 분배하면 석 달씩 된다. 옛날에 글하는 분들은, 매 계절의 첫 달에 해당되는 달(1, 4, 7, 10월)에는 '처음 초(初)'자나 '맏 맹(孟)'자를 붙여 초춘(初春), 초하(初夏), 맹춘(孟春), 맹추(孟秋) 등으로 표현했다. 두 번째 달에 해당되는 달(2, 5, 8, 11월)에는 '버금 중(仲)'이나 '가운데 중(中)'자를 붙여 중춘(仲春), 중추(仲秋), 중동(仲冬) 등으로 표현했고, 마지막 달에 해당되는 달(3, 6, 9, 12월)에는 '저물 모(暮)'자, '늦을 만(晩)'자, '끝 계(季)'자 등을 붙여 모춘(暮春), 만하(晩夏), 계추(季秋) 등으로 표현하였다. 이 밖에도 처음임을 나타내는 '새 신(新)'자, '비로소 조(肇)'자, 끝을 나타내는 '대궐 전(殿)'자, '다할 궁(窮)'자 등을 써서 일 년 열두 달을 다양하게 표현하였다.

음력 8월은 중추(仲秋) 또는 중추(中秋)로 나타내었다. '중추가절(仲秋佳節)'이란 "음력 8월 달에 든 아름다운 명절"이라는 뜻이다.

추석을 명절로 지내는 것을, 중국 풍속으로 알고 있는 사람이 있지만, 사실 우리나라 풍속이다. 음력 8월이면 햇곡식이 막 나와 새로 나온 곡식으로 음식과 술을 만들어 조상에게 올리는 것에서 유래한 추수감사절의 성격이 강하다.『삼국사기(三國史記)』에, 신라(新羅) 제3대 유리왕(儒理王: AD. 24~51) 때 이미 추석 행사가 치러진 것으로 기록되어 있다.

중국에서는 추석을 '중추절(中秋節)'이라고 하는데, 공휴일로 지정하지 않았고, 차례를 지내거나 성묘도 가지 않는다. 학교에서는 정상적으로 수업이 진행되고, 직장인들도 다 출근한다. '추석(秋夕)'이라는 말 자체가 아예 쓰이지 않고, 어떤 큰 사전에도 올라 있지 않다. 다만 월병(月餠)이라는 빵 비슷한 음식을 먹고, 밤에 달을 바라보는 것이 전부다.

8월 31일 날 벌초(伐草)를 하기 위해서 아침 6시경에 고속도로를 통해 진주(晋州)에서 함안(咸安) 쪽으로 가니, 그 시간에 벌써 부산(釜山), 마산(馬山), 창원(昌原) 쪽에서 올라오는 차들로 고속도로가 꽉 막혔다. 모두가 조상의 산소에 벌초하러 가기 위하여 나선 차량들이었다.

오늘날 제사를 귀찮아하고 조상을 팽개치는 사람이 없지 않지만, 그래도 우리나라에는 조상을 숭상하는 풍속이 그대로 남아 있다는 것을 확인할 수 있었다. 우리와 가까이 있어 문화적 교류가 많았던 중국 사람들은 '벌초'를 하지 않는다. 벌초라는 말 자체가 아예 없다. 성인(聖人)으로 추앙받는 공자(孔子)의 무덤 위에도 큰 나무와 풀이 그대로 무성하게 자라고 있다. 공자 무덤은 봉분(封墳)이 크니까 그래도 무덤 같기는 하지만, 주변에 있는 후손들의 무덤은 봉분이 작은 데다 그 위에 나무와 풀이 무성하니, 무덤 같지도 않다. 정말 한 줌의 흙이라는 처량한 생각이 든다.

조상의 묘소를 매년 한 번 이상 벌초라는 이름으로 손질하며 돌보는 일은, 우리나라의 아름다운 관습이다.

우리나라 사람들은 무슨 말을 하거나 행동을 할 적에 늘 조상을 생각하고 후손을 생각한다. '내가 내뱉는 한마디 말이나 행동이 나의 조상님들에게 누가 되지 않을는지?', '내가 한 이런 짓이 나중에 나의 7대손 15대손에게 알려진다면, 얼마나 부끄러운 일이겠는가?'라고. 그래서 조상을 생각하는 사람은 나쁜 일을 할 수가 없다.

현대국가의 대부분의 법률이나 제도는, 사람이 나쁜 일을 한 뒤에 처리하는 것을 위주로 한다. 형법이나 민법 등은 아무런 범죄를 저지르지 않고, 다른 사람과 시비를 일으키지 않는 선량한 사람한테는 별 관계 없다. 그러나 법을 어기지 않는 사람이라고 훌륭한 사람은 아니다. 도덕과 예의를 지키는 사람만이 사람다운 사람이고, 훌륭한 사람이라고 할 수 있다. 조상을 섬기는 사람은 기본적으로 도덕과 예의를 지키는 사람이라 할 수 있다.

이제 추석이 다가와 객지에 있는 아들 며느리 손자들이 고향에 계신 부모님을 찾아뵙고, 조상의 차례(茶禮)를 모신다. 조상이 남긴 덕을 추모하고, 부모 형제와 짧은 시간이나마 한자리에 모여 이야기를 나눌 수 있게 되었다.

사실 제사는 조상을 위한다고 하지만, 실제적인 기능은 살아 있는 사람을 위한 것이다. 요즈음 세상은 바쁘기도 하고 여러 가지 기능상 친형제 간끼리도 그냥 만나기는 어렵게 되어 있고, 가까운 친척집도 아무 일 없이 찾아가면 멋쩍다. 설이나 추석 등 이런 명절(名節)이 있어 조상을 다시 한번 추모할 뿐만 아니라, 부모 형제가 한자리에 모일 수 있고, 일가친척들을 만나 볼 수 있고, 자주 가지 못하는 고향 땅을 밟을 수 있는 것이다.

이런 명절의 좋은 기능은 제쳐 두고, 매년 텔레비전이나 라디오에 나와서 '추석증후군'이니, "왜 여자들만 일해야 하느냐?" 하는 등의 문제점만을 제기하는 여성이 없지 않은데, 그런 말을 하는 대부분의 여자들은 고향에도 가지 않고, 설령 억지로 가더라도 부엌에도 들어가 본 적이 없는 문제 있는 여성들일 것이다.

2008년 9월 15일

中: 가운데 중   秋: 가을 추   佳: 아름다울 가   節: 마디 절

253

문방사보
文房四寶

글하는 사람의 방에 있는 네 가지 보배. 붓, 먹, 종이, 벼루

중국 사람들은 역사적으로 자기들이 세계의 중심이고, 세계에서 가장 문화가 찬란하고, 가장 강대한 나라로 생각해 왔다. 실제로 오랜 기간 동안 세계에서 가장 큰 나라로 가장 찬란한 문화를 창조하여 향유하였다.

그러다가 1842년 아편전쟁(阿片戰爭)에서의 패배는 엄청난 정신적 충격이자 중국 역사상 최초의 큰 굴욕이었다. 자기들이 세계 최고인 줄 알고 있었는데, 무기와 군함을 앞세운 영국 군대에 상대가 되지 않았다.

중국은 그 이후 서양 여러 나라들에게 계속 패전했고, 심지어 벨기에 같은 작은 나라에도 쩔쩔매며 땅을 떼어 주기도 했다.

1894년에는 동남쪽 바닷속의 오랑캐로 여겼던 일본에게까지 패전하는 모욕을 겪게 되었다. 이후 1949년 모택동(毛澤東)이 중화인민공화국(中華人民共和國)을 건설할 때까지는 일본과 서양 열강의 식민지와 다를 바 없었다. 중국인 스스로도 자신들을 '동아병부(東亞病夫: 동아시아의 병든 사내)'라는 자조 섞인 말로 불렀고, 반식민지 상태임을 인정하였다. 대부분의 땅이 외국 조차지였던 상해(上海)의 공원에는 "개와 중국

인은 출입금지"라는 공고가 붙어 있을 정도였다고 한다.

모택동이 나라를 세운 이후 '죽(竹)의 장막'을 치고는 소련 등 몇몇 공산국가하고만 외교관계를 맺었을 뿐, 서방국가와는 일절 외교관계를 끊고 지냈다. 그러면서 '세계에서 제일 살기 좋은 나라'라고 백성들을 세뇌시켜 왔다.

모택동이 죽은 뒤 1978년 등소평(鄧小平)이 개방하고 보니, 세계에서 제일 살기 좋은 나라는커녕, 세계에서 제일 못사는 나라로 전락해 있었다.

등소평은 "검은 고양이든 흰 고양이든 쥐만 잘 잡으면 된다."고 하며, 체제 논쟁할 것 없이 경제 발전에 총력을 기울였다. 그 결과 눈부신 경제 발전을 하였다. 1997년 홍콩 반환식 행사 때 연설하는 중국주석 강택민(江澤民)의 기상과 영국 황태자 찰스의 기상을 비교해 보면, 중국의 국력이 얼마나 성장했는지 헤아릴 수 있었다.

그 11년 뒤, 중국의 개혁개방 30주년인 2008년 8월 중국은 올림픽 경기에서 역사상 처음으로 미국을 제치고 종합순위 1등을 차지하였다. 자기 나라라서 심판 판정이 약간 유리하게 작용했음을 감안하더라도, 국력의 신장이 대단하다는 사실은 부인할 수 없다.

올림픽이 끝난 지 한 달 가까이 되는 지금까지, 중국이 종합순위 1위를 한 것보다 더 화제가 되는 것이 이번 올림픽의 개막식이다. 개막식의 규모가 상상을 초월할 정도로 크고 화려하고 새로운 기법을 동원한 것도 괄목할 대상이지만, 더 중요한 것은 개막식을 통해서 5천 년 중국 문화의 역사를 다 나타냈다는 것이다.

올림픽 개막식의 부감독 장계강(張繼鋼)이라는 사람이 개막식 이후 방송에 나와서 "우리 중국이 인류문화의 종주국임을 보여 주려고 했다."라고 했는데, 그 문화적 자긍심(自矜心)이 한없이 부러웠다.

　5천 년 중국문화의 중심은 공자(孔子)였다. 스포츠 행사인 올림픽의 구호부터 『논어(論語)』에 나오는 '화위귀(和爲貴: 조화가 귀중하다)', "벗이 먼 데서 오니 또한 기쁘지 아니한가?[有朋自遠方來, 不亦樂乎?]" 등등의 구절을 사용했다. 또 개막식은, 종이에 무용수들이 먹으로 그림 그리는 동작으로 시작되었고, 매스게임할 때 머리에 꽂은 것은 붓이고, 바닥에 탁자를 놓고 두드리는 것은 목판(木板)에 종이를 깔고 두드려 인쇄해 내는 동작이었다.

　중국이 표방한 것이 '인문(人文)올림픽'이었는데, 스포츠행사의 개막식에 학자가 사용하는 붓, 먹, 종이, 벼루가 다 등장한 것이다. 붓[筆], 먹[墨], 종이[紙], 벼루[硯] 이 네 가지를 '문방사보(文房四寶)'라고 한다. 우리나라에서는 문방사우(文房四友)라고도 한다.

　서양에서 발명한 현대의 문방구에 의해 현실생활에서 거의 밀려난 우리의 문방사보가 이번 올림픽에서 다시 각광을 받았다. 이는 단순히 문방사보만의 각광이 아니라, 서양문화에 억눌려 왔던 동양문화가 다시 살아난다는 증거이다.

　2001년에 노벨상 수상자들이 파리에 모여서 선언문을 발표했는데, 그 내용 가운데 이런 구절이 있다. "21세기에 인류가 계속 살아남으려면, 공자(孔子)의 지혜를 배워야 할 것"이라고.

2008년 9월 22일

文: 글월 문　　**房**: 방 방　　**四**: 넉 사　　**寶**: 보배 보

경소식중
耕少食衆

밭 가는 사람은 적고 먹는 사람은 많다

어릴 때 보면, 설을 지내고 나서 음력 정월 초3일쯤부터 대보름날까지 "지신(地神) 밟는다."고 동네 어른들이 농악(農樂)을 울리며 집집마다 다니는 풍속이 있었다. 경상도에서는 "매구친다."라는 말을 쓰는데, '매구'는 '매귀(埋鬼)'에서 온 말로, "귀신을 밟아서 묻어 버린다."는 뜻이다. 농악대는 '농자, 천하지대본(農者, 天下之大本: 농사는 천하의 큰 근본이다)'이라고 쓴 깃발을 들고 다녔다. 또 『천자문(千字文)』에는 "정치는 농사에 근본을 둔다.[治本於農.]"라는 구절이 있다. 옛날에는 대부분의 나라가 농본국가(農本國家)인 만큼 농사를 중시하였던 것이다.

지금 세상에서 농사가 귀한 것으로 생각하는 사람은 정말 드물다. "농사는 천하의 큰 근본이다."라고 말하면, 시대에 맞지 않는 소리라고, 남녀노소를 막론하고 모든 사람들이 다 웃을 것이다. 지금 농사는 모든 사람들로부터 천시(賤視)당하고 있다. 도시에 사는 사람은 물론이고, 농촌에 사는 사람들도 어쩔 수 없어서 농사짓지, 다른 방법만 있다면 농사를 버리고 다른 일로 전환하고 싶어 하는 마음을 갖고 있다. 원시적이고 시대에 뒤떨어진 직업이라고 생각한다. 자기 자녀들을 농사일 시키고 싶은 농민들은 거의 없다. 시골에 있는 농업고등학교는 학생이 오지 않기에 대부분 인문계 고등학교로 전환하였다.

이런 현상은 우리나라만 그런 것이 아니고, 전 세계적인 현상이다. 그러나 사람은 농업이 아니면 살아갈 수 없다. 지금 전 세계의 대기업들은 대부분 정보산업, 금융산업, 유통산업 등으로 성장하였다. 그러나 정보산업, 금융산업, 유통산업 등은 이미 생산된 재화(財貨)를 이용해서 돈을 버는 것이지, 그 자체가 생산을 하는 것은 아무것도 없다. 그러니 전 세계 인구의 대부분이 생산에는 종사하지 않고, 다른 사람이나 다른 단체를 이용해서 돈을 벌려고 한다. 많은 인구가 먹고살아야 하는데, 생산에 종사하는 사람은 줄고, 다른 사람의 재산을 이용하려는 사람만 많아지면, 결국 심각한 문제가 생기지 않을 수 없다. 은행이나 증권회사, 보험회사들이 성장하는 것은 장기적으로 보면 생산에 아무런 도움이 되지 않는다.

경제학자들이 사용하는 현란한 용어를 써 가며 경제상황을 설명할 필요도 없다. 간단한 비유를 들어 보면 금방 알 수 있다. 어떤 시골 마을이 있는데, 오래전부터 모든 집이 농사를 지어 겨우 밥을 먹고 지낼 정도로 살아갔다. 그런데 어떤 사람이 조금 여유가 있어 가난한 집에 돈을 빌려주었다가 그다음 해에 이자를 받아 돈을 조금 모으게 되었다. 그래서 그 사람이 또 가난한 사람에게 돈을 빌려주었다가 이자를 받아 더 큰 돈을 모았다. 돈이 상당히 모이자, 힘들게 농사짓지 않고 이 모은 돈으로 이자 놀이를 하면 되겠다 싶어 농사는 다른 사람에게 소작으로 주고 전문적으로 사채놀이를 했다. 그 결과 큰 부자가 되었다. 이 사람이 부자가 된 것을 보고, 여유가 있는 다른 사람들도 그런 식으로 사채놀이를 했다. 이런 식으로 해서 점점 동네에 농사짓는 사람은 줄고 사채놀이하는 사람이 늘어 갔다. 결국 그 동네에 부자는 몇 명 탄생했지만, 전체적인 농업생산량은 점점 줄어들게 된 것이다.

지금 미국에서 은행이 도산하고, 증권시세가 폭락하는 것은 다 이런 이유에서다. 생산에 종사하지 않고 남의 돈을 빼어먹으려는 회사가 너무 많아져 이런 경제위기가 오는 것이다. 필자가 볼 때 지금의 경제위기는 쉽게 해결되지 않을 것 같다. 전 세계 각국이 1차산업을 천시하고, 3차산업에 너무 비중을 두었기 때문이다.

밭 가는 사람은 적은데 먹는 사람이 많으면, 식량이 부족하기 마련이다. 반대로 밭 가는 사람은 많고 먹는 사람이 적으면, 식량이 남아돈다. 과학기술이 아무리 발전해도 사람은 먹어야 산다. 특히 우리나라는 정치가나 국민 모두가 농업의 중요성을 망각하고 있는 것 같다. 식량자급도를 높여야 한다. 지금 중국산, 미국산 농산물을 무제한 수입하지만, 언제든지 우리 마음대로 수입할 수 있는 것이 아니다. 중국이나 미국이 우리나라에 식량을 수출 안 하게 되면, 우리나라의 운명은 비참하게 되는 것이다.

과학기술이 중요하다고 해서 농업을 천시해서는 절대 안 된다.

2008년 9월 29일

耕: 밭 갈 경   少: 적을 소, 젊을 소   食: 먹을 식   衆: 많을 중, 무리 중

이욕훈심
利慾熏心

이익을 바라는 욕심이 마음을 흐리게 한다

중국이 올림픽을 잘 치를 수 있을까 하고 전 세계의 많은 사람들이 오랫동안 우려를 해 왔지만, 중국은 올림픽을 대단히 성공적으로 치르고, 종합성적도 1위를 달성하여 근자에 자긍심(自矜心)이 잔뜩 고조되어 있었다.

그러다가 하루아침에 전 세계로부터 지탄을 받는 파렴치한 나라로 전락되었다. 사람의 생명을 위협하는 멜라민을 우유에 섞어 판매하는 무지막지한 행위를 하여 전 세계에 망신을 당하는 사태가 발생했다. 중국 총리가 전 세계를 향해서 사과했지만, 사과한다고 나빠진 이미지가 쉽게 회복될 수가 없다.

중국은 1978년 개혁개방(改革開放) 이래로 계속 경제가 성장하여 국민소득 면에서 보면 괄목할 발전을 하였다. 그러나 국민소득과 함께 국민의 의식의 질도 높아져야 하는데, 그렇지 못했던 것이다.

경제가 성장하다 보니, 너도나도 제일 중시하는 것이 '이익 이(利)' 자가 되었다. 이익을 위해서 모두가 혈안(血眼)이 되어 있다. 구멍가게는 중소기업이 되기 위해, 중소기업은 대기업이 되기 위해, 대기업은 재벌이 되기 위해 수단방법을 가리지 않게 되었다.

그리고 빈부격차가 심하다 보니, 가난한 사람들은 부자들 잘사는 것 보면, 환장(換腸)을 한다. 우리나라 부자들은 그래도 주변의 눈치를 보는 편이지만, 중국은 오랫동안 몇몇 귀족들 위주로 살아온 나라이기 때문에 돈이 좀 있으면, 주변의 눈치를 안 보고 자기 하고 싶은 것 다 하면서 사는 것 같다. 북경 교외의 호화주택 가운데는 옛날의 왕궁에 못지않은 것도 적지 않다. 해마다 외제차 수입량이 두 배로 늘어난다고 한다. 유치원에 다니는 자녀들 데리러 오면서 벤츠 등 외제차를 몰고 오는 주부들도 수두룩하다.

일확천금(一攫千金)을 노리는 사람들은 가짜를 무더기로 만들어 내니 가짜가 판을 친다. 중국 사람들은 '짝퉁' 만드는 명수가 되었다. 가짜와 진짜가 뒤섞여 어디까지가 진짜고 어디부터가 가짜인지 분간할 방법이 없게 되었다. 돈을 벌기 위해서는 사람의 목숨과 관계가 있는 식품에까지 독성이 있는 물질을 집어넣는 행위를 서슴지 않고 해 왔다.

중국 사람들이 하는 말 가운데, "인민대회당에서 후진타오[胡錦濤] 주석이 외국 국가원수에게 권하는 모태주(茅台酒: 중국의 아주 좋은 술 이름)도 진짜라고 장담할 수 없다."라는 말이 있다. 또 중국 사람들이 하는 농담에 "어머니는 진짜인 줄 알겠는데, 아버지는 진짠지 가짠지 알 수 없다."라는 말까지 있을 정도이다.

유명 화가의 그림, 유명 서예가의 글씨, 잘 팔리는 책의 해적판, 불법복제 CD 등등, 그 종류는 어떻게 헤아릴 수가 없다. 중앙텔레비전 방송에서 『논어(論語)』강의로 폭발적인 인기를 얻은 북경사범대학(北京師範大學)의 우단(于丹) 교수가 퇴근길에 육교 위를 걸어서 지나가는데, 노점상이 자기를 붙들고 CD를 사라고 강요를 하였다. 우단 교수가 보니, 자기가 강의한 적도 없는 내용을 CD로 제작하여 본인인 줄 모르고 판매를 하는 것이었다 한다.

다른 가짜도 문제지만, 사람의 생명과 직결되는 식품에 독성물질을 넣는 일은 정말 잔인하다 하지 않을 수 없다. 10여 년 전에도 가짜 술 때문에 많은 사람이 죽은 적이 있다. 사람이 이익만을 추구하다 보면 못 하는 짓이 없게 된다.

사람이 사람다운 것은 올바른 판단을 하는 데 있다. 자기 욕망에 끌려 무슨 짓이라도 한다면, 짐승과 다를 바 없다. 그래서 공자(孔子)가 '견리사의(見利思義: 이익을 보면 옳음을 생각하라)'라고 가르친 것이다.

중국뿐만 아니라, 우리나라에도 탄로가 안 되어서 그렇지 이익을 위해서 온갖 부당한 행위를 하는 사람이나 기업이 적지 않을 것이다. 이때 공자의 이 말 한마디가 정신적인 치료세가 되지 않겠는가?

기업에서는 사원을 뽑을 때, 과학기술, 법률, 경영, 외국어 실력이 우수한 사람 위주로 뽑을 것이 아니라, 실력도 있으면서 사람 되는 공부, 마음 수양하는 공부가 된 사람을 뽑는 것이 중요하다.

2008년 10월 6일

利: 이로울 리　　慾: 욕심 욕　　熏: 연기로 그을릴 훈　　心: 마음 심

지이인명
地以人名

땅은 사람으로 인해서 이름이 난다

한문을 공부해 본 사람이면 대부분 「적벽부(赤壁賦)」를 알 것이다. 송(宋)나라 때의 대문장가 동파(東坡) 소식(蘇軾)이 쓴 부(賦)라는 형식의 일종의 서사시(敍事詩)라고 할 수 있다. 정계에서 밀려나 호북성(湖北省) 황주(黃州)로 귀양 온 소동파가, 친구 두서너 명과 1082년 음력 7월 16일 달밤에 적벽(赤壁)이라는 절벽 아래 양자강(揚子江) 위에 배를 띄우고 놀면서 지은 작품이다. 인생의 무상함과 명예와 이익을 초탈한 철학적 사고가 함축되어 있다.

이해 10월 15일 밤에 다시 한번 더 놀고서 「후적벽부(後赤壁賦)」를 지었다. 그리고 또 「적벽회고(赤壁懷古)」라는 사(詞) 형식의 노래할 수 있는 시로 지은 작품이 있다. 그 가운데 "어지러이 솟은 돌에 구름이 무너져 내리고 놀란 파도가 강 언덕을 찢는구나.[亂石崩雲, 驚濤裂眼.]"라는 구절이 있다.

「적벽부」를 즐겨 읽는 사람으로서 적벽에 한번 가서 문학의 현장을 직접 답사하는 것이 소원이었는데, 1994년 봄에 호북성 황주에 있는 적벽을 찾아갈 기회가 있었다. 그러나 현장에 가서 보니, 적벽은 상상했던 것처럼 양자강 가에 붙어 있는 험한 절벽이 아니었고, 높이 20미터 남짓한 조그만 동산이었다. 경사도 급하지 않고, '붉은 돌 절벽[赤壁]'도 아니었다. 그리고 양자강과는 5백 미터 이상 떨어져 있어 강가라는 느낌이 전혀 들지 않았다.

워낙 대단한 기대를 갖고 찾아왔기에 처음에는 여기가 적벽 아니겠지 하고 생각하는데, 소동파(蘇東坡)의 사당이 있고, 안내문이 있는 것을 보니, 틀림없이 적벽이었다.

문장가의 상상력에는 감동했지만, 그 과장에 실망을 많이 했다. 아무튼 적벽은 소동파로 인해서 한문문화권에서는 모르는 사람이 없게 되었다. 유명한 사람 때문에 땅이 이름난 대표적인 사례라 하겠다.

역사소설『삼국지(三國志: 정식 명칭은 '三國演義')』에 나오는 적벽대전(赤壁大戰)을 치렀던 적벽은, 소동파의「적벽부」에 나오는 적벽과는 다르다. 촉한(蜀漢)의 제갈량(諸葛亮)과 오(吳)나라 주유(周瑜)의 연합군이 조조(曹操)의 80만 대군을 화공(火攻)으로 박살을 낸 적벽은 무한시(武漢市)에서 서쪽으로 백 리쯤 되는 곳에 있는데, 그곳은 소동파 적벽과 구별하여 '삼국적벽(三國赤壁)' 혹은 '가어적벽(嘉魚赤壁)'이라고 일컫는다. 소동파 적벽은 무한시에서 동쪽으로 백 리쯤 떨어져 있는데, '동파적벽(東坡赤壁)' 혹은 '황주적벽(黃州赤壁)'이라고 한다. 행정구역으로 황주에 속하기 때문이다.

적벽뿐만 아니라, 역사상 유명한 인물을 자기 고장과 결부시켜 이름을 내려는 욕구가 작용하여 유명인사와 관계가 있는 경우 기념관이나 관계유적을 많이 만들어 사람들의 관심을 끌고 있다. 특히 요즈음은 관광객을 유치하기 위하여 더욱 공을 들이고 있다. 들은 바에 의하면, 당(唐)나라의 유명한 시인 두보(杜甫)의 무덤은 네 군데나 된다고 한다.

우리나라도 근년에 지방자치제를 실시하면서 각 시군에서 자기 시군의 지명도(知名度)를 높이기 위해서 유명인물들을 자기 고장과 연계시키는 작업에 열을 올리고 있다. 유명인물의 지명도에 힘입어 자기 고장을 알리겠다는 의도다.

역사적으로 고증된 인물을 자기 고장과 연결시키는 일이야 좋은 것이지만, 명확한 역사자료도 없고, 고증된 것도 아니면서, 억지로 자기 고장과 연결시키는 것은 역사 날조 내지 왜곡이 되니 신중을 기할 일이다.

더구나 소설 속의 주인공으로 실존 여부조차 알 수 없는 인물을 어떤 시군의 대표적 인물로 내세워 기념관을 짓고, 사당을 짓고, 심지어 무덤까지 만드는 일은 지나친 일이 아닐까? 자라나는 어린이들은 그것을 실제적 사실인 양 그대로 믿을 것인데, 그렇게 해서 되겠는가? 나중에 가면 역사적 사실과 가공적(架空的)인 사실과의 경계가 모호해져, 어디까지가 역사인지, 어디서부터가 허구인지도 알 수 없게 된다.

자기 고장을 알리려고 한다면, 확실한 자료에 바탕한 진실을 가지고 알려야지 믿을 수 없는 사실을 유포한다면, 우리 문화를 도리어 훼손하는 결과를 가져올 것이다.

2008년 10월 13일

地: 땅 지   　　以: 써 이, 때문에 이
人: 사람 인 　　名: 이름 명, 이름날 명

유소대방
遺笑大方

대단한 전문가에게 웃음을 남긴다

지금은 한국학중앙연구원(韓國學中央研究院)으로 이름을 바꾼 한국정신문화연구원(韓國精神文化研究院)에서 교수들 연수를 하는 중에 연회가 있었는데, 그 연회장소 입구에 한자로 '연회장(宴會場)'이라는 안내팻말을 설치해 두었다. 그러자 어떤 성질 급한 교수 한 사람이 연구원의 직원을 불러 "'장(塲)' 자가 틀렸으니까 당장 고치시오. '장(塲)'으로 쓰면 안 되고 '장(場)'으로 써야 됩니다. 어찌 한국학(韓國學)을 연구하는 기관에서 한자 하나도 바로 못 쓴단 말이오."라고 너무나 당당하게 호통을 치니, 연구원 직원은 "잘못됐습니다. 당장 고쳐 쓰겠습니다."라고 했다.

그러나 실제로는 '장(塲)' 자가 정자(正字)이고, '장(場)'은 속자(俗字)이므로, '장(塲)' 자를 틀렸다고 지적하는 것은 정말 우스운 일이다.

중국에서는 '음력(陰曆)'이라고 쓸 적에 '달력 력(曆)' 자를 '지날 력(歷)' 자로 쓴다. '만력(萬曆)'을 '만력(萬歷)'으로, '월력(月曆)'을 '월력(月歷)'으로 쓴다.

한국의 어떤 중문과 교수 한 분이 중국에 와서 이것을 보고, "요즈음 중국 사람들은 무식해서 '지날 력(歷)' 자하고 '달력 력(曆)' 자하고 구분도 못 한다."라고 외치고 다녔다. 만나는 사람마다 이 이야기를 했다.

그러나 중국에서는 청(淸)나라 건륭(乾隆)황제의 이름이 '홍력(弘曆)'이기 때문에, 그 이후로 '력(曆)' 자를 '력(歷)' 자로 바꾸어 쓴다. 임금의 이름자는 '휘(諱)하여' 함부로 쓰지 못하게 되어 있다. 임금의 이름뿐만 아니라, 성인(聖人)의 이름자나 조상의 이름자도 휘(諱)하여 함부로 쓰지 못하게 되어 있다. 이것은 오랜 관습이다. 지금은 이미 청나라가 아니긴 해도 중국 사람들은 습관적으로 '력(曆)' 자 쓸 곳에 '력(歷)' 자를 쓰는 경우가 있다. 중국 사람들이 무식해서 그런 것이 아니다. 큰소리치는 한국 교수가 하나만 알고 둘은 몰라서 그런 말을 하는 것이다.

자기가 잘 모르거나 자신이 없으면, 철저하게 책을 찾아보거나, 알 만한 사람에게 물어본 뒤에 이야기하면 실수를 줄일 수 있고, 다른 사람들을 오도하는 것을 사전에 방지할 수 있다. 교육에 종사하는 사람들은 자칫하면 학생들을 평생 오도할 수도 있다.

간 크게도 잘못된 사실을 모르고서 자기가 지은 책에 싣는 경우도 있다. 특히 번역 등을 하면서 자신이 없는 부분은, 철저하게 참고서적을 찾아보거나 자기보다 나은 사람에게 묻거나 하면 바로잡을 수가 있는데, 자기의 자존심 때문에 그냥 물어보지도 않고 잘못된 채로 실어 책으로 출판한다. 그러면 영원히 대가(大家)들에게 웃음을 사게 되지 않겠는가?

2008년 10월 20일

遺: 남길 유　　笑: 웃음 소　　大: 큰 대　　方: 모 방

경자유전
耕者有田

밭 가는 사람이 전답을 가져야 한다

옛날 주(周)나라 봉건제도(封建制度)란 것은, 천자(天子: 후세의 황제)가 일정한 지역의 사방 천리(千里) 되는 땅을 제후(諸侯)들에게 봉(封)해 주어 거기 작은 나라를 세위[建] 통치하도록 하는 것이있다. 그 제후의 임부는 천자에게 조공(朝貢)을 바치고, 천자가 군대가 필요할 때 병력과 무기를 제공하는 것이었다.

제후는 봉해 받은 영토를 다시 자기 아래의 대부(大夫)에게 사방 백리씩 봉해 주어 자주적으로 다스리게 하고, 대부는 제후에게 조공을 바치고 제후가 필요로 할 때 군대를 제공하게 되어 있었다. 이것이 봉선제도이다.

그래서 모든 영토는 원칙적으로 천자의 소유였으므로, 청(淸)나라 말기까지 몇몇 귀족들만 부귀를 향유할 뿐, 일반 백성들은 농노(農奴)와 같은 신분이었다.

청나라를 무너뜨린 신해혁명(辛亥革命: 1911년)의 주역인 손문(孫文)은 '평균지권(平均地權: 토지의 권익을 고르게 나눈다)'이라는 표어를 내걸고, 백성들에게 토지를 균등하게 지급하는 개혁안을 내놓았다. 그러나 손문은 이를 실시하지는 못했다. 이를 완전하게 실현한 인물이 모택동(毛澤東)이다. 모든 부자들의 토지를 몰수하여 전 국토를 국유화하여 농민들에게 고루 나누어 주었다. 문제가 없는 것은 아니었지만, 중국의 일반 국민들이 굶주리지 않고 농노의 신분에서 벗어난 것은 유사 이래 처음이었다.

옛날 농민들은 한 집에 논 열 마지기(2천 평) 정도가 있으면 남의 일 하지 않고도 겨우 살아갈 수 있다. 그러나 현실적으로는 모든 농가에서 골고루 열 마지기를 소유하지 못하고, 만석군(萬石君), 천석군(千石君) 등등의 땅 부자가 곳곳에 있다. 자기 할아버지가 만석군이었다고 자랑하는 사람을 가끔 볼 수 있는데, 만석군의 부자가 한 집 나오면, 999호 농가에서 평균적으로 가질 토지를 한 집에서 차지하는 꼴이 된다. 결과적으로 자기 토지가 없는 999명의 소작농을 만들어 낸다는 결론이 나온다. 그러니 자기 조상이 만석군, 천석군이었다고 자랑할 것이 못 된다.

요즈음은 농촌의 인구가 너무나 많이 줄어 과거의 5분의 1 정도도 안 된다. 그래도 토지는 그대로 있다. 농촌에 사는 사람들이 과거보다 토지 소유량이 조금 더 늘어났지만, 대부분의 토지는 농촌에 살지 않는 사람의 소유로 되어 있다. 조상한테 물려받았지만 자기는 현재 도시에 있으면서 다른 사람에게 경작하도록 임대한 경우가 많고, 개중에는 재산증식 방식으로 그 지역과 아무런 관계도 없으면서, 그 지역의 땅값이 올라가거나 개발 가능성이 있다고 보고 토지를 사서 그 지역의 사람들에게 경작을 맡기는 경우도 있다. 그러나 토지를 사서 남에게 주는 사람들은 생활의 여유가 있는 고위공직자나 사업가들이 대부분이다.

농촌에 살지도 않으면서 많은 토지를 소유하고서 소작료를 받아가는 것도 가난한 농민들이 보면, 벌써 눈살을 찌푸리게 하는 일이 된다. 그런데 이번에 공직자들이나 국회의원들이 자기 소유의 토지에서 직불금을 받아 챙긴 것은 파렴치(破廉恥)한 행위라 하지 않을 수 없다. 더구나 직불금 몇 푼을 타기 위하여 실제 자기가 직접 경작하는 것처럼 허위문서까지 작성하였다. 이러고서 기강(紀綱)이 서겠으며 공직자들이 백성들의 존경을 받을 수 있겠는가?

2008년 10월 27일

耕: 밭갈 경   **者**: 놈 자   **有**: 있을 유   **田**: 밭 전

처번이유
處煩而裕

번거로운 일에 대처하여 느긋하게 처신한다

중국 한(漢)나라 때 장안(長安)에 사는 어떤 사람이 난리가 났다는 소문을 듣고 확인도 할 겨를 없이 동쪽으로 뛰었다. 그 광경을 본 이웃마을 사람들도 따라 뛰었다. 그 동쪽에 있는 마을의 사람들도 그 광경을 보고 따라 뛰었다. 계속 동쪽으로 가면서 뛰었는데, 점점 사람이 불어났다. 결국 육지가 끝나고 바다가 나오는 산동(山東)반도 끝까지 뛰어갔다. 나중에 알고 보니 난리는커녕 아무 일도 없었다. 수많은 사람들이 영문도 모른 채 계속 뛰었던 것이다.

필자가 군대생활하던 곳은 강원도(江原道) 양구(楊口)라는 곳이었는데, 산악지대라 도로가 산의 7부 능선쯤에 나 있었다. 한쪽은 절벽이고 다른 한쪽은 낭떠러지로 되어 있다. 아침마다 일어나 4킬로미터씩 구보를 하는데, 어느 겨울날 아침 구보를 하는 도중에 대열의 선두에서 달리던 어떤 병사 한 사람이 장난삼아 오른쪽 절벽 위에서 갑자기 큰 돌이 떨어져 내리는 것을 피하는 듯한 동작을 하며 몸을 재빨리 왼쪽으로 피하였다. 그러자 뒤따라 뛰어가던 병사들은 놀라 얼른 몸을 피하려고 하였다. 그보다 더 뒤에 따라 뛰어가던 병사들은 더 놀라 어쩔 줄을 몰라 하며 몸을 피하려고 안간힘을 썼다. 뒤쪽으로 갈수록 대열이 헝클어져 엉망이 되었다. 얼마 뒤에 아무 일도 없다는 것을 알고는 맨 먼저 그 장난을 친 병사에게 원망이 쏟아졌다.

위의 두 사례에서 보듯이 아무 근거 없는 일이 터무니없게도 많은 사람들을 혼란하게 만들었다. 지금 우리나라의 경제사정이 위의 사례와 흡사하다. 세계 경제가 어렵게 된 정확한 원인을 파악하지도 못하고, 우리나라 대통령이나 경제각료들의 진단이 계속 빗나가고 있다. 지금 경제각료들이 학교에서 배울 때는 전혀 상상도 못 했던 카드, 온라인, 컴퓨터결제 등등 새로운 경제제도가 도입되었으므로, 어느 누구도 정확하게 경제의 흐름을 파악하기는 어렵다.

이런 와중에 각종 유언비어(流言蜚語)가 난무하여 주가(株價)가 계속 떨어지고 환율(換率)은 계속 올라간다. 물가도 계속 올라간다. 신문이나 방송에서 각종 해설성 기사를 내보내지만, 각각의 주장이 달라 어느 것을 믿어야 할지 선택하기 어렵다.

주식을 팔 것인가 말 것인가, 펀드를 계속할 것인가 그만둘 것인가, 집을 팔 것인가 말 것인가, 적금을 해약해야 하는가 그냥 두어야 하는가, 등등으로 많은 국민들이 안절부절못하고 있다. 이 사람 말을 듣고 귀가 솔깃했다가, 또 다른 신문 기사를 보고 생각을 바꾸기도 하고, 방송 뉴스를 듣고 주식을 갖고 있기로 결정했다가 또 다른 사람의 이야기를 듣고 팔기로 했다. 정확하게 아는 사람도 없고, 정확하게 물어볼 데도 없어 재산 손실이 발생하면 어쩌나 하고 속을 태우고 있다.

이런 악순환은 계속되고 있다. 그러나 이럴 때일수록 국민 모두가 침착하게 대처하는 것이 중요하다. 우왕좌왕한다고 뾰족한 수가 생기는 것이 아니다. 배에 구멍이 나서 물이 새어 들어오면 구멍이 어디서 생겼는지 파악하는 것이 중요하지, 승객들이 빠져 죽지 않겠다고 이리저리로 옮겨 다니면, 그 배는 결국 침몰하고 만다. 경제상황도 마찬가지다. 국가경제를 책임진 사람들을 믿고 따르는 것이 좋지 않을까 생각된다. "번거로운 일에 대처하여 느긋하라."라는 송(宋)나라 유학자 정자(程子)의 말씀을 생각하도록 하자.

2008년 11월 3일

處: 대처할 처, 곳 처   煩: 번거로울 번   而: 말 이을 이   裕: 넉넉할 유

적비성시
積非成是

잘못을 계속하면 옳은 것처럼 생각하게 된다

조선(朝鮮) 중기에 우리나라를 대표하는 대학자인 남명(南冥) 조식(曺植) 선생이 동시대에 같이 살았던 퇴계(退溪) 이황(李滉) 선생에게 이런 편지를 보냈다.

"요즈음 공부하는 사람들을 보면, 손으로 물 뿌리고 비질하는 절차도 모르면서, 입으로는 하늘의 이치를 이야기하여 헛된 이름을 훔쳐서 남을 속이려 하고 있습니다. 단단히 억제하여 타이르는 것이 어떻겠습니까?"

당시 성리학(性理學)이 크게 일어나 많은 사람들이 다투어 성리학을 공부하고 성리학을 두고 이야기하는 분위기였다. 그러나 남명은 기본되는 실천이 따르지 못하면서 고차원적인 이론만을 추구하는 것을 매우 못마땅하게 생각하여 퇴계에게 좀 신경을 써서 그런 학생들을 제지하라고 당부했던 것이다. 공부하는 사람에게 참으로 약이 되는 말이다.

이 말은 오늘날의 학생들이 꼭 들어야 할 말이다. 공부한답시고 가정에서부터 모든 일로부터 열외(列外)되어 있다. 또 자녀들 심기를 건드리면 시험점수에 영향이 올까 봐 부모가 자식 눈치 봐야 한다. 조부모들은 손자 손녀가 보고 싶어도 부모의 허락 없이는 감히 접근할 수도 없다. 공부하는 학생이 집에서 제일 어른이다.

텔레비전 연속극에 등장하는 어린이들 말버릇을 보면, 아버지 어머니, 할아버지 할머니 할 것 없이 누구에게나 성질을 부리고 말을 함부로 한다. 어른들은 모두 아이들 비위 맞추기에 급급하고 있다.

이러고서 무슨 가정교육(家庭敎育)이 되겠는가? 교육의 근본은 가정교육이다. 가정교육이 무너지니, 학교교육, 사회교육이 제대로 될 턱이 없다. 학교에서 교사들이 무엇 하느냐고 사회에서는 나무라지만, 가정교육이 안 된 사람한테는 학교교육이 먹혀들지를 않는다.

우리 학과 졸업생 가운데서 중등학교 교직에 나가 있는 제자들의 이야기를 들어 보면 정말 개탄을 금치 못한다. 어떤 중학교에서 교장선생님이 학생들이 버린 쓰레기를 줍고 있으니까, 지나가던 학생들이 "교장선생님! 저기도 주우세요." 하고 지나간다고 한다. 교사가 칠판에 필기하고 있는데, 학생이 "머리 치우세요. 안 보입니다."라고 소리친다고 한다. 수업시간에 떠드는 학생을 좀 따끔하게 나무라면 학생이 당장 학부모에게 전화하고 학부모는 학교로 달려와 교사에게 무례한 행동을 하고 고소하겠다고 협박을 한다고 한다.

대학생도 예외가 아니다. 대학 강의실에서 교수가 "조용히 해라."라는 소리를 수시로 해야 하니, 문제다. 이 수업시간에 마음대로 들락거리며 커피를 빼어 오고 화장실에 가고 하기에, 어떤 교수가 제재를 가했더니, 그 대학생은 "마음대로 다니지도 못합니까?"라고 아무런 문제점을 못 느끼더라 한다.

잘못된 행동을 하는 학생이 워낙 많으니, 이제는 잘못된 행동을 하는 학생이 정상적인 학생으로 간주되고 있는 것이다. 잘못을 하는 사람이 한둘일 때 지적을 하여 시정을 요구하는 것이지, 학생 대다수가 잘못될 때는 나무랄 수도 없는 것이다.

    학교는 지식전수도 중요하지만 사람 되는 공부가 더 우선되어야 하지 않겠는가? 사람 되는 공부는 가정에서 먼저 기초가 형성되어야 한다.

2008년 11월 10일

積: 쌓을 적   **非**: 아닐 비   **成**: 이룰 성   **是**: 옳을 시

문신불애전
文臣不愛錢

문신은 돈을 좋아하지 않아야 한다

남송(南宋) 때 구국의 명장 악비(岳飛)의 글에, "문신(文臣)은 돈을 사랑하지 않아야 하고, 무신은 죽음을 아까워하지 않아야 한다.[文臣不愛錢, 武臣不惜死.]"라는 구절이 있다. 요즈음 말로 풀이하면, "공무원은 돈을 사랑하지 않아야 하고, 군인은 목숨을 아끼지 말아야 한다."라는 뜻이다.

국가가 돈을 들여 관원들에게 녹(祿)을 주는 이유는 최선을 다해서 국가를 위해서 일하라는 뜻이고, 군인들에게 녹을 주는 것은 목숨을 바쳐 국가를 지키라는 뜻이다.

노무현 대통령은 취임하면서, 대한민국은 기회주의자들이 마음대로 권력을 휘둘러 온 나라인 것처럼 비하하면서 자기는 마치 정의(正義)의 화신인 양 취임사를 하였다. 그 정권의 장차관, 여당 국회의원 등은 모두 자신들은 정의파고 애국자이고, 이전의 정권은 부정과 비리로 얼룩진 정권인 양 기회만 있으면 비난하였다.

그러나 이제 노무현 정권의 국세청장이 거액의 뇌물(賂物)을 받은 혐의로 구속되었다. 국영기업체인 한국통신의 사장 역시 거액의 뇌물을 받은 혐의로 구속되었다. 혐의가 나타나 조사받고 있는 노 정권의 고위공직자들이 한둘이 아니다. 이제 그 부정의 실상이 하나둘 드러나기 시작했다.

그렇게 정의의 화신인 양 국민을 속이고 설쳐 대던 사람들이, 알고 보니 역대 어느 정권보다 더 부패하였던 것이다. 우리나라 속담에 "가랑잎이 솔잎보고 바스락거린다고 나무란다."라는 말이 있는데, 바로 이럴 때를 위하여 준비해 둔 말 같다.

소위 민주화정권이 들어선 이후, 그 이전 정권의 공격에 힘을 다 쏟았다. 그래서 김영삼 대통령 때는 '신한국건설', 김대중 대통령 때는 '제2건국', 노무현 대통령 때는 '과거사청산'이라고 하여, 우리나라는 있어서는 안 될 나라처럼 구호를 외쳐 왔다. '신한국건설'이라면 그 이전의 한국은 나라도 아니라고 생각한 것 같다. '제2건국'은 나라가 망하여 다시 세우겠다는 의미다. '과거사청산'은 이전의 우리 역사는 아무런 의미가 없다는 말이다. 그러나 이런 주장을 했지만, 정작 비판받는 정권보다 더 잘한 것도 없이 임기를 끝내고 말았다. 정권이 바뀌었다고 모든 것을 바꾸어서는 안 된다. 잘한 것은 계승하고 잘못한 것은 바꾸어 새로운 길을 모색하면 된다. 그런 점은 지금 이명박 대통령도 마찬가지다. 반대당의 대통령이 추진하던 일이라고 무조건 반대하거나 바꾸어서는 안 된다. 좀 더 대국적인 차원에서 당파를 초월해야 한다. 대통령은 우리나라를 대표하는 대통령이지, 한 당을 대표하는 대통령이 아니다.

공무원은 어느 정권에 속하거나 자신이 지켜 나갈 강령이 있다. 가장 중요한 것이 국가를 위한다는 사명감이고, 그다음은 공정성이다. 해야 할 일은 아무리 어렵고 반대하는 사람이 많아도 해야 하고, 하지 않아야 할 일은 민원이 있고 자기를 유혹하고 협박하는 사람이 있어도 하지 않아야 한다. 뇌물을 받고 하지 말아야 할 일을 하거나 인가를 내 주어서는 안 되는 사항을 인가를 내 주면, 우선은 쉽게 난관을 통과하지만, 천추만대에 국가를 망치는 일을 저지르는 경우가 있을 수 있다.

   오직 공정한 마음으로 일하면 언젠가는 자신의 뜻이 바르게 알려질 것이다. 송나라의 명재상이자 유명한 역사학자인 사마광(司馬光)은 이런 말을 했다. "내가 평생 동안 한 일 가운데서 남에게 말할 수 없는 것은 없다.[平生所爲, 無不可對人言者.]" 한평생 한 일이 공명정대(公明正大)했다는 말이다. 쉬운 말 같지만 이렇게 살아가기는 정말 어렵다. 공무원들이나 공기업에 종사하는 사람들도 이런 마음가짐으로 살아간다면, 임기를 끝냈을 때 감옥으로 가는 일은 없을 것이다.

2008년 11월 17일

文: 글월 문   臣: 신하 신   不: 아니 불   愛: 사랑할 애
錢: 돈 전

표동벌이
標同伐異

같은 것은 드러내 주고 다른 것은 쳐서 없앤다

하나의 외국어를 배운다는 것은, 처음 과정에서는 어떤 나라나 민족의 단어(單語)를 배우는 것이지만, 좀 더 들어가면 그 나라나 그 민족의 문화를 배우는 것이다. 외국어를 정말 잘하려면 그 나라의 문화는 물론 그 나라의 최신 정보까지 모든 것을 다 알아야 한다. 그러니 외국어를 잘한다 하는 사람도 사실은 일상생활이나 자기 전공분야 정도를 알아듣는 것이지, 모든 분야의 말을 다 알아듣는 것은 아니다. 또 다 알아들으려고 노력하다가는 결국 자기 공부나 일을 못하게 된다. 국제사회의 정세 등 모든 일을 알고 있어야 하기 때문에 거기에는 엄청난 시간이 든다.

중국에서 생활하다가 느낀 사실인데, 남의 말을 알아듣는 데는 단순히 단어 실력뿐만 아니라 너무나도 많은 요소가 작용한다는 것이다. 필자는 마흔 이후에 중국말 회화를 배웠기 때문에 발음이 좋지 못하다. 그런데 필자가 하는 중국말을 가장 잘 알아듣는 사람은 지방출신으로 북경(北京)에 와서 중문학과(中文學科)나 역사학과(歷史學科), 철학과(哲學科) 교수로 있는 사람들이다. 이 사람들은 지방출신으로 북경에 와서 살기 때문에 마음에 교만한 기운이 없는 데다가, 자기의 전공공부는 주로 인문교양에 도움 되는 내용이고, 또 관심분야가 필자의 전공과 일치하기 때문이다. 반대로 필자의 말을 가장 잘 알아듣지 못하는 사람은 북경 토박이면서 학교 교육을 적게 받은 사람들이었다. 자신의 머릿속엔 '위대한 중국의 수도 북경에서 대대로 살았다.'는 자만심(自慢心)은 꽉 차 있지만, 알고 있는 어휘나 상식이 얼마 되지 않기 때문에 웬만한 말은 알아듣지 못한다. 게다가 알아듣지 못하는 탓을 상대방에게 돌리는 것이 습관이 되어 있기 때문이다.

1949년 모택동(毛澤東)이 공산당 정권을 세운 이래로 모든 것을 인민대중(人民大衆)을 위한다는 기치 아래 "말도 글도 쉽게 하고 쉽게 쓰자."라고 보통화(普通話: 표준말)를 강조했다. "전문학자도 한자(漢字) 6천 자를 넘지 않는 범위 내에서 글을 쓰라."고 지침을 내렸다.

그러다 보니 역사상 오랫동안 존재해 왔던 좋은 표현들이 대부분 사라지고 일상생활에서 쓰던 평범한 말로만 언어생활을 하게 되었다. 모든 문장들도 획일화되고 단조로워졌다. 개혁개방 이후 중국 학자들과 대만(臺灣) 학자들이 학술교류를 하게 되었는데, 대만 학자들이 중국 학자들과 서신교환을 세 번만 하고 나면, 재미가 없어서 그만둔다는 말이 나돈다. 서신이라는 것은 일정한 형식이 없는 대신, 글 쓰는 사람이 자기의 역량을 마음껏 발휘해서 얼마든지 다양하게 만들 수 있다. 그런데 북경 등 중국의 교수들의 서신은 천편일률(千篇一律)이라는 것이다. 어떤 교수를 막론하고 첫머리는 "니하오[你好: 안녕하십니까?]"라고 시작하여, 끝에 가서는 "짜이젠[再見: 다시 봅시다. 안녕히 계십시오]"이라 끝맺기 때문이었다.

표준말의 규범화를 강조하다 보니, 언어의 수준을 끌어내리고 획

일화시켜 언어의 다양성, 나아가 문화의 다양성을 말살시켜 버렸다. 그래서 지금 중국 대륙에서는 반성의 목소리가 높아지고 있다. 너무 쉽게 표준화만 강조할 것이 아니라고.

미국(美國) 정부에서는 얼마 전까지만 해도 이민 온 사람들에게 자기 나라 말을 가르치지 말고 영어를 가르치라고 강요하였다. 그러다가 요즈음은 이민 온 사람들이 자기 나라 말을 가르치면 미국 정부에서 보조금을 주는 등 적극적으로 지원을 한다고 한다. 문화의 다양성을 죽이다 보니, 미국문화가 발전하는 것이 아니고 점점 쇠퇴하는 것을 확인했기 때문이다. 문화는 정신적인 자유에서 성장하는 것이다. 예를 들면 그림 그리는 사람에게 개성 있는 그림을 그리는 것을 금지하고, 지정해 주는 그림만 그리라고 하면 좋은 작품이 나올 수 있겠는가? 그와 마찬가지로 말도 각자의 개성을 존중해 주는 것이 중요하다.

지금 우리나라에서도 표준어(標準語) 제정이 국민의 평등권 등 기본권을 침범했다고 헌법소원(憲法訴願)을 내놓은 사람들이 나왔다. 표준어를 "교양 있는 사람들이 두루 쓰는 현대 서울말"로 정의하였는데, 이 정의는 정말 모호하다. 그리고 표준어 제정이라는 것은 단어만의 문제는 아니다. 거기에는 여러 가지 복합적인 요소가 가미되어 있다.

1933년 이후 표준어를 제정할 때, 심의에 참여하는 국어학 전공자들의 지식수준이나 출신지역, 성장배경 등이 많은 영향을 미쳤다. 당시 경상도 출신인 최현배(崔鉉培) 선생과 전라도 출신인 이강로(李江魯) 씨 사이에 많은 의견 대립이 있었는데, 나머지 위원들이 적당한 선에서 마무리하여 정한 것이 많다. 예를 들면 바닷가 물고기나 조개 등의 이름인 경우, 맨 먼저 만난 어부가 말하는 것을 표준어로 정했다. 한자 발음도 문제였다. '의곡(歪曲)'이냐 '왜곡(歪曲)'이냐로 다투다가 본래 발음도 아닌 '왜곡'을 표준어로 정했고, '우엉'은 본래 한자어 '우방(牛蒡)'에서 나온 것이라, 경상도 등지에서 쓰는 '우벙', 또는 '우붕'이 더 원래 말에 가까운데도 '우엉'을 표준말로 정했다. 나무 이름, 채소 이름, 그릇 이름 등도 마찬가지다. '우렁쉥이'는 표준어고 '멍게'는 사투리다. 표준말 '부추'의 경우 옛날부터 '소풀', '정구지', '염교' 등으로 동시에 다 써 왔다. 사투리를 제치고 표준어라고 사전에 올라 있는 말을 두고 책을 하나 써도 될 정도로 문제가 많다.

1933년경에는 유교문화(儒敎文化)에 염증을 극도로 느끼던 시절이었다. 그래서 서원이나 향교에서 사용하는 말은 아예 국어사전에 올라 있지도 않다. '원임(院任: 서원의 책임자)', '망기(望記: 제관 등의 추천 통지서)' 등등 유림들이 지금까지 늘 쓰는 말인데, 어떤 국어사전에도 올라 있지 않다.

사람은 항상 "자기가 잘 알고 동질감을 느끼는 것은 좋아하여 드러내 주는 데 반해서 자기와 다른 것은 없애 버리려는[標同伐異]" 경향이 있다. 자기와 다른 것도 포용하는 데서 다양성이 생긴다. 표준어를 너무 강조하다 보면, 우리 언어문자를 단조롭게 만들고 나아가 우리 문화의 발전을 저해하지 않을까 걱정스럽다.

2008년 11월 24일

標: 표방할 표   同: 한가지 동   伐: 칠 벌   異: 다를 이

천운순환
天運循環

하늘의 운수는 돌고 돈다

우리나라는 불행하게도 1910년에 일본에게 나라가 망했다. 이는 단순히 주권상실(主權喪失)에 그치는 것이 아니고, 알게 모르게 엄청난 손실을 가져왔다. 그 가운데 하나의 큰 손실이 우리 문화의 전통단절이라는 것이다. 일본 침략자의 손에 의해서 우리의 문화는 파괴되고 왜곡되었다. 학문도 우리 학문이 아니고, 예술도 많이 변형되었다.

해방이 되자 우리나라의 지도층인사나 대학 강단에 선 사람들이 거의 대부분 일본 교육을 받은 사람이 아니면, 미국이나 유럽의 교육을 받은 사람들이었다. 일본에 의해서 파괴된 문화가 다시 서양문물에 짓밟히게 되었다. 그 한 가지 예로 교육은 세계에서 우리나라가 제일 잘해 왔는데, 교육학 하면 바로 서양교육학만 이야기한다.

그래서 우리 조상들이 남긴 학문과 사상은 후세 사람들이 올바로 접할 기회가 없어지고 말았다. 일본 사람들이 가르친 영향으로 우리 조상들은 '비과학적이고', '비합리적이고', '당파심만 강하고', '옛날 것만 좋아하고', '비위생적이고' 등등 안 좋다는 생각만 갖고 살아왔다.

우리 조상들이 지어 남긴 수많은 서적들은, 도서관 지하서고에서 먼지에 쌓여 누구 하나 거들떠보는 사람이 없었다. 1970년대 전후해서 한문으로 된 책은 우리 것이 아니라고 주장하는 교수도 적지 않았다. 필자가 고등학교나 대학 다닐 때, "한문공부 하지 마라."라고 말리는 교사나 교수가 여럿 있었다. 그것도 과학이나 상업 전공자가 아니고, 국어나 고전문학 전공하는 사람들이었다. 그 이유인즉 "앞으로 한문은 필요 없다. 없어질 것이니까, 괜히 시간 낭비하지 마라."는 것이 주된 요지였다. 심지어 어떤 학교 도서관에서는 한문으로 쓰인 책은 고물상에 가져다 파는 경우도 있었고, 출판사에서는 한문책 판형(版型)을 녹여 없애는 경우도 있었다. 한글만이 우리글이고, 한자는 남의 글이라는 이유에서였다.

한자는 한족(漢族)들만이 만든 것이 아니고, 아득한 옛날 우리 조상들도 한자 만드는 일에 참여했을 수 있다. 그리고 우리나라에서 만든 한자만도 3천여 자는 넉넉히 된다. 또 설령 한자를 한족들이 만들었다 해도, 언어문자생활을 하면서 문자를 만든 국적을 따져서 쓰고 안 쓰고를 결정하는 일은 없다. 알파벳이 미국 사람들이 만든 것이 아니라고 해서, 알파벳 버리자고 주장하는 사람이 미국에 한 사람도 없다.

주자(朱子)의 「대학장구서문(大學章句序文)」에, "하늘의 운수는 돌고 돌아 가서 돌아오지 않는 것이 없다.[天運循環, 無往不復.]"라는 구절이 있다. 세상 이치는 한번 창성했다가 쇠퇴하고, 쇠퇴했다가는 다시 창성하는 법이다.

그렇게 버리려 했던 한문이 다시 살아난다. 각종 한자급수시험이 여러 지역에서 실시되는데, 한 번 실시할 때마다 수천 명의 학생들이 운집한다. 그 가운데는 초등학생이 많은 수를 차지하고, 심지어 유치원생도 있다. 각종의 한문 강독회가 전국 각지에서 수많이 생겨나고 있다. 공공기관에서 하는 것도 있고, 개인적으로 모여 하는 것도 있다. 그 밖에 한시 창작 모임, 경서 읽기 모임도 있다. 한시 백일장은 전국에 2백 군데가 넘게 개최되고 있다. 경서 외우기 대회도 개최하고 있다.

한문문화의 정신이 살아 있는 전통 성인식에 해당되는 관례(冠禮)와 계례(笄禮)가 복원되어 전국 각 대학, 향교에서 실시되고 있다. 심지어 의례(儀禮) 가운데 제일 복잡하다고 할 수 있는 향음주례(鄕飮酒禮)가 지난 11월 11일 진주향교(晉州鄕校)에서 개최되었다. 선비들 모임에서 술 마시는 예절인데, 단조로워 보여도 이 속에는 '사양(辭讓)', '절제(節制)', '화합(和合)', '정성(精誠)', '신중(愼重)' 등의 정신이 들어 있다.

완전히 없어지리라 생각했던 한문문화가 이렇게 성하게 일어나는 것은, 국민 모두가 우리 문화를 찾아야 하겠다는 강한 염원이 일어났기 때문이라 생각된다. 또 과학기술의 힘을 입어 경제적으로 성장했지만, 경제성장에 따른 사회적 문제가 너무나 많은데, 이를 치료하기 위해서는 건전한 전통문화가 아니면 안 되기 때문이다.

전 세계 노벨상 수상자들이 2001년에 파리에 모여서 회의를 하고 성명을 발표했는데, 그 성명문 내용인즉, "21세기에 인류가 계속 생존하고자 한다면, 동양의 공자(孔子)의 지혜를 배우라."라는 것이었다. 지금과 같이 극도의 이기주의와 심성파괴가 계속된다면, 인류는 결국 인간의 손에 의해서 멸망하고 말 것이다. 이것을 막을 지혜는 공자의 가르침밖에 없다는 점을, 대부분 서양 사람이고 과학자들인 노벨상 수상자들이 먼저 깨달은 것이다.

2008년 12월 1일

天: 하늘 천   運: 구름 운   循: 좇을 순   環: 고리 환

여우구생
與憂俱生

사람은 근심과 더불어 살아간다

우리 집 이웃에 꽃집을 하고 있는 사람이 있는데, 멀지 않은 곳에 꽃집이 몇 개 더 있다. 수입이 신통치 않은지 꽃집 옆에 달린 건물을 빌려 새로 단장을 하여 음식점을 내었다.

지나가면서 보면 처음에는 손님이 제법 있는 것 같더니, 얼마 지나자 손님이 많지 않은 것 같았다. 손님이 한두 팀 있거나 어떤 날은 저녁때 한 팀도 없는 경우도 있었다. "저래서 어쩌겠나! 신장개업한다고 들어간 돈도 못 건지는 것 아닌가?" 하고 도와주지는 못해도 걱정이 된다.

오래간만에 아는 사람을 만났더니, 자기 아들이 다니던 직장에서 나와 놀고 있는데 혹 일자리 없는지 알아봐 달라고 한다.

가끔 학교 동기들이 직장에서 퇴직하여 어디에서 음식점을 냈다고 연락이 온다. 좋은 직장에 다니고 있는 간부도 회사 형편이 어려워 언제 잘릴지 모른다고 걱정이다.

일반적으로 볼 때, "대학교수들이야 무슨 걱정이겠는가?"라고 하지만, 지금은 대학 입학정원보다 고등학교 졸업생 숫자가 적어 괜찮은 대학을 제외하고는 상당수의 대학에서 학생 유치하기 위해서 온갖 노력을 다 기울인다. 어떤 사립대학 같은 곳에서는, 교수가 연구한다는 것은 이미 사치이고, 강의만 끝나면 각 고등학교를 다니면서 학생 보내 달라고 사정을 하고 다닌다. 요즈음은 사람 위치 파악하는 전자장치가 되어 있어, 고등학교에 안 나가고 갔다 왔다고 할 수도 없고, 또 매일 방문한 고등학교와 만난 담임교사 이름까지 다 적어 내야 한다고 한다. 그러니 겉으로는 대학교수이지만, 이 짓을 계속하고 있어야 하나 하고 고민하고 있다. 이런 사정은 가족들조차도 모른다.

흔히 사람들은, 자기만 걱정이 있고 다른 사람은 걱정이 없는 것으로 생각하지만, 살아 있는 사람치고 걱정이 없는 사람이 없다.

이 세상에 태어난 보통 사람들이 바라는 것은, 물질적인 풍요와 아름다운 이름이다. 물질적인 풍요는 좋은 집, 좋은 옷, 좋은 음식, 좋은 기호품, 좋은 소유물 등등이고, 아름다운 이름이란 높은 지위, 훌륭한 업적, 대중적인 영향력, 인기 등등이다.

그러나 이러한 목적을 달성했다고 걱정이 없을 줄 알지만, 이러한 목적을 달성해도 역시 걱정은 사라지지 않는다. 예를 들면, 재산이 많은 사람은 재산 운용의 어려움과 도난에 대한 걱정으로 잠을 못 이룬다. 관직이 높은 사람은, 어떻게 이 자리를 오래 유지할 것인가, 누구에게 무슨 자리를 맡기느냐, 어떤 일을 어떻게 처리하느냐, 하는 일로 골치를 썩인다. 이름이 난 사람은 이름난 만큼 또 헐뜯는 사람도 많다.

시인이자 교수인 어떤 분이 텔레비전에서 영화제 시상식 하는 장면을 보면서, "저런 여자하고 살아 봤으면 죽어도 소원이 없겠다."라고 농담을 했더니, 옆에 있던 부인이 "저 여배우가 살아 준다고 해도 당신 월급으로 저 배우의 의상 비용, 화장품 비용 댈 수 있겠어요? 또 저 여배우 성깔 다 맞추며 살 것 같아요?"라고 핀잔을 주었다 한다. 좋은 점이 있으면, 거기에 따르는 안 좋은 점도 있게 마련이다.

지금 전 세계가 경제적으로 어렵다. 더욱이 우리나라는 환율(換率)이 치솟아 국제수지가 말이 아니다. 중소기업 가운데 도산(倒産)하는 곳이 한둘이 아니다. 대통령이 가락농산물시장을 방문했을 때, 시래기 파는 할머니가 장사가 안되어 결국 울음을 터뜨렸다.

그러나 지금만 어려운 것이 아니다. 조선시대에는 몇몇 양반만 빼고는 거의 전 국민이 끼니를 잇지 못하여, 흉년이 들면 굶어 죽는 사람이 길에 널렸다. 일본강점기에는 학대와 착취 속에서 온 동포가 신음했다. 한국전쟁 이후에는 완전히 폐허가 되어 원조물자 아니면 살아갈 수가 없었다. 경제개발이 어느 정도 된 1970년대에도, 지금 보면 풍요로운 것 같아도, 그 당시는 "경제가 어렵다.", "경제가 이래서는 안 된다."라는 말이 자주 나왔다. 1980년도에도 "나라 형편이 이런데 올림픽이 뭐냐?"고 올림픽 유치를 나무라는 사람도 있었다.

현실은 언제나 어렵다. 어려운 데서 좌절하지 않고 꿋꿋이 살아가는 데 인생의 가치가 있다. 배가 바다를 항해하다 보면, 암초도 만나고 풍랑도 만나 심한 경우에는 침몰도 된다. 그러나 풍랑이 겁이 나서 배를 만들어 물에 띄우지 않으면, 배로서의 가치가 없는 것이다. 어려움 속에서 자신의 방향을 잃지 않는 것이 중요하다.

『장자(莊子)』에, "사람이 살아가는 것은 걱정과 함께 살아가는 것이다.[人之生也, 與憂俱生.]"라는 말이 있다. 사람이 살아 있는 한 걱정이 없을 수 없다. 걱정에 짓눌려 자신의 의지마저 꺾여서는 안 되겠다.

2008년 12월 8일

與: 더불 여　　憂: 근심 우　　俱: 함께 구　　生: 날 생, 살 생

265

전철가감
前轍可鑑

앞 수레의 바큇자국을 거울로 삼을 만하다

1982년 일본(日本)에 1주일 연수를 간 일이 있는데, 모든 길이 포장되어 있다는 사실에 놀랐다. 심지어 들판의 논 사이에 난 길도 다 포장되어 있었다. '대단하다. 우리나라는 언제 이렇게 될 수 있을까?' 하고 생각하였다.

지금은 우리나라도 거의 모든 길이 다 포장되어 있다. 산골짜기 밤밭에 들어가는 길도 다 포장되어 있다. 그러나 1980년대 초반까지만 해도 우리나라의 길은 큰 도시에서 조금만 벗어나도 대부분 비포장도로였다. 비포장도로는 자갈을 깔아 다져진 위로 차가 다녔는데, 차의 바퀴가 지나가는 곳이 정해져 있으므로 도로에는 두 갈래 골이 패어 있었다. 이것이 바로 '수레바퀴 자국[轍]'이다.

이 바퀴가 지나간 자국은 시간이 지나면 지날수록 깊게 패었다. 그래서 각 마을에다 도로를 할당하여 관리책임을 맡기고, 매년 봄과 가을에 각 가구(家口)에서 부역을 나가 자갈을 다시 펴고 도로를 보수하였다. 장마나 폭우가 지나가거나 하면 수시로 부역을 나가 길을 보수하였다. 그래도 그때뿐이고, 길에는 무거운 짐을 실은 자동차나 수레가 지나가기 때문에 바퀴자국은 늘 패어 있었다.

  길이 굽은 곳, 길이 경사진 곳 등에는 수레의 무게가 한쪽으로 쏠리기 때문에 양쪽 자국의 깊이가 점점 차이 나게 되어, 짐을 높이 실은 자동차나 수레는 지나가다가 넘어지는 경우가 종종 있었다. 앞에 가는 수레가 넘어지면 뒤에 따라가던 수레를 모는 사람은 각별히 조심을 하였다. 앞사람이 당한 위험이 뒷사람에게는 교훈이 되는 것이었다.

  사람이 세상을 살아가면서 자기가 직접 경험한 뒤에 배우려면 모든 사람이 다 장애인이 되고 말 것이다. 펄펄 끓는 물에 손을 담갔다가 데는 사람이 있다면, 그것을 본 사람은 끓는 물에 손을 담그지 않는다. 그래서 견문(見聞) 풍부한 사람은 실수를 적게 하는 법이다.

  동물들은 한번 목숨에 위협을 느낄 정도로 식겁(食怯)을 한 일은 죽을 때까지 다시는 안 한다고 한다. 그러나 사람만이 욕심에 사로잡혀 다시 반복한다고 한다.

  우리나라 대통령을 지낸 사람들은 지금까지 정상적으로 산 사람이 없다. 이는 정신적, 도덕적으로 나라의 큰 불행이다. 대통령을 지낸 사람이 나라의 어른으로서 온 국민이 저절로 존경하는 마음이 우러나올 위치에 있어야 하는데, 안타깝게도 현실은 그렇지 못하다.

  건국대통령이라는 이승만(李承晩) 대통령은 마지막에 일당독재와 부정선거로 국외로 추방을 당하여 하와이섬에서 쓸쓸하게 생을 마감했다. 윤보선(尹潽善) 대통령은 타의에 의해서 대통령직에서 밀려나야 했다. 박정희(朴正熙) 대통령은 경제개발의 공이 있지만 자기의 부하의 총에 목숨을 잃었다. 최규하(崔圭夏) 대통령은 군부에 의해서 아무 말 못하고 밀려났다.

  전두환(全斗煥) 대통령은, 대통령 임기를 마치고 자기 발로 청와대에서 물러난 최초의 대통령이었지만, 부정과 군사쿠데타로 백담사(白潭寺)에서 유배생활을 한 뒤 또 사형선고를 받고 감옥살이를 하였다. 노태우(盧泰愚) 대통령 역시 부정과 쿠데타로 사형선고를 받고 감옥살이를 했다.

김영삼(金泳三) 대통령은 임기 중에 총애하는 아들이 구속되는 쓰라림을 겪어야 했다. 김대중 대통령도 임기 중에 두 아들이 구속되는 쓰라림을 겪어야 했다.

노무현(盧武鉉) 대통령은 물러난 지 얼마 안 되어, 측근들이 비리에 연루되어 구속되었고, 최근에는 친형이 뇌물을 받은 죄로 구속되었다. 앞으로 이 사건의 파장이 얼마나 크게 뻗어 나갈지 예측을 불허한다.

노 대통령과 그의 주변의 386세력들은 다른 것은 몰라도 최소한 부정은 저지르지 않을 것으로 국민들은 기대했었다. 그러나 지금 등나무 덩굴처럼 서로 얽히고설킨 부정 사건이 속속 드러나, 앞 정권을 매도하던 호기(豪氣)가 위선(僞善)이었음이 증명이 되고 있다.

역대 대통령들이 만신창이(滿身瘡痍)가 된 것을 보았으면, 그것을 타산지석(他山之石)으로 삼아서 특별히 경계했어야 하는데, 여전히 앞 사람들의 잘못을 그대로 답습하고 있다. 앞의 수레가 지나가다가 폭 팬 바큇자국에 바퀴가 빠져 뒤집히는 것을 봤으면, 뒤에 따라가는 수레를 모는 사람은 정신을 바짝 차려 자기의 수레바퀴는 그 팬 골에 빠지지 않도록 해야 되는데, 계속 그 골에 빠지고 있다. 그래서 "전철(前轍: 앞 수레의 바큇자국)을 밟는다.", "전철을 되풀이한다.", "전철을 범한다."라는 말이 생겨났다.

모든 사람들이 다 마찬가지다. 남의 잘못을 보면 자기 성찰(省察)의 자료로 삼으면, 세상만사가 다 자기 스승이고, 모든 곳이 다 학교가 되어 날로 발전할 것인데, 사람들은 그렇지 못하다.

2008년 12월 15일

前: 앞 전　轍: 수레바퀴 자국 철　可: 가할 가　鑑=鑒: 거울 감, 경계할 감

경재희시
輕財喜施

재물을 가벼이 여겨 베풀기를 좋아한다

큰 부자로서 논을 만 마지기 이상 가지고, 수십 칸의 집을 짓고 호화롭게 산 사람들이 고을마다 있었지만, 그들은 숨이 끊어지는 동시에 사람들의 기억에서 사라진다. 기껏해야 그 이웃동네 사람들 정도가 기억하지만, 좋은 기억보다는 좋지 않은 이야기만 남아 있는 경우가 많다.

그러나 역사상 남에게 베푼 사람들은 그 이름이 영원히 남아 있다. 주변에 밥 굶는 사람이 없게 하라는 경주(慶州)의 최부자나 일신여자학교[진주여고(晉州女高) 전신]를 지어 기부한 진주시(晋州市) 지수면(智水面) 승산리(勝山里)의 허만정(許萬正) 같은 분은 지금도 계속 좋은 사례로서 사람들의 화세에 오르내린다.

재산을 오래 보존하려고 남에게 인색하게 한 푼 안 내어놓고, 아들 손자들에게 물려주지만, 아들 손자들이 곧 탕진(蕩盡)하여 빈 거지가 된다. 그러나 남에게 베풀면 영원히 그 재산이 남고, 훌륭한 이름을 천추에 남기게 된다.

사람은 누구나 소유욕이 있기 때문에, 정상적인 사람이라면 자기 물건 아깝지 않은 사람이 없다. 자기 하고 싶은 것, 쓰고 싶은 것 다 하고 나서 남을 도우려면 되지 않는다. 생각났을 때 바로 실천해야만 베푸는 일이 가능하다.

　생각을 조금만 더 크게 가져 보면, 자기가 모은 재산이라고 해서 꼭 자기 자손들에게만 주어야 되는 것은 아니다. 그러나 이런 생각을 실천에 옮기는 사람은 많지 않다. 이 글을 쓰는 필자도 불우 이웃 돕기 할 때 처음 먹은 마음만큼 실천을 못 한다.

　진주에 김장하(金章河)란 분이 사는데, 요즈음 세상에서 베풀기를 잘하는 사람 가운데 한 분이다. 이분은 시내에서 한약방을 경영하고 있다. 돈이 많은 재벌에 비교하면 그의 재산은 얼마 되지 않는다. 그러나 진주 지역에서 무슨 일이 있어 돈이 필요할 때 대부분의 사람들은 이분을 찾아간다. 왜냐하면 기분 좋게 도움을 제일 잘 주기 때문이다. "발로 차면서 먹을 것을 주면 굶어 죽어 가는 거지도 받아먹지 않는다."라는 맹자(孟子)의 말이 있다. 도움을 청하러 가는 사람은 어려운 결심을 하고 찾아간다. 도움을 청하는 사람의 자존심을 살리면서 도와주는 것이 중요하다.

　이분은 젊은 시절에 이상적인 교육에 뜻을 두고 오랫동안 재산을 모아 명신고등학교(明新高等學校)를 설립하여 몇 년 운영하다가 국가에 기부를 하였다. 그러고서는 어떤 반대급부도 바라지 않았다. 10년 전 경상대학교(慶尙大學校) 남명학관(南冥學館) 짓는 데 12억 원 정도의 지원을 하였다. 오로지 남명선생(南冥先生)의 학문과 사상을 오늘날 연구하여 보급하자는 취지에서 거금을 쾌척한 것이었다. 그 이전에 남명학 연구기금으로 1억 원을 내놓은 적도 있었다.

　진주문화를 발굴하여 널리 알리는 진주문화문고(晋州文化文庫) 간행을 전적으로 지원하고 있다. 이미 10종의 문고본 책이 나와 보급되고 있다. 그 외 진주 형평운동(衡平運動) 연구사업, 각종 장학금 등 이분이 지원하는 사업은 다 헤아리기 어려울 정도로 여러 가지가 있다.

그러나 이분은 남에게 자신이 지원한 사실이 알려지기를 바라지 않는다. 신문 기자들의 방문도 철저히 거절한다. 누가 표창장을 주려고 해도 싫어한다. 필자가 이 글에서 자기 이름을 명기한 것을 안다면, 별로 좋아하지 않을 것이다. 자신은 아직도 자기 차도 없이 자전거를 타고 다닌다. 자기 자신을 위해서 쓰는 경우는 아주 검소하다.

날씨가 춥고 한 해가 저물어 가니, 주변에 도움이 필요한 어려운 사람들이 많다. 이분처럼 크게는 못 할지라도, 우리 모두가 어려운 사람들과 더불어 살아간다는 마음을 가져야 할 필요가 있다.

2008년 12월 22일

輕: 가벼울 경　　財: 재물 재　　喜: 기쁠 희, 좋아할 희　　施: 베풀 시

세불아연
歲不我延

해는 나를 위해서 늦추어 주지 않는다

이제 금년 무자년(戊子年)의 366일 가운데서 이틀밖에 남지 않았고, 곧 새해 기축년(己丑年)이 밝아 올 예정이다.

금년 연초에 세웠던 계획을, 지금 이 연말에 이르러 거의 백 퍼센트 달성한 사람이 있을 것이고, 반쯤 이룬 사람도 있을 것이고, 거의 이룬 것이 없는 사람도 있을 것이다. 다 같이 366일의 시간을 보냈지만, 각자의 성과에 있어서는 엄청난 차이가 날 것이다.

세월은 어떤 경우에도 쉬지 않고 흘러간다. 인생의 한정된 시간은 누구에게 있어서나 한번 가면 다시 오지 않는다. 그리고 또 잠깐이다. 80년 이상 인생을 살아온 노인을 젊은 사람들이 보면 오래 산 것같이 보이나 그 노인 자신은 "나이 팔십 그것 잠깐이더군."이라고 말한다.

그래서 당(唐)나라 시인 이태백(李太白)은 「장진주(將進酒)」라는 시의 첫머리에서 이렇게 읊었다.

> 그대 보지 못했소? 황하(黃河)의 물이 하늘 위에서부터 와서
> 급히 흘러 바다에 이르러 다시는 돌아오지 못하는 것을.

그대 보지 못했소? 높다란 집 거울 앞에서 흰 머리 슬퍼하는 것을.
아침에는 푸른 실 같다가 저녁에 눈처럼 허옇게 되는 것을.
君不見黃河之水天上來, 奔流到海不復回.
君不見高堂明鏡悲白髮, 朝如靑絲暮成雪.

한번 바다에 이르면 다시 돌아가지 못하는 황하 물처럼 인생의 흘러간 시간은 다시 돌이킬 수 없다. 돌이켜 보면 엊그저께 소년이었는데, 벌써 머리에 서리가 허옇게 내린다.

그럼 어떻게 해야 하는가? 주어진 시간을 알차게 쓰는 수밖에 없다. 알차게 쓰기 위해서는 시간을 허비하지 말아야 하는데, 허비하지 않기 위해서는 할 일을 미루지 말아야 한다.

사람이 생각하는 것과 실천하는 것과는 아주 다르다. 아무리 좋은 생각이 있어도 실천을 하지 않으면 아무 소용이 없다. 간단한 예로 맛있는 음식을 먹는 생각만 하는 것하고, 직접 손을 움직여 음식을 만드는 것하고는 완전히 다르다. 음식 생각은 아무리 잘해도 배를 불릴 수 없는 것과 같은 이치다.

오늘날 사람들은 어려서부터 학교를 다닌다. 학교를 다니다 보면 앉아서 가르쳐 주는 내용을 받아들이는 입장이 된다. 그러다 보니 생각은 옛날에 비해서 발달했지만, 손발은 옛날 사람들에 비해서 심각할 정도로 퇴화가 되어 있다. 남이 해 주기를 바라고 자기 손으로 무슨 일을 하는 것을 싫어한다. 남이 해 주기를 바라다 보니 자기가 해야 될 일이 있으면 계속 미루게 된다. 미루다 보면 계속 시간을 허비하게 된다. 연초에 계획했던 것을 연말까지 미룬다. 심지어는 젊었을 때 계획했던 일을 늙어서까지 미루어 오는 사람들도 있다. 결국 그 일을 못 하고 일생을 마치고 만다. 미루는 것은 습관인데, 새해부터는 과감하게 해치우는 좋은 습관을 기르도록 하자.

  옛날 어른들 가운데서 조상이 남긴 시문(詩文)의 원고를 간행하겠다고 가지고 있다가 한 해 미루고 또 한 해 미루고 하다가 화재를 만나 불태워 없애는 경우가 가끔 있었다. 그 원고는 이 천지간의 유일한 원고였다. 그러면 불태운 그 후손은 조상에게 천추의 죄인이 되어 자기 명대로 살지 못하고 죽는 수도 있었다.

  미루는 습관은 묵은해와 함께 보내 버리고, 새해부터는 그때그때 일을 처리하는 좋은 습관을 기르도록 하자. 공부하는 일을 미루지 말라는 주자(朱子)의 「권학문(勸學文)」이라는 시는 이러하다.

    오늘 공부하지 않아도 내일 있다고 말하지 마오.
    올해 공부하지 않아도 내년 있다고 말하지 마오.
    해와 달은 가고, 세월은 나를 기다려 주지 않는다네.
    아아! 늙었구나. 이게 누구의 탓인고?
    勿謂今日不學而有來日, 勿謂今年不學而有來年.
    日月逝矣, 歲不我延. 嗚呼! 老矣. 是誰之愆.

2008년 12월 29일

歲: 해 세　　**不**: 아니 불　　**我**: 나 아　　**延**: 늦출 연

호외불외기자
虎畏不畏己者

호랑이도 자기를 두려워하지 않는 것을 두려워한다

유언비어(流言蜚語)를 퍼뜨리는 사람들의 심리를 보면, 다른 사람에게 자기가 새로운 정보를 잘 안다는 것을 과시하려는 욕구에서, 자기가 들을 때는 믿지 않던 것도 나중에 남에게는 그 말을 그대로 전한다. 다른 사람이 놀란 듯이 새로운 소식에 귀를 기울이는 것에 쾌감을 느끼는 것이다. 그 유언비어를 들었던 사람이 또 그런 심리에서 전하다 보니, 유언비어가 핵분열하듯이 퍼져 나간다. 그래서 한 사람이 지어낸 유언비어가 삽시간에 온 나라에 퍼지는 것이다. 지난여름 광우병 파동이 바로 대표적인 경우다.

지금 세계적으로 경제상황이 악화되어 가자 실제 이상으로 사람들을 위축시키는 유언비어가 퍼져 나가 사람들을 더욱더 불안하게 만든다. 이럴 때일수록 더욱더 마음을 다잡아 침착하게 살아가야만 이 어려움을 극복할 수 있을 것이다. 나쁜 쪽으로 상상하면 점점 더 일이 꼬이고 결과가 안 좋게 된다. 긍정적으로 적극적으로 생각하고 활력을 잃지 않도록 하자.

1973년 여름 필자가 군인이 되어 처음으로 강원도 전방에 배치를 받아 갔다. 비가 부슬부슬 내리는 가운데 트럭을 타고 부대로 실려 가니, 중간 곳곳에 검문소가 있는데, "검문에 불응하면 쏜다."라고 바리케이드에 경고하는 글귀가 씌어 있었다. 얼마간의 보병 후반기 훈련을 더 받고 처음으로 부대 초소가 있는 산 중턱에서 보초를 서게 되었다. 훈련 중에 간첩 침투의 상황과 간첩 식별 방법, 대처 방법 등을 반복해서 들었다. 어느 날 밤에 보초를 서는데, 사람 말소리와 사람 발자국 소리가 점점 접근해 왔다. 영락없는 간첩 침투 상황 그대로였다. '어떻게 해야 하나?' 하는 생각에 어쩔 줄을 몰랐다. 필자는 실탄 없는 총을 갖고 있었다.

그런데 계속 말소리를 내며 접근하던 두 사람은 마침내 필자에게 접근하여 "수고한다." 하고는 지나갔다. 알고 보니, 부대 울타리를 빠져나가 민간인 상점에 가서 술 한잔 하고 오는 고참병들이었다. 확실히 간첩이라고 생각하고는 약 30분 이상 초긴장 속에서 보냈다.

옛날 시골에는 재미있는 오락이 없기 때문에 겨울철 농한기가 되면 내기를 잘했다. 먹기 내기, 힘자랑 내기, 참을성 내기, 담력 내기, 위험한 일 내기 등등 돈을 걸고 갖가지 내기를 성사시켜 한때의 스릴을 맛보았다. 간 크기로 소문난 어떤 사람이 비 오는 한밤중에 "공동묘지 갔다 오겠다."라고 제안하자, 상대방에서 "자네가 어떻게 갔다 와?" 하고 약을 올렸다. 그러면 주변에 있는 사람들이 돈이나 곡식을 건다. "자네가 이 밤중에 공동묘지 갔다 오면 나락 한 섬 주지." 이렇게 해서 공동묘지에 갔다 오면 나락 한 섬을 받기로 하고, 겁이 나서 못 갔다 오면 나락 한 섬을 물어내기로 내기가 성립되었다. 단서조항으로 "그냥 갔다 오면 표시가 안 나니까, 내일 확인할 수 있도록 무덤 앞에 말뚝을 하나 박아 놓고 오라."는 요구를 첨가하였다.

간 큰 청년은 공동묘지까지 어렵지 않게 갔다. 나락 한 섬을 땄다는 만족감에 갖고 간 말뚝을 박았다. 말뚝을 다 박고 돌아서려니까 귀신이 두루막 옷고름을 잡고서 놓아주지를 않는다. 아무리 발버둥을 쳐도 놓아주지 않는다. '귀신이 정말 있는 것이구나! 내가 귀신에게 단단히 홀렸다.'라고 생각한 청년은 공동묘지에서 기절하여 죽고 말았다.

아무리 기다려도 그 청년이 오지 않아 새벽에 내기를 걸었던 동네 사람들이 초롱불을 들고 공동묘지로 가 보니, 그 청년은 무덤 앞에서 숨져 있었다. 말뚝을 박으면서 자기 옷고름을 말뚝 밑에 넣어 같이 박았던 것인데, 귀신이 당기는 것으로 착각하여 당황하여 놀란 나머지 죽고 만 것이다. 조금만 정신 차렸더라면 죽지는 않았을 텐데.

우리나라 속담에 "호랑이에게 물려 가도 정신만 차리면 산다."라는 말이 있는데, 사실 그렇다. 대부분의 사람들은 호랑이에게 물리는 순간 기절하여 죽고 만다. 그러나 정신을 잃지 않으면, 호랑이에게 물려 가다가도 호랑이가 방심하는 사이에 얼마든지 탈출할 수도 있는 것이다.

『장자(莊子)』에, "호랑이는 자기를 두려워하지 않는 것을 두려워한다."라는 말이 있다. 호랑이가 함성을 지르면 기가 꺾이기 때문에 호랑이가 쉽게 잡아먹는데, 만약 호랑이가 함성을 질렀는데도 기가 꺾이지 않는 동물이 있다면, 그때부터 호랑이도 긴장하는 것이다.

어려운 상황이 닥치면 사람이 미리 주눅이 들어 버리는데, 당황하거나 지나치게 경직되지 않는 처세방법이 필요하다. 새해 새 출발 하면서 어떤 위세에도 눌리지 않을 당당한 기세를 갖도록 하자.

2009년 1월 5일

虎: 호랑이 호 　　 畏: 두려울 외 　　 不: 아니 불 　　 己: 자기 기
者: 놈 자

란이무서
亂而無緒
어지러워 두서가 없다

필자는 지난해 8월, 1년 동안의 중국 북경(北京) 생활을 마치고 귀국하였다. 중국에 있는 기간이 마침 제29회 올림픽 준비 기간이라, 중국의 올림픽 준비 상황을 생생하게 볼 수 있었다. 도로와 건물 등을 정비하고, 나무를 심고 물을 정화하는 등등 많은 것이 새롭게 단장되고 깨끗해졌다. 한밤중 12시쯤에 운동하러 거리에 나가 보면, 살수차로 거리 바닥을 물청소하고 심지어 길가에 있는 도로표지판이나 광고판까지도 물걸레로 다 닦을 정도였다.

그리고 중국 사람들의 생활습관도 많이 변했다. 길이나 공공장소에 쓰레기도 많이 줄었다. 중국 남자들은 습관적으로 더우면 윗옷을 홀랑 벗어 버린다. 택시 기사들 가운데 윗옷을 벗은 상태에서 운전하는 사람도 많고, 심지어 시내버스 안에서 젊은 청년이 윗옷을 벗고 있을 정도였다. 그런데 정부에서 강력하게 금지시키니까 상당히 많이 개선되었다.

그러나 대부분이 좋은 쪽으로 변했지만, 변하지 않은 것이 딱 두 가지가 있다고 이야기한다. 길에 침 뱉는 것하고, 교통신호 안 지키는 것.

그래서 중국에서는 이런 유행어가 나돌았다. "빨간불일 때는 조심하고, 파란불일 때는 더욱더 조심하라."고.

자기들이 '세계적인 도시'라고 자부심을 갖고 있는 북경 중심가에서, 파란불이라서 횡단보도를 지나가고 있으면, 지나가는 행인들 사이로 차가 계속 지나간다. 심지어는 횡단보도에서 사람보고 비키라고 경적(警笛)을 울리기도 한다. 또 행인과 눈이 마주치면 운전하는 사람이 도리어 흘겨보며 화를 낸다.

필자는 마음속으로 '이런 사고방식, 이런 생활태도를 가지고 올림픽을 하면 뭘 하나? 아직 멀었다. 한국 사람들은 당신들보다 질서의식이 몇십 년은 앞섰다.'라고 생각하며 지냈다.

그런데 정작 한국에 돌아와서 보니, 우리나라 상황도 중국을 욕할 처지가 못 되었다. 필자가 중국에 머무른 1년 사이에도 질서의식이 많이 퇴보한 것 같다. 귀국한 이후로 웬만한 곳은 걸어 다니다 보니, 도로 사정을 자세히 관찰하게 되었다.

우선 교통질서를 보면 정말 문제가 심각하다. 사거리 교차로 등지에서 시내버스는 아예 신호를 지키지 않고 빨간불이라도 부딪치지 않을 자신이 있다 싶으면 마구 지나간다. 택시 가운데도 그러는 차가 상당히 많다. 중앙선 침범은 예사로 한다. 일반 승용차의 경우도, 신호가 빨간불로 바뀌었는데도 보통 차 두서너 대는 더 지나간다.

그리고 왕복 6차선 도로의 가장자리 두 개 차로는 늘 주차가 되어 있고, 심한 경우에는 6차선 가운데 네 개의 차로에 주차되어 있는 경우도 있다. 또 보도(步道) 위에 주차를 해 놓아 어떤 경우에는 지나다니는 행인들이 곡예하듯이 요리조리 빠져나가야 할 형편이다.

행인들도 횡단보도 아닌 곳으로 지나다니는 사람들이 너무 많다.

시골 노인들이야 횡단보도가 무엇인지 몰라서 그럴 수 있다고 해도, 질서교육을 받은 중고등학교 학생들 가운데도 상습적으로 횡단보도 아닌 곳을 건너다니는 학생이 점점 늘어나는 것 같다. 횡단보도에서 빨간 불인데도 건너가는 사람도 적지 않다. 교육과 관계있는 모 기관 건물의 앞에는 바로 횡단보도가 나 있지 않고, 한 1백 미터쯤 가야 횡단보도가 있는데, 그 기관에 출입하는 사람들 가운데 횡단보도를 이용해서 도로를 건너는 사람은 거의 없었다. 남에게 교육을 시키는 일에 종사하는 사람들이 이 모양이니, 다른 사람들이야 말해 무엇 하겠는가?

그 밖에 거리에 쓰레기를 버리거나 침을 뱉는 사람도 전보다 훨씬 더 많이 늘어난 것 같다.

정주영 회장이 진주(晉州)의 어떤 호텔에 점심 식사를 하러 들어가면서 같이 따라간 그 지방 사람에게, "이 호텔 장사 안되지요?"라고 물었다. "어떻게 아십니까? 잘 안됩니다."라고 대답하니까, "호텔 앞에 쓰레기 보시오. 이런 정신상태로 어떻게 장사를 합니까? 어제 판 맥주 박스를 점심때가 되도록 치우지 않고서 남의 돈을 벌려고 해요?"라고 했다. 과연 그 호텔은 얼마 뒤 문을 닫았다. "쓰레기 몇 개 널려 있는 것이 뭐 어때서?"라고 말할 수도 있겠지만, 그것이 그 호텔에서 종사하는 사람들 모두의 정신상태를 나타내는 것이다.

한마디로 지금 우리나라는 전체적으로 질서가 없이 혼란하다. 다시 한번 정신을 차리고 질서를 잡아야 하겠다. 국민소득이 저절로 높아지는 것은 아니다. 온갖 난장판을 벌이는 국회의원들을 요즈음 국민들이 한창 매도하고 있다. 정말 대한민국 국회가 이렇게 무질서해도 되나 생각하면 한심한 생각이 든다. 그러나 그렇게 국회의원들을 욕하는 국민들도 똑같이 질서가 없다.

"다 깽판 쳐도 괜찮다."라는 사고방식을 가진 전직 대통령의 한마디가 국민의 질서의식을 이렇게 허물어 버린 것 같다. 지도자 한 사람은 한마디 말, 한 가지 행동을 조심하지 않으면 안 된다. 그 영향력이 워낙 크기 때문이다.

2009년 1월 12일

亂: 어지러울 란   而: 말 이을 이(접속사)
無: 없을 무   緖: 실마리 서, 계통 서

호승지벽
好勝之癖

이기기를 좋아하는 병적인 버릇

조그마한 단체의 장이나, 시골 작은 면(面) 단위의 군의원 선거에서도 여러 명의 후보가 나오고, 당선되려면 엄청나게 힘들다.

그러니 큰 도시나 몇 개의 군에서 한 사람 뽑는 국회의원은 당선되기가 정말 힘들다. 국회의원으로 뽑히는 사람들은 너 나 할 것 없이 보통내기가 아니다.

젊어서부터 정치에 뜻을 둔 정치인 출신의 국회의원은 말솜씨, 조직력, 통솔능력, 친화감, 문제해결 능력, 적응능력 등등 보통 사람들이 따라가지 못할 특출한 능력을 가졌다고 볼 수 있다.

직업적인 정치가 이외에 화려한 전직 경력을 가진 국회의원들은, 대부분 세상에서 말하는 출세한 사람들이다. 전직 국무총리에서부터 각부 장차관 및 고위 관료, 군대 총수인 참모총장, 경찰 총수인 경찰청장, 검찰 총수인 검찰총장, 은행장, 외교관, 기업가, 대학총장 및 교수, 유명 언론인 등등으로 구성되어 있다. 전문분야의 박사학위 소지자도 적지 않다. 다시 국회의원을 하지 않더라도 이미 그 분야의 최고 가는 인물이 되어 있는 사람들이다.

국회의원 한 사람 한 사람의 면면을 보면, 다 입지전적(立志傳的)인 인물이고, 사회의 존경을 받을 만하다.

그러나 국회 회기가 열려 개원(開院)만 되면, 대단한 국회의원들의 언행(言行)은 삽시간에 엉망이 된다. 사회의 지탄을 받는 폭력배들보다 폭력 정도가 조금도 못하지 않다. 특히 지난 연말의 2008년도 정기국회는 역대 어느 국회보다도 가장 난장판이었다. 국회의원 상호 간에 난투극은 물론이고, 의사당 안의 기물도 마구 부수고, 심지어는 아주 위험한 흉기를 사정없이 휘둘렀다. 그들의 한심한 작태를 보고, 국민들은 정말 실망하였다. 그들의 폭력적 작태는 외국 언론에까지도 보도되어 대망신을 하였다.

4년 주기로 국회의 대수(代數)가 바뀔 때마다 국민들은 이번 국회는 여야 간에 싸움 없이 정상적인 국회가 되겠지 하고 기대한다. 그리고 국회의원 자신들도 잘하겠다고 국회에 등원(登院)할 적에 선서를 하고, 또 방송이나 신문 등에 나와서 잘하겠다고 다짐도 한다. 정말 이번 국회부터는 지금까지의 국회와는 달라지겠지 하고 국민들은 또다시 믿는다.

그러나 두어 달도 안 가서 지난 국회와 다를 바 없는 국회가 된다. 상호 비방 정도는 정상으로 봐 준다 하더라도 난투극을 하고 흉기를 휘두르면 어찌겠는가? 그러고서 청소년 폭력을 금지하는 법률을 만들 자격이 있겠는가? 초등학생들에게 "폭력은 나쁜 것이고 사람은 착하게 살아야 한다."라고 교사가 가르친들, 학생들이 그 말을 믿고 따르겠는가?

국회의원들의 폭력은 여러 가지 원인이 있겠지만, 그 가장 큰 원인은 우리나라의 교육에 있다. 학교교육뿐만 아니라 더 근본적인 가정교육에 문제가 있다. 학교고 가정이고 사람 되는 교육은 안 하고, 남을 이길 경쟁만 가르친다. 오늘날의 교육이라는 것이 글자의 뜻 그대로 '가르치고[敎] 기르는[育]' 것은 아니고, 지식을 많이 주입시켜 경쟁에서 이기도록 하는 것이다. 그러니 계속 싸움꾼을 기르는 것이다. 인간의 생존을 "만인의 만인에 대한 투쟁"이라고 정의한 토머스 홉스의 말 자체가 많은 문제점을 안고 있다.

국회의원쯤 된 사람들은 어려서부터 이기기를 좋아하여[好勝], 각종 형태의 경쟁에서 져 본 적이 없는 사람들이다. 계속 이겨 왔기에 이기는 것의 쾌감을 느끼면서 싸워 이기기를 좋아하고 자기도 모르는 사이에 이기기 좋아하는 정신상태가 병적인 습관[癖]이 되어 있다.

이기기 좋아하는 중독자들 3백 명이 모인 국회이니, 싸움이 끝날 날이 있겠는가? 국회의원들도 당선되어 활동하는 동안에 회의만 하고 법률만 심의할 것이 아니고, 연수 등을 통해서 사람 되는 교육을 받아야 할 것이다.

학교나 가정에서 경쟁만을 최고로 삼는 교육을 지양하고, 사람 되는 교육을 강조할 필요가 있다. 사람의 심성을 정화하는 문화와 예술이 중요하다는 것을 정치가들이 알아야 한다. 경쟁을 강조하는 교육이 계속될 때, 세상은 더욱더 혼란해질 것이다.

2009년 1월 19일

好: 좋아할 호　　勝: 이길 승　　之: ~의 지　　癖: 버릇 벽

욕존선겸
欲尊先謙

존경을 받으려면 먼저 겸손하라

1987년 군사독재정권은 국민들의 저항에 더 이상 못 버티고 마침내 개헌을 하여 대통령 직선제(直選制)를 도입하겠다고 선언했다. 이것이 이른바 6·29선언이다.

 그 이후로 봇물 터지듯이 각종 토론이 활성화되었다. 텔레비전이나 라디오에서 매주 정기적으로 토론 프로를 편성한 것은 물론이고, 각급 기관, 각종 단체 등에서 주관하는 토론이 경향각지에서 많이 생겼다.

 독재정권 시절 일방적으로 지시하던 체제에서 자기의 의견을 제시할 수 있는 토론에 대해서 많은 사람들이 큰 기대를 하였고, 텔레비전 토론 프로의 경우 시청률이 대단히 높았다. 그러나 시간이 지나갈수록 토론에 대한 국민들의 기대가 점점 미미해지다가 요즈음 와서는 토론에 대해서 기대는커녕 도리어 염증(厭症)을 느끼게 되었다.

 왜냐하면 장시간 토론해 봐도 결론이 나지 않고, 또 토론을 듣고 있노라면 출연자들 간의 언쟁으로 인하여 기분이 나빠지기 때문이다. 토론문화가 성공적으로 정착하지 못한 이유는, 여러 가지 원인이 있겠지만, 토론에 나오는 사람들이 토론을 하면서 상대방의 의견에는 귀를 기울이지 않고, 자기주장만 펼치기 때문이다.

　예를 들면 학교에서 체벌(體罰)을 해야 되느냐, 하지 말아야 되느냐로 토론을 벌이게 되면, 다 같이 교육학을 전공한 전문학자나, 교육 현장에서 종사하는 교사들이 출연해서는, "체벌을 절대로 해서는 안 된다."라고 주장하는 일파와 "체벌은 꼭 필요하다."라고 주장하는 일파로 나뉘어서 열띤 토론을 하는데, 결론이 없이 끝내고 만다. 상대방의 주장은 아예 옳지 않다는 선입견(先入見)을 가지고 대하기 때문이다. '한반도대운하사업'에 대해서 토론을 하면 운하 전문가들이 나와서 토론을 하는데도 상대방의 의견은 한 가지도 받아들이지 않는다. 역시 결론은 내리지 못한 채 시간만 보내다가 끝낸다.

　우리 사회에는 요즈음 너무 자기만 내세우고 남을 배려하지 않는 풍조가 만연하다. 국가는 국민을, 국민은 국가를, 정부는 국회를, 국회는 정부를, 여당은 야당을, 야당은 여당을 무시한다. 상대방의 입장은 염두에 두지 않는다.

　진보단체와 보수단체, 사업주와 노동자, 노인과 젊은이, 남자와 여자 등등 모두가 서로 대립적으로 되어 자기들 주장만 펼친다. 그 결과 자기주장을 관철시키지도 못하면서, 상대방의 기분만 나쁘게 만든다.

　사람은 누구나 남의 존경을 받고 싶다. 존경을 받고 싶으면 자신이 자신을 높여서 되는 것이 아니고, 겸손하게 자기를 낮추고서 상대를 높여야 한다. '겸손(謙遜)할 겸(謙)' 자는, '말을 겸(兼)해서 한다'는 뜻이다. '말을 겸해서 한다'는 말은, 자기만 생각하지 않고 상대방도 겸해서 배려한다는 뜻이다. 남을 배려한다는 것은 인간존중으로 결국 그 효과가 자기에게 돌아온다. 교만하게 굴면서 남을 무시하면 결국은 그 결과가 자기에게로 돌아온다. 자기가 대우받고자 한다면 먼저 남을 존경해야지, 남을 타도하고 교만하게 지내서는 안 되겠다.

2009년 2월 2일

欲: 하고자 할 욕　　**尊**: 높일 존　　**先**: 먼저 선　　**謙**: 겸손할 겸

형제투금
兄弟投金

형님과 아우가 금을 던져 버리다

한강(漢江)이 행주산성(幸州山城)을 통과하는 지역에 조선(朝鮮)시대 양천현(陽川縣)이라는 고을이 있었는데, 지금은 서울시 양천구(陽川區)가 되어 있다. 이 지역을 지나는 한강을 특별히 양천강(陽川江)이라 불렀다. 여기에 공암(孔巖)나루가 있었는데, 옛날 서울로 들어가는 중요한 나루 가운데 하나였다. 강가에 '구멍이 난 바위'가 있기 때문에 공암(孔巖: 구멍 공, 바위 암)이라고 한 것이다. 그래서 양천허씨(陽川許氏)를 공암허씨(孔巖許氏)라고도 한다.

고려(高麗) 제30대 임금인 공민왕(恭愍王) 때, 어떤 형제가 이 나루를 건너려고 길을 가다가 아우가 금덩어리 두 개를 발견하여 주웠다. 그 가운데 하나는 형님에게 주었다.

나루에 도착하여 배를 타고 한강을 건너다가 배가 중간쯤에 도착하자, 아우가 갑자기 갖고 있던 금덩어리를 물속에 던져 버렸다. 깜짝 놀란 형이 그 이유를 물었더니, 아우는 "제가 평소에 형님을 매우 좋아했습니다. 그런데 아까 금덩어리를 두 개 주워 형님에게 하나를 준 뒤로부터는 형님을 시기하는 마음이 생겨나기 시작했습니다. '형님이 없었다면 내가 금덩어리를 두 개 다 차지할 수 있었을 텐데.'라는 생각이 들었습니다. 저는 지금까지 그런 생각을 가져 본 적이 없었는데, 큰 재물을 아무 이유 없이 얻고 보니 그런 마음이 생기는군요. 이런 생각이 나는 것은 오로지 이 금덩어리 때문이었습니다. '이 금덩어리라는 것이 좋지 않은 것이구나.'라고 생각하여 던져 내버렸습니다. 재물에 대한 욕심을 잊고, 형님을 좋아하는 마음을 그대로 유지하자고 결심하게 되었습니다."라고 했다.

그 말을 듣고 형님이 "너의 말이 정말 옳다. 사실 나도 금덩어리를 너에게서 하나 받았지마는, '나 혼자 이 길을 왔더라면 나 혼자 금덩어리 두 개 다 차지했을 텐데.'라는 생각이 나도 모르게 생겨나 너를 미워하는 마음이 생겼다."라고 말하고는 금덩어리를 강물 속에 던져 내버렸다.

같은 배에 탔던 사람들이 이 광경을 보고 눈이 휘둥그레졌지만, 식견이 없어 이 훌륭한 생각을 가진 두 사람의 이름을 기록하지 않았다.

앞의 이야기는 조선 성종(成宗) 때 편찬된 우리나라의 인문지리서인 『동국여지승람(東國輿地勝覽)』에 맨 처음으로 수록되었는데, 그 뒤 여러 책에서 인용해 왔다. 필자가 국민학교(지금의 초등학교)에 다닐 1960년대 초반에 도덕교과서에 수록되어 있었다.

설날 성묘하러 가면서 교육방송 라디오를 들으니, 설날을 맞이하여 형님과 싸워서 고향 집에 가지 못하는 상황이 된 아우가 어린 시절 부모님 살아 계실 때 형제간에 즐겁게 설을 쇠던 지난날을 회상하며 그런 날이 다시 오기를 빌면서 자기 처지를 한탄하는 글을 보내었는데, 마침 아나운서가 읽어 주었다.

설 며칠 뒤에 잘 아는 친구를 만났더니, 부모님 모시는 문제와 집안 재산 문제로 고향에 가지 못했다고 했다.

평소에 여럿인 자기 형제간 이야기를 자주 꺼내던 아는 사람이, 자기 어머니 돌아가시고 나서는 자기 형님들을 비난하는 이야기를 수시로 했다.

필자가 전에 그 부모를 잘 알던 어떤 사람이 있었는데, 나중에 그 아들과 이야기하다가 보니, 부모님 제사를 형제간에 서로 안 모시려고 해서 돌아가면서 지낸다는 사실을 알게 되었다.

필자가 아는 어떤 사람은 사회적으로 상당한 지위를 가진 사람인데, 부모가 물려준 유산 때문에 형제간에 소송을 하고 있다.

요즈음 형제간에 사이 나쁜 사람이 기하급수적으로 늘어난다는 것을 알 수 있었다.

사람은 종족(種族) 보존의 본능 때문에 자기 자식은 저절로 사랑하게 되어 있다. 그러나 부모님이 돌아가시고 자기 자식이 생기면, 형제간에는 맺어 주는 끈이 점점 약해진다. 자칫하면 남보다 못하게 되어 버린다. 그래서 옛날 어른들이 우애(友愛)를 특별히 강조하였다. 형제는 '동기(同氣)'라 한다. 부모의 '같은 기운'을 타고났다는 뜻이다. 몸은 따로따로지만 기운은 하나라는 것이다. 재물(財物)은 없다가도 다시 부지런히 노력하면 얻을 수 있지만, 형제는 한번 잃으면 다시 얻을 수가 없다.

재물 때문에 형제간에 관계를 상하는 것은, 알고 보면 작은 것을 얻으려 하다가 큰 것을 잃는 경우이다. 오늘날 사람들이 보면, 황금을 던져 버린 형제는 바보처럼 보일지 몰라도, 황금을 던진 형제가 보면 오늘날 사람들이 바보인 것이다. 왜냐하면 작은 것을 차지하려고 하여 큰 것을 잃어버리니까.

세상에는 생활이 넉넉한 사람은 몇 되지 않고 대부분의 사람들은 살기가 빠듯하다. 그러니 한 푼에도 목숨을 걸듯이 악착같이 싸울 수도 있다. 그러나 부모의 살과 뼈를 나누어 태어난 형제 사이임을 명심하고, 한 걸음 양보하여 형제간에 잘 지내도록 하자. 자기 형제간에 잘못 지내는 사람이 남들에게는 어떠하겠는가?

2009년 2월 9일

兄: 맏이 형　　　弟: 아우 제　　　投: 던질 투　　　金: 금 금

무왕불복
無往不復

가서 돌아오지 않는 것은 없다

주자(朱子)가 지은「대학장구서(大學章句序)」에, "하늘의 운수는 돌고 돌아 갔다가 돌아오지 않는 것이 없다.[天運循環, 無往不復.]"라는 구절이 있다.

『예기(禮記)』라는 유교경전에서 사상적으로 중요한「중용편(中庸篇)」과「대학편(大學篇)」을 뽑아내어『중용(中庸)』과『대학(大學)』이란 책으로 독립시키고,『논어(論語)』,『맹자(孟子)』와 함께 사서(四書)로 편성하여 유교의 기본교재로 만들었다. 이 이후로 사서는, 원(元)나라, 명(明)나라, 청(淸)나라는 물론 우리나라 고려(高麗), 조선(朝鮮)에 지대한 영향을 끼쳐 동양의 사상을 바꾸어 놓았다. 거의 사라져 가던 유학에 다시 힘을 불어넣어 왕조의 지도이념(指導理念)이 되게 만들었다. 공자(孔子), 맹자(孟子)가 주자 덕분에 다시 살아 나온 것이었다.

「대학장구서」는『대학』을 장(章: 단락)과 구(句: 구절)로 나누어 주석을 달고, 거기에 붙인 서문(序文)이다. 주자의 말처럼 유교는 다시 일어나 8백 년 동안 전성기를 누렸다.

그러나 20세기 초에 완전히 쇠퇴하여 많은 사람들로부터 온갖 모욕을 당하였다. 중국이나 우리나라에서 공통적으로 지식인들이, 나라의 발전을 막아 나라를 망하게 만들었다는 죄목을 유교에 억울하게 뒤집어씌웠다.

1842년 아편전쟁(阿片戰爭)에서 패한 중국에 서양문물과 사상이 물밀듯이 들어왔다. 중국의 민중들은 서양의 문화를 선망하게 되었고, 자기 나라의 문화를 천시하기 시작했다. 서양종교도 급속도로 퍼져 나갔다.

1919년 5·4운동이 일어나 서양에서 유학하고 온 북경대학(北京大學) 교수 등이 주축이 되어 새로운 서양문화를 배우자는 운동을 벌였다. 중국의 전통문화는 가치 없는 것으로 매도되었다. 이를 계기로 젊은 학생들의 서양 유학이 급속도로 증가하였다.

1966년부터 1976년까지 문화대혁명(文化大革命) 10여 년 동안 중국의 전통문화는 철저히 파괴되었다. 특히 공자(孔子)가 타도 대상 1호가 되어 참혹할 정도로 비판받고 학대를 당했다. 산동성(山東省) 곡부(曲阜)에 있는 공자 사당의 공자상(孔子像)의 목에 밧줄을 걸어 끌어내리고, 공자 무덤을 파려고까지 하였다. 모택동(毛澤東)을 추종하는 무리들은, 유교는 구사상(舊思想), 구문화(舊文化)를 대표하는 것이라 하여 완전히 없애 버리려고 했다.

그렇게 철저하게 파괴하려던 유교가 오늘날 중국에서 다시 살아나 활발하게 연구되고 있고, 일반인에게도 환영을 받고 있다. 왜냐하면 사람이 살아가는 데 가장 필요한 학문이니까. 사서(四書)를 완전히 다 외우고 내용을 정확하게 파악하고 있는 초등학생이 상당히 많이 있다. 방송이나 신문 등에도 수시로 유교 관계 이야기나 기사가 등장한다.

유교는 현실적인 가르침으로서 우리가 자기를 수양하거나 사회생활을 해 나가는 데 필요한 공부이다. 마치 차를 모는 사람에게 교통법규와 같은 것이다.

우리나라도 일본에게 나라가 망한 이후로 우리의 전통학문은 맥이 끊어졌다. 해방 이후에는 일제 때 한글을 사용하지 못하게 했던 것에 대한 반발심 때문에 우리말에 대한 사랑이 매우 고조되었다. 그래서 1948년 나라를 세우자 바로 한글전용법안을 통과시켜 언어정책은 한글전용을 원칙으로 하게 되었다. 그래도 언어대중은 계속 한자를 사용하니까, 1970년에는 강제로 한글전용정책을 실시하여 모든 교과서에서 한자를 추방하였다.

한글전용으로 일상의 언어생활은 어느 정도 할 수 있다. 그러나 학문연구는 할 수가 없다. 우리 조상들의 학문과 사상을 가르치는 과목은 학교에서 사라지게 되었다. 국어시간에는 한글로 된 문학작품은 가르치지만, 조상들이 남긴 학문과 사상이 담긴 글을 가르치지는 않았다. 국사시간에도 제도나 사회경제에 관한 것은 가르치지만, 학문과 사상은 가르치지 않는다. 그러다 보니 교육열은 세계에서 최고지만, 자기 나라의 학문과 사상을 모르는 국민을 양산하게 되었다.

그러나 교육에서 한자 한문 교육을 외면했지만, 그 필요성을 안 일반 국민들이 한자를 배우기 시작했다. 지금 초등학생들이나 중학생들은 한자 한문 실력이 상당하다. 한자능력시험을 치르는 시험장에는 한 번에 수천 명이 모여든다. 자발적으로 한자를 배우려는 사람들이 계속 늘어난다. 한문을 배우는 단체도 생겨나고, 각 고을의 향교(鄕校) 등에는 한문을 배우는 사람들로 가득하다.

완전히 없어져 버릴 것 같은 한자와 한문의 공부를 통해서 유교 등 전통문화가 지금 다시 불붙듯이 힘차게 살아나고 있다. 주자의 "천운이 순환하여 가서 돌아오지 않는 것이 없다."라는 말을 다시 한번 실감하게 한다.

2009년 2월 16일

無: 없을 무   往: 갈 왕   不: 아니 불   復: 회복할 복, 다시 부

동고동락
同苦同樂

다른 사람과 같이 괴로워하고 같이 즐거워한다

김수환(金壽煥) 추기경이 온 국민의 아쉬움 속에 88세를 일기(一期)로 세상을 떠났다. 명동성당을 비롯하여 곳곳에 분향소가 설치되어 그분의 서거를 애도하는 조문객(弔問客)이 찾아들었는데, 조문객의 숫자가 이미 40만 명을 넘어섰다고 한다.

또 신자이거나 아니거나를 막론하고 사람들이 모였다 하면 며칠 동안 김수환 추기경의 서거가 화제가 되고 있으니, 이분의 생애가 국민들의 마음에 얼마나 큰 감명을 주었는지 알 수가 있다.

조문객들 가운데는 천주교 신자도 많이 있었지만, 천주교 신자가 아닌 사람으로서 추기경을 모르는 사람들이 더 많았다.

특히 가난하고 힘든 사람, 일이 뜻대로 안 되는 불우한 사람, 억울한 사람들이 많이 있었다. 생전에 추기경을 알지도 못하던 이 사람들이 무슨 이유로 몇 시간을 기다려 가면서 조문 대열에 참여했을까? 추기경으로부터 따뜻한 마음의 위로를 받기 위해서였다. 추기경이 살아 계실 때 위로받고 싶은 마음이 간절했지만, 현실적으로 기회를 얻기가 쉽지 않았으므로, 소원을 이룰 수가 없었다. 비록 추기경은 이미 세상을 떠났지만, 조문 대열에 참여함으로써 추기경을 만나 위로를 받고 싶은 소원을 보상받고자 한 것이었다.

추기경은 천주교 성직자로서 우리나라에서 최고의 지위에 올랐고, 로마교황청에서도 그 서열이 상당히 앞에 가는 고귀한 분이다. 그러나 자신의 지위가 높다고 권위를 피우거나 남에게 으스대거나 하는 태도를 보인 적이 없었다. 늘 마음가짐이 공정하고 당당했다. 그러면서도 누구에게나 겸손하고 친절했다. 그러나 독재정권에 대해서는 바른 소리를 계속해 왔고, 과격한 주장을 하는 사람이나 단체에 대해서는 중용(中庸)의 도(道)를 지키도록 선도해 주었다.

특히 가난한 사람, 억울한 사람들의 편에 서서 따뜻한 위로의 말을 하고 등을 두드려 주는 자상한 정성을 기울였다. 그래서 추기경을 직접 만나 본 적이 없는 사람들도 간접적으로 정신적인 위로를 받을 수 있었다. 이번에 조문 대열에 참여한 사람들은 이런 심리적인 동기에서 참여했을 것이다.

살아 계실 때도 우리 국민 대다수의 존경을 받았지만, 세상을 떠난 이후에 더 존경을 받고 있고, 앞으로도 계속 국민들의 머릿속에 훌륭한 성직자로 남아 있을 것이다.

반면에 많은 재산을 모아 세상에 한 푼 베풀 줄은 모르고, 좋은 집을 짓고 좋은 옷 입고 좋은 음식 먹으면서 호화롭게 사는 사람들은 우선은 즐거울지 모르지만, 숨을 거두는 그 순간에 그 이름도 바로 사라진다. 많은 돈을 들여 무덤을 호화롭게 꾸미고 큰 비석을 세우고, 자서전을 지어 뿌린다고 세상에 이름이 남는 것이 아니다. 올바른 마음을 갖고 올바르게 처신을 할 때, 세상에 좋은 이름이 남는 법이다.

종교라는 이름을 빌려 신도들의 헌금이나 시주에 신경을 쏟으며 가난하고 억울한 사람들을 외면하는 일부 종교지도자들은 김수환 추기경의 일생의 행적과 자신의 행적을 비교해 보면 저절로 등에 식은땀이 흥건할 것이다.

또 입으로는 언제나 국민들을 위한다고 외치면서 당리당략(黨利黨略)에 얽매여 나랏일을 그르치는 정치가들도 김수환 추기경의 언행을 보면, 스스로 양심의 가책을 느낄 것이다.

괴로운 일이나 즐거운 일이나 할 것 없이 지도자는 백성들과 함께 해야만 백성들의 마음을 얻을 수 있는 것이다.

김수환 추기경 이외에도 모르는 데서 가난한 사람, 억울한 사람들을 위해서 자선을 베푸는 사람들이 많이 있을 것이다. 언론에서는 김수환 추기경 이외에도 이런 분들을 많이 발굴하여 세상에 소개해야 할 것이다.

2009년 2월 23일

| 同: 함께 동 | 苦: 괴로울 고 | 樂: 즐거울 락 |

퇴경정용
槌輕釘聳

망치가 가벼우면 못이 솟는다

요즈음 우리나라에서 살아가는 국민들 가운데 많은 이가 국가사회에 총체적으로 질서가 없다는 것을 실감하고, 탄식을 금치 못할 것이다.

강호순 같은 살인마(殺人魔)가 사람 죽이기를 하루살이 한 마리 죽이듯이 하였다. 그러고도 아무런 반성하는 빛 없이 현장에 끌려다니면서 범죄행위를 태연하게 재연하고 있다. 살인을 저지른 것도 매우 큰 문제지만, 재연하는 현장에서의 그의 마음가짐에서 우러나온 그의 표정이 더 큰 문제이다. 아성(亞聖) 맹자(孟子)가 "사람의 본성은 착하다."고 했는데, 과연 그럴까 하는 의심이 들게 만든다.

한동안 국회의원들이 치고받고 하여 국회를 난장판으로 만들더니, 드디어는 시민단체 대표들이라는 사람들이 국민의 대의기구인 국회에서 백주대낮에 여성 국회의원을 악질적인 수법으로 폭행하고, 온갖 저질의 욕설을 퍼부어 입원 치료하게 만들었다. 명백히 잘못한 사람들에 대해서 편을 드는 사람이 많다는 것이 문제다.

날마다 자기 이권을 주장하는 사람들의 억지에 가까운 시위는 곳곳에서 그치지 않는다.

세상이 갈 곳까지 갔다는 생각에 한심(寒心)한 마음을 금할 수가 없다. 왜 이렇게까지 되었을까? 정치나 법이 위엄을 잃었기 때문이다. 왜 위엄을 잃었을까? 지금까지 마땅히 해야 할 짓을 못 했기 때문이다.

손아랫사람이라도 자기 할 짓을 성실하게 하고 바르게 살아가는 사람이 한마디 하면, 권위가 서는 법이다. 윗사람이라 해도 자기 할 짓을 안 하고 원칙을 지키지 않고 사욕에 사로잡혀 일을 처리한다면, 권위가 서지 않는 법이다.

그동안 정부는 정당성이 없는 정권이 맡았던 경우가 많았다. 그래서 원칙이 없었고, 국민들에게 거짓말을 하면서 약속을 지키지 않았다. 원칙이 없다 보니, 허락해서는 안 되는 일도 허락해 주었고, 허락해야 될 일을 허락하지 않은 경우도 많았다. 국가기관이나 국영기업체의 인사(人事)에 있어서도, 가장 적절한 전문가를 임명하기보다는 학연 지연에 따른 임용이 많았다. 그러니 국민들은 정부에 등을 돌린 지 오래였다.

이런 정부에서 거느린 경찰도 정권의 눈치를 보느라 원칙 없이 사건을 처리해 왔다. 정당한 요구를 막고, 억지로 떼를 쓰는 사람들의 요구는 들어준 경우가 많았다. 그래서 국민들이 국가의 공권력(公權力)을 인정하거나 두려워하지 않았다.

선량한 국민들은 자기 할 일을 하면서 바르게 살아가지만, 일부 국민들은 국가의 공권력이 약해진 틈을 악용해 제멋대로 행동하게 되었다. 앞으로 세상이 좋아지기를 대부분의 국민들이 바라지만, 이런 난폭한 사건이 계속되지 않는다고 누가 장담할 수 있겠는가?

해결방법은 국가의 통치자가 조그만 사리사욕에 얽매이지 말고 원칙에 입각하여 정정당당하게 국가를 경영해 나가는 것이다. 그래야 정부가 권위를 회복하고 공권력이 힘을 발휘할 수 있을 것이다.

자기와 관계가 닿는 사람을 요직에 임명하고, 힘 있는 사람은 봐주고, 사면을 계속한다면, 국민들은 공권력의 권위를 인정하지 않을 것이다.

미국 같은 나라는 매우 자유가 보장된 나라로 알려져 있지만, 공권력에 도전하는 경우에는 원칙에 입각하여 가차 없이 엄하게 처벌한다고 한다. 미국에 살고 있는 아는 교포에게 직접 들은 이야기인데, 주차 금지 지역에 차를 세워 두면, 포클레인을 가져와 차를 쪼그라뜨려 버린다고 한다. 그래도 아무도 항의하지 못할 정도로 공권력의 권위가 살아 있다. 전 세계의 다양한 민족이 모여 사는 미국이라 질서가 없어 보이지만, 넘어야 할 선은 넘지 않고 질서를 지키기에 그 거대한 나라에서 그 많은 인종들이 별 탈 없이 살아갈 수 있는 것이다.

국가는 국가대로 원칙을 세워 나가야 하겠지만, 국민들 개개인이 법질서를 지키겠다는 마음가짐이 더 중요할 것이다. 국민들 자신은 질서를 지키지 않으면서 국가만 원망해서는 안 된다.

우리나라 속담에 "망치가 가벼우면 못이 솟는다."는 말이 있는데, 공권력이 미약해지니까, 범법과 무질서가 판을 친다. 이러고서 국민소득이 높은들 삶의 질이 올라갈 수 있겠는가?

2009년 3월 2일

槌: 망치 퇴(추)　　輕: 가벼울 경　　釘: 못 정　　聳: 솟을 용

손상익하
損上益下

위를 덜어서 아래에 더해 준다

『주역(周易)』에 '익괘(益卦)'가 있는데, 그 단사(彖辭)에, "위를 덜어서 아래에 보태니, 백성들이 기뻐하는 것이 끝이 없다. 위에서 아래로 내려오니, 그 도(道)가 크게 빛난다."라고 하였다.

지난 1월 삼성그룹 사장단으로부터 시작된 임금(賃金) 삭감(削減) 운동이 점차 다른 기업으로 확산되어 가고 있다. 삼성그룹 사장단의 임금 삭감 운동은 다른 기업체는 물론, 국영기업, 금융기관에 크게 영향을 미치고 나아가 공무원들의 월급체계에까지도 영향을 미칠 것이다.

세계적인 경제위기로 침체된 경제를 살리고, 350만 명에 달한 청년 실업자들의 취업에 조금이나마 도움이 되고자 하는 것이다. 간부들의 임금을 줄이면, 그 돈으로 더 많은 신입사원들을 채용할 수 있기 때문이다.

'대기업의 사장들이라 월급을 어마어마하게 많이 받을 것이니까 당연히 그렇게 해야지.'라고 국민들이 생각해서는 안 된다. 자기 돈 아깝지 않은 사람이 어디 있겠는가? 또 사장 정도의 지위에 올라가면 돈 쓰일 곳도 많다. 예를 들면 동창회나 종친회 등에 참석한다 해도 다른 사람보다 찬조금을 더 많이 내놓아야 한다. 사장단의 결단에 국민들은 당연하다고 생각하면 안 되고, 찬사를 보내야 한다.

삼성그룹 사장단의 결단으로 다른 기업에서도 임금 자진 삭감 등이 이루어지고 있다. 그리고 정부는 공무원들의 임금도 5~10퍼센트 삭감하기로 했다.

이런 가운데 현대중공업의 민계식(閔季植) 부회장과 최길선 사장은 경제가 회복될 때까지 아예 자신의 임금을 100퍼센트 반납한다고 선언했고, 그 산하 부사장은 50퍼센트를, 임원들은 30퍼센트의 임금을 반납한다고 한다. 너무나도 아름다운 일이다.

모르긴 몰라도 아마 이런 일은 다른 나라에서는 일어나지 않을 것이다. 인정 많은 우리나라 사람들만 할 수 있는 일 아닌가 생각한다. IMF 금융위기 직후 우리나라 국민들이 국가경제회복을 위해 금반지 금비녀 등을 모으던 일이나, 조선 말기 국채보상운동(國債報償運動)과도 같은 맥락이다.

대기업 사장들이 자진해서 임금을 삭감한 결단은, 옛날 경주(慶州) 최부자(崔富者)나 진주(晋州) 승산(勝山)의 허부자(許富者)가 무슨 보상 같은 것을 바라지 않고 가난한 사람들을 구제하던 일과 같은 정신이다.

그러나 강자인 간부들의 임금은 그대로 둔 채 약자인 신입사원의 초임만 삭감하는 회사는 아랫사람들의 원망과 아랫사람과 윗사람의 갈등으로 잘될 수 없을 것이다.

대기업 사장단들이 임금을 반납하거나 삭감하는 일을 볼 때, 우리나라는 앞으로 희망이 있다고 생각한다. 앞으로 이 일을 계기로 우리나라 경제가 빠른 시일 안에 회복되어 우리나라가 다시 한번 도약할 수 있을 것이다.

그동안 대기업들은 국민들의 의혹과 불신을 많이 받았는데, 이번 일을 계기로 이미지가 많이 쇄신될 수 있을 것이다.

또 가진 사람들이 자기보다 못한 사람들을 위해서 자신을 희생하면서 내놓을 때, 국민들은 자기에게 직접 그 혜택이 돌아오지 않아도 기분이 좋은 것이다. 가진 것이 별로 없는 사람들도 관심을 받는구나 하는 심리적 보상이 되기 때문이다. 그래서 『주역』에서 "위를 덜어서 아래를 보태 주니, 백성들의 기쁨은 끝이 없을 것이다."라고 한 말은 3천여 년 전에 벌써 사람들의 심리를 정확하게 파악했던 것이다.

2009년 3월 9일

損: 덜 손　　上: 윗 상　　益: 더할 익　　下: 아래 하

각주구검
刻舟求劍

뱃전에다 금을 새겨 칼을 찾다

중국 전국시대(戰國時代) 초(楚)나라에 아주 보배로운 칼을 가진 사람이 있었다.

어느 날 배를 타고 강을 건넜는데, 배 위에서 보라는 듯이 칼을 자랑하다가 그만 잘못하여 강물 속에 빠뜨려 버리고 말았다. 보고 있던 사람들이 "아니! 저 일을 어쩌나?" 하고 몹시 안타까워하는데, 정작 칼 주인인 그 사람은 태연하였다. 칼이 떨어지는 순간에, 뱃전에 금을 하나 그어 두었다.

그 나름대로는 기발한 속셈이 있었던 것이다. 배가 건너편 강언덕에 닿자, 그 사람은 얼른 물속으로 들어가 칼을 찾았으나 칼은 나오지 않았다. "이상하다? 내 칼이 떨어진 곳을 정확하게 표시해 두었는데, 왜 칼이 나오지 않지?" 하며 이상하다고 여겼다. 이 광경을 본 사람들은 모두 그 어리석음을 비웃었다.

우리들은 이 사람이 하는 짓을 보고는 다 웃음이 나올 것이다. 그러나 이 사람이 하는 짓은 어리석다고 하면서도, 개인적으로나 사회적으로 이 사람이 하는 짓과 같은 일을 되풀이하면서 자신은 깨닫지 못하는 경우가 많다. 대세(大勢)나 시대상황에 맞지 않는 일을 하는 사람들이 우리 주변에는 아직도 많이 있다.

우리나라는 우리의 문자인 한글을 갖고 있다. 그러나 우리나라는 불행하게도 한글로 문자생활을 한 것이 얼마 되지 않는다. 사람들은 우리말과 한글을 혼동하는 경우가 적지 않은데, 우리말은 아득한 옛날부터 써 왔고, 우리 글자인 한글은 세종대왕(世宗大王)이 집현전(集賢殿) 학사(學士)들과 공동으로 연구하여 창제해 낸 것이었다. 창제 이후에도 계속 한문이 공용문자였고, 한글은 언해(諺解) 등 보조문자로 사용되었다.

갑오경장(甲午更張: 1894) 이후 한글이 공용문자로 잠깐 대접받았지만, 1910년 일본의 강압정치 이후로 또 공용문자의 자격을 박탈당하였다. 그러니 한글은 계속 억압을 당한 한(恨) 많은 문자가 되었다.

그러다가 해방이 되자 한글에 대한 애정이 애국심과 결부가 되어 한글을 사용하는 것이 우리 민족의 한을 푸는 심리적 보상으로서 작용을 하게 되었다. 그러자 1948년 정부 수립과 함께 국회에서 한글전용법을 통과시켜, 공용문서는 한글로만 쓰게 하는 등 한글전용을 법률로 권장하였다.

그러나 우리나라는 오랫동안 한자를 써 왔다. 국어 단어의 70퍼센트 정도는 한자어이고, 학술용어나 사고(思考)를 요하는 용어는 거의 99퍼센트 한자어이다. 한자 2천 자만 알면, 따로 공부하지 않고도 처음 보는 우리말 단어의 90퍼센트 이상을 저절로 알 수 있다. 우리말 속에 있는 한자어를 한글로만 써 놓고 암호처럼 외운다는 것은 정말로 학생들을 괴롭게 만드는 짓이다.

한자어는 한자를 모르면 정확하게 이해를 할 수가 없다. 한자어를 한글로 표기해 두면 뜻을 모르면서도 다 읽을 수 있다. 그래서 우리나라 대학생들은 세계 주요 국가들 가운데서 자기 나라 언어에 대한 독해력이 가장 약한 학생들이라는 조사결과가 나와 있다.

우리나라의 문자생활에서 한자를 병용(並用)한다고 해서 우리말 자체를 버리는 것은 절대 아니다. 한자의 병용은, 단지 우리말의 표기방식에 한글을 주로 하고 한자를 보조문자로 사용하여 언어소통을 더 원활하게 하려는 것이다. 한글과 한자를 병용하면, 우리말은 표음문자(表音文字)의 장점과 표의문자(表意文字)의 장점까지 다 갖추기 때문에 정말 우수한 언어가 될 수 있다. 마치 새에게 날개가 두 개 있는 것과, 수레에 바퀴가 두 개 있는 것과 같다.

한글전용을 주장하는 사람들은 한자를 병용하면 마치 우리말 자체를 버리는 것처럼 허위선전을 하고, 한글전용을 주장하면 애국자이고, 한자병용을 주장하면 사대주의자인 것처럼 몰아붙인다.

그래서 지금도 한자병용을 반대하는 서명운동을 전개하는 사람들이 있다. 한글전용을 주장하면서 한자 교육을 반대하는 사람들의 주장 가운데 하나는 "학생들에게 부담을 주지 말자."는 것인데, 한자 한문 교육을 하지 않는 것이 궁극적으로는 학생들의 부담을 더 가중시킨다. 또 한자 학습만 학생들의 부담을 가중시키고, 영어나 수학 등은 학생들의 부담을 가중시키지 않는가?

한글전용을 고집하는 이들의 주장에도 불구하고 대세(大勢)는 이미 한자를 병용하는 쪽으로 기울었다. 학교에서 한자 한문의 교육을 등한히 하자, 한자 한문의 필요성을 안 학생과 학부모들이 스스로 한자 한문 공부를 하기 시작했다. 각종 한자급수 시험에 응시하여 한자급수자격을 딴 학생과 일반인이 3백만을 넘어섰다. 요즈음 한자학원이나 한문고전(漢文古典)을 가르치는 서당이나 각 대학의 부설 한문연수기구에는 한문을 배우려는 사람들로 가득하다. 이 밖에 중국어(中國語)를 배우거나 배운 적이 있는 사람의 숫자도 2백만을 돌파하였다고 한다.

생존해 있는 전직 대한민국(大韓民國) 국무총리(國務總理) 전원이 한자 한문 교육을 촉구하는 건의서에 서명하여 정부에 제출하였다. 그들의 국가를 경영해 본 최고급의 경륜(經綸)을 가진 인물들이다. 그분들 전원이 한자 한문 교육이 필요하다고 생각하는 것은 한자 한문 교육이 꼭 필요하다는 것을 증명한다.

이런 때 아직도 한글전용에 집착하여 우리의 젊은이들을 오도하는 행위는, 칼을 강물에 빠뜨리고 뱃전에 금을 그어 두었다가 칼을 찾으려는 사람의 생각과 다를 바 없다.

2009년 3월 16일

刻: 새길 각　　　舟: 배 주　　　求: 구할 구　　　劍: 칼 검

각종기지
各從其志

각자 그의 뜻대로 한다

요즈음 젊은이들의 취업난이 심각하다. 그래서 고등학교 졸업생들이 대학 진학할 때 전공(專攻) 선택에 있어서 취직 잘되는 과목을 최우선에 둔다. 대학 들어와서 수강과목 선택할 때도 역시 취직에 도움이 되는 과목을 가장 선호한다.

그래서 장래가 보장될 수 있는 의과대학, 한의과대학, 사범대학, 법학대학 등은 인기가 있고, 인문대학이나 자연대학 등은 인기가 영 없다.

취직이 어려운 이유는 모든 사람들이 인기 있겠다고 생각되는 직업에만 쏠리기 때문이다. 어떤 분야는 사람을 못 구해서 야단인데도, 실업자는 넘쳐 난다.

그러나 어디를 간들 자기가 자기 뜻을 세워 한눈팔지 않고 꾸준히 해 나가면 두각을 드러낼 수 있고, 살 수 있는 길이 있다. 자기 적성에도 맞지 않은데 취직 잘된다고 억지로 남 따라 전공을 선택해 봤자, 공부가 잘될 수도 없고, 어떻게 보면 뜻을 이루어 취직한다 해도 한평생이 괴롭게 된다. 또 취직이 꼭 보장되는 것도 아니다.

요즈음은 의과대학 나와 전문의 자격을 따서 개업을 했다가 문 닫는 병원이 상당히 많다. 한의과대학을 나와 한의사 자격을 따도 개업할 장소가 없다고 한다. 치과의사도 옛날처럼 손님이 많은 것이 아니다. 사범대학을 어렵게 들어가도 교사로 임용되는 숫자는 전체 사범대학 졸업생 가운데서 그 비율이 너무 적다. 열심히 공부해서 어려운 사법고시를 통과한다 해도 또 법관으로 임용되는 사람은 합격자 천 명 가운데 2백 명에 불과하다. 나머지는 변호사로 취직하거나 개업하는데, 자기 밥벌이도 안 되는 사람도 많다고 한다. 행정고시에 합격하여 사무관이 된다 해도, 항상 구조조정이니, 정화니 해서 불안하게 만든다.

그럼 어떻게 할 것인가? 자기 적성과 취미에 맞는 일을 골라 열심히 하는 수밖에 없다.

내가 아는 후배 한 사람은 별 이름 없는 지방대학 한문학과(漢文學科)를 나왔다. 한문공부도 열심히 했지만, 초서(草書)에 취미가 있어 초서를 익혔다. 초서라는 것은 한자를 날려쓴 것으로 거의 암호에 가깝다. 한문을 잘하는 한문학자 가운데서도 초서를 잘 아는 사람은 드물다. 오늘날 초서를 해독할 수 있는 사람은 몇 손가락을 꼽을 정도다. 그러나 새로 발굴되는 문서들은 대부분 초서로 되어 있다. 옛날 학자들이 주고받은 서신은 거의 다 초서로 되어 있다. 새로운 사실을 알아내려면 학자들은 초서를 풀어내야 한다. 전공학자들이 자기 손으로 초서를 해독할 능력이 없으니까, 초서를 잘 해독하는 사람의 도움이 필요하다.

이 사람이 초서를 잘한다는 소문이 나자, 초서의 해독이 필요한 개인은 물론이고, 각 문중(門中), 각 대학, 연구소 등에서 초서의 해독을 요청하는 일이 줄을 이었다. 그래서 서울 인사동(仁寺洞)에 사무실을 하나 내었다. 지금 이 사람은 그 수입 면에서 보면 유명한 변호사나 의

사나 교수 못지않다. 그리고 자기 하고 싶은 공부, 좋아하는 공부를 날마다 하고 있으니, 항상 즐겁고 보람찬 나날을 보내고 있다.

　　프로스트의「가지 않는 길」이란 시가 있는데, 많은 사람들이 선호하는 길이 꼭 자기가 가야 할 길이 아니다. 각자 자기의 뜻에 따라 자기의 길을 개척할 필요가 있다.

2009년 3월 23일

各: 각각 각　　　從: 좇을 종　　　其: 그 기　　　志: 뜻 지

견인불발
堅忍不拔

굳게 참아 내 뽑히지 않는다

필자가 10년 가까이 운동하러 나가는 산속의 길이 있는데, 5, 6년 전쯤에 시에서 시멘트 포장을 하더니, 서너 달 전쯤에 다시 시멘트 포장 위에 아스팔트 포장을 하였다. 그런데 며칠 전에 보니, 쑥이 아스팔트를 뚫고 올라오고 있었다.

지리산(智異山)의 칼바위에서 법계사(法界寺)로 올라가는 등반로 가의 큰 바위 위에 큰 참나무가 나 있는 것을 볼 수 있다. 그 뿌리가 아주 길게 돌 틈으로 뻗어 물과 양분을 공급하는 것 같았다.

20여 년 전쯤 남해안고속도로를 4차선으로 확장한 지 얼마 안 되어서 대 죽순이 아스팔트를 뚫고 올라와 신문에 날 정도로 화제가 된 적이 있었다.

길가의 풀들은 사람들 신에 밟히고 차바퀴에 갈리고 하면서도 다음 해에는 다시 싹이 터 올라오고, 꽃을 피우고 열매를 맺는다. 식물의 생명력에 경외감(敬畏感)을 가지지 않을 수 없다.

그런데 만물(萬物)의 영장(靈長)이라고 하는 사람이 요즈음 조그만 어려움도 견디지 못하고 너무 쉽게 자기 목숨을 끊는 경향이 있다. 천리(天理)에 순응하며 살아온 우리 민족인데, 요즈음은 자살률 세계 1위가 되어 버렸다. 대기업의 회장, 정치인, 인기 연예인, 공무원, 학생 등등 직업이나 연령, 성별에 상관없이 걸핏하면 자살이다. 심지어는 자기 자녀들을 죽이고 자살하는 잔인한 부모도 없지 않다.

하늘이 생명을 부여할 때는 반드시 그 생명에 해당되는 사명이 있었던 것이다. 그래서 옛날 사람들은 자살을 '역천(逆天: 천리를 거스르는 일)'이라 하여 대단히 좋지 않게 생각했다. 어떤 나라에서는 자살을 중범죄로 인정하여, 그 유가족들에게 벌금을 물린다고 한다.

사람은 다른 동물과 달리 지능이 높고 여러 가지 생각을 하기 때문에 자연히 고민(苦悶)이 많을 수밖에 없다. 그래서 남과 비교도 잘한다. 남과 비교를 하다 보면, 자신의 처지나 수준을 보고서 열등감을 느낄 수 있고, 이렇게 되면 비관(悲觀)에 빠져서 결국 자신을 이 세상에 살아 있어야 할 아무런 가치가 없는 존재로 치부하게 된다. 뜻대로 되는 일도 없고, 희망도 없다고 생각하다 보니, 선택하는 길은 자살밖에 없게 된다.

그러나 우리의 생활수준은 옛날에 비해서 너무나 좋아졌다. 밥을 배불리 먹지 못하던 시대에서부터 맛있는 것만 골라 먹는 시대가 되었고, 주거만 해도, 웬만큼 잘사는 집에서도 한방에 아이 대여섯 명씩 함께 잤는데 자다가 소변 하러 한 번 나갔다 오면 다시 누울 틈이 없을 정도였으나, 요즈음은 웬만한 집에서는 애들이 자기 방 하나씩 다 갖고 있을 정도가 되었다. 풍족하고 편안하기로 치면 옛날의 황제보다 못하지 않다. 그런데도 고민은 더 많고 불평은 더 많다.

결국 물질만으로는 사람의 욕구를 충족시킬 수가 없다. 정신적으로 만족할 줄 알아야 한다. 정신적으로 만족하는 사람은 자살 같은 극단적인 일을 저지르지 않는다.

　만물의 영장이라고 하지만, 사람은 길가의 하찮은 풀에게서 그 질긴 생명력을 배워 굳게 견디어 자기 뜻을 스스로 꺾는 일이 없어야 하겠다. 견인불발(堅忍不拔)은 견인불발(堅靭不拔)로도 쓴다.

2009년 3월 30일

堅: 굳을 견　　忍: 참을 인　　不: 아니 불　　拔: 뽑을 발

사본축말
捨本逐末

근본적인 것을 버리고 말단적인 것을 쫓는다

1990년 이전까지만 해도 자동차가 이 정도로 늘어날 것을 예상하지 못하여, 큰 아파트 단지나 공공건물, 병원, 상가 등을 지으면서 지하주차장을 만들 줄 몰랐다. 그 당시로서는 상당히 넓게 주차장을 마련했지만, 그 이후 계속 늘어나는 차량을 다 주차시킬 공간으로는 턱없이 부족하였다.

주차장이 넓지 못한 공공건물의 경우, 인근의 터를 사들여 주차장을 만들었다. 주차장을 확보하지 못한 병원이나 상가는 어쩔 수 없이 문을 닫은 경우도 없지 않았다.

그러나 아파트는 이럴 수도 저럴 수도 없었다. 필자가 전에 살았던 아파트에서는 주차문제를 해결하기 위해서, 첫 조치로 아파트 안에 있는 운동시설 등을 다 없애 버렸다. 그다음으로 어린이 놀이터 등을 다 없앴다. 그다음에는 화단을 다 없앴다. 그래도 늘어나는 차를 감당할 수 없었다.

최근에 들으니 이런 일이 있었다 한다. 여전히 주차문제를 해결할 수 없자, 아파트 운영위원회에서 여러 차례 회의를 한 결과 아파트에 있는 나무를 다 제거하기로 결정하고, 며칠 전 20년 이상 되어 아주 보기 좋은 느티나무, 은행나무, 단풍나무 등을 파내려고, 나무에 새끼를 감아 팔 준비를 다 해 놓고, 포클레인 등 장비를 불러왔다. 이런 장면을 본 일부 주민들이 강하게 항의하여 나무를 파내는 일을 중단한 상태다. 장차 결과는 어떻게 될지 모르는데, 목하 아파트 주민들 사이에 찬반의 목소리가 팽팽하게 맞서 있다고 한다. 나무를 베어 낸다고 해서 주차문제가 근본적으로 해결되는 것이 아니다. 돈이 좀 들더라도 인근에 빈 땅을 사서 주차장을 만들면 될 것이다.

사람은 식물에 비하면 아주 늦게 이 지구상에 출현하였다. 그러나 사람은 지혜가 발달되어 연장을 발명했기 때문에 생태계의 질서를 파괴하는 일을 많이 해 왔다. 사람이 살아가기 위해서는 어떤 방법으로든 자연을 이용하지 않을 수 없다. 그러나 가능하면 자연과 조화하면서 자연 속에서 살아가는 방법을 강구해야 한다.

동양사상에서는 우리 인간을 자연의 일부로 생각하여 자연에 순응하면서 자연과 일체가 되어 살아왔다. 그러나 서양에서는 산업혁명 이후로 자연을 이용의 대상으로만 생각하여 자연을 개발한다는 미명 아래 자연을 파괴해 왔다. 그러다가 하나뿐인 지구가 파괴되는 것을 눈으로 직접 보고서 큰일 났다 싶어, '자연보호'니, '환경보호'니 하는 방법으로 자연을 보호하는 데 신경을 쓰기 시작했다. 지금 서양 각국은 자연보호를 상당히 잘하고 있다.

그러나 늦게야 서양을 따라 자연을 개발하는 방법을 배운 동양의 각국에서는 산업개발에만 전력투구하다 보니, 지금 자연 파괴가 심각하다. 중국 같은 나라는 지금 강이란 강은 거의 다 시커멓게 썩어 있다. 황하(黃河)가 발해만(渤海灣: 우리나라의 西海에 해당됨)으로 흘러드는 것을 공중에서 보면, 시커먼 물이 바다로 흘러 들어가서는 점점 검은 크고 둥근 점 모양으로 변해 바닷물과 뒤섞인다. 검은 물이 끊임없이 흘러드는데, 서해 바다가 자정(自淨)을 해내겠는가? 결과는 불을 보듯 뻔하다. 이대로 두면 서해 바다는 곧 썩고 말 것이다.

우리나라에서도 20여 년 전부터 환경보호단체가 생겨나 환경보호운동을 벌이고, 환경보호의 중요성을 역설하고 다닌다. 그러나 이들의 운동방법이 너무 격렬하고, 반대를 위한 반대를 일삼는 경우가 많아 많은 사람들이 염증을 내고 있지만, 그들의 주장은 맞다.

이명박 정부 들어서고 나서 그린벨트도 자꾸 해제하고 있는데, 이 역시 옳지 못하다. 공기와 물을 깨끗이 하기 위해서는 녹지 공간의 확보가 필수적이다.

최근 중국에서는 양자강(揚子江)이 여러 차례 범람하여 인구 8백만의 무한(武漢) 같은 대도시가 침수의 위험을 여러 차례 직면하자, 중국 정부에서는 산에 일구었던 밭을 다시 나무를 심어 수풀로 만들고, 저습지에 만들었던 논을 늪지대로 되돌리는 정책을 펴고 있다. 무분별한 개발이 재앙을 가져온다는 사실을 직접 체험했기 때문에 아까운 논밭을 수풀이나 늪으로 만들어야 하겠다는 생각을 하게 된 것이다.

아파트 주차장 옆의 나무가 아무 하는 일 없이 비싼 터만 차지하고 있는 것이 아니다. 풍경을 좋게 해 줄 뿐만 아니라, 공기를 정화하고 수분을 유지하여 주민들의 건강에 도움을 준다는 사실을 알아야 하겠다. 나무를 베어 내어 주차장을 확장하는 일은, 곧 주민들 스스로 자기 건강을 해치겠다는 짓이니, "근본적인 것을 버리고 말단적인 것을 추구하는[捨本逐末]" 일이 아니겠는가?

2009년 4월 6일

捨: 버릴 사   本: 근본 본   逐: 쫓을 축   末: 끝 말

표리부동
表裏不同

겉과 안이 같지 않다. 겉 다르고 속 다르다

무명의 변호사 노무현(盧武鉉)이 국회의원이 되어 1988년 오공청산(五共淸算) 청문회에서 특색 있는 질문으로 국민들의 주목을 받기 시작했다. 세상에서 말하는 청문회 스타가 되었다.

그 뒤 국회의원 선거에 낙선과 당선을 반복하다가 2002년 민주당 대선 후보로 나서자 대다수 사람들은, '노무현 씨가 청문회 스타로서 상당히 지명도가 있지만, 설마 쟁쟁한 경쟁자들을 물리치고 대선 후보야 되겠나?'라고 생각했다. 그러다가 노무현은 마침내 민주당의 대선 후보가 되고, 절대적으로 불리하리라고 생각했던 대통령 선거에서 이회창(李會昌) 후보를 이겨 마침내 대통령에 당선되었다.

그의 대통령 당선을 두고 '기적이다.', '이상하다.'라고 생각하는 사람들이 많이 있었지만, 신선한 기대를 거는 사람도 적지 않았다. 가난한 농민의 아들로 태어나 고졸학력으로 강력한 후원자도 없이 대통령이 되었다. 가난한 사람, 학벌 없는 사람, 서울에 특별한 지지기반 없는 사람들에게 간접적으로 정신적 대리만족을 시켜 주었다.

그는 당선 이후 기세 좋게 이왕의 대한민국 정치를 두고 "부정부패에 찌들었다.", "한국 현대사는 정의가 패배하고 기회주의가 득세한 굴절의 역사였다."라고 비판의 칼날을 들여대었다. 상당 부분 맞는 말이었다. 대다수 국민들도 그 말에 동감하여 '노무현 대통령은 아무에게도 신세 진 것이 없으니, 소신껏 정치를 하면 잘할 것이니, 이제는 무언가 달라지겠구나!'라고 생각하였다.

그는 청와대에서 기회 있을 때마다, "청탁을 하면 패가망신(敗家亡身)시키겠다.", "시골 노인인 우리 형님한테 가서 부탁하지 마시라.", "이제 정경유착(政經癒着)이나 청탁은 없다."는 등등의 말을 해 왔다.

노무현 정권 5년 동안 시행해 온 정치에 대해서 불만을 가진 국민들이 많았지만, 그래도 "돈 안 쓰는 선거 정착시켰고, 인사 청탁 안 받고, 정경유착의 고리를 끊었다."라고 말하며 그 부분에 대해서는 노 대통령의 공을 인정했다. 노 대통령 자신도 도덕성에 대해서는 자부심을 갖고서 늘 자랑해 왔다. 며칠 전까지만 해도 국민들은 노무현 대통령 부부는 검은돈과 연관이 됐으리라고는 전혀 생각도 하지 않았다. 단지 그 형님이 아우의 권력을 믿고 돈을 좀 챙겼다고만 생각해 왔다.

그러나 지금 장막을 벗겨 보니, 노무현 정권의 도덕성은 그의 입언저리의 장식적인 말장난에 의하여 겉으로 포장만 된 것이었다. 실상은 역대 어느 정권보다도 더 도덕성이 결여되어 있었다. 나랏돈을 많이 훔친 대통령 하면, 지금까지 전두환, 노태우 두 전직 대통령을 쳐 왔다. 그러나 그들은 큰돈을 챙긴 것으로 되어 있지만, 거대 여당을 직접 관리하고 대선, 총선 등을 총괄 지휘했기 때문에 많은 돈이 필요했다고, 변명할 여지라도 있다. 노무현 대통령은 돈을 챙길 이유가 별로 없었다. 그런데도 그의 형님을 위시한 친인척, 아들, 비서관 등 가까운 사람 전원이 형사처벌당하게 되었다.

그의 사과문에 의하면 "자기 모르게 부인이 빚을 갚기 위하여, 비서관을 시켜 돈을 받아 오라고 시켰다." 하는데, 대통령 영부인이 비서관을 시켜 돈을 거두어들인 것을 볼 때, 역대 어느 정권보다 더 타락했다고 하지 않을 수 없다. 노 대통령 자신이 직접 받은 것보다 나을 것이 하나도 없다. 역사상 최초로 영부인이었던 사람이 검찰에 출두하여 조사받는 신기록을 세웠다.

노무현 정권의 도덕성 하나만은 그래도 믿었는데, 내막을 알고 보니, 가장 썩은 정권임이 온 세상에 폭로되었다. 정말 겉 다르고 속 다르다는 말은 이럴 때를 위해서 준비해 둔 말인 듯하다.

이제 노무현 대통령은 사실을 호도하여 구차하게 변명하려 하지 말고, 수사에 협조하여 솔직하게 사실을 밝히는 것이 그나마 국민들을 덜 실망시키는 것이다.

2009년 4월 13일

表: 겉 표   裏=裡: 속 리   不: 아니 불(부)   同: 한가지 동

무동불춘
無冬不春
겨울이 없으면 봄이 오지 않는다

미국에서 시작된 금융위기로 경제상황이 나빠져 국가는 국가대로 기업은 기업대로 가정은 가정대로 아주 어려워졌다. 환율이 치솟고 원자재 값이 올라가고 청년실업자 숫자는 백만을 넘어섰다고 한다. 국가경제는 전반적으로 불황에 빠졌는데 회복하기가 쉽지 않을 것이라고 한다. 1997년 금융위기 때는 우리나라는 경제사정이 나빠도, 미국, 유럽 등의 경제사정이 좋았기 때문에 쉽게 회복했는데, 지금은 전 세계 각국이 다 어렵기 때문에 불황이 장기적으로 갈 우려가 있다고 한다. 많은 사람들이 곳곳에서 탄식을 하며 절망적인 소리를 한다.

그러나 우리나라는 다른 나라에 비해서 상황이 좋은 편이다. 자동차, 반도체, 전자제품 등이 계속 잘 팔려 수출은 사상 초유의 기록을 세우고 있고, 외국관광객 숫자도 불어나고 있다.

우리나라는 지금 세계에서 13위 정도의 경제규모를 갖추고 있는 경제대국이다. 반도체, 조선, 철강 등 세계 제일의 기술을 자랑하는 분야가 여럿 있고, 10위권 안에 드는 분야는 상당히 많다. 그 밖에 83퍼센트에 달하는 대학진학률은 세계 최고이고, 인터넷 회선설치도 세계 최고고, 4천만 대의 휴대폰 보급률도 세계 최고다.

우리 국민들의 현재 생활수준도 가히 세계 최고라고 할 수 있다. 전 세계적으로 통계를 내 보면, 대학 졸업해서 자기 집에서 살며 자기 차를 몰고 자기 컴퓨터로 작업하는 사람은 전 세계 인구의 100분의 1밖에 안 된다고 한다.

그러나 우리나라 사람들 가운데 상당수가 자기 생활에 만족할 줄 모른다. 상대적 박탈감에다 부정적인 시각과 패배의식을 갖고 있는 사람들이 많다. 남들은 쉽게 돈 벌어 잘사는데, 자기는 열심히 일하는데도 못사는 것으로 생각하는 사람이 많다. 잘사는 사람 가운데 부동산투기나 부당한 방법으로 돈을 번 사람도 있지만, 대부분은 남보다 열심히 일하고 근검절약하고 정확하게 판단하여 그 결과를 가져온 것이다.

중국에서 모택동이 통치하던 시절 농촌은 집단농장체제로 운영했다. 각 가정은 집단농장의 작업에 참여하여 일하고, 가을에 수확하면 수확한 곡식은 국가에서 관리했다. 집단농장에서 일한 농민들은 식량이나 일용품 등을 배급을 통해 받아 썼다. 그리고 월급은 그야말로 담뱃값 정도 될 정도로 적게 주었다. 그런 판국인데도 어떤 가정은 돈을 모아 남에게 빌려줄 수 있었는데, 어떤 가정은 빚이 많아 항상 빚 독촉에 시달리기도 했다.

똑같은 직장에 다니면서 똑같은 액수의 월급을 받아도 잘사는 사람이 있고, 못사는 사람이 있다. 한 개인이 못사는 것에 국가사회의 책임이 없는 것이 아니지만, 자신의 생활도 돌아봐야 한다.

아무튼 지금 우리나라 경제상황이 어려운 것은 사실이다. 가장이 실직하고 자녀들이 대학을 나와도 취업을 못 한다면 얼마나 어렵겠는가? 그러나 여기서 절망하고 불평불만만 해서는 안 되고, 새로운 방향으로 삶의 길을 모색해야 한다. 아무 노력도 하지 않는데 저절로 살길이 열리는 법은 없다.

봄이 와서 날씨가 따뜻해지면 꽃이 피고 새가 울고, 온갖 농사일이 시작된다. 봄을 좋게 느끼는 것은 긴 겨울의 혹독한 추위를 겪었기 때문이다. 겨울이 있었기 때문에 봄이 더욱 좋게 느껴지는 것이다. 늘 겨울만 계속되는 것은 아니다. 영국 시인 셸리의 "차가운 겨울이 오면 봄인들 어찌 아득하리?"라는 구절이 생각난다.

2009년 4월 20일

無: 없을 무   冬: 겨울 동   不: 아니 불(부)   春: 봄 춘

석고대죄
席藁待罪

짚 거적을 깔고 자기 죄에 대한 처벌을 기다린다

피의자들이 수사받을 때의 태도나 피고인들의 법정에서의 태도가 우리나라가 제일 좋지 않다고 한다. 대부분의 피의자들이 혐의사실을 무조건 잡아떼고, 재판에 회부되었을 때 판사나 검사에게 대들고 결정적인 범죄사실이 증명될 때까지 계속 범죄사실을 부정하거나 모르겠다는 말로 일관한다.

이렇게 된 데는 몇 가지 이유가 있다. 근대적인 수사나 재판이 일본이 우리나라를 강점했을 때부터 생겨났다. 그래서 독립운동하다가 잡혀서 재판을 받는 우리의 애국지사들은 일본의 통치 자체를 인정하지 않았다. 그러니 우리나라 독립을 위해서 활동하다가 체포되어 일본의 법에 의해서 재판받는 것은 근본적으로 동의할 수 없는 일이었다. 일본의 수상을 세 차례 지내고 조선 통감(統監)을 지냈던 이등박문(伊藤博文)을 중국 하얼빈에서 사살(射殺)한 안중근(安重根) 의사가 여순(旅順)에서 재판을 받을 때, "나는 전쟁하다가 잡혀 온 포로이지 죄인이 아니니까, 포로로 대접해 달라."고 요구한 것이 그런 맥락이다. 그러니 많은 독립투사들이 재판을 받을 때 일본인 판사나 검사 앞에 고분고분할 이유가 없었다. 우리나라의 독립투사나 애국지사가 일본인들이 만든 법에 의해서 전과자가 되었는데, 누가 인정하겠는가?

1948년 건국 이후로는 좌우익(左右翼)의 충돌로 인하여 좌익에 대해서는 가중한 처벌을 내리는 경우가 많으니, 좌익에 속하거나 좌익에 동조하는 사람들은 재판 결과에 수긍하기가 싫었던 것이다.

정통성이 부족한 군사정권 이후로는 체재에 저항하는 인사들에게는 가혹하게 처벌을 내렸고, 또 정권 유지를 위해서 범죄를 조작하기도 했기 때문에 법원이나 검찰의 권위가 떨어져 피고인들이 재판 결과에 대해서 수긍하지 않았던 것이다.

사실 법원은 정부로부터 독립되어 있다고 하지만, 정권의 눈치를 안 보기는 어렵다. 그리고 여론의 동향도 살피지 않을 수 없다. 대법원이나 헌법재판소도 마찬가지다.

이런 상황 때문에 우리나라의 헌법부터 무시당하고 있고, 법의 권위를 인정하려 하지 않는 사람이 많다. 지금까지도 범죄사실이 뚜렷한 피의자나 피고인들 가운데 자기 죄를 인정하고 참회(懺悔)하는 사람은 거의 없고, 자기 죄를 잡아떼거나 부정하고, 태도도 뻔뻔스럽다. 나랏일을 잘하라고 뽑아 준 대통령들이나 대통령이 믿고 일을 맡긴 장관, 차관들이 국가 돈을 수천억 수백억씩 횡령하고도 전직 대통령 행세를 하고 있으니, 한심한 일이다.

죄를 안 지었으면 제일 좋았을 텐데, 자기 죄상이 드러났는데도, 국민 앞에 사죄(謝罪)하는 모습을 보이는 고위공직자를 보기 힘들다. 자신이 죄를 지었으면, 죄인으로 자처하여 거적때기를 깔고 엎드려 자신의 죄에 대한 처벌을 공손히 기다리는 태도가, 차라리 국민들의 동정이라도 사지 않을까? '석고대죄(席藁待罪)'는 '석고청죄(席藁請罪)'라고

도 한다.

2009년 4월 27일

席: 자리 석, 자리 깔 석   藁=稿: 지푸라기 고
待: 기다릴 대   罪: 죄 죄, 처벌 죄

절군발류
絶群拔類

무리에서 뛰어나다

세상을 살다 보면 재주나 학문이 아주 뛰어난 사람을 간혹 볼 수가 있다. 매우 뛰어나면 모든 사람이 다 인정을 하게 되어, 그 실력에 대하여 논란할 것도 없게 된다. 공부나 기술에 있어서 그 정도 경지까지 가야만, 달인(達人)이라 할 수 있다.

필자가 초등학교 다닐 시절에는 군 소재지라야 태권도 도장이 있었는데, 어느 날 필자가 사는 면 단위에도 태권도 도장이 생겼다. 야간에 초등학교 교실을 빌려서 태권도 도장을 차렸다. 처음으로 도장을 열었는데 관장은 군 소재지 도장의 관장이 겸임하고, 직접 운동을 지도하는 사범(師範)은 군 소재지 도장에서 오랫동안 태권도를 배워 2단을 딴 고수였다.

처음으로 도장을 차리게 되면, 사범은 인근에서 싸움 잘한다고 소문난 사람과 대련을 붙어 멋지게 주먹으로 제압하여 자신의 실력을 입증해야만 인근의 청소년들이 대단하게 생각하여 배우러 오게 되는 것이다.

새로 부임한 사범은, 우리 면에서 싸움 잘한다고 소문난 이찬언이라는 청년을 찾아가 자기와 공개적으로 대련을 붙자고 도전을 하였다. 그 청년은 평소에 온순하여 남과 싸움을 한 적이 거의 없었기 때문에 몇 번 사양하다가 마지못하여 응하였다. 그 청년은 도장에서 정식으로 태권도나 다른 격투기를 배워 본 적이 없고, 중학교를 졸업하고는 집안일 거들면서 자기 집에서 아령이나 역기로 신체를 단련하고 샌드백을 치는 정도였다.

조그마한 시골 면 단위의 일이었지만, 태권도 사범과 이찬언이 한 판 붙는다고 하니, 대단한 화제가 되었다. 사범이 이긴다고 예측하는 사람들이 대부분이었고, 개중에는 그 청년은 운동 신경을 타고난 사람이니 알 수 없다고 주장하는 사람도 몇몇 있었다.

많은 사람들의 지대한 관심 속에 며칠 지난 어느 날 저녁, 초등학교 강당으로 쓰는 보통 교실 두 배 크기의 큰 교실에서 책상을 뒤로 다 밀치고, 인근의 여러 청소년들이 빽빽이 모여서 구경하는 가운데 그 사범과 청년이 대련을 붙었다. 그러나 예상을 뒤엎고 시작하면서부터 그 사범은 손발 한번 제대로 놀려 보지 못하고, 일방적으로 무수히 두들겨 맞다가 결국 항복하였다. 그 일로 인하여 그에게 태권도를 배우겠다는 지원자가 아무도 없어 한 달쯤 뒤에 도장은 문을 닫았고 사범은 사라지고 말았다.

대련할 때 그 청년의 손발 동작이 너무나 빠르고 정확하여 구경한 사람 가운데 탄복하지 않는 사람이 없었다. 나중에 그 청년은 도시로 나가서 어떤 요인의 경호원이 되어 생활했다.

지난 3일 필리핀의 권투영웅 파키아오와 영국의 무패(無敗)의 권투선수 해턴과의 사이에 IBO 세계 라이트웰터급 챔피언 결정전이 미국 라스베이거스에서 개최되었다. 파키아오는 1회에 두 번의 다운을 빼앗고, 2회에 강력한 레프트 훅 한 방으로 해턴을 케이오시켜 버렸다. 파키아오가 몸집이 작은데도 그 주먹을 맞은 해턴이 큰대자로 뻗어 죽는 시늉을 하였다.

258억 원이라는 어마어마한 개런티가 걸린 세기의 대결이라고 했지만, 5분여 만에 파키아오의 일방적인 승리로 끝나 버렸다. 너무나 솜씨가 뛰어났기 때문이었다. 이미 권투 네 체급을 석권하였는데, 앞으로 얼마나 더 많은 복싱 강자들을 굴복시킬지 모른다. 동양인은 팔이 짧아 통상적으로 권투에서 불리하다고 하지만, 기량(技倆)이 워낙 뛰어나면, 신체적 악조건도 문제가 되지 않는가 보다. 어떤 권투팬은, "내 생애에 파키아오 같은 이런 복싱선수가 태어나 같이 사는 것이 너무나 행복하다."라고까지 말할 정도로 그의 기량은 정말 다시 보기 힘들 만큼 뛰어났다.

2009년 5월 11일

絶: 끊어질 절, 뛰어날 절 群: 무리 군
拔: 뽑힐 발, 뛰어날 발 類: 무리 류

온고지신
溫故知新

옛것을 익히면서 새것을 알아 나간다

남의 스승 노릇 한다는 것은 참 어려운 일이다. 옛날 당(唐)나라의 문장가인 한유(韓愈)는 「사설(師說)」이라는 글을 지어 스승의 도리를 이야기했다. "스승이란, 도(道)를 전하고, 학업을 전수해 주고, 의혹(疑惑)스러운 것을 풀어 주는 역할을 하는 것이다.[師者, 所以傳道受業解惑也.]"라고 했다.

지식을 위주로 하는 학업의 전수는 그리 어려운 일은 아니지만, "도를 전하는 일"과 "의혹스러운 것을 풀어 주는 일"은 정말 어려운 일이다. '도'의 본래 뜻은 사람이 다니는 길인데, 여기서 말하는 '도'는 정신적으로 사람이 살아가는 방법을 말하는 것이다. 필자가 어릴 때 '어른들은 세상 살아가는 방법을 다 알아 의혹이 없을 것이다. 나도 책을 좀 보고 생각을 많이 하고 세상 경험을 쌓아 가면 저렇게 되겠지?'라고 생각했는데, 지금 책 읽고 글 쓰고 남을 가르치는 일에 30년 가까이 종사해 왔지만, 여전히 살아가는 방법을 모를 뿐만 아니라 의혹도 더 많이 생긴다. 그러나 학생들은 지금 필자를 보기를, 어릴 때 필자가 어른들을 보며 생각했던 것과 같이 생각할 것이다. 길을 잘 알지 못하면서 길 안내할 역할을 맡고 있으니, 마음속의 고민과 부끄러움은 끝이 없다.

교육을 하는 사람이 잘못 가르치면, 그 교육을 받는 청소년들의 한평생을 그르치기 때문에 교육은 더없이 중요하다. 교육자는 최선을 다해야 한다. 길을 모르는 사람이 지리산 밑에서 정상 천왕봉(天王峯)을 오르려고 길을 물어 왔을 때 동쪽으로 인도해야 하는 지점에서 서쪽으로 안내한다면 길을 잃고 만다.

그래서 위대한 교육자 공자(孔子)는, "옛것을 익히면서 새롭게 알아 나가면, 가히 남의 스승이 될 수 있다.[溫故而知新, 可以爲師矣.]"라고 했다. 지금까지 들은 것을 계속 익혀 나가면서 새롭게 알아 나가는 것이 있으면, 자기가 배움의 주체가 되어 배우는 것이 자기 것이 될 수 있다. 자기 마음으로 몸으로 배우기 때문에 확실히 자기 것이 되어 적응할 수 있는 범위가 끝이 없다. 단지 남에게 전달하기 위해서 기계적으로 익혀 두는 것은 자기 마음과는 상관없이 눈이나 귀로 들어왔다가 마음으로 들어가지 않고 바로 입으로 나가기 때문에 그 지식은 한계가 있는 것이다.

또 역사나 문화는 과거 현재 미래의 단절이 있는 것이 아니고, 끊임없는 연속이다. 과거 현재 미래라는 시간 구분은 사람들이 편의를 위해서 한 것일 따름이다. 현재를 알기 위해서는 과거를 알아야 하고, 미래를 알기 위해서는 현재를 보아야 한다. 여름이 오면 두어 차례 태풍이 올 것이라고 누구나 예측할 수 있는 것은 지금까지 살아오면서 여름에 태풍이 온다는 것을 봐 왔기 때문이다. 어떤 사람이 앞으로 건강이 좋을 것인지 나쁠 것인지는, 그 사람의 지금 하고 있는 습관을 보면 예측할 수 있다. 이와 마찬가지로 미래를 알려면 과거와 현재를 알아야 하는 것이다.

스승이란 역할은 단순한 지식 전달에 있는 것이 아니고, 젊은 사람들을 올바른 방향으로 이끌어 나가는 데 있다. 그러기 위해서는 안목이 현재에만 머물러서는 안 되고, 과거도 돌아보고 미래도 내다봐야 한다. 공자가 '온고지신(溫故知新)'이 되어야만 남의 스승이 될 수 있다고 한 이유가 여기에 있다.

우리나라는 일본의 강제통치로 인하여 우리의 문화전통(文化傳統)이 단절된 쓰라린 역사를 갖고 있다. 해방 이후 외국유학 갔다 와서 대학 강단에 선 교수들은 '지신(知新)'은 되지만 '온고(溫故)'는 안 되었고, 시골에서 한문(漢文) 공부만 한 학자들은 '온고(溫故)'는 되지만 '지신(知新)'은 안 되었다. 남의 스승 된 사람은 '온고'와 '지신'을 다 갖추어야 할 것이다.

2009년 5월 18일

溫: 따뜻할 온, 익힐 온   故: 옛 고, 연고 고   知: 알 지   新: 새 신

우후죽순
雨後竹筍

비 온 뒤에 돋아난 죽순. 빽빽이 많다

대나무의 원산지는 인도 동북부 아삼(Assam) 지방이다. 아삼 지방은 기온도 높고 세계에서 비가 가장 많이 오는 지방인데, 연평균 강수량이 6600밀리미터에 이른다. 대는 날씨가 따뜻하고 습기가 많으면 잘 자란다. 아삼 지방 등 날씨가 더운 지역에서는 대 마디를 한 토막 잘라 세숫대야로 쓸 정도로 대가 크다.

대나무는 그 종류가 많아 무려 6백여 종에 이르는데, 우리나라에 생장하는 것은 14종 정도 된다. 우리나라의 대는 대부분 왕대인데, 중국이 원산이라 한다.

우리나라 정도의 기온에서는 대가 크게 자라야 직경 10센티미터 정도이다. 옛날에는 대의 용도가 매우 많았다. 생활에 쓰이는 도구, 농기구, 악기, 무기, 건축 등등 대가 필요한 곳은 너무나 많았다. 그러나 지금은 철, 알루미늄, 플라스틱 제품 등이 대부분 대체하기 때문에 대가 쓰일 곳은 거의 없게 되었다.

또 사계절 늘 푸르기 때문에 사군자(四君子)의 하나로 들어가 선비들의 사랑을 받았고, 시나 그림의 대상이 되었다. 고산(孤山) 윤선도(尹

善道)의 「오우가(五友歌)」 가운데 대를 읊은 시조는 유명하고, 대를 그린 그림은 자주 볼 수 있다.

지금쯤 죽순이 한창 돋아날 때다. 죽순은 거의 땅거죽에서 옆으로 뻗은 대나무 뿌리에서 돋아난 순인데, 처음 돋아날 때의 모습은 마치 송아지 뿔 같다.

조선 선조(宣祖) 때 하응림(河應臨)이라는 사람이 있었는데, 재주가 뛰어나 기동(奇童)으로 일컬어졌다. 열 살 때 어른들이 그 재주를 시험해 보려고 죽순을 가리키면서 운자(韻字)를 불러 주니, 말이 떨어지자마자, 이런 시를 지어 내었다.

> 평지에서 문득 누런 송아지 뿔이 생겨나고,
> 바위 사이에서 웅크렸던 용의 허리 막 펴네.
> 어떻게 하면 꺾어서 어른들의 피리로 만들어,
> 태평성대 행락하는 곡조를 부를 수 있을까?
> 平地忽生黃犢角, 巖間初展蟄龍腰.
> 安能折爲長者笛, 吹作太平行樂調?

열 살 먹은 아이가 지은 시로서는 정말로 기발하다.

죽순은 열흘이 되면 거의 다 자란다. 그래서 글자 구성이, 대죽 부수[竹] 아래 열흘 순(旬) 자가 들어가는 것이다. 열흘 순(旬) 자는 발음을 표시하기도 하지만 '열흘'이라는 뜻도 그대로 간직하고 있다.

비 온 뒤의 죽순은 정말 대밭 여기저기서 동시에 많이 솟아난다. 그래서 갑자기 어떤 단체가 많이 생겨나거나, 갖가지 의견이 동시에 제출되는 상황을, '우후죽순(雨後竹筍)'이라는 말로 비유한다. 중국에서는 본래 '우후죽순'이라는 말은 안 쓰고, '우후춘순(牛後春筍: 비 온 뒤의 봄 죽순)'이라는 말만 쓴다.

　해방 이후에 각종 정당, 사회단체가 2천여 개나 결성되었다고 한다. 지금도 시민단체가 수도 없이 많고, 여러 가지 활동을 하고 있다. 정말 '우후죽순'이라는 말이 꼭 들어맞는다. 정당이나 시민단체나 그 창립의 목적은, 직접적이든 간접적이든 인류사회나 국가 민족의 발전을 위하는 데 있어야 한다. 그런데 특정인을 지지하고 자기들만의 권익옹호나 이익대변 등만을 위해서 활동한다면 곤란하다. 국민들의 지지를 호소하는 정당 명칭이 친박연대(親朴連帶)라는 것은 사리에 맞지 않는다. 그리고 '노사모'니 '박사모'니 하는 명칭은 정말 공공연하게 패거리를 짓겠다는 것밖에 되지 않는다. 특정한 집단의 지지만 받아서 성공적인 대통령이 될 수 있겠는가? 민주주의 국가에서 단체가 많이 생기는 것이야 정상적인 것이지만, 그 목적이나 활동이 좀 더 공정하고 합리적이어야 하겠다.

2009년 5월 25일

雨: 비 우　　　後: 뒤 후　　　竹: 대 죽　　　筍=笋: 죽순 순

건곤일척
乾坤一擲

천지를 걸고 한번 던지다. 운명을 걸고 마지막 승패를 걸다

노무현(盧武鉉) 전 대통령이 투신자살로 일생을 마감하였다. 여러 가지 고뇌가 있었겠고 인생에 대한 환멸을 느꼈겠지만, 자살이라는 그의 선택에 대해서 사람들은 나름대로 갖가지 이야기를 하고 있다.

그러나 그를 좋아하고 지지하는 많은 사람들의 조문과 상당히 엄숙한 영결식 속에 저세상 사람이 되었다. 그는 천성이 좋고 나쁜 것이 확실하였으므로, 그의 죽음도 그다운 죽음이라고 할 수 있다.

그를 좋아하는 사람도 적지 않지만 그를 미워하는 사람도 많다. 그러나 우리나라 사람들은 죽음 앞에는 숙연해지기 때문에 그에 대한 시시비비는 잠재워졌다. 아무튼 고인이 된 그의 명복(冥福)을 빈다. 그의 일생을 한마디로 포괄하자면 '건곤일척(乾坤一擲)'이라는 말이 가장 적합하지 않을까 생각된다. "천하를 걸고 한 번 패를 던지는 것"이다. 망하면 완전히 망하지만, 성공하면 크게 성공하는 방식이다.

그가 고등학교를 졸업할 당시는 고등학교만 졸업하면 취직할 곳이 수두룩할 때인데도, 사법고시에 젊음을 불살라 9년 만에 합격을 이루어 낸 것도 건곤일척의 승부를 건 방식이었다. 어렵게 어렵게 사법시험에 합격하여 판사로 발령을 받아 안온한 생활이 보장되었지만, 금방 그만두고 나와 변호사로 개업한 것도 건곤일척의 방식이었다. 또 편안한 변호사 생활을 마다하고 노동자를 대변하겠다고 거리의 투사로 나선 것도 건곤일척의 방식이었다. 변호사에서 정계로 진출하여 두 번의 국회의원 당선과 다섯 번의 낙선 끝에 결국 대통령직에 오른 것도 건곤일척의 방식의 결과였다. 대통령 재임 중에 탄핵을 만나 정면돌파를 시도하여 열린우리당을 회생시킨 것도 건곤일척의 방식이었다. 대통령을 물러난 뒤 몸을 던져 생을 마감한 것도 건곤일척의 방식이었다.

그는 이미 갔지만, 그의 죽음을 계기로 우리 국민이 화합하여 하나가 되어야 한다. 그런데 국가민족은 염두에도 없고 그의 죽음을 이용해 자신들의 이익을 챙기기 위해서 분열의 골을 더 깊이 파는 사람들이 있다.

그의 마지막 승부수로 인하여 요즈음 크게 덕을 본 집단이 민주당이다. 노 전 대통령의 죽음으로 인해서 민주당의 지지율이 많이 올랐다. 그러나 그들은 최근 노 전 대통령에게 어떻게 대했는가? 노 대통령이 대통령직에서 물러나자 그와 선을 긋기 위해서 당의 이름부터 먼저 바꾸어 그와 관계없는 듯이 했다. 비리혐의로 수사를 받고 여론이 좋지 않게 돌아가자 민주당은 서둘러 당내에서 그의 흔적을 지우려고 애썼다. 그 당시에는 자기 당 출신의 전직 대통령이 검찰의 수사를 받아도 민주당에서 검찰에 항의 한번 하지 않았다.

그의 갑작스러운 자살로 여론이 그에게 좋은 쪽으로 바뀌자, 민주당은 노 대통령이 자기 당 출신의 대통령임을 강조하며 그의 죽음을 이용하기 시작했다. 장례위원장인 한명숙 전 총리가 "우리가 못 지켜드려 죄송합니다."라는 조사를 낭독했지만, 언제 지키려고 노력이나 했는가? 그런 말할 자격이 과연 있는가 하는 것은 자신들이 더 잘 알 것이다. 전형적인 기회주의적 처신에 대해서 자신들이 부끄러워할 줄 알아야 한다.

    그가 건곤일척의 자살을 한 데는, 그의 측근으로 장차관 등 요직에 있던 사람들이 자신이 궁지에 몰리자 어디로 갔는지 대부분 다 사라진 처신에 대해서 환멸을 느낀 것도 하나의 원인이 될 것이다.

    그의 죽음을 이용해서 자신들의 권력을 강화하려고 어려움에 처한 국가를 더 어렵게 만들어서는 안 될 것이다.

2009년 6월 1일

乾: 하늘 건, 마를 간   **坤**: 땅 곤   **一**: 한 일   **擲**: 던질 척

한마지공
汗馬之功

말을 땀 흘리게 달려 이룬 공

국제적인 금융위기로 인하여 우리 경제가 어렵고, 북한은 북한대로 계속 핵실험을 하며 군사적 위협을 가하고 있고, 전직 대통령의 죽음으로 국론(國論)이 분열되어 정국이 혼란한데 대학교수들의 서명까지 곁들여, 국민들은 정신적으로 편안할 겨를이 없다.

답답한 이런 상황에서 반가운 소식이 있으니, 바로 축구 국가대표팀의 7회 연속 월드컵 진출 소식이다. 지난 7일 아랍에미리트와의 경기를 2 대 0으로 이김으로 해서, 남아공월드컵대회 진출이 확정되었다. 전 세계에는 축구 강국이 많지만, 7회 연속 월드컵대회 본선에 진출한 나라는 전 세계에서 다섯 나라밖에 없었다. 우리나라가 여섯 번째로 합류한 것이다. 미국이나 중국 등의 국토 면적의 100분의 1밖에 안 되는 조그마한 나라로서 대단한 성취가 아닐 수 없다.

땀 흘리며 열심히 뛰어 준 선수들의 공이 크지만, 비난을 많이 받았던 허정무 감독의 지도력이 빛을 발했다. 히딩크 감독 이후 외국인 감독에 대한 선망 때문에 국내 출신의 감독은 걸핏하면 욕을 먹고 야유를 받았다. 허정무 감독도 '전술이 없는 감독', '무승부의 명수' 등의 모욕적인 언사를 들어 왔다. 이번에 우리 팀이 자력으로 본선에 진출함으로써 그런 비난을 하던 사람들로 하여금 더 이상 입을 놀리지 못하게 만들었다.

관전을 하거나 중계방송을 보는 사람들은 선수들에게 온갖 주문을 하지만, 선수들은 가슴이 터지도록 땀을 흘리며 뛰고 또 뛰어 이룬 결과다. 마치 장수가 전쟁터에 나가 말이 땀을 흘리도록 달려야 전공(戰功)을 이룰 수 있는 것과 같다.

7회 연속 본선 진출은 대단한 성과지만, 2002년에 월드컵에서 4위를 한 경험이 있는지라, 별것 아닌 것처럼 생각하는 국민이 많지만, 전 세계 2백여 개 국가 가운데서 여섯 나라밖에 이루지 못한 업적이니, 자랑할 만하지 않은가?

필자가 초등학교 2학년이던 1960년 로마올림픽 때는 올림픽이 있는지도 모르고 지나갔다. 6학년이던 1964년 동경올림픽은 시골에 배달되는 『농원(農園)』이라는 잡지를 통해서 동경에서 올림픽이 열린다는 것은 미리 알고 있었고, 그때 시골에 유선방송이 보급되어 일부 경기나마 중계방송을 틈틈이 들을 수 있었다. 어린 마음에 우리나라도 금메달 몇 개 땄으면 하고 보름 내내 바랐지만, 결국 은메달 2개, 동메달 1개에 그치고 말았다.

금메달의 염원은 1976년 몬트리올올림픽에서야 이루어졌는데, 레슬링의 양정모 선수가 우리나라 역사상 처음으로 올림픽 금메달을 땄다. 그 12년 뒤인 88서울올림픽에서는 금메달을 12개 따서 성적이 전 세계에서 종합 4위에까지 올랐다. 정말 엄청난 성장이라 하지 않을 수 없다.

우리나라의 월드컵 본선 진출은 1954년 스위스월드컵대회가 처음이었다. 그 당시는 한국전쟁 직후라 우리나라 국가사정은 말이 아니었다. 한국 선수들과 임원진은 비행기표도 구하기 어려워, 홍콩에 가서 나누어서 비행기를 탔는데, 일부 선수들은 경기 바로 전날 도착하여 다음 날 경기에 임했다고 한다. 첫 경기는 헝가리와 맞붙었는데, 9 대 0의 참패였다. 당시 골키퍼 함흥철 선수는 쉴 새 없이 들어오는 강슛을 막다 보니 가슴에 멍이 다 들었다고 한다.

그 이후 경제가 좀 나아지면서 월드컵 본선 진출을 시도했지만, 쉽지 않았다. 1970년 이후 본선 진출은 거의 다 될 듯하다가도 마지막에 좌절되고 말았다. 다 기억은 못 하지만, 충분히 이길 수 있는 팀인 말레이시아팀에게 져서 본선 진출이 좌절된 적도 있었다. 1986년에 가서야 본선 진출의 꿈이 이루어졌고, 이후 이번까지 한 번도 거르지 않고 본선 진출에 성공하게 되었다.

이것은 우리 국력의 신장이다. 경제성장이 뒷받침된 것은 물론이지만, 우리의 외교력, 정보수집력 등등이 다 어우러져 이런 결과를 가져온 것이다.

스포츠라는 것이 별것 아닌 것 같지만, 국민의 기(氣)를 살리고, 국민을 단합시키고, 국가를 홍보하는 엄청난 효과를 갖고 있다. 필자가 중국에 있으면서 조선족들을 가끔 만나 이야기 들어 보면, 서울올림픽대회가 열리기 전까지는, 중국에 사는 우리 동포들 대부분이 조선반도에는 북조선(북한)만 있는 줄 알았지 한국이 있는 줄도 몰랐다고 한다. 서울올림픽 중계방송을 보고 한국을 알았고, 서울을 알았다고 한다. 그리고 민주주의의 좋은 것을 알았다고 한다. 서울이 저렇게 크고 아름다운 도신가 하고 놀랐고, 가슴이 뿌듯했다고 한다.

우리나라의 대기업들이 급속도로 성장하는 데도 올림픽대회나 월드컵대회가 큰 도움을 주었다. 올림픽이나 월드컵대회를 개최하면 전 세계의 이목이 집중되기 때문에 국가 홍보로서는 그보다 더 좋은 기회가 없다.

이번 7회 연속 월드컵 본선 진출의 성공을 자축하며 이 일을 계기로 전 국민이 화합하여 다시 한번 세계가 놀랄 좋은 성적을 내고, 우리 국민도 모든 면에서 한 단계 더 성장하기를 바란다.

2009년 6월 8일

汗: 땀 한   馬: 말 마   之: 갈 지, ~의 지   功: 공적 공

지공무사
至公無私

지극히 공정하여 사사로움이 없다

우리나라는 현재 여러 가지 문제에 직면해 있지만, 지금 현재 가장 심각한 문제는 각계각층의 모든 국민이 공정(公正)함을 상실한 것이다. 전직, 현직 대통령으로부터 각부 장관, 국회의원, 정당인, 법조인, 대학 교수, 교육자, 공무원, 방송인, 언론인, 각종 시민단체 할 것 없이 공정하게 처신하는 사람을 찾아보기 어렵다. 모두가 사리사욕에 얽매여 각자의 목소리를 높이고 있다. 합리적이고 정상적인 사고나 행동을 하는 사람은 살아가기 어렵고, 간교하게 거짓말 잘하고 편 가르기 잘하고, 학연, 지연, 혈연 잘 찾는 사람이 잘 사는 기본적인 질서도 없는 나라가 되어 가고 있다.

　방송이나 신문 등에 토론 등의 프로그램이 있어 장시간 토론을 하지만, 별 소용이 없다. 상대방의 바른말을 듣고 자기 생각을 고치는 사람이 없으니까. 결국 출연자들이 자기 말만 계속 하면서 평행선을 긋다가 시간이 되면 끝내고 만다.

　전직 대통령 김대중(金大中) 씨는 지금이 독재정치라며 "민중들이 봉기하여 정권을 무너뜨려야 한다."고 선동을 일삼고 있다. '독재(獨

裁)'의 정확한 뜻이 무엇인지도 모르고 있는 것 같다. 지배자 한 사람이 정권을 손에 쥐고서 국민에게 자유를 주지 않고 혼자 일을 처리하는 정치가 독재정치다. 지금 대통령은 독재는커녕 정상적인 업무도 순조롭게 못 볼 정도로 힘이 없다. 독재란 말이 당하기나 한 소리인가?

대통령을 지냈으면 국가의 원로답게 국가민족의 대계(大計)를 염두에 두고서 현직 대통령에게 자신의 통치경험을 일러 주어 바른길로 가도록 도움을 주어야 한다. 특정 세력에 편승해서 대다수 국민의 지지로 뽑힌 현직 대통령을 아무런 이유도 없이 타도하자고 나서는 그 마음가짐은 정말 사리사욕이란 말 말고는 표현할 길이 없다.

야당이 거리로 나서서 독재정권 타도를 외치지만, 독재정권이라고 공감하는 사람이 몇이나 되겠는가? 대학교수들이 독재정권이라고 비난하는 성명을 발표했지만, 사회의 반응은 냉담하다.

노태우 대통령 때부터 민주화의 물결을 타고 시민단체들이 우후죽순(雨後竹筍)처럼 수없이 생겨났다. 민주화시대에 국민의 권익을 대변하는 단체라고 생각하여 순수한 마음으로 정치에 별 관심이 없는 국민들이 지지를 많이 보냈다. 그러나 대다수가 결국은 지역적, 직업적 연고를 찾아 자신들의 이권을 챙기기에 앞서는 행태를 보여 와 지금 국민들은 시민단체라 하면 식상해하고 있다.

방송이나 언론도 그 기사의 취사선택이나 논설의 논조를 보면 모두가 편파일색이다. 몇 년 전까지만 해도 그래도 은근히 편을 들었는데, 지금은 노골적으로 편을 들고 있다.

국민 모두가 어떻게 하면 자기가 속한 지역, 단체에 더 많은 이익을 챙겨 올 수 있을까 하는 생각에서 행동하다 보면, 결국 떼를 쓰는 수밖에 없다. 자기 단체에는 도움이 될지 몰라도 국가는 하루하루 멍들어

가는 것이다.

　지금 우리나라가 국가다운 질서를 갖고 있는가? 경찰이 시위대들의 죽창에 찔리거나 경찰차가 부서지는 일은 이제 뉴스거리도 못 된다. 검찰이 시위대의 난동이 겁나 하던 수사를 얼른 덮어 버리고 말았다. 행정부와 여당은 연일 눈치만 보면서 숨을 죽이고 있고, 거리에 나선 야당은 시위대와 합세하여 온갖 큰소리를 치고 있다. 몇몇 방송과 언론은 시위를 부추기고 있다.

　하루빨리 우리 국민 모두가 자성(自省)하여 사리사욕을 버리고 공정(公正)한 마음을 회복하여 국가가 질서를 찾도록 해야겠다.

2009년 6월 15일

至: 지극할 지, 이를 지　　公: 공정할 공　　無: 없을 무　　私: 사사로울 사

민기불휼
民飢不恤

백성들이 굶어도 불쌍히 여기지 않는다

중국 남부지방 원산인 여지(荔枝, 荔支)라는 과일이 있다. 열매의 크기는 솔방울만 한데 타원형으로 생겼고, 껍질은 가죽 모양으로, 껍질을 벗기면 안에 유백색(乳白色)의 속살이 있는데, 단맛에 약간 신맛이 비치는 독특한 맛과 향기로 매력이 있다. 그러나 육질 바로 안에 큰 씨가 있기 때문에 먹을 것은 얼마 안 된다. 중국에서는 '과일의 왕'이라고 한다. 당연히 값도 다른 과일에 비하여 비싸다. 중국 근세의 유명한 화가 제백석(齊白石)이 그림 소재로 많이 썼는데, 싱싱할 때는 껍질 빛깔이 검은빛이 도는 분홍빛이라, 그 모양을 흔히 여자 젖꼭지 같다고 한다.

　옛날 당(唐)나라 때 현종(玄宗)의 총애를 독차지했던 양귀비(楊貴妃)가 여지를 매우 좋아했다. 현종이 양귀비의 환심을 사기 위해서 매일 남쪽에서 여지를 수송했다. 당나라의 서울은 장안에 있고, 여지는 남쪽지방에서만 나는 데다 또 잘 상하기 때문에 냉장시설이 없던 그때는 갓 딴 여지를 마차에 싣고 전속력으로 달려야만 양귀비가 겨우 상하지 않은 여지를 먹을 수 있었다. 속도를 조금만 늦추어도 장안에 도착하기 전에 다 상하여 아까운 여지를 버려야 했다. 그러니 그 마차가 통과하는 고을의 원님은 재임기간 내내 여지 수송에 신경을 써야 했고, 마부와 말들은 전속력으로 달리다 보니, 쓰러져 죽는 사태가 속출했다. 안록산(安祿山)의 난을 만나 당현종과 양귀비가 사천성(四川省) 쪽으로 피난 가는 도중에까지도 여지가 계속 공급되었다고 하니, 황제의 위력이 얼마나 대단했으며 백성들의 고통이 얼마나 컸는지를 알 수 있다.

송(宋)나라의 유명한 문학가 소동파(蘇東坡)가 「여지탄(荔支歎)」이라는 시를 써서, 한 사람의 기호(嗜好)를 위하여 천하 백성들을 괴롭히는 정치를 비판한 적이 있었다.

우리나라에는 여지가 아예 생산되지를 않고 또 근래까지 알려지지도 않았다. 요즈음 와서 통조림을 수입하여 고급호텔 등에서 쓰고 있다. 그런데 우리 땅에 살면서 양귀비 못지않게 여지를 좋아한 사람이 있었으니, 바로 북한의 김일성이다.

북경대학(北京大學)에서 한국사를 전공하는 교수 가운데 젊은 시절 북한에서 외교관으로 장기간 근무했던 갈진가(葛振家)라는 분이 있었다. 필자가 작년에 북경대학에 있으면서 매주 한 번씩 만나 여러 가지 학술적 정보를 교환하였다. 친분관계가 두터워지자 어느 날 자기가 북한에 근무할 때 찍은 사진첩을 들고 와서 보여 주었다. 주로 김일성 주변에서 근무하면서 김일성과 찍은 사진이 많이 있었고, 김일성의 집무실, 별장 등에서 찍은 사진도 있었고, 김정일의 어릴 때 사진도 있었다.

그 교수의 이야기 가운데 이런 이야기가 있었다. 김일성이 여지와 마오타이주[茅台酒]를 특별히 좋아하여 매주 전용 비행기를 중국에 보내어 공수해 가지고 가서 저녁마다 먹었다고 한다.

공산주의 혁명하는 사람들이 내건 구호는 "봉건통치를 타도하고 악질 지주계급을 내몰고, 노동자 농민들을 위해서 새로운 정치체재를 세워 다 같이 평등하게 잘살자."는 것이었다. 그러나 그것은 정권을 쟁취하기 위한 명분에 불과하고, 실제로는 정권을 손에 넣고 나면 겉으로는 백성들을 위하는 듯이 쇼를 하지만, 실상은 봉건귀족과 다를 바 없이 되어 버린다. 백성이 굶주려 죽는 판에 김일성이 자기의 입맛을 맞추기 위해서 매주 전용기를 보내어 여지와 마오타이주를 실어 나르는 작태를 백성들이 알았다면 얼마나 실망하겠는가?

김정일이 한동안 와병설(臥病說)이 있다가 다시 언론에 등장하였는데, 건강상태가 영 안 좋아 보인다. 갈 교수에게 들은 이야기로는, 정치적으로는 반미(反美)를 부르짖으면서 매일 저녁마다 양주 마시고, 서양 영화 본다고 한다. 매일 저녁 독한 술을 마시니, 건강이 좋을 리가 없다.

중국 주석 후진타오[胡錦濤], 총리 원자바오[溫家寶]는 김정일과 다 같이 1942년생으로 동갑이다. 우리나라의 이명박(李明博) 대통령도 음력으로 치면 동갑이다. 건강상태가 가장 안 좋은 사람이 김정일이다. 백성들을 굶어 죽게 만들어 놓고 고급 양주를 먹으면 마음이 편하겠는가? 독한 술이 건강에 좋을 리 없지만, 사람이라면 그 마음도 편하지 않을 것이다.

김대중(金大中) 대통령은 2000년 6·15회담 마치고 돌아와서 "식견 있는 정치인"이라고 소감을 발표했고, 노벨상을 받으면서는 "북한의 김 위원장과 같이 받지 못해 유감이다."라고 했다.

최근 삼보컴퓨터 이용태(李龍兌) 회장 이야기로는 자기 회사 면접시험에서 "김정일이 어떤 사람인지 말해 보라."고 하니까, 응시생의 반쯤이 "상당히 괜찮은 사람이다."라고 대답했다고 한다. 김정일이 백성들을 굶겨 죽여도 거기에 대해서는 말 한마디 하는 사람이 없다. 남한 사람들은 김정일에 대해서는 어떻게 이렇게 호의적인지 모르겠다.

김정일은 정말 마음과 표정이 다르고, 말과 행동이 다른 사람이다. 안팎이 다른 인간의 표본이라 하지 않을 수 없다.

2009년 6월 22일

民: 백성 민　　飢: 굶주릴 기　　不: 아니 불　　恤: 불쌍히 여길 휼

초군절륜
超群絶倫

보통 사람보다 뛰어나다

운동경기에 조금만 관심이 있었던 사람이라면, 1990년대 중반 세계 탁구계를 주름잡았던 중국 여자탁구선수 덩야핑[鄧亞萍]을 기억할 수 있을 것이다. 올림픽대회 및 세계탁구선수권대회에서 여러 차례 우승하여, 스포츠 뉴스에는 그가 시상대에 오르는 모습이 자주 보였다.

특히 그녀는 키 148센티미터의 단신으로 탁구대 중앙 그물 있는 부분에는 아예 손이 닿지 않는 탁구선수로서는 가장 불리한 신체조건이었다. 그러나 그의 예리한 시각과 정확한 판단력으로 전광석화(電光石火) 같은 과감한 공격을 하면, 상대가 대부분 받아넘기지 못하였다. 그의 실력은 여타 선수들보다 월등하여 가히 비교할 만한 선수가 없었다. 필자는 당시 탁구경기를 즐겼기 때문에 그의 가공할 공격력에 늘 경탄을 하고 있었다.

그런데 은퇴할 나이도 아니고, 실력도 쇠퇴하지 않았는데, 1997년부터 갑자기 중국 대표팀에서 보이지 않았다. 선수로 은퇴했으면 탁구지도자로 나설 만한데도 10여 년 동안 전혀 그의 모습을 볼 수 없었다.

작년 여름 북경에 있으면서 제29회 북경올림픽 경기 준비하는 과정을 방송하는 것을 가끔 보았는데, 어느 날 정장을 하고 옛날과 마찬가지로 머리를 뒤로 묶은 모습으로 얼핏 나타났다. 궁금하던 차에 알아봤더니, 북경올림픽 선수촌 부촌장이라는 직책을 맡고 있었다.

그동안 어디서 무엇 하고 있었는지 궁금했는데, 그의 11년 동안의 행적은 이러했다. 1997년 9월부터 중국에서 북경대학(北京大學)과 쌍벽을 이루는 청화대학(清華大學) 영문과(英文科)에 들어가 영어(英語)를 전공했다. 입학할 당시는 영어 알파벳도 모르는 상태였다고 한다. 공산당이 통치하는 중국에서는, 국가에 특별한 공헌을 한 사람은 특별전형을 통해 선발하는 제도가 있다. 덩야핑도 고등학교를 갓 졸업한 젊은 학생들과 경쟁해서 들어갈 수는 없었을 것이다. 그러나 아무것도 모르는 상태에서 입학한 이후로 공부에 초인적(超人的)인 노력을 기울였다. 자신의 이야기에 의하면 공부하기가 운동하기보다 훨씬 더 어려웠다고 한다. 마침내 우수한 성적으로 졸업을 했고, 2002년 영국 옥스퍼드대학으로 유학을 가서 2년 만에 석사학위를 받았다. 석사학위를 받았을 때는 공부를 너무 열심히 하여 머리털이 다 빠졌다 한다. 그와 잘 아는 사마란치 전 올림픽위원회 위원장도 "이제 그 정도 공부했으면 됐으니, 중국으로 돌아가서 일하라."고 권유했으나, 자신은 끝까지 박사학위를 받겠다고 고집했다고 한다.

그 이후 케임브리지대학 경제과에 진학하여 박사과정을 다 마치고, 돌아와 북경올림픽 조직위원회에서 일하며 박사논문 작성을 준비해 왔다. 올림픽을 마치고 난 얼마 뒤인 2008년 11월 29일 케임브리지대학에서 경제학박사학위를 받았다. 논문 제목은 「글로벌 경쟁 중의 올림픽 브랜드」였다. 북경올림픽 준비과정을 모델로 해서 작성하였는데, 지도교수도 독창적인 시각에서 작성된 논문이라고 매우 칭찬했다고 한다. 중국의 유명한 탁구선수라고 영국의 케임브리지대학에서 봐 줄 턱이 없다. 오로지 자신의 실력으로 박사학위를 획득한 것이다.

올림픽이 끝난 그는 체육지도자, 체육외교가로서 활동하고 있는데, 지금은 북경시공산당청년단 부단장이라는 상당히 비중 있는 직책을 맡고 있다.

탁구선수로서는 최악의 신체조건을 극복하고 세계적인 선수로 활약했고, 또 공부와는 관계없는 운동에 종사하다가 하루아침에 공부하기로 결심을 하고는 마침내 박사학위까지 받았다.

좋은 자질과 뛰어난 신체조건을 갖고 태어났다가도 자만심(自慢心)과 게으름 때문에 보통 사람도 못 되고 마는 사람이 수두룩한데, 덩야핑은 신체적 악조건과 늦은 시작에도 불구하고 운동과 공부 두 방면에서 성공했다. 덩야핑의 노력의 결실은 많은 사람들을 분발(奮發)하게 하는 표본이 될 것이다.

2009년 6월 29일

超: 뛰어넘을 초　　群: 무리 군　　絶: 끊을 절　　倫: 무리 륜, 윤리 륜

상전벽해
桑田碧海

뽕나무밭이 푸른 바다가 된다

누에가 먹는 뽕나무는 습기가 너무 많으면 잘 자라지 않기 때문에 대부분 높은 곳에 있다. '상전벽해'라는 말은, 높은 곳에 있는 뽕나무밭이 변해서 푸른 바다가 된다는 뜻이다. 이 말은 상당히 많이 쓰이지만, 주로 과장적(誇張的)으로 쓰이는 것이 보통이었다. 이 말은 본래는 마고(麻姑)할미의 전설에서 나온 것으로, 실제로 높은 곳에 있는 뽕나무밭이 변해서 바다가 된다는 것은 존재하지 않는 일이고, 사람들도 존재한다고 생각도 하지 않았다. 지각변동이 일어나지 않는 한.

유행가 가사의 내용을 보면, 상당수가, 고향을 그리워하는 것, 고향에 못 가는 한(恨), 고향이 바뀌었다는 것 등등이다. 1960년대 중반에 유행하던 「고향무정(故鄕無情)」이라는 노래의 가사는 이렇다. "구름도 울고 넘는 울고 넘는 저 산 아래, 그 옛날 내가 살던 고향이었건만, 지금은 어느 누가 살고 있는지? 지금은 어느 누가 살고 있는지? 산골짜기엔 물이 마르고 기름진 문전옥답(門前沃畓) 잡초에 묻혀 있네." 이 가사에서 고향이 변했다고 탄식하고 있지만, 변했다 해 봤자, 살던 집에 주인이 바뀌고, 가꾸던 문전옥답이 묵어 있다는 정도로, 상전벽해라 할 상황에는 전혀 미치지 못하고 있다.

　그러나 말로만 존재하던 상전벽해의 상황이 실제로 일어나는 것을 필자는 최근 보고 느꼈다. 필자의 고향 마을은 마산(馬山)에서 60리 정도 떨어진 곳으로 옛날에는 마산까지 하루에 걸어서 갔다 왔다. 이 지역은 북쪽, 동북쪽은 남강으로 둘러싸여 있기 때문에 막다른 곳이 되어 1960년대에는 버스가 하루 두 번 정도 왕래했다. 도로포장도 1990년대 들어와서 되었다.

　이런 곳인데, 1990년대 초반에 공단이 들어섰다. 산을 몇 개 밀어 늪을 메꾸어 공장부지를 만들어 수십 개의 공장이 들어섰다. 공단의 북쪽 담장이 필자 집안의 선산 10미터 앞까지 밀고 들어와 서게 되었다. 선산의 안산(案山)은 없어지고, 그 대신 높은 공장이 앞을 꽉 막아 버렸고, 온갖 공장의 기계소리가 종일 났다. 성묘하러 가서 이런 혼잡한 광경을 보면, 기가 막히는 일이지만, 원래 있던 산소를 함부로 손을 댈 수 없는 일이라 그대로 두고 있다. 시대가 바뀌었으니, 어쩔 수 없는 일이라고 생각했고, "조상님 영혼들께서도 그렇게 이해하십시오."라고 위로를 드릴 수밖에 없었다.

　그런데 얼마 전에 고향에 가니까, 다른 데 있는 집안 윗대 어른들의 산소를 팔라고 사람을 중간에 넣어 교섭이 들어왔다고 한다. 그러나 그 산소는 필자의 직계가 아니라서 그렇게 심각하게 받아들이지 않았는데, 며칠 전에는 필자의 조부모, 부모의 산소를 팔라고 연락이 왔다. 전화를 받은 뒤 산소를 둘러보러 갔더니, 본래 다른 사람 소유였던 좌청룡에 해당되는 산은 벌써 공장에 팔려서 싹 밀어 흔적도 없이 되어 있었다. 세상에 이런 일이 다 있나 싶은 생각이 들었다. 몇 년 전까지만 해도 상상도 못 할 일이 발생했다.

그런데 고향 동네에 가 보니, 더 심각한 일이 벌어져 있었다. 동네 앞의 논을 가진 주민에게 몇 년 전에 타지 사람이 와서 비싼 값에 팔라고 하기에 그 사람에게 팔았더니, 얼마 뒤에 그 논을 산 사람이 흙을 실어다 부어 높게 돋우었다. 몇 년 지난 뒤 공장을 짓는다고 공사를 시작하려고 했다. 마을 주민들이 모여 우선 막아 놨다고 한다. 군에서는 마을 사람들의 동의서를 받아 오면, 언제든지 공장 건립을 허가해 주겠다고 하니까, 공장 건립자 측에서는 지금 동네 사람들을 설득하느라고 온갖 노력을 다하는 모양이다. 그 와중에 동네 사람들을 설득하고 회유를 하는데, 심리전을 써서, 동네 사람들 사이에 서로 의심하게 만들고 의견이 갈라지게 만들어, 평화롭던 농촌마을이 양분화되어 형편이 말이 아니라고 한다.

산업발전도 당연히 중요하지만, 자연도 보호하는 마당에 이미 수백 년 살아온 원주민들도 보호하는 차원에서 좀 더 신중히 고려했으면 좋겠다. 남의 산소나 마을 안 아니라도 공장 지을 곳은 얼마든지 있으니까.

2009년 7월 6일

桑: 뽕나무 상　　田: 밭 전　　碧: 푸를 벽　　海: 바다 해

환부역조
換父易祖

**아버지를 바꾸고 할아버지를 바꾼다.
조상을 허위로 날조한다**

사람은 여러 가지 욕망을 갖고 있는데, 사람에 따라 욕심의 종류가 다르지만, 대부분 사람들에게 가장 공통적인 욕심은 남에게 인정받고 싶은 욕망이라고 한다. 어떤 학자들은 이 욕망 때문에 인류가 계속 발전해 나간다고 한다.

오늘날은 개성과 자유가 보장된 시대라 사람을 평가할 때 그 사람 자체를 평가하지만, 옛날에는 사람을 평가할 때 가문(家門)을 대단히 중시하였다. 그래서 양반과 상민의 차등을 두었고, 양반 가운데서도 가문의 등급이 천차만별이었다. 좋은 집안 출신의 사람이면, 당사자가 좀 모자란 점이 있더라도 가문 덕을 봐서 괜찮은 사람으로 인정되었다. 특히 혼사를 맺을 때 가문이 대단히 중시되었다.

그러다 보니, 될 수 있으면 자기 가문이 좋은 가문이라고 홍보할 필요가 있게 되었다. 실제로 좋은 가문이면 과장을 하거나 가식(假飾)을 할 필요가 없지만, 좀 한미(寒微)한 가문이나 양반이 아닌 가문이 양반 행세를 하려고 하면, 여러 가지 수단을 동원하여 과장이나 가식을 하려고 애를 썼다.

과장하거나 가식하는 대표적인 사례가 족보(族譜) 위조와 조상의 관직 위조 등이다. 우리나라 족보는 안동권씨(安東權氏) 집안의 성화보(成化譜) 등 몇몇 가문의 것을 제외하고는, 대부분 조선 영조(英祖) 이후에 만들어졌다. 대부분의 집안의 족보를 보면 시조가 있고, 그 이후 여러 대를 잇지 못하다가 고려 중기나 후기의 인물인 중시조(中始祖)가 있는데, 거기서부터 계속해서 대를 이어 왔다. 집안의 조상 가운데 고려 말기나 조선 초기의 유명한 인물이 있을 경우에, 그들의 비문(碑文)이나 행장(行狀)에 그분의 조부나 증조부 등의 성명과 행적이 실려 있기에, 그것을 근거로 해서 거슬러 올라가 찾아낸 확실한 조상이 중시조이다. 중시조도 당연히 아버지나 할아버지가 있겠지만, 더 이상 알아낼 수 없으므로 시조와 중시조 사이에는, 정확한 기간이나 중간에 어떤 조상이 있었는지를 모르기 때문에 비워 둔 것이다.

그런데 최근에 와서 어떤 집안에서는 새로 족보를 하면서, 중시조와 시조 사이를 다 채워 넣고, 또 윗대 조상들에게 최고의 관직으로 멋대로 채워 넣는 경우도 있다. 옛날 조선시대에 살았던 조상들이 몰랐던 시조 이후 중시조까지의 조상들의 이름과 행적을 오늘날 와서 더 자세히 안다는 것은 사리에 맞지 않다. 그리고 신라시대나 고려시대의 선조에게 신라시대나 고려시대에는 없었던 조선시대에 사용하던 관작을 적어 넣는 경우도 많다.

또 관직이 있으면 거기에 상응하는 품계(品階)가 있다. 족보에 벼슬한 것으로 조작해서 적어 넣는 경우, 품계와 관작이 맞지 않는 사례가 곳곳에 보인다. 예를 들면 봉사(奉事)라는 벼슬은 정8품인데, 정3품 당상관(堂上官) 품계인 통정대부(通政大夫) 교서관(校書館) 봉사(奉事)라고 하면 맞지 않아 허위라는 사실이 금방 드러난다. 또 남편이 통정대부면 부인의 품계는 숙부인(淑夫人)이 되어야 하는데, 4품 관리의 부인에게 주는 영인(令人)이라고 쓰면, 서로 맞지 않다.

또 자기 윗대를 잘 모르는 경우나 한미한 경우 유명한 인물의 후손으로 집어넣는 경우가 있다. 이를 투탁(投託)이라고 하고, 그렇게 된 일족들을 '투탁이'라고 한다.

조상에게 없는 벼슬을 적어 넣은 경우 당시의 전후 상황을 금방 알 수 있고, 남의 조상 밑에 달린 경우에도 옛날 족보를 찾아보면 어느 시기에 붙여졌는지 알 수 있다.

또 이름 모르는 오래된 고분(古墳)을 자기들 조상의 산소라고 조작하여, 그 앞에 비석을 세우는 경우도 있다.

지구의 역사는 45억 년 정도 되었고, 인류의 역사는 백만 년 정도 되었으나, 인류가 역사 기록을 남긴 연대는 5천 년도 되지 않는다. 중국에서는 은(殷)나라까지는 역사시대로 치지만, 그 이전의 하(夏)나라마저도 10년 전만 해도 전설시대로 쳐 왔다. 그러니 문헌의 역사가 오래된 중국도 3천 년 정도의 역사기록만 갖고 있다.

고려시대의 역사도 1170년 정중부(鄭仲夫)의 난으로 대부분의 문헌(文獻)이 다 불타 버렸기 때문에 그 이전의 역사를 알 수가 없다. 각 성씨의 중시조라는 인물은 대부분 무신란 이후 고려 후기의 인물이다. 알 수 있는 데까지만 조상을 밝히고, 관직 등도 사실대로 기재해야 한다. 조상이 낮은 벼슬 했다고 해서, 남들이 무시하지 않는다. 자기가 행실을 똑바로 하고, 의미 있는 일을 하는 것이 중요하다. 사람 구실 못하는 사람이 좋은 조상을 두었다고 해서 무슨 가치가 있겠는가?

우리나라에서 가장 양반 가문으로 일컬어지는 퇴계(退溪) 이황(李滉) 선생의 경우, 자기 6대조까지밖에 모르고, 그 벼슬도 아전에 해당되는 호장(戶長)이라고 솔직하게 밝혀 놓았다. 그렇다고 조금도 퇴계 선생이나 그 후손들에게 흠이 되지 않는다. 자기 조상은 본래 그대로 두어야 하는 것이지, 높은 벼슬을 덧붙인다고 해서 자신이 더 돋보이는 것이 아니니, 조상을 바꾸는 일을 하지 않는 것이 좋겠다.

2009년 7월 13일

換: 바꿀 환   父: 아버지 부   易: 바꿀 역, 쉬울 이   祖: 할아버지 조

언전어도
言顚語倒

말이 순서가 뒤바뀌어 엉망이 된다

말을 잘한다고 자부하는 어떤 교수가 말을 잘하지 못하는 자기 친구인 철학교수에게 놀러 가서 "자네 말 좀 잘하라고. 대학교수가 되어 가지고 그게 뭐야?"라고 핀잔을 주었다. 그러자 말을 잘 못하는 교수가 그 말을 받아 가지고, "자네는 말을 잘한다고 자부를 하지만, 말하기 전에 이 세 가지를 반드시 생각해 보고 입을 열게나. 첫째, 자네가 말하는 내용이 진실한가? 둘째, 선의(善意)에서 하는 말인가? 셋째, 중요한 내용인가?"라고 충고를 했다. 자기가 말 잘한다고 자부하는 사람들은 대체로 깊이 생각하지 않고 함부로 말하는 경향이 있다. 사람의 생각은 말을 통해서 표현되기 때문에, 말은 상호 간의 관계를 좋게 하기도 하고 관계를 나쁘게 만들기도 한다.

소크라테스는 "사람은 말하는 것을 배울 것이 아니라, 모름지기 혀를 관리하는 방법을 배워야 한다."라고 했다. 말을 잘하는 사람은 많지만, 말을 함부로 하여 문제를 일으키는 사람이 많은 것을 경계한 말이다.

오늘날 우리 사회에는 말을 너무 함부로 하는 사람이 많다. 정당의 대변인은 물론이고 국회의원들은 말로써 무기를 삼아 상대를 공격한다. 영화의 대사는 대부분이 욕설이다. 텔레비전 방송은 거의 하루 종일 코미디언들의 말장난으로 일관하고 있다.

말을 함부로 하는 것도 문제지만, 말의 뜻을 잘못 쓰고 있는 경우도 대단히 많다. '엽기(獵奇)'란 말의 뜻은, "기이한 것을 찾아다닌다."라는 뜻인데, 요즈음 젊은이들은 그 뜻을 정확히 모르고서는 어디나 엽기적(獵奇的)이란 말을 갖다 붙인다. 엽기의 본래 뜻하고는 너무나 거리가 멀다.

또 상황에 맞지 않게 말하는 경우가 많은데, 대표적인 경우가 존대법이다. 교육방송에 나와서 국어를 강의하는 강사는, 수업하면서 늘 자기를 가리켜 "선생님께서는 ……"이라고 말하는데, 아무리 강의하는 사람이 학생들에게는 선생이라 해도 세상에 자기를 가리켜 "선생님께서는"이라고 말하는 버릇이 어디 있는가?

아나운서나 사회자라면 일반적으로 말 잘하는 사람으로 인정을 받는 사람들이다. 그러나 몇 년 전 군대생활하는 아들에게 어머니를 극비리에 초청하여 만나게 하는 프로그램이 있었는데, 어머니 앞에서 "아드님께서 나오십니다."라고 소개하던 유명한 사회자 이상룡(李相龍)이 있었다. 요즈음 연예인들을 보면 존댓말을 아무 데나 갖다 붙여 쓴다. 25살 먹은 연예인이 자기에게 선배라고 방송에서 극존칭(極尊稱)을 쓰는데, 이는 크게 잘못된 것이다. 방송을 시청하는 분들이 대부분 그 연예인이 선배라고 하는 사람보다는 연장자인데 존칭을 쓴다는 것은 옳은 언어사용이 아니다. 압존법(壓尊法)이란 것이 있는데, 손자가 할아버지에게 말할 때는, "아버님께서 돌아오셨습니다."라고 하면 안 되고, "아버지 돌아왔습니다."라고 말하는 것이 옳다. 더 높은 사람 앞에서는 덜 높은 사람은 존대법을 쓰지 않는 것이 원칙이다.

또 노래자랑에 나와서 노래하는 사람의 노래가 끝나자, 사회를 보던 아나운서가 "열심히 열창(熱唱)하셨습니다."라고 격려를 했다. 열창이라는 말 속에 '열심히'라는 말이 들어 있는데, 열창이라는 말의 뜻을 잘 모르기 때문에 "열심히 열창하셨습니다."라고 말한 것이다.

각급 학교에 국어시간이 있지만, 대부분 시험 준비를 위한 수업만 하고, 상황에 맞는 말하기, 말 듣기 교육이 안 되어서 이러한 언어의 혼란이 초래되었다. 뒤죽박죽이 되어 있는 우리말을 바로잡아 쓰는 것이 절실히 필요하다.

2009년 7월 20일

言: 말씀 언　　顚: 엎어질 전　　語: 말씀 어　　倒: 넘어질 도

295

불변충간
不辨忠奸

충신과 간신을 분별하지 못한다

이 우주 안의 삼라만상(森羅萬象) 가운데서 가장 알아보기 어려운 것이 사람이라고 한다.

대부분의 동물은 본성(本性) 그대로 살아가면서 가식(假飾)이 별로 없어 있는 그대로 보면 된다. 식물은 움직임 없이 그대로 생명만 유지하기 때문에 연구하기가 쉽다. 그림이나 글씨, 골동품 등을 알아보기 어렵다고 하지만, 그 방면의 전문적인 지식이나 경험을 갖추면 알아볼 수 있는 안목이 생긴다.

사람은 고도의 지능을 갖고 있고, 또 자신의 환경이나 목적에 따라 수시로 변하기 때문에 알아보기가 어렵다. 또 마음과 다르게 말을 그럴듯하게 꾸며 내기 때문에 상대방의 판단을 흐리게 한다. 성인(聖人) 공자(孔子)도, 말을 잘하는 제자 재아(宰我)를 상당히 믿었는데, 어느 날 낮잠 자는 것을 보고는, "내가 재아 때문에 사람 보는 법을 바꾸었다. 전에는 내가 어떤 사람의 말을 듣고 그대로 믿었는데, 지금부터는 어떤 사람의 말을 듣고 그 행동을 살펴보게 되었다."라고 말했다. 말만 그대로 믿다가는 속임을 당할 수 있기 때문이었다.

사람은 자기의 목적을 달성하기 전과 달성한 뒤에 태도를 바꾸기도 하고, 또 상대방의 영향력에 따라서 상대방을 대하는 태도가 달라지기도 한다. 현직 장관으로 있을 때는 만나려는 사람이 줄을 서다가도, 장관에서 떠나고 나면 전화 한 통 안 온다고 한다. 사람은 태도가 수시로 바뀌기 때문에 알아보기 어려운 것이다.

　이명박(李明博) 대통령이 여러 차례의 인사에서 별로 성공을 하지 못하고 있다. 최근 검찰총장과 국세청장을 임명했는데, 둘 다 문제점이 많은 인물이었고, 결국 검찰총장은 여기저기서 흠집이 드러나 더 이상 버티지 못하고 자진사퇴하고 말았다. 수천 명의 검사 가운데서 검찰의 대표가 되기에 충분한 자격을 갖춘 훌륭한 검사가 많이 있을 텐데, 하필 가장 말썽 많은 사람을 검찰총장으로 임명했을까? 그것도 청와대 인사팀의 몇 차례의 검증을 거쳤다면서.

　오늘날은 민주주의 정치제도를 시행하고 있지만, 최고통치자가 인(人)의 장막에 휩싸여 있는 점은 옛날 왕조시대와 다를 바 없다. 대통령이 알고 있는 훌륭한 인재는, 대통령과 관계가 좋은 사람과 줄이 통하는 사람의 범위에서 벗어나지 않는다.

　사람다운 사람, 점잖은 사람은 줄을 대지 않고, 출세욕에 사로잡힌 사람만이 줄을 찾는데, 그런 사람이 마침내 요직을 차지하게 되니, 국가민족의 장래는 어둡게 된다. 대통령에게 사람을 알아보는 눈이 없기 때문이다.

　사람은 나이가 들면 외로움을 많이 느끼게 된다. 최고통치자는 자기와 동급의 사람이 없기 때문에 외로움을 더 많이 느낀다고 한다. 그럴 때 살갑게 다가와 듣기 좋은 말을 하는 사람이 마음에 들게 되고, 총애를 받게 된다. 그래서 간신은 언제나 살아남는다.

반면에 충신은 바른말을 하고 듣기 싫은 말을 하기 때문에, 최고통치자가 볼 적에는 자기에게 반항하는 것 같고, 자기를 무시하는 것 같으므로 점점 멀리하게 된다. 충신의 운명이 기구한 것은 다 이런 이유 때문이다. 간신의 한마디 참소(讒訴)로 충신은 귀양을 가거나 죽임을 당하게 된다.

북송(北宋)의 휘종(徽宗)은 간신 채경(蔡京) 등을 신임하여 나라를 하루아침에 무너뜨렸다. 간신을 신임하고 충신들은 다 내쫓았다. 자기 부친 신종(神宗)이 이루어 놓은 튼튼한 국가 기반을, 재위 25년 만에 완전히 거덜을 내었다.

과중한 세금을 거두고 토목공사를 일으키고 사치와 향락을 일삼아 곳곳에서 농민반란이 일어났다. 결국은 북쪽 금(金)나라의 침략을 받아 서울 변경(汴京)이 하루아침에 함락되어 아들 흠종(欽宗)을 비롯한 32명의 아들, 22명의 딸, 비빈(妃嬪), 대신 등 250여 명과 함께 묶여서 금나라 서울 흑룡강(黑龍江) 가에 있는 오국성(五國城)으로 끌려가 온갖 모욕과 고통을 당하다가 죽었다.

천하를 호령하던 황제에서 오랑캐라고 멸시하던 금나라의 노예 중의 노예 같은 생활을 9년 동안 하다가 죽었다. 자기의 딸 22명은 전부 금나라 대신이나 장수들의 첩으로 빼앗겼다.

휘종은 역사상 가장 비참한 황제였는데, 그 이유는 충신을 몰라보고 간신을 신임했기 때문이다.

압도적인 승리로 당선된 이명박 대통령이 취임 이후 계속 인기가 떨어지는 것은, 인재를 바로 알아보고 등용하지 못하는 것이 하나의 큰 원인일 것이다. 이번 검찰총장 인사가 그 대표적인 경우이다. 세상에 떠도는 특정 지역, 특정 대학, 특정 교회 등에 속하는 인사를 위주로 등용한다는 말이, 근거 없는 말이 되기를 빈다.

2009년 7월 27일

不: 아니 불　　辨: 분변할 변　　忠: 충성할 충　　奸=姦: 간사할 간

포생중질
飽生衆疾

배부름은 여러 가지 병을 낳는다

여름 휴가철을 맞이하여 물 좋은 계곡이나 해수욕을 할 수 있는 바닷가로 많은 사람들이 찾아가 휴가를 즐긴다. 가족끼리, 혹은 일가친척끼리, 직장동료와 함께, 친구들과 함께, 동창생들과 함께, 대부분의 사람들이 한 번 이상씩 휴가를 간다.

우리나라 사람들은 휴가를 갈 때 여러 가지 준비를 많이 하는데, 특히 음식 준비를 많이 한다. 불고기 재료를 준비하고, 거기다가 회도 준비하고, 부침거리도 준비하고, 과일, 술, 음료수, 우유, 빙과류 등을 준비한다. 또 거기다가 마른안주, 과자 등등 준비하는 품목을 이루 다 헤아릴 수 없다.

휴가를 가서는, 먹기 시작한다. 먹고 나서는 금방 또 먹고, 조금 지나면 또 먹는다. 그러다 보면 휴가를 갔다 와서는 "허리가 늘어났다.", "몸무게가 몇 킬로 불었다.", "그동안 운동해서 몸무게 뺀 것이 헛일이 되었다." 등등의 말을 하게 된다.

사람은 적정량보다 음식을 많이 먹으면 체중이 불어나는 것은 물론이고, 그 밖에도 알게 모르게 부작용이 따라온다. 포식을 하면 대뇌

속에서 산성섬유세포를 성장하게 하는 단백질을 대량 분비하게 되는데, 이것이 분비되면 혈관 안쪽의 세포를 증식하게 해 혈관을 좁게 만들고, 혈액공급을 저하시킨다. 혈액공급이 저하되면 지능이 떨어지고, 결국은 대뇌를 빨리 노화시켜 치매의 위험이 생기게 된다.

또 몸 안에 영양분이 적체가 되면, 세포막이 두터워져서 음식을 삼키는 세포와 임파선세포의 민감성이 둔화되어 신체의 면역력이 떨어진다고 한다. 옛날 어른들이 애들보고 "밥 많이 먹으면 멍청이 된다."라고 하던 말이 근거 없는 말이 아니었다. 요즈음 40대 치매 환자가 나타나는 사례가 있는데, 대부분이 과식 때문이다. 적정한 열량섭취는 체온을 2도 내지 3도 높이기 때문에 신체의 면역력을 높이고 노화도 방지할 수 있다고 한다.

포식하는 것 가운데서도 곡류를 먹지 않고 육류를 많이 먹는 것은 더 나쁘다. 공자(孔子)는 2500년 전에 이미 "비록 고기를 많이 먹을지라도 밥의 기운을 이기게 하지 말아라.[肉雖多, 不使勝食氣.]"라는 말을 남겼다. 고기를 먹을 때도 곡물류나 채소류보다 많이 먹지 말라고 경고하였다. 일반적으로 사람들은 고기를 먹고 싶을 때 고기를 먹으며, 많이 먹고 나면 좀 느끼한 기운을 느끼는데, 이는 지나치게 산성(酸性) 음식을 많이 먹었다는 신호이다. 음식을 먹고 나서 나른한 식곤증(食困症)이 오는 것도 산성 식품을 많이 먹었기 때문이다.

우리나라 사람들은 서양 사람들보다 지방 흡수 능력이 떨어지기 때문에 서양 음식이 우리나라 사람들의 체질에 맞지 않는다. 우리나라 사람이 서양 사람처럼 고기를 많이 먹으면 안 된다. 신체 구조가 상당히 다르다.

세계보건기구에서는 비만을 이미 병으로 선포하였고, 유럽에서는 비만을 가장 심각한 만성병으로 간주하고 있다. 미국 사람들의 가장 큰 걱정거리는 비만이다. 요즈음 중국도 국민 소득이 늘어나니까 비만이 심각한 문제로 등장하였다. 특히 청소년 비만이 많아, 비만을 청소년 건강의 공해(公害)라고 한다.

사람은 만물의 영장이라고 자부심을 갖고서 동물들을 깔보는 마음이 없지 않은데, 이 세상에서 많이 먹어 소화가 안 되어 소화제를 먹는 동물은 사람밖에 없다고 한다. 심지어는 먹는 것을 못 참아 비만 환자가 되어 있으면서도 계속 먹어 위장의 일부를 꿰매는 수술을 받는 사람도 있다. 다른 동물은 배가 부르면 안 먹는데, 사람들은 맛있는 음식을 개발하다 보니, 배가 불러도 계속 먹어 탈을 만든다.

순간적인 맛의 유혹에 끌려 포식하다가 건강을 해치지 말고, 적정량의 10분의 7만 먹어 건강을 유지하며 살도록 하자.

2009년 8월 3일

飽: 배부를 포   生: 날 생   衆: 무리 중   疾: 병 질

과유불급
過猶不及

지나친 것은 미치지 못함과 같다

한 10여 년부터 마라톤 열기가 한창 불어 마라톤 참가하는 사람이 많아졌다. 우리나라에 아마추어 풀코스 완주자가 3만을 넘어선 지 오래다. 최고기록도 2시간 20분대로 전문선수 못지않게 되었다. 손기정(孫基禎) 선수가 베를린 올림픽에서 세계신기록을 세우면서 우승한 기록이 2시간 29분 30초였으니, 요즈음 아마추어 마라톤 선수들이 얼마나 잘 뛰는지 짐작할 수 있다. 어떤 스포츠 방송에 나와서 아마추어 마라톤 대회 해설을 맡았던 올림픽 금메달리스트 황영조(黃永祚) 선수가 아마추어 마라톤 선수들 뛰는 모습을 보고 감탄을 연발할 정도였다.

그러다 보니, 말로는 아마추어지만, 실제로 마음속의 경쟁심은 전문선수 못지않다. 연습도 과학적으로 철저히 한다. 심지어 기록 단축을 위한 식이요법(食餌療法)까지 하고 있다. 완주 시간기록 경쟁을 할 뿐만 아니라, 완주 횟수 경쟁까지 한다. 풀코스 백회(百回) 완주 클럽까지 생겼다. 백 회 완주자가 많아지자, 이번에는 2백 회 완주자까지 탄생했다. 전문 마라톤 선수 가운데서 완주 많이 하기로 세계적으로 유명한 이봉주(李奉柱) 선수도 35회 정도밖에 완주하지 않았다.

그러나 아마추어 마라톤 대회에 참석하는 사람의 연령층을 보면, 풀코스에는 20대는 거의 없고, 30대는 드물고, 대부분이 40대, 50대이고, 60대도 20대보다는 많다. 연령이 높은 층은 시간기록으로는 젊은 사람에게 상대가 될 수 없으니까, 주로 완주 횟수 경쟁을 한다.

고영우(高永佑)라는 산부의과 의사가 있었는데, 태권도, 합기도로부터 안 해 본 운동이 없을 정도로 여러 가지 운동을 두루 하다가 마침내 마라톤에 입문하게 되었다. "마침내 진정한 운동인 마라톤을 찾았다."라고 하며 극도로 몰입했다. 60대의 연령으로 풀코스를 1백 회 완주했다. 우리나라에서 열 번째 안에 든다. 필자와 마라톤 주로(走路)에서 가끔 만나 이야기를 나누었는데, 어떤 해는 한 해에 풀코스 완주를 29회씩 하기도 했다. 그가 1백 회 완주할 적에는 필자와 거의 같은 시간에 결승점을 통과했다.

작년에 중국에 1년 있다가 돌아와 보니, 진주고려병원 이양(李洋) 원장이 필자에게 "마라톤하지 마시오. 우리 의과대학 선배인 고영우라는 분이 있는데, 마라톤하다가 죽었소."라고 했다. "저도 그분을 아는데, 죽었다니요?" 3백 회 완주를 향해서 계속 달리고 있으리라고 믿고 있었는데, 처음으로 그의 사망 소식을 접하고 놀랐다. 알고 보니 그의 사망 원인은 다음과 같았다.

경북 상주(尙州)에서 개최한 연속 3일 풀코스 달리기 대회에 출전하여 완주하였고, 그 바로 다음 날 또 어떤 풀코스 대회에 나가서 완주하였다. 풀코스 완주 199회의 기록을 세웠다. 그리고 집에 돌아와서 다음 달에 하와이에서 있을 철인삼종대회에 대비해서 자전거타기 연습을 하다가 심장마비로 사망한 것이다. 그때 그의 나이 69세였다. 풀코스 완주 5백 회를 목표로 하고 있었다.

대단한 체력이었고, 심장도 다른 사람들보다 몇 배 강했겠지만, 너무 과신(過信)하다가 화(禍)를 자초한 것이었다.

얼마 전에 유명한 수영선수 조오련(趙五璉) 씨가 역시 심장마비로 사망하였다. 1970년대 초반 '아시아의 물개'라는 애칭으로 아시아 수영계를 휩쓸었고, 그 뒤 수영으로 도버해협 횡단 성공, 현해탄(玄海灘) 횡단 성공으로 세인의 눈길을 끌었다. 방송, 신문 등에도 많이 등장하여, 그를 모르는 사람이 없을 정도다. 최근에 현해탄 횡단 30주년 기념으로 다시 현해탄을 수영으로 건넌다는 계획 아래 연습에 열중하다가 역시 심장마비로 사망하고 말았다.

그의 나이는 이미 58세이다. 마음으로는 자신이 있었겠지만, 이미 28세 때와는 몸이 완전히 다른 것이다. 거기다가 후원자를 구하지 못하여 심적인 부담이 가중되었고, 또 막 재혼을 하여 신혼살림을 꾸려 나가려니, 여러 가지로 신경 쓸 것이 많았을 것이다.

아무도 하지 못했던 현해탄 횡단 성공 한 번으로 만족했어야 했는데, 다시 한번 세인의 눈길을 끌고자 하다가 영원히 돌아오지 못할 곳으로 가고 말았다.

세상의 모든 일은 너무 지나친 것은 모자라는 것보다 나을 것이 없다. 고무줄도 지나치게 낭기번 결국은 터진다. 그래서 공자(孔子)를 비롯한 성현(聖賢)들이 중용(中庸)의 도(道)를 지극히 강조한 것이다.

2009년 8월 17일

過: 지날 과, 지나칠 과 猶: 오히려 유, 같을 유
不: 아니 불 及: 미칠 급

상유지보
桑楡之補

늘그막에 인생을 보완한다

함안(咸安)이라는 고을은 지리적으로 경상남도의 동서남북의 중심에 있고 동서로 남북으로 고속도로가 지나가는 등 교통이 좋다. 낙동강과 남강이 만나는 곳으로 들판이 좋아 살기가 좋은 곳이다. 지금은 경남의 20개 군 가운데서 가장 잘사는 고을이 되어 있다.

경제적으로 윤택한 것이 자랑이 될 수 있지만, 학문이 번성한 곳이라는 것이 더 큰 자랑거리이다. 조선 말기에 이르면 수많은 학자가 나오는데, 함안의 학자들이 남긴 문집만 해도 약 3백여 종에 이를 정도이니, 가히 학문의 고장이라 할 만하다.

함안문화원은 전국에서도 가장 잘 운영되는 대표적인 문화원인데, 전국 문화원 가운데 군민의 참여도가 가장 높은 문화원의 하나이다.

또 해방 이후 우리나라 최고의 한문학자 성락훈(成樂熏) 선생 등 한문학자, 역사학자, 국문학자나 문인들이 함안에서 많이 나온 것도 다 그 학문적 뿌리가 있기 때문이다.

그러다가 1910년 일본에 의해서 나라가 망하고 신식제도의 교육이 실시됨에 따라 우리의 전통학문은 맥이 끊어지고 말았다. 대단한 학자들이 시골에 묻혀 지내다가 이름 없이 숨을 거두고 말았다. 그들이 남긴 문집(文集)이나 저술(著述)을 그 아들이나 손자가 보고도 읽지 못하는 현실이 우리나라의 불행이자, 우리 전통문화의 단절을 단적으로 보여 준다.

그러나 문화의 뿌리는 깊어 쉽게 사라지지는 않는다. 거의 말라 죽었던 전통문화가 다시 싹을 틔우고 자라나고 있다. 지금 함안군 산인면(山仁面)에 가면 만성학당(晩成學堂)이 있는데, 그 역사가 20년 정도 된 것으로 안다. 매주 목요일 오전에 70여 명이 모여서 한문을 공부하고 여러 가지 견문을 서로 교류하는 곳이다. 지금까지 훈장을 맡았던 분은, 면재(勉齋) 조광제(趙光濟), 농파(農坡) 조영제(趙英濟) 선생 등이었는데, 이미 세상을 떠났고, 지금은 연부역강(年富力强)한 이명성(李明星) 선생이 맡아 가르치고 있다. 이 선생의 증조부는 조선 말기, 일제 초기에 경남지역에서 이름 있던 대학자 우산(芋山) 이훈호(李熏浩) 선생이다.

여기에 모여서 열심히 한문을 배우는 분들은, 대개 70세 전후의 노인분들인데, 거의 빠지지 않고 적극적으로 출석하고 있다. 이분들은 전직 공무원, 교육자, 수리조합장, 기업체 간부, 자영업자 등 출신이 다양하지만, 대부분이 유가(儒家)의 자제로서 그들의 할아버지나 아버지가 한학(漢學)을 공부한 학자였다. 기억력은 젊은 시절보다 좀 떨어지겠지만, 그 열정은 대단하다. 사서(四書), 『소학(小學)』 등을 이미 여러 번 배웠다.

의령(宜寧)에서는 전 전교(典敎) 이종경(李鍾慶) 선생이 의령향교와 신반(新反)에서 일주일에 두 번씩 한문을 가르치고 있다. 배우는 사람들은 함안과 마찬가지로 연세 많은 유가의 자제들이다. 이 선생의 조부는 파리장서(巴里長書)에 서명한 유림대표 수산(壽山) 이태식(李泰植)

선생이다.

산청에서는 선비대학이 열려 한문강좌가 개설된 지 4년이 되었고, 진주향교, 김해향교 등에서도 한문강좌가 개설되어 수강생이 몰리고 있다. 창원대학교 부설 사림서당(士林書堂)에는 한문을 배우려는 지원자가 많아 자리가 비기를 대기할 정도로 성황을 이루고 있다 한다.

젊은 시절 직업 등의 관계로 한문에 접하지 못했던 퇴직자들이 우리의 학문과 문화가 담긴 한문을 배우려는 열기로 곳곳에서 한문 교육이 성황을 이루고 있다.

요즈음은 60세 전후해서 퇴직한다 해도 대략 25년 이상을 살아야 하기 때문에, 퇴직 후의 생활을 잘 설계하여 노년을 의미 있게 보내야 한다. 젊은 날 실현 못 했던 꿈을 노년에 얼마든지 보완할 수 있다. 인생의 가장 큰 행복은 자기 생애를 의미 있게 보내는 것이라 한다.

퇴직자끼리 만나서 매일 내기화투나 쳐서 술 받아먹고 나중에 말다툼하는 것으로 끝나는 생활의 반복은 사회적으로도 보기 좋지 않지만, 당사자의 정신과 건강을 황폐화시킨다.

상유(桑楡)는 뽕나무와 느릅나무인데, "해 질 녘의 햇빛이 뽕나무나 느릅나무에 걸려 있다."는 『회남자(淮南子)』의 구절에서 유래하여 서쪽, 또는 인생의 만년(晩年)을 가리키는 말이 되었다. 일설에는 뽕나무나 느릅나무는 집의 서쪽에 심기 때문에 서쪽이나 만년을 가리키는 말이 되었다고 한다.

2009년 8월 24일

桑: 뽕나무 상   楡: 느릅나무 유   之: ~의 지   補: 기울 보, 보충할 보

무장공자
無腸公子

속없는 사람

한글 창제에 공이 많았던 보한재(保閑齋) 신숙주(申叔舟)의 손자 가운데 기재(企齋) 신광한(申光漢)이라는 인물이 있었다. 그는 조선 중기 중종(中宗), 명종(明宗) 시대에 벼슬하여 가장 영예로운 직책인 대제학(大提學)을 오랫동안 맡은 유명한 인물로, 시인, 문장가로서도 이름이 높았다.

어려서 부모를 일찍 잃고 여종의 손에서 컸는데, 20세가 다 되도록 글을 알지 못했다. 하루는 이웃에 사는 종의 아들이 그와 어울려 놀다가 마음에 들지 않자 그를 차서 물속에 처박아 버렸다. 그러자 기재가 일어나 화를 내며 "너 같은 종놈의 자식이 어찌 감히 양반집 귀공자를 능멸하느냐?"라고 꾸짖자 "너같이 글도 모르는 놈도 귀공자냐? 너 같은 것은 틀림없이 밸 없는 귀공자일걸."이라고 그 종의 아들이 비웃었다.

이 일로 인해 기재는 크게 부끄러움을 느끼고 그때부터 마음을 다잡아 불철주야 글을 읽었다. 열심히 공부를 하니, 글의 구상이 샘솟듯 솟아 나와 그다음 해 진사시(進士試)에 장원하고 얼마 있지 않아 과거에 급제하여 벼슬에 나가 형조판서 등 중요한 관직을 두루 역임했다.

'밸'이란 '배알'의 줄임말이고, '배알'은 창자의 순수한 우리말인데, 창자라는 뜻보다는 '생각', '속' 등등의 뜻으로 더 많이 쓰인다. 흔히 '아무 생각 없는 사람', '쓸개 빠진 사람'을 비웃어 '무장공자(無腸公子)'라 한다. 또 먹는 게를 일러 '무장공자'라고도 한다.

고(故) 김대중(金大中) 대통령의 장례식에 조문하기 위해서 북한에서 조문단이 온 것은 환영할 일이고, 남북대화의 물꼬가 트일 듯한 희망이 보여서 좋다. 조문단이 온 것은 긍정적인 일인데, 북한의 조문단 파견하는 방식은 비정상적이라, 문제가 크다.

정부의 공식 채널을 통해서 조문 사실을 알려 오지 않고, 아태평화재단 측에다 통보한 것 자체가 이명박 대통령이나 대한민국 정부를 무시하겠다는 저의가 있다. 그리고 남한에 체류하는 동안 자신들의 일정을 투명하게 밝히지 않고 자기들만의 비밀일정 속에서 활동하고 있는 것도 외교사절로서 근본적인 예의도 없는 것이다.

그러나 대한민국의 방송이나 언론은 북한 조문단의 조문 사실에 너무 비중을 크게 두고 연일 계속 방송을 내보내고, 신문에 대서특필(大書特筆)을 하고 있다. 또 현직 정부 관료나 전직 관료들은 북한 조문단을 만나거나 관계를 맺으려고 안달이 나 있다.

그동안 김정일은 6·15선언 이후 약속을 지킨 것이 없다. 얼마 전에 납북된 어부들도 아직 석방되지 못하고 있다. 남북이산가족상봉도 이산가족들이 만족할 정도가 되지 못한 채 중단되었다. 모든 것이 북한이 약속을 어겼기에 이루어지지 못한 것이다.

그런데 그런 것은 다 묻어 두고 북한 조문단이 왔다고 대한민국 전체가 너무 들떠 있는 것을 볼 때, 우리나라 사람들은 쓸개도 없는 것 같다. 차분하게 이성을 찾아서 북한과 정상적인 관계 속에서 대화를 나누어 남북관계를 화해의 분위기로 몰고 가야 할 것이다.

근자에 와서 북한은 자신들의 요구만 일방적으로 제시하여 잘되지 않으면, 이명박 정부를 매도하고 비판한다. 김대중, 노무현 정권에서는 남북관계가 잘되어 갔는데, 이명박 정권이 들어선 이후로 남북관계가 정상적이지 않다고 선전한다.

그런데 더 큰 문제는 대한민국의 많은 국민들 가운데서도 북한의 주장이 맞다고 생각하여 동조하는 사람들이 많다는 것이다. 현재 남북관계가 경색된 것이 이명박 정부가 잘못해서 그런 것인가? 이명박 정부는 이전 정부처럼 북한이 하자는 대로 안 하고 줏대를 지키다 보니, 북한이 마음에 안 들어 남북관계가 잘 풀리지 않은 것일 뿐이다.

북한의 의도는, 대한민국 국민 가운데서 이명박 정부가 잘못해서 남북관계가 경색되어 간다고 생각하는 사람이 많아지게 만드는 것이다. 그래서 이명박 정부와 국민들 사이를 이간시키려고 한다. 이것도 크게 보면 반간계(反間計)의 하나라 할 수 있다.

대한민국 공식채널은 버려 놓고 꼭 현정은 현대아산 회장을 불러서 정부를 상대로 해서 약속해야 할 중대한 사항을 논의하는 것이나, 미국 클린턴 전 대통령에게 지나치게 호의적으로 대하는 것 등 일련의 북한의 태도는, 이명박 정부를 물 먹여 국민들의 불신을 사게 하려는 계획에서 비롯된 것이다. 대한민국 국민들이나 언론들이 북한 김정일의 눈에 무장공자(無腸公子)로 보여서는 안 되겠다.

2009년 8월 31일

無: 없을 무   腸: 창자 장   公: 귀인 공   子: 아들 자

오도일관
吾道一貫

나의 도는 한 가지로 꿰뚫는다

성인(聖人) 공자(孔子)께서 어느 날 제자 증자(曾子)에게, "나의 도(道)는 하나로 꿰뚫는다네."라고 하자, 증자가 "그렇지요."라고 응답했다. 옆에 있던 다른 제자들은 그것이 무슨 말인지를 알지 못했다. 공자가 밖으로 나가고 나자, 다른 제자들이 무슨 뜻인지를 증자에게 물었다. 증자가 "선생님의 도는 '충(忠)'과 '서(恕)'일 따름이지요."라고 설명해 주었다. '충'은 자기의 최선을 다하는 것이니, 근본적인 것이고, '서'는 자신을 미루어 다른 사람을 이해하는 것이니, 작용이다. 하늘의 해가 하나이지만, 그 빛과 열을 베풀어 만물을 키우는 것과 같다. 공자의 하나의 도라는 것은, 그의 원칙이다. 원칙을 확실히 갖추고 있으면, 널리 어떤 일에도 적용하여 합당하게 일을 처리할 수 있다.

2004년 4월 1일부터 이 「한자, 한문 이야기」를 매주 한 번 연재하기 시작하여 이제 300회에 이르렀다. 그동안 매주 원고지 10매 내외를 계속 써 왔다. 신문사 편집방침의 변경으로 몇 차례 게재가 되지 않은 적이 있었지만, 필자로 인하여 원고를 빠뜨린 것은 한 번밖에 없었다. 보낸 원고가 남아 있지 않은 상태에서 필자와 연락이 닿지 않아 한 차례 원고가 나가지 않았던 것이다.

　5년 반 동안 변변찮은 글에 대해서 많은 독자들이 관심을 보이고 격려를 주어 필자의 큰 힘이 되었다. 연세 드신 분들 가운데는 독자의 글을 오려서 모으는 분도 계시고, 어떤 독자는 자기 손으로 한번 베껴 써서 모으기도 하고, 젊은 독자 가운데는 자기 홈페이지에 전재하는 독자도 여럿 있다고 한다. 어떤 고등학교 교사는 수업 시작하기 전에 학생들에게 필자의 글을 꼭 읽어 준다고 한다. 심지어는 이 글을 보기 위해서『경남신문(慶南新聞)』을 구독하는 사람도 있다고 한다. 몇몇 교육청과 학교에서는 교재로 활용하겠다고 양해를 구하기도 했다. 어떤 지방장관은 자기 훈화에 많이 활용한다고 한다. 모두 필자가 듣기에 좋은 말들이다.

　그러나 개중에는 필자에게 불만을 표시하는 사람도 적지 않고, 때로는 항의를 해 오는 사람도 있다. 예를 들면 "고사성어(故事成語)가 많은데, 왜 자주 쓰이는 고사성어를 위주로 하지 않고 자주 안 쓰이는 고사성어를 더 많이 취급합니까?", "내용이 보수(保守)를 지지하는 것 같습니다.", "어떤 때는 내용이 좋은데, 어떤 때는 별찮습니다." 등등이다.

　독자들의 격려는 더욱더 분발하라는 채찍으로 생각하고, 내용이나 문장이 더욱더 좋아지도록 노력해 나길 긱오다.

　300회를 계기로, 불만이 있는 독자들의 의견에 대해서 간략하게 답을 드리고자 한다. 매주 정해진 시간에 정해진 분량의 글을 중복되지 않게 쓰는 것이 이렇게 어려운 줄은 글을 써 보고서 알았다. 처음에는 쓸 말이 많았지만, 웬만한 말은 이미 다 해 버렸기 때문에 앞에서 한 말을 다시 하지 않으려 하니, 정말 쉬운 일이 아니다. 요즈음은 그래도 다행히 컴퓨터가 있어 검색이 되기 때문에, 앞에서 한 말을 다시 하는 것을 사전에 방지할 수가 있다.

그러니 고사성어가 수없이 많이 있어도, 고사성어 풀이만 하고 마는 글이 아니기 때문에, 10매 정도의 말을 만들어 낼 소재가 없으면, 그 고사성어를 글 제목으로 삼을 수가 없는 것이다. 그때그때의 시사문제(時事問題)나 화제(話題)와 연관이 되는 고사성어라야 하기 때문에 마음대로 고사성어를 선택할 수도 없는 것이다.

300회 정도 쓰고 나니, 그 직후부터 일주일 내내 무슨 글을 쓸지 글 제목으로 쓸 고사성어 고르느라고 이런저런 생각을 계속해야 한다. 요즈음은 한 회의 원고를 보내고 나면, 심할 경우에는 다음 원고 마감시간까지도 무엇에 대해서 써야 할지 제목도 못 정하는 상황에도 직면한다.

또 필자가 이 원고 쓰는 일만 하는 것이 아니다. 어떤 때는 다른 논문 원고 마감시간이라 아주 쫓기는 판인데, 이 원고까지 겹쳐 도무지 시간을 낼 수 없는 경우도 있다. 학회 준비나 외국출장 등으로 문을 나서야 할 시간인데, 글을 완성하지 못한 때도 있다.

필자의 글이 보수적 성향을 띠고 있다고 말하는 독자가 상당히 많은데, 필자는 근본적으로 우리나라의 전통문화에 강한 애정을 갖고 있기 때문에 보수적 경향을 띠었다고 간주될 것이다. 그러나 필자 한 사람의 머릿속에도 보수적인 면과 진보적인 면이 공존하고 있다. 필자의 사고와 처신의 원칙은 합리주의(合理主義), 인본주의(人本主義), 실용주의(實用主義)이다. 이치에 맞으면서 사람을 위하여 실질적인 가치가 있는 글을 쓰려고 노력하는 것이지, 애초에 보수나 진보의 잣대에 맞추려고 하지 않는다.

글은 결국 그 사람의 생각을 나타내기 때문에, 각자의 독특한 개성이 들어 있다. 그래서 글은 사람마다 다 다르다. 독자 한 사람 한 사람의 취향에 맞출 수는 없는 것이다. 독자의 충고는 진지하게 받아들여 참고하되, 필자는 필자의 원칙을 지키며 필자의 노선대로 나가는 것이다.

독자 여러분들의 변함없는 질정(叱正)을 간절히 바란다.

2009년 9월 7일

| 吾: 나 오 | 道: 길 도 | 一: 한 일 | 貫: 꿰뚫을 관 |